湖北省高等学校省级教学研究项目
中国地质大学(武汉)一流学科专业建设项目　资助

土地信息学

LAND INFORMATICS

主　编　胡守庚
副主编　童陆亿　张　彬

中国地质大学出版社

图书在版编目(CIP)数据

土地信息学/胡守庚主编;童陆亿,张彬副主编.—武汉:中国地质大学出版社,2024.8
ISBN 978-7-5625-5824-8

Ⅰ.①土… Ⅱ.①胡… ②童… ③张… Ⅲ.①土地资源-管理信息系统 Ⅳ.①F301.2

中国国家版本馆 CIP 数据核字(2024)第 068283 号

	胡守庚	主　编
土地信息学	童陆亿　张　彬	副主编

责任编辑:李焕杰	选题策划:王凤林	责任校对:张咏梅

出版发行:中国地质大学出版社(武汉市洪山区鲁磨路388号)　　　　　邮编:430074
电　　话:(027)67883511　　　传　　真:(027)67883580　　E-mail:cbb@cug.edu.cn
经　　销:全国新华书店　　　　　　　　　　　　　　　　　　　http://cugp.cug.edu.cn

开本:787毫米×1092毫米　1/16　　　　　　　　字数:587千字　　印张:23.5
版次:2024年8月第1版　　　　　　　　　　　　印次:2024年8月第1次印刷
印刷:武汉中远印务有限公司

ISBN 978-7-5625-5824-8　　　　　　　　　　　　　　　　　　　定价:88.00元

如有印装质量问题请与印刷厂联系调换

前 言

合理利用土地资源对于实现社会经济与生态环境的可持续发展至关重要。以信息技术为基础,技术赋能土地资源管理,已经成为提升土地利用成效、实现土地资源管理更好地服务国家高质量发展的重要举措。土地信息学汇聚了土地科学、地球科学、地理信息系统(GIS)、摄影测量与遥感、数据科学等多个学科的理论与方法,主要研究土地信息的采集、存储、管理、分析、处理、表达等理论、方法与技术及其在土地调查、评价、规划等工作中的应用。近年来,我国土地信息技术取得了长足发展。一方面,集成开发了系列土地信息技术和方法并开展了广泛的实践应用,在土地数据处理、土地信息可视化以及用户体验等方面取得了卓有成效的进步。另一方面,土地信息系统的功能持续丰富和完善,其已从单一用途的工具发展成为多用途的信息系统,在自然资源调查、城市规划、农业生产、环境监测等诸多领域发挥了关键作用。更为重要的是,随着大数据、云计算、人工智能等技术的兴起,相关学科的发展和深度交叉融合,土地信息学的学科属性愈加明显,土地信息学迎来了重大的发展机遇。笔者结合教学和科研基础,尝试梳理土地信息学的研究内容与框架体系,总结土地信息学的主要理论与方法,分析土地信息学的典型实践案例,供土地资源管理及相关专业的学生、教师和从业人员学习参考。

全书共分为9章,第一章介绍了与土地信息学密切相关的基本概念、土地信息学的发展动态及学习和研究土地信息学的背景;第二章介绍了土地信息学的相关理论;第三章从大数据的概念、特征、技术与应用出发,系统介绍了土地大数据的概念、类型、特征、获取途径与主要用途等内容,论述了土地大数据对土地科学发展的影响;第四章介绍了土地数据获取的主要手段、存储技术与维护管理等内容;第五章介绍了土地信息分类的概念、原则、方法和实例;第六章详细介绍了土地信息提取的主要途径和实践案例;第七章介绍了土地信息处理与分析的主要任务和模型方法及案例;第八章介绍了土地信息评价和模拟的主要模型及实践案例;第九章系统介绍了土地信息系统分析、设计、实施与评价等主要内容。

本书由胡守庚教授、童陆亿副教授、张彬副教授执笔,由胡守庚教授统稿完成,中国地质大学(武汉)土地资源管理系的研究生童年、宋欣雨、张瑶、文颖慧、麦楚妙、满泽婷和姚敦慧等同学在教材编写过程中协助完成了资料收集、整理和文字校对等工作。本书的完成得到了湖北省高等学校省级教学研究项目、中国地质大学(武汉)一流学科专业建设项目的资助,笔者在此表示感谢!

在本书写作过程中,笔者参阅了大量的相关著作和论文,引用了其中的部分内容、图片和案例,在此向相关作者表示诚挚的谢意。

由于笔者水平有限,书中难免存在不足之处。笔者恳请教育界前辈和同行朋友不吝赐教,提供宝贵意见和建议,以促进本书的完善,为"土地信息学"课程教学的发展注入活力。

笔者
2024 年 7 月 27 日

目　录

第一章　绪　论 ……………………………………………………………………… (1)
　　第一节　数据与信息 ……………………………………………………………… (1)
　　第二节　土地数据与土地信息 …………………………………………………… (4)
　　第三节　土地信息学及其发展动态 ……………………………………………… (14)
　　第四节　学习和研究土地信息学的背景 ………………………………………… (24)
　　知识要点与习题 …………………………………………………………………… (30)
第二章　土地信息学的相关理论 …………………………………………………… (32)
　　第一节　地理学理论 ……………………………………………………………… (32)
　　第二节　测绘学理论 ……………………………………………………………… (44)
　　第三节　地球系统科学理论 ……………………………………………………… (50)
　　第四节　信息科学理论 …………………………………………………………… (54)
　　第五节　经济学理论 ……………………………………………………………… (60)
　　知识要点与习题 …………………………………………………………………… (67)
第三章　土地大数据 ………………………………………………………………… (69)
　　第一节　大数据 …………………………………………………………………… (69)
　　第二节　土地大数据 ……………………………………………………………… (92)
　　第三节　土地大数据对土地科学发展的影响 …………………………………… (104)
　　知识要点与习题 …………………………………………………………………… (111)
第四章　土地数据获取与存储 ……………………………………………………… (112)
　　第一节　土地数据获取的主要手段 ……………………………………………… (112)
　　第二节　土地数据存储技术 ……………………………………………………… (158)
　　第三节　土地数据维护与管理 …………………………………………………… (172)
　　知识要点与习题 …………………………………………………………………… (183)
第五章　土地信息分类 ……………………………………………………………… (184)
　　第一节　土地信息分类的概念与原则 …………………………………………… (184)
　　第二节　土地信息分类方法 ……………………………………………………… (185)
　　第三节　土地信息分类实例 ……………………………………………………… (193)
　　知识要点与习题 …………………………………………………………………… (211)

第六章 土地信息提取 (212)
第一节 遥感影像解译 (212)
第二节 机器学习算法 (217)
第三节 定量遥感反演 (225)
第四节 其他提取方法 (235)
知识要点与习题 (236)

第七章 土地信息处理与分析 (238)
第一节 数据转换与预处理 (238)
第二节 土地信息查询与定位 (248)
第三节 土地信息空间分析 (251)
第四节 土地信息可视化表达与制图 (264)
知识要点与习题 (272)

第八章 土地信息分析模型 (273)
第一节 土地评价模型 (273)
第二节 土地利用模拟模型 (290)
知识要点与习题 (306)

第九章 土地信息系统建设 (307)
第一节 土地信息系统概述 (307)
第二节 土地信息系统分析与设计 (316)
第三节 土地信息系统实施、开发与评价 (326)
知识要点与习题 (335)

主要参考文献 (336)

附录 课程实践案例选编 (345)
案例一 城市用地信息提取 (345)
案例二 公共服务用地供给的空间适配性分析 (351)
案例三 基于图解建模的空间插值方法对比分析 (353)
案例四 土地生态安全评价 (358)
案例五 基于开放地图平台的城市住宅用地开发强度分析 (363)

第一章　绪　论

第一节　数据与信息

以往我们对数据与信息的认知，主要集中在信息与数据产业、信息化、数字、智慧城市等领域。随着数据科学与信息技术的不断发展，数据与信息对整个社会经济发展的影响正在逐步扩大，与自然资源管理、土地信息学也有愈加紧密的联系。本节内容旨在帮助大家全面掌握数据、信息、土地数据与土地信息等基本概念，系统了解土地信息学的发展动态和背景，为深入学习和研究土地信息学打下坚实的基础。

一、数据的基本概念和类型

（一）数据的概念

"数据"已成为日常生活中耳熟能详的词语，在网络上搜索"数据"就会获得数万条搜索结果，这是因为我们时刻都在生产数据，时刻都在应用数据，时刻都在消费数据，继而激发了数据的巨大价值。

数据是事实或观察的结果，是对客观事物的逻辑归纳，是用于表达客观事物未经加工的原始素材。数据以物理符号或物理符号的组合来记录客观事物的性质、状态和相互关系，是信息的具体表现形式。从数据的定义来看，数据具有两个特征。一是差异性。现实世界中事物的数量特征不尽相同，使得描述数量特征的数据存在明显的差异性，从表面看起来可能是杂乱无章的。二是规律性。对数据进行分析，很重要的目的就是从中找出某种规律和关联。简而言之，因为数据具有差异性，所以需要对其进行研究与分析；又因为数据存在规律性，所以对数据的研究是有意义的。大数据时代，数据已成为国家和区域发展的重要战略资源之一。在一定程度上，我们可以把大数据看作是一切科学研究与科学管理的资源。

（二）数据的类型

根据数据的记录方式、产生途径、性质和时间状态，可以将数据分为不同的类型。按照数据的记录方式，把数据分为文本数据（如竹简、书籍等）、图形数据（如地图、影像等）、音频数据和视频数据；按照数据的产生途径，把数据分为观测数据和实验数据；按照数据的性质，把数据分为定位数据、定时数据、定性数据和定量数据；按照数据的时间状态，把数据分为时间序列数据、截面数据和面板数据。

(1)定位数据:表示事物位置特征的数据,如各种坐标数据,一般指地理空间数据,是描述地球表面之上或接近地球表面的物体、事件或其他特征的数据。常用的地理空间数据一般将位置信息(通常是坐标)、属性信息(相关对象、事件或现象的特征)与时间信息(位置和属性信息存在的时间或寿命)结合起来。事物的位置可能是静态的(如某一块土地的位置),也可能是动态的(如移动的车辆或动物)。地理空间数据通常包括人口普查数据、卫星图像、气象数据、手机信令数据和社交媒体数据等主要类型。

(2)定时数据:反映事物时间特性的数据,通常用来记录事件、活动或事物发生的时间,包括年、月、日、时、分、秒等。气象数据、金融市场数据、运输业务数据等都可能包含定时数据,以便更好地理解事件如何随时间推移而变化。定时数据可以用来分析趋势、周期性模式、季节性变化以及事件之间的时间关系,有助于预测未来的趋势和制定相关策略。

(3)定性数据:表示事物属性的数据,常以文本、图像、叙述等方式呈现。例如,用于描述居民地、河流、道路等特征的数据,这些数据能够对特定情况或事物作特别的解释。定性数据的收集和分析有助于回答"为什么"和"怎么做"的问题。对于收集到的定性数据,一般需要进行概括和解释,以进行下一步更深入的分析。

(4)定量数据:反映事物的数量特征,常以数据、计数或其他统计公式的形式呈现。其中,数量特征主要包括长度、面积、体积等几何量以及质量、速度等物理量。定量数据的收集和分析有助于回答"多少"及"何种程度"的问题。

二、信息的基本概念与特征

(一)信息的概念

真正意义上的"信息"一词,源自拉丁文"informatio",其指某种说法或者某种说明。1928年哈特莱首次提出"信息"这一概念,将其解释为选择通信符号的方式,也就是发信者采用从通信符号表中选择符号的方法来传递信息。

《辞海》(第七版)中将"信息"定义为音讯、消息。在《现代汉语词典》(第7版)中,"信息"还被理解为"用符号传送的报道,报道的内容是接收符号者预先不知道的"。在中国历史中,人们对信息的利用早有记载。"知己知彼,百战不殆"就表明了掌握敌我双方的信息对赢得战争具有重要意义。在治国方面,诸葛亮请后主刘禅"开张圣听"即是为了全面了解不同群体所反馈的信息;清朝康熙皇帝和乾隆皇帝微服私访,目的则在于了解民间真实情况。如今,"信息"一词已是一个涵义深奥、包含内容颇多的概念。从哲学的角度来看,信息是一种客观存在着的事物现象,即事物本身所表现出来的存在方式及其运动状态。然而信息又同认知主体紧密联系在一起,需要经过主体认知才能得以体现和揭示。

广义上的信息是指信号发出的被接收体接收、吸取和利用的一切符号;狭义上的信息是指按照一定的需要收集起来,经过加工整理后的具有某种使用价值的图形、文字、公式和数据的总和。由此给出信息的一般定义,即信息是认知主体对物质运动的本质特征、运动方式、运动状态和运动有序性的反映,是描述事物之间相互联系、相互作用状态的手段,是包括情报、指令、图像、信号在内的各种形式的数据所传递的内容。

依据数据产生的顺序或加工的深度,信息分为一次信息、二次信息和三次信息。一次信息是指尚未经过加工处理的原始信息,其通常表现为口头、图片、表层(如表格和清单等)的数据形式。二次信息是指通过加工处理一次信息后所得到的信息。经加工的二次信息已经变成规则有序的信息,如文摘、索引、数据卡片等,其在存储、检索、传递和使用等方面具有较为突出的优势,因而也具备较高的使用价值。三次信息则是在一次信息和二次信息的基础上,经过综合组织、压缩和分析而产生的结果。常见的文献综述、专题报告、辞典、年鉴等所呈现的信息,多属于三次信息的范围。各类信息之间的关系见图 1-1。

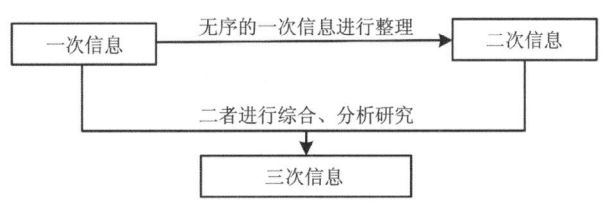

图 1-1　信息之间的关系示意图

(二)信息的特征

信息本身具备诸多基本特征,如普遍性、动态性、依附性、共享性、传递性、时效性等。

信息是无处不在的,它包含在我们生活中的各个方面,如上课铃声、交通指示灯等。只要事物存在,信息也必然存在,这是信息的普遍性。

信息是客观事物运动与变化的反映,信息随事物运动状态的变化而变化,此即为信息的动态性。客观事物一直处在持续的运动变化中,信息亦随之不断发展更新。

信息与认知主体存在密切联系,即信息的反映需经历主体的主观认知过程,此为信息的依附性。换言之,信息依附于认知主体。此处,认知主体主要指不同的人群。在实际应用中,信息的收集、加工、整理、储存与传递等过程都离不开人这一主体,而人在意识、思维、能力、素质和心理等方面的差异都会对信息的质与量产生重大影响。

信息共享性是信息在一定的时空范围内可以被多个认知主体接收和利用。信息的共享性,是信息与物质、能量的根本区别。物质、能量是守恒的,在交换过程中遵循等值补偿的原则。任何物和能,在一定的时空范围内,被某人占有享用,他人就没有占有享用权,如果占有者将自己拥有的物或能转让给别人,那么他自己就失去了对这些物或能的占有享用权。而信息则不同,信息交换之后,双方不仅都有享用的资格,而且会巩固和增加新的信息,如教师向学生传授知识就是这种状况。

信息的传递性打破了时间和空间的限制。信息传递是指人们通过声音、文字、图像或者动作相互沟通消息。信息的社会价值体现在传播,即信息的社会价值体现在信息从时空中的某点向其他点移动的过程之中。信息传递可以通过多种渠道和方式进行,并且通常需要借助某种载体(也称媒介)来实现。无论使用何种渠道和方式,信息传递都必须包含四个基本要素,即信源(发出信息方)、信宿(接收信息方)、信道(信息传递的媒介)和信息本身。

信息从信源,经采集、加工、传递到使用需经历一定的时间间隔,这便是信息时效性的体现。通常情况下,信息的使用价值与信息经历的时间间隔成反比。信息历经的时间间隔越短,其使用价值越高。信息作为客观事实的反映,是对事物的运动状态和变化的历史记录。因此,先有事实后有产生的信息。只有加快传输,才能减少信息滞留的时间。

三、数据与信息的关系

数据与信息之间的联系可以总结如下:①数据是客观对象的表示和信息的载体。数据是客观事物属性的记录,反映了客观事物的状态。数据是信息的一种具体表现形式,经过加工处理之后,才能变成人们可以理解和使用的信息形式。②信息是数据的内涵,是数据的内容和解释。反过来,信息需要转变成数据才能被存储、处理和传输。这里的数据,是指接收者对信息识别后所选择用来表示这些信息的符号,其作用是反映信息内容并确保被接收者识别。③信息可以通过多种不同的数据形式来进行表现,如声音、符号、图像、数字等。因此,信息是数据的含义,数据是信息的载体(表1-1)。

表 1-1 数据与信息对比分析表

对比项	数据	信息
特征	没有特定目的	有价值的、有逻辑的
本质	原始未经加工的符号	加工后的数据
依赖关系	取决于事物本身	取决于数据和认知主体
举例	北京奥运会门票销售量、气象数据	销售报告、天气预报

第二节 土地数据与土地信息

科学利用土地数据与土地信息,有助于合理利用有限的土地资源。在已知区域土地质量、利用状况、气候特征等情况的基础上,相关部门能够更好地开展土地利用规划与管理决策,促进土地的可持续利用。系统理解土地数据与土地信息的概念、特征与主要类型,是科学合理利用土地数据与土地信息、高效开展土地资源优化配置等工作的重要基础。

一、土地数据的概念、特征与主要类型

(一)土地数据的概念

土地数据是指表示土地位置、数量、质量、权属和利用状态等特征的符号。土地数据是土地信息的载体,其形式多种多样。土地数据一般包含空间位置、属性数据和时态数据三个方面的内容。空间位置用以描述土地所处的位置,既可以是地理参考系定义的绝对位置,也可以是通过与相邻地物间空间关系的描述来表达的相对位置(如相邻两块不同利用类型的土地)。属性数据是表征特定土地单元(地块)特征的定性和定量指标,如土地的数量(面积)、质

量(等、级和价等)、权属(权利人、权属性质)和利用状况(利用类型、利用强度与规模等),如表1-2所示。时态数据(图1-2)不仅包括土地数据采集、处理或土地利用行为发生的时间,还包括地籍的时态特征、土地利用的变更与动态监测、预警与实时调控等信息。

表1-2 某村土地低效利用情况汇总表

使用情况	数量(块)	面积(m²)	面积占比(%)
使用中	2227	450 872.60	86.25
在建	41	9 214.58	1.76
空置	31	12 626.44	2.42
闲置	86	27 576.01	5.27
废弃	101	22 469.59	4.30

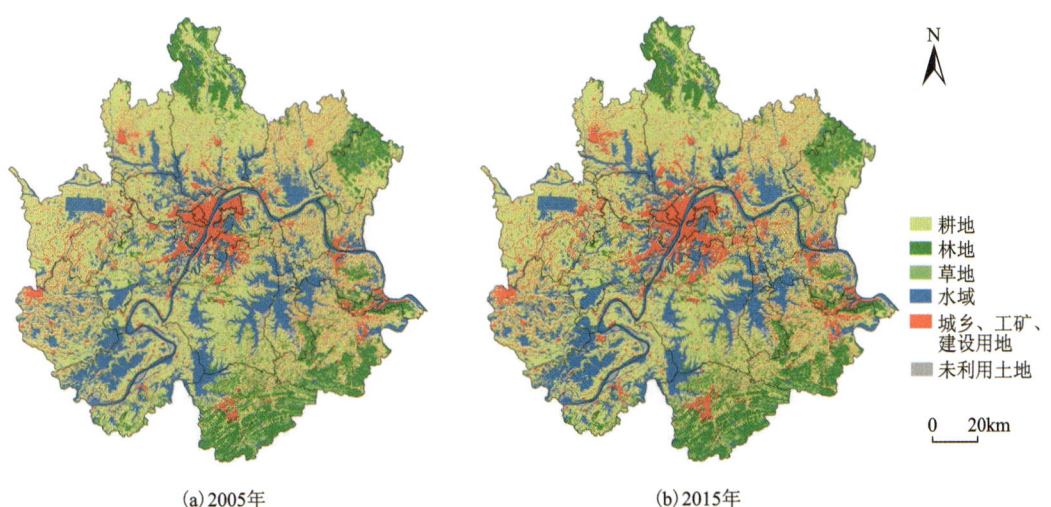

图1-2 武汉大都市区2005年与2015年土地利用变化情况

目前常见的土地数据获取手段主要有六种,即现场调查、全野外数字测图、航空航天遥感、小型无人机航测、基于移动设备的数据采集以及网络爬虫。上述途径各有其优缺点,在实际使用中,需要根据具体要求加以选择(表1-3)。

表1-3 土地数据获取途径特点

获取途径	优点	缺点
现场调查	能够获取准确的一手数据,数据的时效性强	耗时耗力,效率低,不适用于大范围的土地数据获取
全野外数字测图	高度数字化、自动化,数据获取的精度高、速度快	人力成本高,效率低,导致更新周期长

续表 1-3

获取途径	优点	缺点
航空航天遥感	全天候、覆盖范围广、平台多样,可以高效反映客观物体及其变化	数据获取的成本较高,可能受天气等原因影响,对土地所承载人类活动的表征能力有限
小型无人机航测	成本相对较低、分辨率高、灵活易操作	易受天气情况干扰,单幅影像的覆盖区域小,续航能力较差
基于移动设备的数据采集	覆盖面广、定位精度高、可靠性强,可解决作业距离限制问题	易受干扰,时间与人力成本较高
网络爬虫	数据获取成本相对较低	真实性、准确性和时效性难保证,即数据的不确定性较强

(二)土地数据的特征

1. 空间定位明确

土地资源的空间位置固定性,即土地对应的空间位置是不可移动的,决定了土地数据通常具有空间位置信息。因为土地资源作为人类生产生活的空间载体,所以与之相关的一切社会经济活动和现象,如商铺选址、交通运输、居住地分布、人口流动等,都附有空间位置属性。可见,精确的空间定位信息对土地数据来说至关重要。土地数据空间位置的精确性保证了土地数据的法律效力和权威性,进而能够满足土地资源精细化管理的要求。在获取土地数据时,需要根据实际管理需要等情况考虑空间位置信息的精确性。例如,在布设地籍控制网时,精度要求往往比地形控制网的精度要更高一些,地籍界址点的测图与成图精度也要比一般碎部点高,此外地籍图的比例尺一般为 1:500～1:2000,输出的宗地图、房屋分户平面图等图件的比例尺多为 1:100。

2. 显著的动态性

土地数据变更频繁、复杂,具有显著的动态性。具体而言,土地利用活动日趋剧烈,土地数据随之发生变化。为了保证土地数据的时效性,促进可持续土地利用与管理,需及时对土地数据进行更新。土地数据的变更不仅包括空间实体的变更,还包括属性信息的变更(涉及权属、用途、名称、地址变更等),且属性数据的变更往往更加复杂。例如,在土地管理要求记载并保存土地数据的变更情况中,通常包括法律法规要求的资料。这些数据资料具备法律效力,是解决土地权属纠纷的重要依据。

3. 空间拓扑特征

土地数据的空间拓扑关系是土地信息系统的核心,它描述了不同地物之间的相对位置、连接性以及包含关系等重要地理空间关系。这些关系对地理查询、空间分析和地图制图非常关键。人们在日常生活中对空间目标的定位一般也不是通过记忆其空间坐标,而是确定某一目标与其他更熟悉的目标间的空间位置关系,这种关系往往就是拓扑关系。

4. 服务范围广泛

土地资源具有承载和孕育的重要功能。地球上的一切人为过程无不实时与土地存在着千丝万缕的联系,这使得土地数据及其所蕴含的土地信息的量是巨大的。为全面掌握全国土地利用状况,自1984年以来我国先后开展了三次全国土地调查,获得了土地利用的类型、数量、质量、结构、权属和利用状况等方面的大量数据。这些数据已被广泛应用于国土空间规划、耕地保护、自然保护地规划与管理等诸多领域。

（三）土地数据的主要类型

1. 按表现形式划分

按照表现形式可将土地数据分为空间数据与属性数据。其中,空间数据是对现实世界中存在的具有空间地理位置意义的事物和现象的定量描述,其还可细分为矢量数据与栅格数据,通常用图形或图像表示。随着互联网技术的发展,属性数据还可表示为与地理位置关系密切的多媒体数据,如音频、视频等。

1）矢量数据

矢量数据是用空间坐标来表示地理实体位置和形状的一种数据,主要包括点、线、面三种类型（图1-3）。其中,点（points）由单独的空间坐标定义,可以分为采样点、独立树、测量点等类型；线（lines）是一系列（至少两个）相连的点的集合,道路、溪流、等高线等都能以线的形式表达；面（polygons）是由三个或以上的点组成的封闭图形,建筑物、湖泊、海洋等均可以用面来表示。矢量数据结构简单,容易实现空间分析,但抽象程度较高。矢量数据存储格式多样,包括Coverage、Shapefile、Geodatabase、GeoJSON、KML等格式,其中Coverage、Shapefile、Geodatabase是最为常见的几种存储格式。

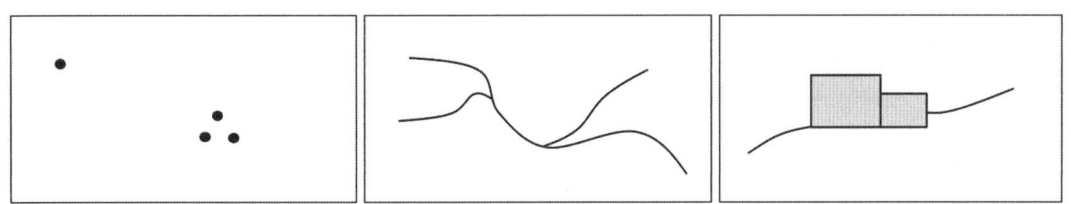

图1-3 三种形式的矢量数据示例图（从左到右依次示例点、线、面数据）

2）栅格数据

栅格数据是将空间按照一定规则分割为网格,每个网格为一个单元（称之为"栅格"）,通过在每个单元中赋予相应的属性值来表示实体的一种数据形式（图1-4）。以栅格格式存储的数据可表征各种实际现象,如离散数据可充分表征土地利用或土壤类型等,连续数据可以表示温度、高程等。与矢量数据相比，栅格数据结构更为简单。矢量数据与栅格数据的优缺点详见表1-4。

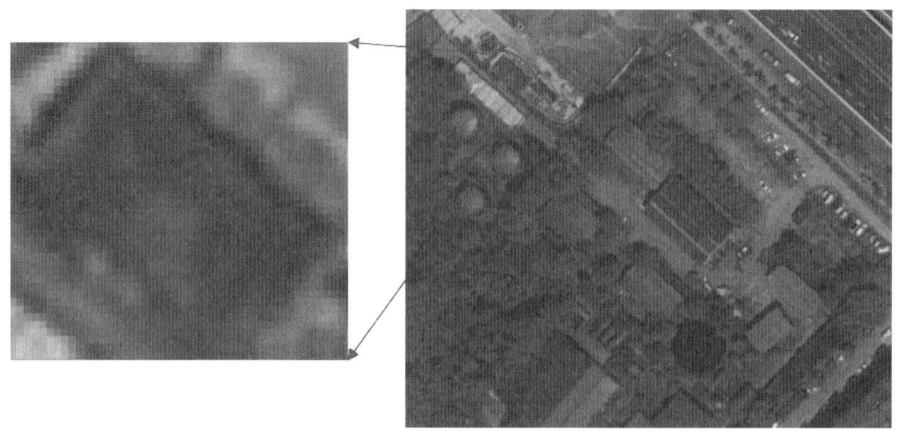

图1-4 栅格数据示例图

表1-4 矢量数据与栅格数据的特点对比

空间数据类型	优点	缺点
矢量数据	空间位置精度高，能够全面描述空间关系，易于建立拓扑关系，查询和更新数据方便，缩放不改变图形形态和精度	数据结构复杂，数据尤其是空间数据处理复杂，数据缩编存在挑战
栅格数据	数据结构简单，便于处理分析，能够描述具有复杂模糊边界的事物，输出图形方便	数据查询与更新相对较复杂，空间位置和属性信息的精度受栅格尺寸限制明显

3）属性数据

属性数据是表示土地特征、数量、质量、分类和统计等性质的数据，如表示地物类别或数量的字符串或数字等。属性数据包括文本和数字两种类型。其中，文本类属性包括名称、类型、特性等信息，如土地利用类型、行政区名称、土壤性状等；数字类属性则包括面积、长度、土地等级等。属性数据描述了地理要素（如点、线、面等）的非空间特征，这些属性可以是文字、数字、日期等类型的数据，常常在属性表中有所体现。属性表是一个包含了要素属性信息的表格（表1-5）。属性表每行代表一个要素，每列代表一个字段。字段是属性数据的基本组成单元，定义了可以存储在属性表中的特定类型的数据。每个字段都具有名称和数据类型，如文本（字符串）、整数、浮点数、日期等。通过属性表能够查看、编辑和管理要素的属性数据。属性数据的用途广泛，如进行地图标注、空间分析、查询和筛选、制作报表等。通过对属性表中的数据进行查询、过滤和排序，还可以筛选、利用、管理图层数据。

表 1-5 属性表示例

FID	OBJECTID	BSM	YSDM	DLBM	DLMC	QSDWMC
0	1	4115272110020219750	2001010100	0101	水田	大黄庄村
1	2	4115272110020227020	2001010100	0302	竹林地	胡元村
2	3	4115272110020238200	2001010100	1107	沟渠	冯庄村
3	4	4115272110020238210	2001010100	1107	沟渠	防胡村
4	5	4115272110020238220	2001010100	1006	农村道路	防胡村
5	6	4115272110020238270	2001010100	1006	农村道路	防胡村
6	7	4115272110020238280	2001010100	1107	沟渠	防胡村
7	8	4115272110020238340	2001010100	1104	坑塘水面	防胡村
8	9	4115272110020241660	2001010100	1006	农村道路	甘庄村
9	10	4115272110020245520	2001010100	1107	沟渠	甘庄村
10	11	4115272110020037840	2001010100	0101	水田	大黄庄村

2. 按数据的用途划分

土地数据的种类繁多，按照数据的用途，可将土地数据分为基础控制测量数据、土地利用数据、地籍数据、地价数据、土地分等定级数据、土地开发整理数据等类型。其中，基础控制测量数据常用于土地测量和地图制作等领域；土地利用数据主要记录土地的实际利用情况，反映土地的用途、面积、质量等信息；地籍数据用于描述土地的基本属性和权属情况，包括宗地的位置、面积、权利人等相关信息；地价数据是指反映土地价格水平的数据，主要包括基准地价、征收价格、出让价格等；土地分等定级数据是反映土地质量的数据；土地开发整理数据是指记录土地开发和整理情况的数据。

1）基础控制测量数据

基础控制测量数据是指实施基础控制测绘工作所得到的数据。控制测量是在测区内，按测量任务所要求的精度，测定一系列控制点的位置和高程，进而构建测量控制网的过程。根据测量任务的不同，基础控制测量数据可以分为控制点的平面坐标、高程以及空间三维坐标。准确获取基础控制测量数据可以有效减少测量误差的传播和累积，保证测量数据的精度。

2）土地利用数据

土地利用数据是描述土地系统状态、利用特征、动态变化和分布特点的数据，其核心功能是反映土地利用数量、质量、空间分布和利用状况等基本信息。通常情况下，土地利用数据来源于土地利用调查、年度变更调查等工作，它能为土地开发利用、治理改造、管理保护和土地利用规划等提供所需的信息。土地利用数据一般包括土地利用本底数据、土地利用变更数据和调查更新辅助数据。土地利用数据在各行各业中都发挥着重要作用，尤其是在国土空间规划与治理、耕地保护、生态修复、灾害防治等领域。

3）地籍数据

地籍数据是指依法开展的权属调查和地籍测量等工作所获得的宗地位置、权属、界线、面积、用途和等级等数据。地籍数据的核心功能是记录土地的权籍信息和利用状况，为地籍管理和土地税收服务。地籍管理的核心是土地产权管理，而土地产权关系的空间载体是宗地。地籍数据可作为土地产权的证明，为科学管理土地、解决土地纠纷等提供可靠依据。地籍数据的更新或修改可以通过整个区片的地籍测量与地籍调查工程完成，也可以通过日常的地籍变更调查与测量实现。

4）地价数据

地价是对让渡土地所有权和使用权时的价格的总称。根据地价的性质和用途，地价数据可分为基准地价、标定地价、征地价格和交易地价等类型。基准地价是在合理考虑土地价格影响因素、土地利用收益和成本等因素的基础上，按照法定程序确定的最低限价标准。基准地价作为地价管理的核心基础，为土地出让等活动提供了重要的决策依据。标定地价是指以基准地价为基础确定的标准地块的一定使用年限的价格，是政府根据管理需要，评估的某一宗土地在正常市场条件下于某一估价期日的土地使用权价格，它是该类土地在该区域的标准指导价格。征地价格记录了征用农村集体土地的价格信息，即村集体让渡土地所有权的价格信息。在社会主义公有制背景下，我国现行法律明确规定农村土地不得用于买卖。常说的土地交易，一般指出让或转让具有一定使用期限的国有建设用地使用权，故交易地价也通常是指出让或转让国有建设用地使用权的价格。简言之，交易地价是一次性出让或转让若干年的国有建设用地使用权所获得的收入，其本质是一次性收取的若干年的地租。

5）土地分等定级数据

土地分等定级数据是通过对农用地或城镇土地的经济和自然等属性综合评定，对土地质量划分等级所得到的数据。科学合理开展土地分等定级的意义主要体现在：首先，土地分等定级成果有利于规范土地评估、供应和监管，助力土地税收管理工作；其次，土地分等定级成果有助于掌握城镇内外土地的质量分布情况，为国土空间规划、土地宏观调控政策、产业用地合理配置、土地资源的可持续利用与保护等决策提供参考；再次，土地分等定级成果还是城市基准地价评估的重要依据，有助于促进土地市场建设；最后，在农用地方面，土地分等定级成果还可以推进耕地资源管理由数量管理主导向以数量、质量、生态"三位一体"保护与管理的转变，从而更好地实现耕地资源的保护与可持续利用。

城镇土地分等定级包括城镇土地分等和城镇土地定级两个方面。城镇土地分等是通过综合分析城镇土地质量受经济、社会、自然等多种因素影响的过程，以揭示不同地域之间城镇土地质量的差异，并选用定量和定性相结合的方法对城镇土地进行评价，最终评定出城镇土地等级。城镇土地定级过程中，需要考虑城镇土地的经济和自然两种属性，并结合社会经济活动中的地位和作用综合分析，旨在揭示城镇内部土地质量在不同地域的差异。城镇土地分等的主要作用是反映城镇内部不同区域间土地质量的差异，为制定土地利用总体规划和城镇建设用地规划等提供重要依据。通过城镇土地分等定级，地方政府能够更好地了解城镇内部土地质量的实际情况，便于制定更加科学、合理的土地管理和利用策略，实现城镇土地的更加高效、可持续的利用。城镇土地分等定级数据主要包括土地评价影响因子数据、评价样点数据、成果数据和评价辅助数据。

农用地分等定级也分为两个方面,即农用地分等与农用地定级,其原理与城镇土地分等定级类似。农用地分等定级数据包括农用地自然条件数据、农用地利用数据、农用地经济数据、农用地分等成果数据和其他相关数据。农用地分等定级数据更新采用调查和评价相结合的方法,其数据更新频率较低,一般为5～10年。

6)土地开发整理数据

开展土地开发与整理,有助于保障粮食安全、防止生态环境急剧退化、营造良好的社会经济发展环境。在土地开发整理过程中所产生的数据,统称为土地开发整理数据。土地开发整理数据一般来源于土地开发整理规划编制和修编工作,主要包括项目区自然条件数据、经济条件数据、土地利用现状数据、项目建设条件数据、规划与设计数据等。准确的土地开发利用数据,有利于保障土地开发整理规划的实施与监管,实现建设用地、农业用地、生态用地结构的平衡。土地整理开发数据的更新多采用调查、评价相结合的方式,其更新频率为不定期更新,频率较低。

二、土地信息的概念、特征与主要类型

(一)土地信息的概念

土地信息就是原始土地数据经过一定的加工处理后,所产生的用以表征土地位置、权属、类型、数量、质量、变化特征及其相互关系的数据。这些信息不仅包括土地及其附着物的空间属性、自然属性、经济属性和权能属性及其相互联系等信息,还包含人们在占有、使用土地过程中所产生的土地关系信息。此外,土地信息还包括以上两类信息在发展变化后形成的新信息,即时态信息。土地信息按照内容可划分为两部分:一是土地本身所客观反映的信息即土地本质信息,二是人类在土地利用过程所生成的土地关系信息(表1-6)。土地权籍信息是土地信息的核心,这是有别于其他信息的关键特征。

表1-6 土地信息的构成

组成	内容	示例
土地本质信息	土地空间定位信息	地块位置、大小、形状
	土地质量信息	陆地、水域、土壤、岩石、沙滩质量
	自然资源信息	植被、土壤、水资源、矿产、地形地貌
	环境信息	光照、温度、降水、风力、气压
土地关系信息	社会经济信息	第一、二、三产业的土地利用结构,人口数量,通勤时间,土地价格
	社会法律信息	政策、法律法规、行政区划、权属关系

土地信息的表达是通过文字、数字、符号、图形、图像和声音等多种可以识别的符号或介质,定性、定量、定位、定时和可视化地全面表征土地系统的要素及其数量、位置和属性特征等信息的过程,是土地信息学的核心内容之一。土地信息的描述可以借助纸质、光盘等物理介

质载体,用文字、数字、地图(图 1-5、图 1-6)和影像(图 1-7)等形式来实现。

图 1-5　数字高程模型(DEM)

图 1-6　三维仿真地图

（二）土地信息的特征

土地不仅具有数量、质量、位置等一般地理实体的基本属性,还具有土地利用以及利用过程中发生的人与土地、人与人之间的关系的特有属性。这就使得土地信息与其他一般空间信息系统的特征还存在一些不同,具体表现为多维性、多样性、关联性等。

图 1-7　数字正射影像图(DOM)

1. 多维性

与土地数据类似,土地信息也具有时间和空间特征,这些特征的多维性和动态变化特征显著。空间特征赋予土地信息地域差异性。空间的多维主要表现为区域大小的不同[全球、区域、国家、省(区、市)、县(市、区)]和尺度的不同(大、中、小比例尺),不同空间尺度反映了空间范围和空间对象的规模不同。时间特征多维而复杂,表现为土地信息的内容、类型、观测频次、周期的不同。地块的多时态位置信息有助于商铺选址、市场营销、规划编制、房地产开发等。

2. 多样性

土地信息的多样性表现为信息载体的多样性。描述土地实体可以用栅格数据、影像数据、二维表格数据、矢量数据、多维报表数据、地图、多媒体数据,各种文档和报告以及纸质、光盘等物理介质载体。不同数据在读取技术、存储格式和处理方法上不尽相同,需针对性地采用不同方法和技术进行管理。

3. 关联性

土地信息的关联性主要体现在土地信息与人类活动、自然地理环境和过程的关联性,以及土地信息自身在时序演进、空间布局上表现的关联性。第一,土地信息与人类活动的关联性。人类的城市化、工业化和农业活动等直接影响土地的利用和覆盖,土地的不可再生性以及土地的质量限制人类利用土地。因此,我们必须根据土地的适宜性合理地利用土地。第二,土地信息与自然地理环境和过程的关联性。土地信息反映了自然地理环境的特征和变化,地形、气候、土壤等自然地理要素直接影响土地的适宜性和利用方式。第三,土地信息在时序演进上的关联性。在时序演进上,土地变化可能受到多种因素的影响,从而表现出不同的趋势和变化模式。随着城市化进程加速,城市周边的农田可能逐渐被城市扩张所占用,从而导致土地从农业用途转变为非农用地。第四,土地信息在空间布局上的关联性。在空间布局上,土地单位之间存在着不同类型的关联,包括邻近性关联、集聚关联、功能互补关联等。例如,农田和村庄在空间上相邻、城市内的商业区集中在某一区域、城市扩张所需建设用地可能由周边的农田或未利用地转变而来。

（三）土地信息的主要类型

为研究土地信息的特征、表示和管理方法,需对土地信息包含的内容进行分类。从土地主客体的角度看,土地信息可以分为土地客体信息、土地主体信息、土地关系信息和土地时态信息;从信息特征与数据管理需求的角度看,土地信息可以分为空间信息、非空间信息与维护信息;从信息系统开发的角度看,土地信息则可以分为基础地理信息、专题图形信息、土地基础属性信息以及土地相关属性信息。不同类型的土地信息根据其表征的内容不同,还可以继续细分。如表1-7所示,土地信息所包含的内容之间存在着交叉与融合,如地籍信息可以同时包括土地主体信息、空间信息、土地基础属性信息等。

表1-7 土地信息的主要类型

分类依据	类型	内容
土地主客体	土地客体信息	土地定位信息、土地质量信息、土地资源信息、土地环境信息
	土地主体信息	土地权利人信息（名称、性质、地址）
	土地关系信息	社会经济信息、社会法律信息
	土地时态信息	土地主客体变化信息、土地关系变化信息
信息特征与数据管理形式	空间信息	基础控制信息、基础规划图信息、地籍信息、土地详查信息、土地规划信息
	非空间信息	权属信息、土地交易信息、政务办公信息
	维护信息	元数据（对现有数据的解释、定义和描述）、地名数据、土地利用分类编码、系统用户
信息系统开发	基础地理信息	空间参考坐标系、地形地貌、水系、植被和现状道路等
	专题图形信息	宗地图形信息、城市总体规划图层、土地利用总体规划图层、相关专项规划图层、土地利用现状图层、定级估价图层、行政区划图层等
	土地基础属性信息	土地权属信息、土地利用分类信息、土地价值与税收信息等
	土地相关属性信息	人口数据、工业信息、地质信息、气候信息等

第三节　土地信息学及其发展动态

积极推进现代信息技术在土地管理等工作中的应用,不仅能提升土地管理效率,还能促进土地科学的跨越式发展。近年来,管理部门和学者围绕土地信息学的理论与实践进行了一系列有益探索,丰富和完善了土地信息学的研究内容,有效推动了土地信息学与相关学科的交叉融合。掌握土地信息学的基本内涵和研究内容,全面了解土地信息学的发展动态,有助于全面认知土地信息学的学科脉络,为更好地学习和发展土地信息学奠定基础。

一、土地信息学的基本概念

土地信息学是以土地开发、规划、利用、整治和保护等环节中的土地信息获取、分析、处理、存储和表达的理论、方法和技术为研究对象的一门学科。土地信息学不仅关注研究土地信息这一特殊对象所需的理论、方法与技术,还关注土地开发、利用、规划、整治和保护等过程中的辅助决策问题。纵观土地信息学的发展历程可知,土地信息学是土地科学、地图学、测量学、计算机科学与技术、遥感、大数据等交叉融合后的产物,是一门研究土地数据采集、存储、管理、分析、应用与共享,以及土地信息挖掘、传播与应用等内容的综合性交叉学科。

作为一门综合性学科,土地信息学具有跨学科性、空间性、数据驱动、技术驱动、实用性、数据共享与开放、可视化和决策支持等特征,这些特征使其在城市规划、土地利用管理、资源保护等方面发挥了重要作用。

(1)跨学科性:土地信息学涵盖地理信息科学、遥感技术、地理信息系统(geographic information system,GIS)、计算机科学等多个学科领域,汇集各种知识和技术,综合自然科学、工程技术、社会科学等多个学科,可以满足复杂的土地信息处理和分析需求。

(2)空间性:土地信息学强调地理空间信息的获取、管理和分析,关注地理现象的地理位置和空间关系。通过GIS技术等实现地理空间数据的集成和可视化,有助于更好地理解空间模式和关系。

(3)数据驱动:土地信息学的研究和应用都以数据为基础。通过对遥感数据、地面调查数据、统计数据等的分析和处理,能够揭示土地利用、土地变化、土地质量等方面的信息。

(4)技术驱动:土地信息学紧密依赖于信息技术的发展,包括遥感技术、GIS技术、计算机技术、大数据等。这些技术的创新和发展为土地信息的获取、处理、分析和应用提供了强有力的支持。

(5)实用性:土地信息学的研究和应用都关注实际问题解决,获取、整理、分析的土地信息广泛应用于城市规划、土地利用规划、资源管理、环境保护等领域的问题解决与实际决策过程。

(6)数据共享与开放:土地信息学强调数据的共享和开放。通过开放数据、构建在线平台等方式,促进数据的共享和社会参与,提高数据的可用性和可访问性。

(7)可视化和决策支持:土地信息学通过可视化技术,将数据以图像、地图等形式呈现,使数据更易于理解和分析。同时,这些可视化工具也为决策者提供科学的决策支持。

二、土地信息学的研究内容

土地信息的机理是土地信息学的重点,主要包括土地信息的基准、标准、时空变化、认知、不确定性、解释与反演、表达与可视化等基础理论。作为土地科学的一门分支学科,土地信息学的研究重心应当围绕着解决土地科学中的核心问题展开。因此,土地信息学将土地科学及其分支学科中可数字化,特别是可信息化的内容纳入研究范畴。土地信息学以实现土地的合理和可持续利用为目标,结合土地利用与管理工作的各个环节,开展土地信息的理论基础、技术方法和实践应用等方面的研究。土地信息学的研究聚焦于建立土地信息系统,探究土地属性、空间分布、使用现状和变化趋势等方面的信息挖掘与知识发现,并将它们运用于土地治理、土地评估、土地规划和决策支持等核心领域。

(一)理论框架

土地信息学是一个跨学科领域,综合了地理信息科学、土地资源管理、空间统计学等多个学科的理论和方法。土地信息学的基本理论框架涵盖了以下几个方面。

1. 地理信息科学

土地信息学与地理信息科学有密切的关系,可以说土地信息学是地理信息科学在土地资源领域的一个重要应用和发展方向。土地信息学的基础是地理信息科学。地理信息科学的理论核心是地理信息机理,主要研究地理现象在空间上的分布和关系,通过对地理信息传输过程与物理机制的研究,揭示地球表层自然要素与人文要素的几何形态和空间分布及变化规律。地理信息科学为土地信息学提供了数据采集、存储、处理和分析的方法,以及空间分析和空间建模的技术。

2. 土地资源管理

土地资源管理的主要目的是调整土地关系,监督土地利用,提高土地利用的生态、经济、社会效益。土地资源管理主要包括地籍管理、土地权属管理、土地利用管理、土地市场管理,其中地籍管理是基础,土地权属管理、土地市场管理是手段,土地利用管理是核心。土地资源管理理论为土地信息学提供了重要的理论基础,指导土地信息的获取、处理、分析和应用,从而实现更有效的土地资源管理。

3. 空间统计学

空间统计学是一种应用于空间数据分析的统计学分支,用于研究空间数据的变异性、相关性和空间分布规律。空间统计学主要包括空间数据分析、空间插值、空间相关性分析、地理权重矩阵、地理空间模式分析、克里金插值法、地理模式识别等内容。通过空间统计学,可以分析土地信息中的空间变异性;可以揭示土地属性在空间上的变化趋势,比如土地价值、土地类型的空间分布等;可以分析土地数据中的空间变异性和相关性,用于预测土地变化、评估土地价值等。同时通过应用空间统计学,土地信息学可以更深入地分析和理解土地信息,揭示出土地资源的空间特征和趋势,为土地规划、土地利用管理和决策提供科学支持。

4. 土地遥感技术

土地遥感技术是通过卫星、飞机等遥感平台获取地球表面信息的方法。土地遥感技术可以获取高分辨率的地表图像,包含土地的空间分布和属性信息,用于获取土地利用类型、土地覆盖情况、植被状况等,为土地信息学提供数据基础;同时土地遥感技术可以提取土地的特征信息,如地表温度、土壤湿度、植被指数等,用于监测自然灾害如洪水、地震、森林火灾等的影响,以及评估灾害对土地资源的影响。土地遥感技术为土地信息学提供了丰富的地理数据,这些数据为土地资源的获取、分析、管理和决策提供了重要的基础,用于支持土地规划、环境保护和可持续发展等目标。

5. 土地空间数据模型

土地空间数据模型定义了土地信息在地理信息系统(GIS)中的组织结构和表示方式,指导了如何存储、管理、分析和展示土地相关的空间数据和属性信息;定义了如何组织土地信息数据,包括土地要素的类型、属性和空间关系,有助于将不同类型的土地信息进行分类、标识和管理;定义了土地要素之间的空间关系(如相邻、包含、重叠等),有助于分析土地要素之间的空间关联性(如地块之间的边界、冲突等)。

6. 土地信息系统

土地信息系统是在土地资源调查和研究的基础上,利用计算机软、硬件的支持,将与土地有关的信息和参数,如土壤、地貌、土地利用等要素的数据以及相关的社会经济要素数据,按照空间分布或地理坐标,以一定格式输入、存储、检索、显示和综合分析的技术系统。土地信息系统整合多个来源的土地信息数据,如地理空间数据、土地属性数据、遥感数据等,同时提供了统一的数据存储和管理平台,确保数据的一致性和可访问性。土地信息系统还可以用于制作地图、表格和报告,将复杂的土地信息以可视化的方式呈现给用户和利益相关者,有助于理解土地现象和作出各项规划。

7. 环境科学

环境科学是一门综合性的学科,其研究地球上生态环境系统构成与过程以及人类活动对环境的影响,旨在理解环境系统的运作机制,评估环境问题的严重性并提供解决方案以实现可持续发展。土地信息学在分析和管理土地时,需要充分考虑环境和社会影响,通过整合土地信息和环境、社会数据,应用地理信息系统和分析工具,实现可持续土地资源管理。土地信息学支持风险评估,如自然灾害、环境污染等风险。通过分析土地信息,可以识别风险,制定相应的风险应对策略;还可以提供土地使用权和所有权信息,帮助解决土地冲突,平衡不同利益的需求。

总之,土地信息学的基本理论框架涵盖了地理信息科学、土地资源管理、空间统计学、土地遥感技术等多个领域。它们相互交织,共同构成了土地信息学的理论体系。

（二）技术体系

在土地信息学的主要技术中，全球定位系统和遥感技术分别用于获取研究所需的空间信息和监测点面空间数据的变化；地理信息系统则多在空间数据的存储、分析和处理等方面发挥较为显著的作用；而数据库管理系统则作为延伸技术，极大地丰富了土地信息学技术体系的内容。

1. 全球定位系统（global positioning system, GPS）

全球定位系统是一种基于卫星导航技术的定位系统，由一组位于太空中的卫星以及接收器和控制站组成，可以在地球表面的任何地点提供精确的地理位置信息。全球定位系统接收器通过接收来自多颗卫星的信号，确定接收器的位置、速度和时间，从而实现高精度的地理定位。全球定位系统在土地信息学中可以用于土地测绘和地理数据采集、野外资源管理、土地边界标定、土地调查和规划、灾害响应和紧急救援、农业管理、地理位置感知。全球定位系统在土地信息学中的应用使地理数据的采集、分析和管理变得更加精确和高效，为土地管理提供了强大的工具。

2. 遥感技术（remote sensing, RS）

遥感技术通过从卫星、飞机、无人机等远距离传感器获取地球表面信息，这些传感器可以捕获可见光、红外线、雷达等不同类型的数据。通过遥感，可以获取大范围、多时相的地理数据，用于分析和理解地球表面的特征、变化和模式。遥感技术在土地信息学中用于土地覆盖分类和变化检测、土地利用规划、环境监测和自然灾害管理、农业管理、城市规划和交通管理、生态系统监测和保护、资源管理。遥感技术通过提供广泛的地理数据，使研究人员和决策者能够更好地了解和管理地球表面的各种信息，从而支持可持续发展和环境保护。

3. 地理信息系统（GIS）

地理信息系统是一种用于收集、存储、管理、分析和展示地理空间数据的技术系统。地理信息系统将地理信息（空间信息）与属性信息（属性数据）相结合，使用户能够更深入地理解和分析地理数据。地理信息系统通常由硬件、软件、数据和人员组成，它的核心是能够进行地理数据的空间分析和可视化。地理信息系统在土地信息学中用于土地用途规划、土地变化监测、土地资源管理、环境保护、基础设施管理、决策支持、土地评估等，可以帮助政府部门更好地管理土地资源和环境。

4. 数据库管理系统（database management system, DBMS）

数据库管理系统是一种软件系统，用于创建、组织、存储、检索和管理大量结构化数据。它提供了一个有效的方式来管理数据，并且支持用户通过各种查询和操作来访问这些数据。数据库管理系统可以确保数据的完整性、一致性和安全性。数据库管理系统在土地信息学中可以用于空间数据存储、数据集成、数据查询与分析、空间分析、决策支持、数据共享与协作以及可视化表达。数据库管理系统在土地信息学中的应用使地理数据的组织、存储、查询和分析变得更加高效和有效。

(三)方法体系

土地信息学方法体系是为地籍管理(不动产登记管理)、土地利用现状调查、土地定级估价、国土空间规划、土地整治与生态修复、建设用地管理等提供空间分析方法、专题分析模型、智能处理以及实现的手段,涵盖了数据获取与处理、空间数据整合与管理、空间分析与建模、土地信息应用以及数据可视化与决策支持等多个领域。

1. 数据获取与处理

土地信息学的数据获取与处理是其方法体系中的基础部分,涉及获取、整理和预处理土地相关数据的过程,确保了后续的分析和决策能够建立在准确、完整的数据基础上。数据主要通过遥感、全球定位系统、测绘、地理信息系统等技术获取,不同数据的获取和处理方法的选择会影响到土地信息的质量和应用效果。

2. 空间数据整合与管理

空间数据整合与管理是土地信息学的重要组成部分,将不同来源的空间数据整合到统一的数据库中,并通过合适的方法进行管理和维护,从而便于数据的查询、分析和应用。主要通过 GIS 平台,建立地理数据库,整合不同来源的空间数据,实现数据的存储、查询、分析和可视化,利用数据库管理系统管理土地信息数据,确保数据的一致性、完整性和可靠性。

3. 空间分析与建模

空间分析与建模是土地信息学的关键部分,通过对空间数据进行统计、模拟、预测以揭示地理现象的规律和趋势。主要通过统计方法研究地理现象的空间分布规律,揭示潜在的关联和趋势;利用数学、计算机技术建立地理过程和现象的模型,进行模拟和预测;结合多项决策标准,采用分析方法进行土地规划和资源管理决策。

4. 土地信息应用

土地信息应用是土地信息学的核心目标,将获取、处理、分析的土地信息应用于实际问题解决和决策支持。通过分析土地信息,可以评估城市的空间结构、土地用途组织和规划布局,以支持城市的可持续发展,同时有助于制定合理的土地用途规划,确保资源的有效配置并保护环境。此外,土地信息可用于分析土地利用变化和土地质量等方面的信息,以制定资源管理和环境保护策略;土地信息还可应用于自然灾害风险评估、应急响应和恢复规划。

5. 数据可视化与决策支持

数据可视化与决策支持将土地信息通过图表、地图等形式进行可视化展示,并为决策者提供科学的决策支持。在土地信息学中,将复杂的土地数据可视化使数据更易于理解和传达,帮助人们更清晰地理解和应用土地信息。通过整合这些数据并结合模型和分析工具,从而在土地管理和规划领域作出明智的决策,有助于实现可持续土地管理和资源利用,促进社会、环境和经济的和谐发展。

三、土地信息学与相关学科的关系

土地信息学是土地信息系统广泛运用、土地科学计量化发展和相关学科相互交叉作用而形成的一门综合性的边缘性基础学科,与其他学科联系密切(图1-8)。地理信息科学提供了空间数据处理、分析、可视化等技术,帮助理解土地的空间分布、关系和趋势;遥感科学和测绘学提供了丰富的空间数据,为土地信息学提供了基础数据源,用于分析土地变化、制作地图等;土地信息学为环境科学提供了用于环境评估、模拟、监测与分析的数据和工具;统计学提供了分析和解释土地数据的方法,帮助土地信息学从大量的地理数据中提取有用的信息并提出见解;土地信息学为土地利用规划学提供了重要的数据、分析和决策支持,有助于制定科学合理的土地利用政策和规划,以满足社会和环境的需求;计算机科学(如计算机图形学、人工智能技术、计算机网络技术和虚拟现实技术)提供了处理、存储和分析大数据的技术,使得土地信息可以更高效地被挖掘和应用。地理信息科学、遥感科学、测绘学、环境科学、统计学、土地利用规划学和计算机科学等学科相互协作,共同构成了土地信息学,为人们深入了解土地资源、管理土地利用提供了强大的工具和方法。

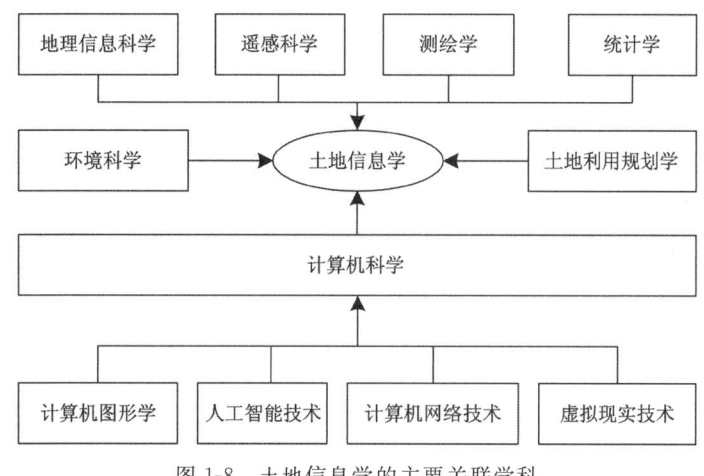

图1-8 土地信息学的主要关联学科

(一)地理信息科学

地理信息科学是研究地理信息的获取、存储、处理、分析和展示的跨学科领域,通过整合地理数据、地图、空间分析和地理信息系统技术,帮助理解地球上的地理现象、空间关系和模式。地理信息科学主要探索地球表面的空间分布,揭示地理现象之间的关系,并利用这些信息来支持决策、规划和研究。地理信息科学为土地信息学提供了基础理论、方法和技术工具,共同支撑对地球空间信息的深入研究和利用。在土地价格信息的研究中,地理信息科学可以帮助相关部门及时获得当前土地价格变化情况,并预测未来走势;在土地监察信息和土地督察信息方面,地理信息科学可以提供技术手段和设施,协助相关部门更好地监视、督导土地资源的管理和使用情况,及时发现和纠正可能存在的违规行为,并对其进行相应的处理。地理信息科学在土地管理方面具有非常广泛的应用,可以为决策者、管理者以及公众提供更加精准、及时的土地信息。

(二)遥感科学

遥感科学是研究通过卫星、飞机等遥远平台获取地球表面信息的学科,其使用传感器(如多光谱、红外、雷达等)获取电磁辐射数据,并将这些数据转化为有关地表特征、物体组成、环境变化等的信息。遥感科学的发展使我们可以从遥远的距离获取大范围的信息,在地球科学、环境科学、资源管理、灾害监测等领域得到了越来越广泛的应用。遥感数据提供的大范围、高分辨率的地表信息,如地表覆盖、土地利用、地形等,为土地分类、变化检测等分析提供了重要的数据源。

(三)测绘学

测绘学是研究测量、地图制图和空间数据获取的学科,其使用测量仪器和技术来测量地球表面的地理位置、高程、形状。测绘学包括地球测量、大地测量、摄影测量、地理信息系统等方面内容,以创建精确的地图和空间数据为目标。测绘学提供了地球表面的精确测量数据,包括地理位置、高程、地形等数据。这些数据是土地信息学的基础,常被用于土地分类、分析和决策支持。

(四)环境科学

环境科学是研究地球环境的综合学科,以理解环境问题的成因、机制、解决方案以实现可持续的环境管理和保护为目标,关注环境系统的各个方面,如大气、水体、土壤、生态系统等,以及它们之间的交互作用和影响。土地信息学为环境科学提供了数据和工具,可以用于环境监测与分析、土壤质量评估、环境规划和管理、环境模拟和预测、自然灾害的分析,从而使决策者制定更有效的环境保护和管理策略。

(五)统计学

统计学是研究数据收集、分析、解释和预测的学科,涵盖了从收集数据、整理数据到从数据中提取、洞察信息的一系列方法和技术。统计学可以分为描述统计学和推断统计学两个主要领域:前者用于总结和展示数据的特征,后者用于从样本数据中推断总体。土地信息学涉及大量的地理数据,统计学的分析方法可以用于分析解释地理数据,以及分析地理数据的空间分布、相关性和变化趋势,揭示各类地理现象。统计学为土地信息学提供的数据分析、空间分析和不确定性处理等方法,是土地信息学中数据解释和信息提取的重要工具,有助于深入理解地理现象和空间关系。

（六）土地利用规划学

土地利用规划学是研究土地利用规划理论与方法的学科。土地利用规划是指在一定区域内,根据国家社会经济可持续发展的要求和当地自然、经济、社会条件,对土地开发、利用、治理、保护在空间上与时间上所作的总体的战略性布局和统筹安排。土地利用规划考虑了人口增长、经济发展、环境保护等多个因素,以确保土地资源的有效利用和社会可持续发展。掌握土地资源状况,分析土地利用问题,制定土地利用规划方案,都需要以土地数据分析为基础。由此可见,土地信息学为土地利用规划提供了数据获取、分析和决策支持的关键工具,促进了土地利用规划的发展。

（七）计算机科学

计算机科学是研究计算机系统、算法、数据处理和计算理论等的学科,其核心是探索计算过程、数据存储与处理、问题求解的原理和方法。土地信息学的快速发展以计算机科学为重要支撑。其中,计算机图形学理论是现代土地信息学技术理论的重要组成部分,提供图像处理和显示的技术方法以及相关软、硬件设施;人工智能技术是土地信息学信息处理的一个智能方法;而计算机网络技术的迅速发展则为土地信息的远程查询、分析处理和传播等方面提供了强有力支持;虚拟现实技术利用了多种高科技的最新成果,如三维图形技术、多媒体技术、仿真技术、显示技术、伺服技术等,依靠计算机和其他设备实现一个逼真的三维虚拟世界,在土地信息管理领域,通过各种土地利用仿真模拟有效地预测了土地利用演变的规律,为土地利用决策提供了有力依据。

四、土地信息学的发展历程与趋势

（一）土地信息学的发展历程

土地信息学由最初的地图绘制工具到如今的智能化空间分析系统,先后经历了多个发展阶段。早在1962年,加拿大政府的土地资源调查机构便开展了关于地图数字化的试验,开发出了世界上第一个具备实用价值的地理信息系统——加拿大土地信息系统。在这个阶段,国外主要集中在开发用于地图制作和数据处理的计算机程序。在20世纪70年代,国际学术组织开始交流、推广地理信息系统及相关领域的学术思想和实证研究,部分大学也开始培养相关技术人才或培训在职人员,部分国家和政府机构自行发展了不少实用性较强的地理信息系统。至20世纪80年代中期,土地信息系统在发达国家取得明显进展,在发展中国家和地区得到了一定程度的开发、应用。20世纪90年代以来,随着土地信息产业的建立和地球数字化产品的普及,地理信息系统逐渐迈入用户时代。

相较于其他计算机应用领域而言,土地信息技术在我国起步较晚。自20世纪80年代引进土地信息技术以来,经过不懈努力,我国在该领域取得了长足进展。在这一过程中,我国在从国外引进新技术、新理念和新经验的基础上,广泛地开展了有关土地信息技术的科学研究和应用实践,参与和推动标准制定,积极服务和助力土地信息学的发展。我国土地信息学的产生与发展进程可分为以下四个阶段。

1. 初始阶段（1950—1980年）

新中国成立初期,我国开始进行大范围的地理调查和测绘工作,采集和整理土地面积、形状、地形地貌等基础地理信息,同时开展了地籍测绘和管理,记录土地的界线、归属和权益,建立了较为完善的土地信息档案和数据库,为土地信息学后续阶段的应用和研究奠定了基础。在这个时期,受技术条件和经济基础的限制,土地信息学尚未成为独立的学科,但在土地管理、城市规划和农村建设等领域已经开始涉及地图、土地利用数据等基础的土地信息。这一阶段,土地信息主要通过手工制图和地方政府的土地记录进行管理。

2. 信息化引领阶段（1980—2000年）

随着工业化、城镇化的快速推进,我国开始积极开展国土资源规划与管理体制改革,为土地信息的整合、管理、利用提供了平台和机会。改革开放带来了科技交流与合作的机遇,计算机技术开始引入土地信息领域,土地图件、土地利用数据等开始被数字化处理,使得数据的存储、传输和共享变得更加便捷;土地管理工作也开始实现电子化,提高了土地管理的精确性和效率;土地信息系统（LIS）的兴起,使土地信息能够更好地被整合、分析和利用,为土地资源管理提供了技术支持。

3. GIS应用与精细化管理阶段（2000—2010年）

在生态文明建设战略的指导下,土地信息学强调土地资源的精细管理和生态保护。GIS技术在这一阶段得到了广泛应用,通过集成、分析和展示地理空间数据,决策者能够更好地理解土地分布、土地利用和土地变化等信息,进而促进了土地利用评估、土地变化趋势分析、土地规划等工作程序的升级,从而提高了土地资源的有效利用率和生产力。此外,GIS技术让公众可以更深入地了解土地利用变化和规划,参与决策过程。

4. 智能化与可持续发展阶段（2010年至今）

随着人工智能、大数据和云计算等技术的兴起,土地信息学迎来了智能化和可持续发展的新阶段。这些技术的应用赋予土地信息学更智能的数据分析和决策能力,如运用人工智能和机器学习技术等智能算法,大幅提升了数据的处理速度和准确性。通过智能化分析,可以更好地监测土地资源的利用情况,避免过度开发和破坏。同时,智能技术还可以帮助管理部门制定可持续的土地利用规划。

（二）土地信息学的发展趋势

土地信息学的演进是由信息技术的进步、土地科学的发展与土地管理工作的需要共同推动的。随着"3S"（GPS、RS、GIS）技术、互联网、大数据、云计算、无人机、人工智能、深度学习和机器学习等技术的进步,土地信息技术的研究和应用越来越深入,在多元信息获取、信息标准化与共享、信息深度挖掘与集成应用等方面发展尤为迅速。在多元信息获取方面,工程测量技术、卫星遥感技术、激光雷达技术、无人机航拍技术、移动设备获取技术等已逐渐成为土地数据采集的主要手段;在信息标准化与共享方面,土地信息的标准化与共享使不同数据源之间更好地链接和数据交换,实现数据的统一管理和共享;在信息深度挖掘与集成应用方面,则可以更好地挖掘土地数据中隐藏的信息,为土地资源管理提供决策支持。将土地信息视作一个由相互作用的若干组成要素结合而成的且具有特定功能的有机整体,开展土地信息的模型化、系统化和标准化研究,充分利用土地信息系统提升现代化水平,将是土地信息学未来的重要发展方向。

从当前发展形势来看,土地信息学的发展趋势可以归结为以下六个方面。

1) 权籍信息采集、管理及安全的基本理论

"互联网+"、云计算、大数据、人工智能、移动定位等技术的不断发展,权籍相关的采集内容、采集形式、存储结构、管理模式、服务模式等正面临多种考验。当前,权籍标准缺乏面向精细化的管理,更缺乏具有创新性的理论支撑。因此,对中国特色权籍管理法规的理论深入广泛研究,可能是突破的关键。

2) 多源国土信息获取技术

目前获取土地信息主要是利用遥感技术、全球定位系统等,如遥感数据、测量数据和调查文档等,大幅提高了土地信息的准确性、精度和可靠性。同时随着卫星技术、航空遥感技术、无人机技术和全球定位系统等的快速发展,国土信息获取技术迎来了新机遇。未来需要研究更快速、全面的土地信息获取理论,包括利用卫星、飞机、无人机和地面平台等,利用可见光、多光谱、高光谱、激光雷达数据以及全球定位系统,从而获取更准确、高效的地表和地下土地资源数量、质量和状态的多元信息。

3) 土地信息标准化、安全组织、存储、交换和共享

土地信息化标准的建立是自然资源信息化建设的前提。当前,研究数据的标准化组织、制定数据标准、保障数据质量、规范数据内容和共享机制已成为首要任务。随着信息技术的进步,多媒体技术、虚拟现实、遥感信息、海量数据处理、监测技术和网络技术等也对传统 GIS 产生了影响。海量国土信息数据的快速存储、抽取、交换、融合和共享成为研究的趋势。此外,由于土地数据的权威性和涉密性,数据传输和共享的安全技术亦亟待研究。

4) 土地信息深度挖掘、综合表达、集成应用

随着"3S"技术、数据挖掘、模型模拟和专家决策系统技术的发展,土地信息技术正朝深度挖掘和综合分析发展。随着空间信息技术中对地观测技术、数据库技术和网络技术的飞速发展,自然资源信息数据已进入全面、高速应用阶段。作为以空间信息资源管理为特征的行业,空间数据的深度挖掘正是土地领域的热门课题和攻关重点。智能决策的研究趋势使多维土地信息定量化、可视化和动态化表达技术成为重点。

5) 数字国土(智慧国土)建设

在数字时代背景下,自然资源信息化建设要按照"统一底图、统一标准、统一规划、统一平台"的重要指示要求,坚持需求导向、目标导向和问题导向,聚焦自然资源"两统一"职责,遵循

自然资源信息化建设的总体框架,有机结合国家"十四五"各类规划中涉及自然资源部的主要任务,将数字化技术逻辑与自然资源管理行政逻辑深入融合,以数字化思维优化自然资源管理和国土空间治理模式,实现数据赋能、协同治理、智慧决策、优质服务的发展目标。一方面是在技术逻辑支撑下,对行政逻辑的制度规则进行设计、流程再造与模式优化,实现行政逻辑与技术逻辑的融合。另一方面是在技术逻辑驱动下,在"一网""一图"和国土空间基础信息平台的基础上加快建立动态感知的调查监测技术体系,建立融合的数字空间作为国土空间数字化治理的新载体,建立空间大数据智能算法中心,建立智慧化、场景化多跨协同的应用服务体系,加强网络和数据安全建设,强化落实网络安全技术措施同步规划、同步建设、同步使用的要求,确保重要系统和设施安全有序运行,推动提升重要设施设备的安全可靠水平,增强自然资源行业数据安全保障能力。

6) 大数据与土地信息技术

大数据作为挖掘信息和知识的重要工具已深度融入土地信息科学中,并对土地信息技术的发展产生了较大影响。目前土地数据类型和数据资料呈爆炸式增长,科学合理地分析、管理土地数据成为土地资源管理的必要发展趋势。大数据融合为解决土地数据量巨大、数据结构规范不一、数据类型繁杂等问题提供了技术支撑。结合生物传感器、生态遥感、物联网、大数据、云计算等数据分析技术,能够优化土地数据结构,提高土地数据管理质量。此外,基于云服务的土地信息系统构建将是土地信息学发展的主要趋势,通过集成多项相关土地数据,针对不同层次的用户终端构建不同的人性化人机交互界面,拓宽土地信息系统应用领域,并集成不同类型的数据管理平台,将充分发挥大数据分析在土地信息系统建设中的作用。

第四节 学习和研究土地信息学的背景

深入了解土地信息学的相关背景,可以更好地应对城市规划、资源管理、环境保护等各种实际问题,为社会可持续发展提供解决方案。土地信息学作为连接自然、社会、科技的桥梁,与生态文明、新型城镇化、大数据、新工科与新文科等领域有着紧密的关系。

生态文明强调人与自然的和谐共生,土地信息学能够为生态环境监测、资源保护和可持续发展提供重要支持;新型城镇化追求城市可持续发展,土地信息学为城市规划、土地利用和交通规划提供了有力的支持;大数据支撑着土地信息学的发展,通过空间数据的整合、分析和可视化,帮助人们从大数据中提取有用的信息学习和研究土地。作为一门综合性的学科,土地信息学与新工科和新文科的交叉关系逐渐增强。

一、生态文明

20世纪90年代以来,中国经济发展迅速,快速的城市化进程成为人类社会发展至今的显著特征。人口的快速增加和城市扩张等过程带来了许多问题,如城市热岛效应加剧、生物多样性下降、环境污染加重、生态系统恶化等,直接影响了生态环境的可持续发展。如何进行国土空间的合理开发、保护与恢复,转变国土空间利用方式,促进国土空间的可持续发展已成为当务之急。党的十七大报告首次提出了"建设生态文明"的理念。《关于〈中共中央关于全面深化改革若干重大问题的决定〉的说明》提出了"山水林田湖是一个生命共同体"的理念,并强调了对山水林田湖的统一保护与修复。2015年11月,在党的十八届五中全会上,再次强调构建以"坚持保护优先、自然恢复为主"的生态安全屏障。随后,"多规合一"的国土空间规划体系总体方案,在2019年经中央审议通过。同年,"绿水青山就是金山银山"作为执政理念被写入党的十九大报告,对国土空间开发保护格局提出了更高要求。在党的二十大中,习近平总书记继续强调坚持推进"山水林田湖草沙一体化"的保护和系统治理,推动绿色发展,站在人与自然和谐共生的高度谋发展,构建优势互补、高质量发展的区域经济布局和国土空间体系。由此可见,生态文明体现了人与自然的和谐关系,建设生态文明要重点把握资源保护与节约、环境保护与治理、生态保护与修复、国土开发与保护四个方向。当前土地科学研究重点包括土地利用生态效应、土地整治和国土空间生态修复等,且在生态文明建设和"双碳"目标背景下,生态保护修复、绿色可持续发展等内容将是未来长期研究热点。

  国土空间规划体系是在时代的进步以及生态文明的发展下产生的,国土空间规划体系建设在生态文明的约束下,要对自然环境的承受最大限度做到精准判断,并且制定出能够促进生态环境和经济一同发展的体系。土地信息学为国土空间规划提供可靠准确的数据,提供预测、管理和决策等多方面的功能。一是土地信息学为国土空间规划提供基础数据。土地信息学作为土地科学的一个重要的、现势性强的分支,提供丰富的地理空间数据、土地利用数据、地形数据、遥感数据等,为科学合理的国土规划、生态环境保护和可持续发展提供了强有力的数据支持和分析工具;通过土地信息学可以对国土空间进行详尽的分析和评估,了解不同区域的生态状况、资源分布、生态脆弱性等;通过分析资源的分布和需求,可以制定有效的土地利用政策,推动资源的合理开发和利用,保障生态环境的健康发展。二是土地信息学为国土空间规划提供空间数据管理平台和工具。通过地理信息系统(GIS)等技术,管理国土空间相关的空间数据,包括土地利用、土地覆盖、地形地貌等。这种数据管理功能有助于整合多源空间数据,建立空间数据库,支持规划的数据共享、查询和更新。三是土地信息学为国土空间规划提供规划决策支持。通过空间分析、模拟、可视化等手段,可以呈现不同规划方案的效果,帮助决策者更好地理解规划的影响和潜在问题,从而作出明智的决策。另外土地信息学支持规划的动态监测和调整,通过不断更新空间数据,可以监测规划实施的效果,及时发现问题并进行调整。四是土地信息学为国土空间规划提供预测功能。通过土地信息学技术,可以预测未来国土资源的分布、利用趋势、变化情况等。例如,基于历史数据和趋势分析,制定预测模型,预测人口增长、土地利用需求以及未来城市扩张的方向,从而有针对性地规划发展区域。

  土地信息学作为描述、采集、存储、管理、分析、处理、表达、应用、传播土地信息的理论和方法的新兴交叉学科,对国土空间规划人才培养体系的建立具有重要作用,生态文明约束下的国土空间规划体系的构建也对土地信息学提出了多方面的要求。土地信息学在数据采集、整合、处理过程中需要保证数据的质量和准确性,以确保规划的科学性和可行性;国土空间规划涉及不同尺度的规划,土地信息学应紧随土地科学的发展趋势,在不同尺度上进行数据整合、分析和展示,确保规划的协调性和一致性;国土空间规划还需要多个部门和领域的合作,土地信息学需以大数据等技术为支撑支持空间数据的共享和开放,促进国土空间规划体系中不同单位之间的数据交流,提供适应开放数据共享的技术支持;国土空间规划需要土地信息学具备生态环境监测和预警的能力,及时监测生态环境的变化和问题,预测可能的生态风险,为规划提供科学依据。未来土地信息学更多地关注国土空间格局优化与生态修复治理的理论、方法与实践,探索土地利用的生态环境效应,促进绿色低碳转型下的土地系统科学研究及学科建设。

二、新型城镇化

改革开放以来,中国的快速城镇化带动了经济社会的大力发展,但人口半城市化、城市摊大饼式扩张、社会分配不均、中小城市发展缓慢甚至衰落、资源环境压力与日俱增等弊端也日益凸显。为应对这些问题,2013年12月12—13日召开了中央城镇化工作会议,习近平总书记和李克强总理分别作了重要报告,会议提出了推进城镇化的主要任务,强调了中国城镇化发展的"稳中求进"、努力实现"人的城镇化"等方针。之后,中国国务院发布了《国家新型城镇化建设规划(2014—2020年)》,明确了以人为本、城乡统筹、可持续发展为原则的新型城镇化发展路径,这标志着中国城镇化发展的重大转型。

新型城镇化不同于传统城镇化,新型城镇化的"新"就是要将过去片面注重追求城市规模扩张转变为以提升城市的文化、公共服务等内涵为中心,真正使城镇成为具有较高品质的宜居之所。新型城镇化规划提出有序推进农业转移人口市民化、推进符合条件农业转移人口落户城镇、优化城镇化布局和形态、提高城市可持续发展能力、优化城市空间结构和管理格局、提高城市规划建设水平、推动新型城市建设、加强和创新城市社会治理、完善城乡发展一体化体制机制、加快农业现代化进程等要求。这些要求涉及城镇化过程中人口、经济、土地和社会等各要素,还要同时要求建立人口向城镇集聚、经济增长与非农就业岗位以及土地非农化利用之间的综合分析框架与模型,分析转变过程及格局。新型城镇化还必须充分考虑资源环境承载以及对气候变化的适应等新问题,传统粗放型的城镇化模式逐渐暴露出要素资源低效利用、生态环境急剧恶化、城镇空间蔓延失衡和城乡融合严重割裂等一系列突出问题。2020年国家发展和改革委员会印发的《2020年新型城镇化建设和城乡融合发展重点任务》中明确强调要"坚持新发展理念,加快实施以促进人的城镇化为核心、提高质量为导向的新型城镇化战略"。

土地信息学可以为新型城镇化下的城市规划提供数据和分析工具。土地信息学所记录的土地利用、土地权属、土地质量等数据,有助于城市规划和土地用途的合理配置,确保城市的可持续发展,有助于实现土地资源的管理和评价,为土地资源的合理开发利用提供支持。同时,学习利用GIS技术和遥感数据可以对土地利用变化数据进行趋势分析,提高数据的准确性和真实性,监测土地利用的变化,帮助政府监管土地利用行为,防止违规用地。土地信息学可以用于支持新型城镇化下城市资源和设施的管理建设。构建城市地理数据库,整合土地利用、交通、环境等数据,为城市基础设施建设和资源管理提供支持。通过GIS技术,可以实现城市设施的位置管理、维护计划制订等,提高城市管理的效率和精确性。土地信息学可以为新型城镇化下的规划提供监测功能。土地信息学可以进行城市空间的动态监测,实时了解城市的变化情况,通过遥感技术获取的影像数据,可以监测土地利用变化、城市扩张、建设活动等情况。这有助于及时发现问题,调整规划,防止不合理的用地和建设。土地信息学可以为新型城镇化下规划提供决策支持。土地信息学为城市管理者提供决策支持,通过数据分析和模拟,可以评估不同规划方案对城市发展的影响,辅助决策者作出科学决策。同时,通过可视化手段,可以将复杂的数据以图表、地图等方式呈现,使决策更加直观明了。土地信息学在新型城镇化下在规划、监测、管理、决策等方面具有多方面的功能和作用,为城市管理者和决策者提供了数据支持和分析工具,有助于实现城市的可持续发展、智能化管理和提高城市生活质量。

新型城镇化涉及土地资源的规划、管理、利用以及城市发展等众多方面,需要土地信息学提供精准、实时的数据支持和决策分析,对土地信息学的学习提出了钻研多项精深技术、紧密结合规划实际需求等全面要求。新型城镇化背景下的规划需要进行复杂的空间分析和模拟,考虑城市扩张、资源配置、环境影响等因素,这要求土地信息学具备强大的空间分析和模拟能力,支持规划者预测不同方案的效果,优化城市发展方向和布局。新型城镇化下规划强调环境保护和生态平衡,要求土地信息学能够评估城市发展对环境的影响,进行环境风险评估,为规划提供环保建议。同时,要支持生态系统评估,帮助合理规划生态保护区和生态廊道。由此可见,学习和研究土地信息学的原理与技术方法,有助于推进新型城镇化及城乡融合发展。

三、大数据

现代社会是一个信息化、数字化的社会。数据充斥着整个世界,亟待人们加以合理、高效、充分地利用。在"大数据时代",数据已经不仅仅是需要分析处理的内容,更重要的是人们需要借助专用的思想和手段从大量看似杂乱、繁复的数据中,收集、整理和分析数据足迹,以支撑社会生活的预测、规划和商业领域的决策支持。当前,数据已经渗透到每一个行业和业务职能领域,逐渐成为重要的生产资料。同时,大数据已从经济领域上升到了政治领域,是一个国家数字主权的体现,是与自然资源、人力资源同等重要的战略资源。大数据能够直接影响国家与社会稳定,与国家安全等战略性问题紧密联系。我国已将大数据发展作为重点建设工作。2015年10月,党的十八届五中全会首次提出了国家大数据战略;2016年3月,《国民经济和社会发展第十三个五年规划纲要》中指出,实施国家大数据战略是"十三五"时期创新驱动发展的重要抓手;2017年10月,党的十九大报告提出建设"智慧社会",充分利用物联网、互联网、云计算、大数据、人工智能等新一代信息技术,推动社会信息服务体系建设,构建广覆盖、立体化的信息服务网络,促进经济社会发展,共同建设美好社会;2021年3月,《国民经济和社会发展第十四个五年规划和2035年远景目标纲要》发布,提出推进大数据发展、持续做大做强大数据产业和培育壮大数字经济的要求,为今后五年大数据的发展进行了总体部署;2021年11月,工业和信息化部发布《"十四五"大数据产业发展规划》,为大数据产业部署了加快培育数据要素市场、发挥大数据特性优势、夯实大数据产业发展基础、构建稳定高效产业链、打造繁荣有序产业生态和筑牢数据安全保障防线六大任务。我国目前正面临从"数据大国"向"数据强国"转变的历史新机遇,大数据发展已成为推进国家治理体系和治理能力现代化的有效途径。在此背景下,需要充分利用数据规模优势,促进数据开放、共享和治理,推进数据资源的可持续运营和创新应用,为国家治理现代化提供更加全面、可靠的数据支撑。

自然资源大数据是实施国家大数据战略的重要内容,其应用发展是新时期自然资源管理事业发展的迫切需要。做好新时期自然资源管理工作,不仅需要抓住"数据强国"转变的历史机遇,还需要抓住国家大数据战略实施的现实机遇。具体而言,云计算、移动互联网、物联网、数据分析挖掘等新一代信息技术的发展及其应用,为发展自然资源大数据创造了良好的数据基础和技术条件。应充分发挥自然资源行业大规模数据的优势,以自然资源数据、相关经济社会发展数据和网络数据为基础,促进理论、技术和管理方面的创新,从而更好地利用数据,为自然资源的可持续发展和管理提供全面支持。近年来,国土空间规划作为国家空间发展的指南、可持续发展的空间蓝图以及各类开发保护建设活动的基本依据,日渐受到国家的高度重视。在规划编制与管理过程中,全域全要素分类是一个重要基础,而要实现全域全要素分类,就需要大量的地理空间信息。这些信息具有覆盖广泛、数量庞大、来源丰富等特点,逐渐形成了地理信息大数据。地理信息大数据在一般地理信息数据规范的基础上,更具灵活性和精确性,数据涵盖广泛,包含各方面,如地理地貌的精准度、生态环境的变化和社会人口流动等信息,简单来说就是多源数据的结合体。在大数据时代背景下,在国土空间规划工作中,地理信息大数据能够提供实时的基础数据、对国土规划工作进行动态监测、为耕地保护和监管提供技术支撑,并有助于做好环境承载力及国土空间规划的适用性评价等工作。

在大数据背景下研究土地信息学,有助于丰富土地数据获取的途径,高效整理土地数据资源,从而为土地管理和决策提供重要依据。虽然大数据的应用为土地信息技术的发展提供了良好的科学基础,但是由于大数据具有数据体量大、速度快、模态多样等特征,且土地信息学的研究涉及政治、经济和文化发展等多个方面,大数据时代也给土地信息研究带来了严峻的挑战,加剧了土地领域对于大数据的存储、读取、处理、应用以及隐含规律的挖掘等的压力。在大数据背景下,当前土地信息研究所面临的问题主要是,面对如今体量大、速度快、模态多样和真伪难辨的土地数据增长模式,如何有效地挖掘出地理信息大数据的巨大价值,并使这些价值最大化地应用于土地行业,以促进土地管理的信息化、智能化。解决上述关键问题需要从法律法规体系建设、人才培养、技术融合等方面着手。

1)法律法规体系建设

在大数据环境下,作为生产资料的土地数据资源具有数据量巨大、数据变化快、数据共享简便等特征,会导致数据分析及应用场景更为复杂,数据存储与应用面临泄露风险,因此必须建立一定的法律法规以及道德标准。同时,政府部门需要进一步完善法律法规,不断完善和优化内部管理的制度,避免因为内部操作人员而对土地资源信息造成不必要的影响,努力增强工作人员操作的思想意识,让土地资源信息系统能够更加安全、高效地运行。

2)人才培养

大数据时代要求学习土地信息学需要掌握更多、更全面的专业技能,除传统地图信息处理能力外,相关专业从业人员还需具有对网络数据、社会经济数据和信息分析模型进行处理与分析的能力,诸如CA、Markov模型、开放数据获取、无人机等新型数据技术与方法理应被纳入专业能力的范畴。同时,相关人员需紧跟大数据的学科前沿和实践热点,及时学习时空大数据、开放数据获取、无人机摄影测量等新知识、新技术,做到与时俱进,从而成为在理论上掌握土地信息技术和大数据的基本思想、内容,技术上能够构建土地信息数据库、进行模型分析、获取开放数据和进行无人机摄影的专业人才,以保障国家大数据战略的顺利实施。

3)技术融合

应采取更加多样、更加灵活的方式,将物联网、互联网、云计算、大数据、人工智能等新一代信息技术融合到土地信息学研究中,发挥信息技术发展对数据采集、存储、处理、整理与应用等所带来的便捷。其中,大数据与土地信息学的结合,可以提高数据内容的真实性和精准性,减少数据的运行周期,从而有效地利用大数据技术推进我国土地资源信息化管理;将人工智能融入土地信息学的建设中,能够有效整合空间上以及自动化的技术,从而发现我国在土地资源利用中所存在的问题并进行预测和提醒,支撑土地审管分离的政策,实现多方面的监管机制。此外,在开展国土信息化工程建设的过程中,应该充分利用网络的存在,加强每个管理系统之间的内在联系,努力推动土地资源数据库的整合工作,让数据库能够更加紧密地与土地资源相连。在整合的过程中,也应该对每个数据库的动态不断地进行更新、调整以及优化,这样能够确保数据的准确性和有效性,还能够提高数据的有效利用率;结合大数据的技术,利用自身的特点寻找合适的方法和手段,不断在实践中取得成果,通过相关数据的处理来提高我国土地信息学的建设和土地资源管理的水平。

四、新工科与新文科

2018年,党中央提出要推动高质量发展并进一步提升教育服务能力和贡献水平,发展新工科、新医科、新农科、新文科。创新对整个学科建设的发展思路、标准、路径、技术方法和评价等方面都产生了变革。在不同的学科中,工科代表国家的硬实力,医科代表国家的健康力,农科代表国家的生长力,文科代表国家的软实力。因此,为了快速实现构建高等教育强国这一目标,需要不断推进新工科、新医科、新农科、新文科的"四新"建设。

所谓新工科,首先是相对于传统工业相对应专业的"老工科",新经济发展趋势下对应新兴产业的全新工科专业,即孕育一类新型工科形态;之后,传统工科大学利用其集约的工程技术优势,面向新兴产业进行战略调整,并对学科进行重组和扩展。新工科的兴起,有可能推动产业升级或迭代跨越。新工科的建设是学科交叉融合的新形态,同时也是科技创新的必然产物。新工科的发展重点之一是加强与社会联系的纽带,重点与社会产业发展相匹配,既面向当前急需,又考虑未来发展,促进学校教育与社会教育的有机结合;其次要大力倡导前瞻性与引领性发展,研究并预测未来国家和产业的发展需求与方向,摆脱传统工科的限制,以全球视野前瞻布局前沿技术研发,为经济社会持续发展提供战略储备、拓展战略空间,完成从"需要什么就研发什么"到"研发什么就会需要什么"的转变,提前做好规划布局,合理规划研究重点及方向;此外,还需坚持创新发展与学科交叉融合道路,坚持创新发展,同时着眼于学科的交叉融合,以长远的眼光看待工科发展。

新文科则是指以中国特色哲学社会科学为核心内容,即在一定程度上反映、呈现和包含中国经验、中国材料、中国数据的文科。相对于传统文科,新文科的创新之处在于进行学科重组和文理交叉,即将新技术融入哲学、文学、语言等类似课程中,为学生提供综合性的跨学科学习。新文科建设亟须吸收世界学术探索的精华成果,深入探讨人类社会发展进程中的理论问题。新文科学科门类的覆盖面较为广泛,其发展需加强学科与社会的结合程度,促进现代科技特别是人工智能信息技术融入,使学科与社会结合更加紧密,深化高校文科专业教学改革,培养新型人文社科人才,用中国理论科学阐释中国制度、中国道路,壮大和弘扬文化软实力。新文科建设的重点任务之一是建设新专业或新方向。一方面要着力建设交叉融合新专业或新方向,以新的思路和跨界模式,探索建设适应引领时代发展的新专业或新方向,培养创新型专业人才;另一方面要推动现有专业的转型升级,通过培养目标和课程结构的改革调整,实现人才培养质量提高和未来发展潜力提升。

土地信息学作为一门交叉学科,未来需结合新工科与新文科的建设要求,稳步推进学科的进一步发展。新文科建设强调创新性思维,应用到土地信息学中意味着更多先进的技术工具和方法的应用,如地理信息系统、遥感技术等,以创新性的问题解决思路,有助于提升土地信息学的研究和应用水平。新工科和新文科建设强调跨学科的融合,将不同学科的知识和方法相结合,促进了土地信息学与其他学科的交叉合作。例如,工程、地理、计算机等学科的融合为土地信息学带来了更多创新的思路和方法。与新工科和新文科领域合作,土地信息学的发展迎来了新的机遇和挑战,通过跨学科合作、技术创新、数据驱动、解决实际问题等途径,新工科和新文科建设为土地信息学提供了更广阔的发展空间,有助于推动土地信息学在应用和研究领域的进一步发展,有助于促进解决城市规划、土地利用、资源管理等现实问题,为社会发展提供支持。

随着土地使用制度改革的深入,土地管理与合理利用联系越来越密切。政府、个人或企业对土地的需求越来越大,人们对土地信息的需求日益增大。土地信息几乎是无处不在、无所不包的。人们在日常生活和工作中,随时随地都与土地联系着,自觉不自觉地都在利用各种土地信息。现在,各级政府的日常工作,大部分都与土地信息有关。对于社会各行业,土地信息也是他们经常所关注的重要内容,土地信息来源于社会、服务于社会,这是土地信息的生命源泉。土地信息学是一门多学科融合的学科,随着其研究的深入,势必会拓展出新的内容与范式。而在新文科和新工科建设背景下,学习土地信息学也是时代所需。这就要求我们必须站在多维度、多学科综合的视角去主动学习土地信息学,理解土地信息学的内涵意义,掌握土地信息学涉及的技术方法,把自己培养打造成综合型人才,以更好地解决我们所遇到的问题与困难,为新文科、新工科的建设添砖加瓦。

<h2 style="text-align:center">知识要点与习题</h2>

知识要点

数据　信息　土地数据　土地信息　土地信息系统　土地信息学
土地信息学的基本理论框架　土地信息学的技术体系　土地信息学的方法体系

习题

(1) 简述数据与信息的关系。
(2) 简述土地数据与土地信息的主要类型。
(3) 土地信息有哪些主要的用途？
(4) 土地信息学包含哪些主要的研究内容？
(5) 试述学习土地信息学对生态文明建设的具体作用。
(6) 试简述土地信息系统的构成。

第二章　土地信息学的相关理论

土地信息学的发展离不开相关学科理论的支撑。从土地信息学的发展历程和主要研究内容来看,土地信息学的相关理论主要包括地理学理论、测绘学理论、地球系统科学理论、信息科学理论和经济学理论等。

第一节　地理学理论

地理学是研究地球表面空间分布、自然环境、人类活动及其相互关系的学科。土地信息作为地理学研究的重要组成部分,涵盖了地形、土地利用等数据,对于理解土地资源特征、揭示土地利用规律具有重要意义。地理信息系统(GIS)的出现,极大地推动了土地信息的研究和应用。通过整合、分析和展示土地信息数据,地理信息系统为空间分析、环境研究、规划、紧急响应和科学研究等领域提供了强大的技术支持。研究地理学理论的基本概念和规律的抽象与形式化表达,为土地信息获取的实现和应用奠定理论基础。

地理学作为土地信息学的基础理论之一,其核心在于研究区域间的异质特征,这些特征是自然和人文要素相互耦合、共同作用的结果。作为一门经世致用的学科,地理学涵盖了广泛的主题和丰富的理论体系,人地关系理论、地域分异理论、区位论和中心地理论是其理论体系的重要组成部分。人地关系理论探讨了人类与环境相互作用的紧密联系;地域分异理论则关注不同地区之间特定特征的差异和联系;区位论强调自然要素与人类经济社会活动之间的相互联系和相互作用在空间位置上的反映;而中心地理论作为区位理论的一种特殊表现形式,进一步丰富了对区域空间结构的认识,阐述了一个区域中各级中心地的分布、职能及其相对规模。通过对这些地理理论的深入研究,能够更加深刻地理解人类与环境的相互作用,以及地理空间在塑造人类社会中所发挥的关键作用。这不仅有助于拓展对地理学复杂性的认识,更能促进地理学理论与土地信息学相互结合,推动土地信息学的不断发展和创新。

一、人地关系理论

人地关系,即人类社会与自然环境之间的相互关系,构成了现代地理学研究的重要课题,也是当代社会发展必须直面和探讨的关键问题,更是人类认识世界的永恒命题。人地关系理论的核心聚焦于人类活动如何塑造地球环境和地球环境如何影响人类活动,涵盖了土地利用、资源管理、环境政策等内容。通过分析人类社会与环境之间的相互关系,人地关系理论为深度剖析人类社会与环境之间的相关关系,以及推进可持续发展提供了理论指导,在环境管理、自然灾害防范、城市规划等领域具有广泛应用。

1. 环境决定论

早期的人地关系理论主要受到环境决定论的影响,该理论主张环境在塑造人类文化和社会发展中起主导作用。地理环境被认为是人类文化和社会组织的决定因素,而人类只是被动地适应环境的变化。这种观点在19世纪末20世纪初的地理学中占据主导地位,但随着研究的深入,人们逐渐认识到人地相互作用的复杂性和多元性,开始质疑并超越单一的环境决定论视角。

2. 人文地理学

在人地关系理论的发展历程中,早期的环境决定论主要关注地理环境对人类社会的影响,而人类被视为环境的被动适应者。随着人地相互作用概念的引入,人类活动与地理环境之间的互动得到更多关注,人文地理学开始兴起。人文地理学强调人类社会的文化、价值观、行为和地理环境之间的互动关系,认为地理环境不仅塑造了人类社会,同时人类的社会活动也对地理环境产生影响。

人文地理学的发展逐渐推动了人地关系理论向更复杂的方向发展,将人类文化、社会结构、经济活动等因素纳入地理研究的范畴中。这一进步不仅丰富了人地关系的理论内涵,更促使其向可持续发展的思想转变,强调了人类与地球环境之间的平衡与协调。

3. 人地关系模型

从一般系统论出发,人地关系系统可定义为由人与地的诸因子相互作用和影响形成的统一整体。这一整体中的元素和关系的抽象表达所形成的概念结构图示称为一般构型,通常分为以下两类。

1)基于人地关系经典解释的人地关系系统构型

按人地关系的经典解释,人地关系系统可理解为由人类社会及其活动的组成要素,与自然环境的组成要素相互作用和影响,而形成的统一整体,也可称为人类与自然环境相互作用系统。在这个系统中,作为子系统的自然环境是以人类为主体的客观物质体系,它是由各种自然要素构成的自然综合体,是自然物质发展的产物,人类活动也参与了这一发展过程。它对人类社会及其活动影响的因子,既包括自然资源、自然灾害,又包括各种自然要素相互作用所形成的生态关系和功能耦合(由人类活动引起的生态破坏和环境污染包含于其中)。作为另一子系统的人类社会及其活动以主体形式存在,是由各种社会经济要素构成的社会经济综合体,它既是人类社会发展的产物和人类再生产活动的基础,也是人类社会发展的主要内容,其构成要素主要包括人口、社会、经济和文化。

由于人类与自然环境相互作用系统是以人类的持续生存和发展为系统发展标志,因此,对这一系统的基本构型也应围绕人类生存与发展的主题展开,关注影响自然环境的一系列人类活动和影响人类社会及其活动的一系列自然环境,以及二者的互馈作用。基于人地关系经典解释的人地关系系统构型见图2-1。

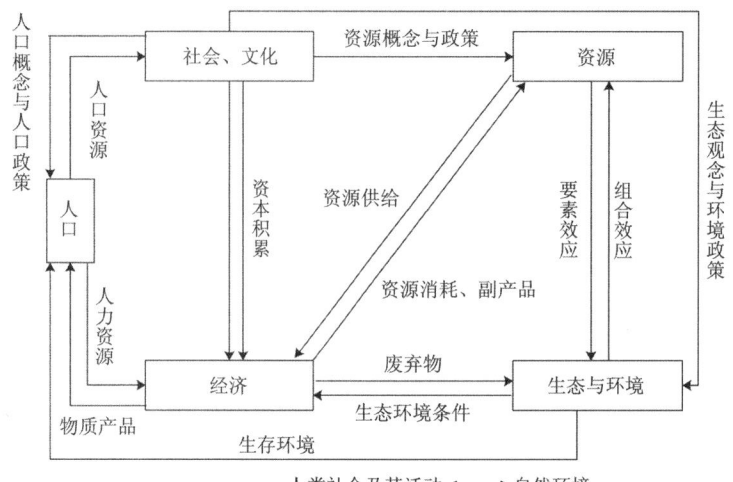

图 2-1 基于人地关系经典解释的人地关系系统构型

2)基于人地关系非经典解释的人地关系系统构型

按人地关系的非经典解释,人地关系系统划分为人类社会生存与发展或人类活动和地理环境(广义的)两个子系统。其中,地理环境子系统包括自然环境和人文环境两大组成部分,可视为人类社会生存与发展的总环境或人类活动的总环境。对自然环境及其组成要素前面已做界定。人文环境可认为是人类活动范围内的社会经济条件总和,包括人口、经济、社会文化及其资源形式。

人类社会生存与发展或人类活动子系统,是以其状态变化的延续性为特征的过程系统,主要由人口再生产活动、经济活动(生产—流通—消费)、社会文化活动和生态活动所组成。

与基于人地关系经典解释的人地关系系统构型相比,该系统构型更以人类社会生存与发展为主线,强调自然环境和人文环境对人类活动、人类社会发展的综合影响与作用。基于人地关系非经典解释的人地关系系统构型见图 2-2。

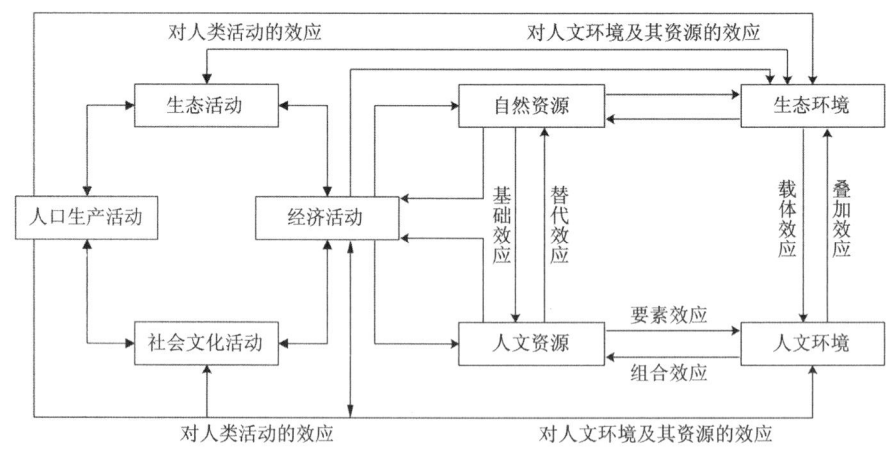

图 2-2 基于人地关系非经典解释的人地关系系统构型

4. 可持续发展

在20世纪80年代，随着环境问题的加剧，人地关系理论又进一步演变，可持续发展的概念开始被关注。人地关系理论开始强调人类与环境之间的平衡和协调，关注人类活动对自然资源和生态系统的影响，以及如何在人类发展的同时保护环境资源，以满足当前和未来的需要。这一阶段的研究强调人地关系的可持续性，提倡在人类活动中兼顾社会、经济和环境的三重效益。

5. 人地关系理论支撑下的土地信息学发展动态

土地信息学是一个跨学科的研究领域，借助地理信息系统（GIS）、遥感技术和空间分析方法，以空间数据为基础，研究土地利用、土地覆盖、土地变化等问题。人地关系理论为土地信息学提供了研究的方向和意义。它将人类社会与自然环境视为一个相互作用的系统，关注人类活动如何塑造地球环境和受到地球环境影响。这为土地信息学提供了从更广泛角度审视土地问题的视角，将土地的空间变化与人类活动紧密联系起来，实现了人地关系理论与地理信息技术的有机结合。

在人地关系理论的支持下，土地信息学得以深入探讨多个重要方向。首先，为数据整合与分析提供新的视角。人地关系理论强调人类活动与自然环境的相互作用，土地信息学通过整合来自多个数据源的地理信息，实现了对土地利用、土地覆盖等空间数据的综合分析。其次，空间模拟与预测得以应用。借助人地关系理论，土地信息学可以发展空间模型，模拟不同的土地利用决策对环境和社会的影响，为政策制定者提供决策支持。此外，环境影响评价成为重要研究领域。土地信息学通过分析土地利用变化对生态系统、水资源、空气质量等的影响，有助于准确评估人类活动对环境的影响程度，从而为可持续发展提供数据支持。可持续土地管理也在人地关系理论的指导下得到推动。人地关系理论注重可持续发展，而土地信息学为此提供了实用工具和方法。通过分析土地利用的变化趋势，制定土地规划和管理策略，实现人类社会的经济发展与环境保护之间的平衡。此外，风险评估与应对也成为土地信息学应用的重要领域。土地信息学结合人地关系理论，可以评估自然灾害与土地利用之间的关联，从而制定更有效的应对策略，减轻自然灾害对社会的影响。

二、地域分异理论

地域分异理论（简称"区位差异"）是一种社会地理学理论，它研究地理环境对人类活动、文化、经济和社会现象的影响，探讨区域间的特征、发展差异和文化多样性。地域分异理论认为地域之间有"不平等分布"，全球性、区域性地方差异在广度、深度、复杂性程度方面有所不同。这种差异可以从两个方面来考虑：一是形态上的差异，指地理空间上拥有不同类型地形、地貌、环境条件，从而形成不同的地域特征；二是功能上的差异，指城市、乡村、工业区等地域功能的差异性。该理论应用广泛，涵盖城市规划、区域经济发展、文化研究、社会学和政治地理学等领域，为深入理解地理空间的异质性和变化提供重要框架。

研究自然地域分异规律是研究整个地理环境地域分异的理论基础，纬度地带性规律、经度地带性规律和垂直地带性规律是自然地域分异规律的主要体现方式。自然带大致沿纬线的东西方向延伸呈条带状,并按纬度变化的南北方向有规律更替的带状规律性,叫纬度地带性;中纬地区的自然带,大体上沿经线的南北方向延伸呈条带状,并按纬度变化的东西方向从大陆滨海地区向内陆逐渐更替的带状规律性,叫经度地带性;高大的山地,是气流运行的巨大障壁,从山麓到山顶的水热状况随着高度的增加而变化,气候的这种垂直变化,又影响到生物和土壤,使其也发生相应的垂直变化,这种山地自然带的垂直分布规律,叫山地的垂直地带性;地形起伏、海陆分布、洋流、局部地热等因素通常是不连续分布的,即不具有地带性规律,这类因素被称为非地带性因素。

1. 自然带学说

俄国土壤学者道库恰耶夫以发生学的观点研究母质、气候、生物、地形、时间5个因素作用下的成土过程,在1899年发表的《关于自然地带的学说》和1900年发表的《土壤的自然地带》中系统地提出了地带学说。他说:"由于地球与太阳所处的一定位置,以及地球的运转及其球形,气候、植物和动物在地表上的分布都按照一定的严密顺序由北向南有规律地排列着,从而使地球上分为一些地带,例如寒带、温带、副热带、赤道带等。但如果成土因子呈带状分布时,那么其成果(土壤)在地球上的分布也应当具有一定的地带性,这些地带多多少少与纬度圈是平行的。"道库恰耶夫以欧亚大陆内部为依据,没有考虑大陆东西岸的情况,也未划分出热带(俄国没有低纬土地),但他指出自然带是一种图式,其完整性在某些地段会发生偏差。

地带学说诞生后,一度遭受猛烈的批评,因为人们发现了越来越多的偏离纬度的现象。批评伴随着探索,"非地带性"概念应运而生。然而,值得注意的是在20世纪20年代初,还出现了"经度地带性"概念,并被广泛采用。但经过深入研究发现,实质上经度对地域分异并不发挥作用,例如干湿度分异与经度值毫无确定性关系,其界线既不与经线平行,更替方向也不与经线垂直,因此该概念应予摒弃。

2. 全球自然地带图式

1)柯本的气候植被图式和气候系统

因为植被是陆地自然带典型的和最富有表现力的表征,于是很多学者通过研究植被的空间分布来把握全球自然带的分布规律,并以气候-植被类型来标志其名称。例如德国气候-植物地理学者柯本力图寻找与主要植被类型界线近于一致的气候界线,他于1918年根据特定植被类型的气候提出了一个气候分类系统,每种气候都按照规定的温度和降水量来确定。

2)卵形理想大陆

瑞士植物学者Brockmann和Rübel根据欧非大陆作出了植被在"理想大陆"上的分布图式,如图2-3所示。

3)平均大陆和方形理想大陆

德国生态学者Troll和Walter以等积投影绘制了北半球和南半球不对称植被带的"平均大陆"图式,反映各种生物气候的空间格局。在北半球,热带、北方带(寒温带)和极地带等大体与纬度平行。但在南北纬40°之间的大陆东侧,受季风影响,有一个完全不存在干旱地区的

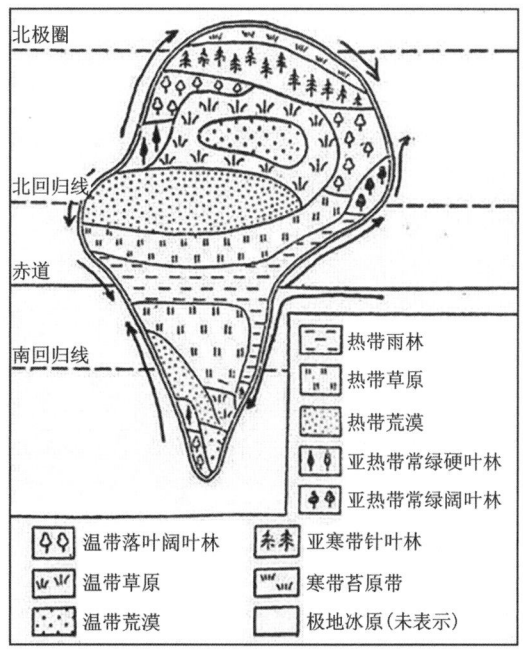

图 2-3 理想大陆自然带模式

区域;西侧的情况甚为复杂,在亚热带,荒漠可伸展到海岸,而在南半球,荒漠甚至仅限于海岸区。

苏联学者马克耶夫参照亚欧大陆提出以方形理想大陆和洋流流向为背景的图式,将水平地带分为海洋性地带谱(暖流途经地区)、大陆性地带谱(寒流途经地区和大陆腹地),并探讨了水平地带和垂直地带的关系,但其图式理想色彩过浓,对南北半球的特点关注不够。

3. 水热指标和自然地带周期律

到 20 世纪中叶,地域分异规律研究取得了显著进展。一是明确揭示各自然要素及其组成的整体具有地带性特征,二是在海洋上也发现了地带性证据,三是强调重视水热组合关系在地域分异中的重要作用,并据此制定了一些指标来准确描述和规范这种空间分布的属性。

苏联地理学者格利高里耶夫院士和布迪科通讯院士提出辐射平衡、干燥度是地带性形成的主要因素。他们借鉴化学元素周期律的理念,以温度差异(太阳净辐射)为纬,以水分差异(辐射干燥指数)为经,提出自然地带周期律。但是因为反映各温度带内由量变到质变的阈值,是由各年净辐射值与降水量比值计算得到,而该指标并未考虑季节变化和多年变率,显得简略。

后来,又有很多学者提出其他气候指标来表征自然地带的分异。例如生命地带分类指标(包括生物温度、可能蒸散率)、温暖指数、湿润度等。

4. 中国学者的贡献

1957 年,我国土壤学者马溶之在第六届国际土壤学大会上提交论文《中国土壤地理分布规律》,总结了我国和亚欧大陆土壤分布的地带性规律。1963年,他发表《中国山地土壤地理分布规律》,建立了不同水平地带中的土壤垂直分布规律和垂直结构分类,并指出山地土壤的垂直区带(现称垂直带)虽然与所在地以北的水平区带(现称水平地带)有类似的特征,但是由于山地与平地的地势特点不同,水分情况与植被群落差异很大,土壤的发育和特征不一样,土壤利用也不相同。一般来说,寒带与寒温带的土壤垂直区带与其北部的水平区带类似,而温带地区差异较大,甚至亚热带、热带则几乎完全不同。这一认识远早于苏联学者格拉西莫夫在《山区土壤》一文中把山区土壤归纳为同源、相似和独特三组的观点。

我国地理学者黄秉维院士在20世纪50年代提出从物理、化学和生物过程三个方面开展自然地理综合研究,并设想以温度条件为纬,水分条件为经,自然生产潜力为网,网举目张,从上而下或从下而上揭示地域差异,提出我国自然地带周期律,以此为基础修订和建立我国自然区划,并进一步与世界自然区划接轨,以作为全球环境变化监测的科学依据。黄秉维主编的《中国综合自然区划(初稿)》,侧重于现代特征,依次表达温度、水分条件和地貌因素,判别区分人力可以改变和不能或不易改变的因素,成为农、林、牧、交通运输及国防等部门查询、应用和研究的重要依据。

我国地理学者对山地自然带的研究,特别是对青藏高原的研究,成果卓著。例如,郑度院士等建立了珠峰地区垂直带主要类型的分布图式(图2-4),将青藏高原的垂直自然带划分为季风性和大陆性两类,阐明了高海拔区域自然地域分异的三维地带性规律。

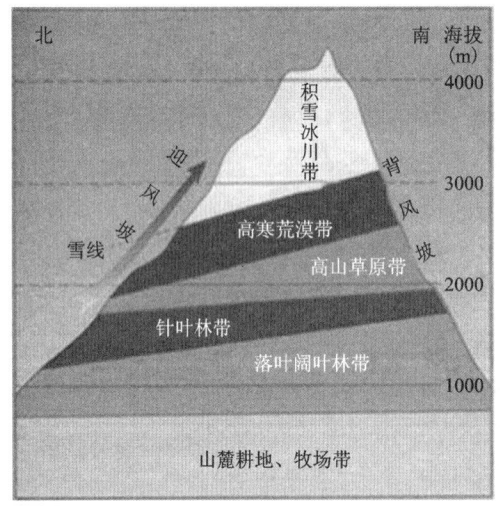 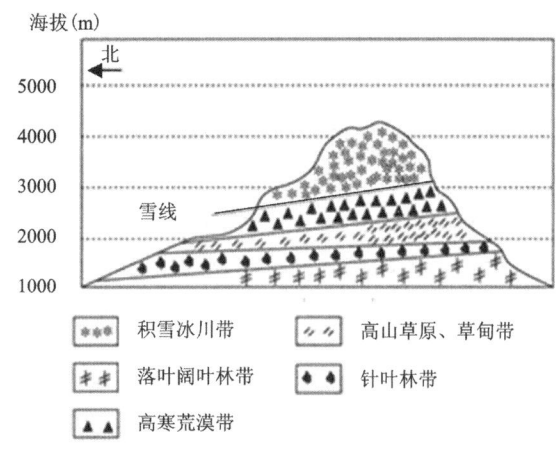

图2-4 珠峰地区的垂直地域分异

牛文元等学者试图对地带性规律做模型化的表述。其中,牛文元提出太阳辐射能在地球表面上的规律分布是产生地带性规律的本质原因,物质差异(主要指水分分布的差异)以及垂直海拔高度起伏等因素,通过对能量规律分布的干扰与畸变,对理想地带性的雏形产生影响。他选择植被和土壤作为自然地带性的"指示器",利用指数模式描述了雪线、高山寒漠土界线、树线与纬度的关系的地带性规律,并以玉山植被垂直分布为案例进行了深入研究(图2-5)。蒋忠信则提出用正态频率分布函数曲线模型计算自然地带分布高度随纬度的变化,结果比较接近实际,为地带性规律的研究提供了新的视角和工具。

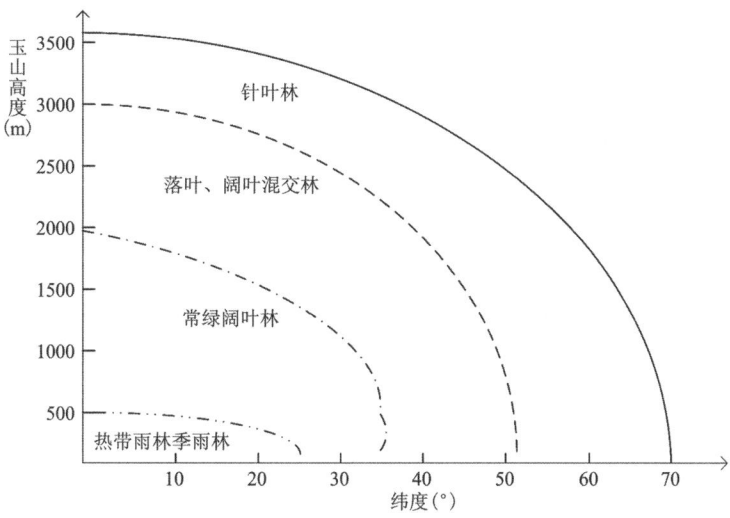

图 2-5　玉山植被垂直分布与北半球植被水平分布比较

5. 地域分异理论支撑下的土地信息学发展动态

地域分异理论在土地信息学的发展中扮演关键角色,它强调地理环境对人类活动的影响,为理解土地利用覆盖和变化的空间模式提供了理论支撑。在地域分异理论的指导下,土地信息学充分运用空间分析、遥感技术和地理信息系统进行模式识别,有助于深入理解和把握不同地区的差异和特征,指导土地规划、资源管理、城市化和可持续发展等领域。

地域分异理论也为土地信息学的应用提供了重要指导。运用这一理论,可以为土地利用规划制定差异化策略,为环境保护、可持续发展和区域发展策略提供决策支持。此外,地域分异理论的原则还有助于深入理解土地资源的分布和利用情况,从而为有效的土地资源管理和未来发展方向提供更明晰的视角。

三、区位论

区位不仅指代地球上某一事物的空间几何位置,还强调自然界各种地理要素与人类经济社会活动之间的相互联系和作用在空间上的反映。区位是自然地理区位、经济地理区位和交通地理区位在空间地域上的有机结合。区位论是地理学的一个分支,主要研究地理位置对人类经济、社会活动的影响。它关注资源分布、产业布局、交通运输、城市发展等问题,探讨地理因素如何塑造人类活动和经济结构。区位论的研究内容包括区位优势分析、产业布局影响、交通网络分析等,广泛应用于城市规划、交通规划、产业政策等领域,帮助制定合理的发展策略和决策。

1. 传统区位理论

传统区位理论主要基于新古典经济学的抽象方法,分析影响微观区位或厂址选择的各种因素。传统区位理论的研究对象通常是完全竞争市场机制下的单个小厂商或其聚集体,通常以成本最小或利润最大化为目标。它的发展经历了两个阶段:古典区位理论和新古典区位理论。

1)古典区位理论

古典区位理论认为决定企业工业布局和经济活动的目标函数是生产成本极小化。这一学派的代表人物有杜能(Thunen)、龙哈特(Launhaardt)、韦伯(Weber)等。

杜能是西方区位理论的先驱者,他在1826年出版的《孤立国同农业和国民经济的关系》中提出了实践经验较强的区域经济理论——孤立国理论,即资源配置的地理空间效应。他认为,城市周围土地的利用类型及农业集约化程度会随与城市距离的远近,呈现出一种由内向外的带状分布模式,形成一系列有序的同心圆结构。这些同心圆被称为"杜能圈",每个圈都有自己的主要产品和耕作制度。杜能研究农业圈层现象的理论意义在于:他引入了运输成本作为农业区位选择的重要因子,从而形成了农业区位论,为区位论的发展奠定了基础。

龙哈特提出了以运输成本极小化为特征的区位三角形,为工业区位理论奠定了基础。韦伯第一个完整地提出了工业区位理论,该理论产生了广泛的影响,他也因此被公认为工业区位理论的奠基者。韦伯大大扩展了区位理论的内涵,提出了区位因子及其体系的概念。这个体系包括三大因子,即运输成本、劳动力成本和聚集因子。他列举出的比较重要的区位因子包括运输费用、工资、土地费用、原材料及燃料费用、建筑物及其设备、利率等。另外,韦伯还认识到了规模经济、范围分工、分工协作等可以为企业带来收益,也认识到过度集聚会产生一些弊病。后来学者在韦伯的基础上改进了运输费用计算方法,使之更接近实际生活。

2)新古典区位理论

新古典区位理论认为决定企业工业布局和经济活动的目标函数是最大限度地服务目标市场。随着社会的进步,运输成本已不再是决定企业选址的主要因素,产品的销售成了企业思考的中心问题。

德国经济学家克里斯塔勒(Christaller)在《德国南部中心地原理》中提出了中心地理论。从区位选择的角度,阐述了城市和其他级别的中心地等级系统的空间结构理论。中心地理论的核心思想是:城市是中心地腹地的服务中心,根据所提供服务的不同档次,各城市之间形成一种有规则的等级均匀分布关系。克里斯塔勒发现某一服务点最优服务面是圆形,它的半径可以通过开设服务点的成本和到达服务点的消耗求得,在现实生活中,竞争的作用会使圆形区域变成正六边形的市场区。而廖什(Lorsh)用数学方法严格地证明了一个企业的市场区域通常呈现六边形结构,在现实经济活动中,由于多个这样的市场区域相互重叠和挤压,最终形成蜂窝状网络。廖什的另一贡献是大大地扩展了区位因子的内涵,他详细考察了经济因子、自然因子、人文因子、政治因子等多种因素对企业和市场区域的影响。

廖什的市场区位理论集中见于《经济的空间分布》一书。从经济区位的观点来看,廖什的区位理论是以最大利润原则代替韦伯的最低费用原则为特点。廖什的创新之处在于把需求作为空间变量引入,与成本一同构成两个关键的空间变数。他进一步指出,在确定最佳区位时,不能只考虑单个厂商,还要考虑到厂商之间相互依存的关系。由于这一问题的复杂性,区位系统的平衡状态不能再用图解的方式来表达,而只能以一个实际上可能不易求解的方程式系统来表达。总之，市场网络的分异和排列由多个因素影响，并取决于利润最大化的经济原则。廖什将这种按经济原则排列所形成经济分布空间的等级序列称为"经济景观"。

2. 现代区位理论

现代区位理论相对于传统区位理论来说，有两个主要的发展方向：一是拓展了区位因素的研究范围，不再仅仅局限于市场机制，而是将社会、文化、环境等其他因素也纳入了考虑；二是放宽了对理论假设条件的限制，更注重实证分析和实践应用。

现代区位理论强调将各类活动看作一个连续系统的组成部分，提倡采用系统性思维来审视活动之间的联系与影响，且更加注重随机性的考虑和概率论的应用。同时，现代区位理论也强调资源的合理利用、落后地区的开发与区域动态平衡发展，现代区位理论认为政策、规划和行动三者之间具有互动关系，需要进行综合考虑和协调。表2-1是对古典区位理论和现代区位理论的差异的总结。

表2-1 古典区位理论和现代区位理论的差异

考虑范围、内容差异	古典区位理论	现代区位理论
区位主体差异	一个生产地	多个生产地
区位主体理解	区位主体的一部分	区位主体活动的全过程
区位目标差异	利润或成本	利润或成本及非经济收益或效用
区位目标理解	缺乏或轻视具体目标	有市场占有率、吸引与稳定人才、市场测试、回避汇率风险、收集信息、避免贸易摩擦等具体目标
目标选择基准	成本最小或利润最大	具体目标中的风险及不确定性
区位因子特性	各类因子已知或固定不变	产品特征与规模，市场变化、规模与目标等未知或动态特性
区位因子理解	考虑个别显性因子而忽视或轻视资本、地方文化、金融、决策及企业组织等因子	考虑所有因子

3. 区位论支撑下的土地信息学发展动态

区位论对土地信息学的发展产生了深远的影响，这源于区位论对于地理位置在经济和社会活动中的关键作用的强调。作为一个借助地理信息处理和分析的领域，土地信息学在区位论核心观点指导下得到了强有力的支撑，为其研究与发展注入了新的动力和方向。

首先，区位论的核心观点聚焦于地理位置的重要性，特别是在资源分布、产业布局、市场需求和交通运输等方面。这一观点引导土地信息学的发展，促使其专注于收集、存储和分析与地理位置相关的数据，借助卫星遥感、地理信息系统（GIS）等技术得以获取大量的空间数据，实现对地理位置影响的深入探究。在实际应用中，区位决策支持是土地信息学的重要功能之一。通过分析不同地理位置的优势和限制,土地信息学可以为产业布局、城市规划和基础设施建设等领域的决策提供可靠支持。这种方法能够更好地预测未来的发展趋势,为决策者提供精准的数据支持,帮助他们制定更明智的策略。此外,土地信息学在市场分析和选址中也发挥着关键作用。正如区位论关注市场需求和企业的最佳位置选择,土地信息学的应用可以通过对市场分布和消费者行为的分析,帮助企业找到最适合的地理位置以满足市场需求。总之,区位论为土地信息学的发展提供了坚实的理论基础和应用方向。土地信息学以收集、分析和应用空间数据的方式,使我们深刻地理解了地理区位对经济和社会活动的影响。这一方法为决策、规划和资源管理等领域提供了更加准确和全面的支持,使得土地信息学在现代社会中扮演着至关重要的角色。

四、中心地理论

中心地理论也称作中心地方论,由德国地理学家克里斯塔勒于1933年在其重要著作《德国南部中心地原理》中提出,其重点关注地理空间中中心地区与周围边缘地区的相互作用和发展模式。克里斯塔勒认为,集聚是事物发展的根本趋势之一,区域集聚的结果是结节中心——中心地的出现。所谓中心地(central place),是指一定地域社会的中心,通常是一个城镇,该城镇通过提供商品或服务控制整个区域。根据中心地的不同重要性,可将其划作不同等级。高级的中心地提供大量、高级的商品和服务,而低级的中心地则只能提供少量、低级的商品和服务。

中心地理论是关于特定区域与其结节中心,以及区域内结节中心之间相互关系的理论,该理论和要用于探究中心地的等级、范围和影响,分析企业、人口等在空间中的区位选择,以及中心地体系在零售、交通、城市规划和区域发展等领域的应用。通过研究中心与边缘之间的关系,中心地理论揭示了地理空间中的一些基本规律,为地理、经济和城市规划等领域建设与发展提供了有价值的理论支持(图2-6)。但是克里斯塔勒的中心地理论还有很多缺陷,例如,所假定的区域过于理想化,过分强调空间格局的完美性,进而忽视了中心地的动态变化等,很多学者因此提出了修改模式,使之更为完善,主要有下列4种模式。

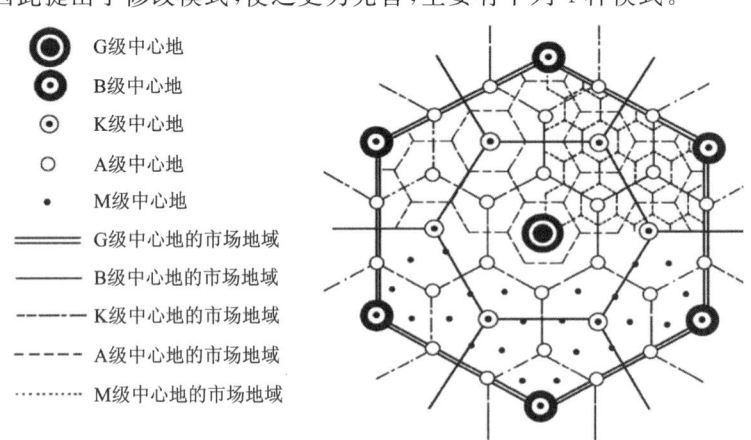

图2-6 中心地理论图示

1. 廖什景观

德国经济学家廖什在其《经济区位论》一书中,从理论上论证了六边形补充区的合理性,明确了销售圆锥的形成方式,即一个中心点(通常是市中心或商业中心)的服务范围会形成一个圆锥状区域。该模型描述了从中心点向外扩展的销售区域,其销售量会逐渐减少,因为消费者愿意前往中心点的意愿会随着距离的增加而降低。廖什认为,除了单一因素影响下形成的中心地体系外,还存在2~3个因素综合作用形成的中心地体系,这种方式形成的中心地不是均匀分布于区域内,而是在中心地形成密集带与稀疏带相间分布的车辐状图景,即"廖什景观"。此后,廖什进一步深化理论并将其扩大运用于工业和农业区位的研究,充分发展了克里斯塔勒的中心地等级体系。

2. 周期性中心地

克里斯塔勒在中心地理论中确定了补充区(complementary area)这一概念,即中心商品的消费区和中心服务的接受区。高级中心地与大补充区相对应,低级中心地与小补充区相对应。克里斯塔勒为了立论的方便,将补充区抽象成具备下列特点的均质区域:①平坦的、开放的,购买力及运费率各处均等;②人们总是从最近的中心地购买货物、接受服务;③区域内任一部分均为中心地的补充区,即没有"空白",每一补充区只属于一个中心地;④消费者尽可能少走动;⑤任一中心地都无意赚取过高的利润。

克里斯塔勒假定的补充区,其范围总是大于或等于市场规模阈值,但实际上有些地区购买力极低,中心地经营者在该区无法获得起码的利润维持运营。这种情况在农村相当普遍,克里斯塔勒却未顾及。为弥补这一不足,斯坦恩(Stine)、斯金纳(Skinner)分别在对朝鲜和我国成都平原研究的基础上,提出了"周期性中心地"的思想。他们通过调查研究认为,中心货物或中心服务固定于一地供给,说明补充区的消费水平高,且终年不变。但农村一般消费水平均较低,若固定一地经营中心商品或中心服务,则商品势必滞销,这不符合经营者利益。为了获得较高的利润,经营者将在几个小集镇巡回出售商品和提供服务,中心地发生了空间上的周期变化,如我国农村的定期集市。

3. 邦吉的贡献

克里斯塔勒的补充区是均质区,而真正的均质区是不存在的,为了把中心地理论变为指导实践的工具,美国著名地理学家邦吉(Bunge)作出了重要贡献。1966年,邦吉在《理论地理学》一书中提出,如果经济地域不是以面积,而是以人口密度为分析基础,即对区域进行标准化处理之后,则中心地理论完全有效。

4. 瓦因斯商业模式

克里斯塔勒认为,中心地总是位于补充区中的,但实际情况并非如此。美国地理学家瓦因斯(Vance)研究了大西洋沿岸城市的商业历史,发现这些城市的补充区不在本地,而是在大洋对岸,但其发生、发展和空间格局,以及中心地与补充区的对应关系,均符合中心地理论,故在其1970年出版的《世界商业》一书中,将这种补充区与中心地相分离的情形视为中心地理论的特例,后人称之为"瓦因斯商业模式",这一模式将中心地理论的适用范围从封闭的自然经济区域扩展到开放的商品经济区域。

5. 中心地理论支撑下的土地信息学发展动态

在土地信息学的发展动态中,近年来的技术进步和数据可用性的提高扩大了GIS的应用范围。从传统的地图制作和空间分析,到如今的大数据分析、空间模拟等领域,GIS的应用正日益多样化和复杂化。这些进展不仅推动了土地信息学理论的发展,还为更好地理解和应用中心地理论提供了新的机会。

(1)地理位置、区域条件和区域资源的不均衡分布对城市布局的影响(资源变形)。城市土地利用情况发生变化,对集中获取土地信息有比较大的帮助。根据中心地理论的特点可以准确快速获取土地利用信息,降低人力和物力的成本。

(2)交通线的不均衡分布对城市布局的影响(交通变形)。中心地理论假定,区域内存在均一的交通面。事实上,交通线多是呈放射状的,使得中心地及其六边形市场区顺着交通线延长而形成梯形,从而增加了交通线上的城市密度。因此,可以根据交通线的特点,准确定位交通信息和土地利用情况。

第二节 测绘学理论

现代测绘学是研究与地理空间分布有关信息的采集、处理、管理、表达和利用的科学与技术。土地信息比地籍信息、权籍信息具有更广泛的内涵和外延,获取这些信息的途径和技术也更多依赖测绘学理论和技术。因此,测绘学理论和技术理应成为土地信息学的基础理论,权籍理论是土地信息学的核心理论。在现代测绘学理论的基础上,涌现出了遥感监测、全球定位系统(GPS)以及地理信息系统(GIS)等技术与应用,它们在地理空间信息的获取、处理和分析方面发挥着重要作用。

一、遥感监测

遥感在广义上是指在不与物体直接接触的情况下获取信息的过程和方法,即依据不同物体对波长的独特响应,利用飞机、卫星等飞行物搭载的传感器,接收调查目标的数据资料,经记录、传送、分析和判读来识别目标,包括卫星遥感、航空遥感、雷达以及照相机摄制的图像等。遥感监测是运用卫星、飞机等遥感技术获取地球表面信息,旨在实现对环境、资源、人类活动等的远程监测与分析。其核心包括数据获取与处理、地物分类、环境监测、变化分析、资源管理等内容,应用领域涵盖环保、农林业、城市规划、灾害监测等,为科研和决策提供多维、实时的地球信息支持。

中国遥感的发展起步较晚,20世纪90年代中期以前,中国尚未有自己的稳定运行的遥感卫星系统,所需的卫星遥感数据都采购自美国的"陆地卫星"(Landsat)和法国的SPOT卫星。经过40多年的努力,中国的遥感科技迅速发展,已建立了完整的遥感技术与应用体系。在卫星遥感方面形成了气象、海洋、环境减灾、陆地资源等业务卫星系列、高分辨率对地观测国家重大专项卫星、民用空间基础设施计划卫星以及民营商业遥感等卫星系列,为调查自然资源、研究农林水资源状况、观测和预报气象、监测生态环境、观测海洋资源、维护海洋权益、监测城市发展、防灾减灾、国土测绘、维护国家安全等提供重要的信息支撑,成为不可或缺的战略性信息资源。与此同时,中国也发展了技术多样、功能完善、商业化程度高的遥感系统,包括以大量无人机为平台的航空遥感系统,在地区性高分辨率遥感信息服务方面发挥了重要作用。系列卫星对气象、海洋和陆地资源的监测可以帮助更加深入了解与研究地球表面的变化和特征。

1. 气象卫星系列

气象卫星是中国研制和发射最早的遥感应用卫星,1988年以来,中国已成功发射17颗风云系列气象卫星,现仍有7颗在轨运行。经过30多年的发展,中国的气象卫星率先实现了由试验应用型向业务服务型的转变,我国风云气象卫星已被世界气象组织纳入全球业务应用气象卫星序列,成为全球综合地球观测系统的重要成员,也是国际减灾宪章机制的值班卫星,为全球93个国家和地区、国内2600多家用户提供卫星资料和产品。

2. 海洋卫星系列

随着海洋科技不断向大科学、高技术体系的方向发展,海洋观测也进入了立体观测时代,并向实时化、系统化、信息化、数字化方向发展。利用遥感技术,特别是卫星遥感对海洋进行全天候、全天时、全方位的观测和研究是发展海洋科学技术的重要方向。根据国家对海洋系列卫星研制工作的战略规划,我们未来将以海洋水色水温、海洋动力环境和海洋监视监测系列卫星为主推进中国自主海洋卫星与卫星海洋应用体系的建设。为此,需大力发展定量化遥感技术、多源卫星遥感资料的融合技术、海洋卫星资料分发技术、遥感业务化应用技术和新型遥感器应用技术等。与中国的气象卫星系列一样,中国的海洋卫星也有运营的业主,是中国业务化程度最高的卫星系统之一。

3. 陆地资源卫星系列

20世纪90年代中期以来,中国遥感技术迅速提升。中国最先发展的气象卫星开始从实验型向业务应用型转变,海洋卫星也开始蓬勃发展,陆地资源探测平台也开始从短期回收的返回式卫星向长期在轨运行的传输式卫星转变。中国卫星发展历史上具有里程碑意义的事件发生在20世纪最后一年,即1999年10月14日,由中国和巴西两国共同投资,联合研制的"中巴地球资源卫星01星"(CBERS-01)成功发射,这是一颗高速传输型对地观测遥感卫星,它的发射和运行结束了中国没有在轨数字传输型卫星的历史。进入21世纪,中国的资源遥感技术,特别是跟随世界潮流的高分辨率卫星遥感进入快车道,得到了加速发展。"高分辨率对地观测系统"被列为国家中长期科技规划16个"国家科技重大专项"之一。2013年4月26日成功发射的"高分一号"(GF-1)卫星,是"高分辨率对地观测系统"国家科技重大专项的首发星,标志着这一重大专项的顺利实施。而后,2014年、2015年、2016年、2018年和2019年,

"高分二号"(GF-2)到"高分七号"(GF-7)卫星陆续顺利发射升空并成功运行,这一系列卫星都各有创新与特点(表2-2)。

表2-2　高分辨率对地观测重大专项遥感卫星一览

卫星名	发射日期	主要技术特点
高分一号(GF-1)	2013-04-26	分辨率 2m/8m,成像幅宽大于 60km;分辨率 16m,成像幅宽大于800km
高分二号(GF-2)	2014-08-19	分辨率1m/4m,地面成像幅宽45km,侧摆±35°
高分三号(GF-3)	2016-08-10	C波段多极化雷达卫星(SAR),分辨率1~500m,幅宽10~650km。具有条带、扫描、聚束和全球观测等多种成像模式
高分四号(GF-4)	2015-12-29	地球同步凝视型观测卫星,分辨率可见光50m、中波红外400m。有效地面幅宽400km
高分五号(GF-5)	2018-05-09	共六大载荷,可对温室气体、微量和痕量污染气体进行观测。光谱分辨率最高 0.3~0.5nm。可见短波红外高光谱相机空间分辨率30m,幅宽60km。光谱分辨率 VNIR5nm、SWIR10nm;全波段光谱成像仪(0.45~11.5μm)共12波段,分辨率20m/40m,幅宽60km
高分六号(GF-6)	2018-06-02	分辨率 2m/8m,成像幅宽大于 90km;分辨率 16m,成像幅宽大于 800 km
高分七号(GF-7)	2019-11-04	高精度光学立体测绘卫星。全色分辨率达0.64m,多光谱2.6m,地面幅宽约20km
高分一号 02、03、04 星	2018-03-31	分辨率 2m/8m,成像幅宽大于 60km;分辨率 16m,成像幅宽大于800km

4. 遥感监测支撑下的土地信息学发展动态

近年来,为了全面推进土地利用动态遥感监测工作,根据国土资源大调查总体要求及遥感技术的最新发展水平,高分辨率的卫星资料开始被广泛使用。在项目的实施过程中,运用新技术、新方法促进遥感技术和手段,实现了从宏观化向微观化的转变,并逐步向纵深化发展。同时,为探索高光谱数据在土地动态监测中的应用潜力,原国土资源部进行了试验研究。该研究通过成像光谱技术在土地动态监测中的应用研究,结合现有技术、方法、流程,形成了一套高度自动化和定量化的土地动态遥感监测技术流程。

丰富的地理信息通过遥感技术获得,其有效管理则依赖于地理信息系统。为了提高遥感目标识别和分类的准确性,遥感应用需要利用地理信息系统提供的多种信息源(包括非遥感信息)进行信息融合和综合分析。此外,遥感图像的定量分析也需要地理信息系统提供应用模型和其他智能信息分析工具的支持。在社会对遥感应用提出更高要求的情况下,充分利用遥感和非遥感手段获取的丰富地理信息,对地理信息系统的发展,以及遥感与地理信息系统的结合起到了促进和推动的作用。

遥感对地观测获取的土地信息是地球上各种目标的电磁波反射与辐射信息。遥感图像全面、客观、真实地记录了地表的综合景观和各种地物的地表特征,并以各自的形状、大小、花纹、色调等显示在图片上。人们可以根据这些影像特征区分不同的地质体,解译断裂构造、环状构造及褶皱构造,提取与矿产有关的各种信息,判读土地利用状况,圈定地表水范围,寻找地下水资源,进行环境监测及地质灾害调查等。

二、全球定位系统

全球定位系统(GPS)是美国发展的第二代卫星导航系统,该系统借鉴了子午仪卫星导航系统的成功经验。GPS是建立在无线电定位系统、导航系统和定时系统基础上的空间导航系统,以距离为基本观测量,通过对多颗卫星进行伪距离测量来计算接收机的位置。GPS的核心研究包括解决多点定位、信号延迟与精度提升、卫星轨道及时钟同步等问题,涵盖卫星技术、信号处理、时钟同步、大气层校正和多传感器融合等内容。GPS在导航、军事、地质勘探、科研、紧急救援、农业、智能交通等领域得到广泛应用,为全球用户提供精准定位和导航服务。

1. 全球导航系统起源

GPS的发展历程可以追溯到20世纪中叶,它起源于冷战时期的美苏竞争。1957年,苏联成功发射"Sputnik"人造卫星,激发了美国在科技领域的雄心,特别是在军事技术方面。随着冷战的升温,美国国防部于1973年启动了GPS计划,旨在建立一个能够提供全球定位服务的卫星导航系统。

2. 导航系统的诞生与演进

在20世纪70年代末至20世纪80年代初,GPS系统逐步形成了雏形。1978年,美国开始将首批GPS卫星送入轨道,这标志着系统的实质性开端。1983年,GPS开始向民用用户提供有限的定位服务,但精度和可用性局限性较大。然而,随着时代的推进,美国陆续增加了卫星数量,扩大系统的覆盖范围并提高了系统的定位精度。

3. 开放民用应用与商业化

进入20世纪90年代,GPS进一步演进。1991年,美国宣布对民用用户提供全球覆盖的GPS定位服务,并在1996年停止了对民用信号的人工干扰(selective availability),使得定位精度大幅提升。因而,这个时期GPS开始在民用领域广泛应用,从车辆导航到航空航海,从地理信息系统到农业,都受益于其定位能力。

4. 多系统和增强系统

进入21世纪,全球卫星导航系统的发展进一步多元化。除了GPS,欧洲启动了伽利略系统,俄罗斯推出了格洛纳斯系统,中国发展了北斗系统,这些系统在不同程度上提供全球定位服务,为全球用户提供了多样化选择。同时,各国也在不断开发增强系统效能,进而提供更高精度和更强的鲁棒性，以满足精密农业、航空航海、灾害监测等领域的需求。

5. 全球定位系统支撑下的土地信息学发展动态

目前，全球定位系统以全天候、高精度、自动化、高效率等特点，成功应用到了地籍测量、土地利用变更调查等土地信息获取工作中。

(1)地籍测量。相较传统的测绘方式，GPS具有操作简便、人力费用较低、全天候作业以及测量精度和自动化程度都比较高的优势，成为地籍测绘的重要技术手段之一。GPS在地籍碎部测量方面的应用，主要采用实时动态定位(RTK)方式，在保持连续跟踪的情况下，一般单点测量仅需要几十秒，与全站仪相当。在以基准站为中心的方圆20km内，减少了全站仪频繁换站所花费的时间，且可以使多个流动站同时工作而互不影响。

(2)土地利用变更调查。土地利用变更是土地信息更新中至关重要的环节，其工作十分复杂，需要处理大量的数据。提高土地信息变更的效率和质量对于土地管理信息化建设来说至关重要。传统的土地利用调查方法通常不仅需要大量投资，而且时间周期较长，难以实现动态监测和快速反应的目标。然而，随着高新技术如"3S"技术的发展，GPS技术在定位方面的高精度和高效益特点，使得对土地利用变化区域进行方便、快捷、实时的定位成为可能。这使得GPS技术在宏观土地利用动态监测方面具有其他技术无法比拟的优势，能够及时反映土地利用中存在的问题。

(3)GPS可用于城市规划。GPS具有精密且快速的定位技术，有利于建成城市的基准控制网。在控制网建成后，每个基准地点上的GPS信号接收机会向外发播差分信号，以实现实时差分。利用GPS技术建立实时动态城市规划图解决了人力物力的浪费和冗余问题，并制作出更贴合实际的城市规划图。

三、地理信息系统

受信息革命浪潮的推动，计算机技术、自动化技术的飞速发展，为地理信息系统(GIS)的形成奠定了坚实的基础。地理信息系统是集计算机硬件、软件、地理数据以及系统管理人员于一体的集成系统，专注于高效获取、存储、更新、操作、分析及显示地理信息。地理信息系统功能体系完善而强大，涵盖空间数据输入、空间数据查询、空间数据处理分析、空间数据的更新与显示、空间数据输出及模型应用。其核心关注点包括数据管理、地图制作、空间分析、决策支持等。在广泛应用领域中，GIS为城市规划、环境保护、交通规划、灾害管理、农林业、地质资源等领域提供了整合空间信息、辅助决策的关键支持。

1. 20世纪60年代起始阶段

20世纪60年代为GIS开拓期，这一时期注重于空间数据的地学处理。1960年，加拿大政府准备对全国农业土地利用和开发进行规划。这项工作的基础是收集全面的地图资料，对全国农业用地的投资开发效益进行评价。由于庞大的工作量，加拿大测量学家汤姆林森(Tomlinson)博士提出把常规地图变成数字地图，存入计算机的想法，并首次提出了"地理信息系统"这一术语。1962年开始，加拿大国家土地调查局开始了地图数字化试验，利用当时最先进的计算机设备和软件建立 GIS,经过十多年的试验与研究,于 70 年代初投入产品生产,成为世界上第一个 GIS——加拿大 GIS(CGIS)。与生产 CGIS 差不多同一时期,美国的纽约州、明尼苏达州等也研制了有实用价值的土地资源信息管理系统。这一时期,许多与 GIS 有关的组织机构纷纷建立,成为地理信息系统发展的重要标志。

2. 20 世纪 70 年代巩固阶段

20 世纪 70 年代为 GIS 的巩固阶段。在这期间,计算机硬、软件技术飞速发展,尤其是大容量存取设备——磁盘的使用,为空间数据的录入、存储、检索和输出提供了强有力手段,用户屏幕和图形卡的发展加强了人机对话功能和高质量的图形显示功能,促使 GIS 向实用方向迅速发展。

3. 20 世纪 80 年代大发展阶段

20 世纪 80 年代大发展阶段,是 GIS 普及和推广应用的阶段。这期间,GIS 注重于空间决策分析,地理应用领域迅速扩大,涉及的学科技术也越来越多。这个时期 GIS 发展的显著特点是商业化实用系统进入市场及实际运作之中。

4. 20 世纪 90 年代 GIS 用户时期

20 世纪 90 年代以来,随着微机的发展和数字化信息产品的全球普及,GIS 的应用已深入到各行各业。如何高效利用 GIS 以获取显著的经济效益,进一步扩大其应用范围,提高开发水平是当前面临的重要议题。随着社会对 GIS 认识的普遍提高,对 GIS 的功能需求也大幅度增加,进而促进 GIS 应用的扩大与深化。国家级乃至全球性的 GIS 已成为公众关注的热点,例如,GIS 已被列入美国政府制定的"信息高速公路计划";美国前副总统戈尔提出的"数字地球"战略也包括 GIS。毫无疑问,GIS 将发展成为现代社会最基本的服务系统。

5. GIS 支撑下的土地信息学发展动态

地理信息系统在土地信息学领域的应用推动了该领域的发展,GIS 为土地资源管理、规划、保护提供了强大的工具和方法,包括精细化土地利用规划、土地资源评价与监测、土地权属管理、决策支持、生态环境保护、土地市场分析以及农业土地管理,促进了土地信息学的科学化和高效化发展。目前 GIS 在土地资源评价、土地规划和土地信息系统建设与管理三个核心领域得到了广泛应用。

(1)土地资源评价。借助 GIS 对空间数据进行管理和分析,根据土地评价的理论和方法,对土地资源的潜力、适宜性、地价进行评价并分等定级,揭示其空间变化规律及其数量特征,为土地利用总体规划,特别是为有效地利用、保护土地资源提供依据。

(2)土地规划。土地利用总体规划、土地整治规划、基本农田保护规划等各项土地规划是合理利用和配置有限土地资源的重要手段,是国土管理部门保护耕地、协调各类用地的主要依据。建立土地规划信息系统的最终目标是实现规划编制、修改和实施的自动化管理。该系统的构建需以 GIS 技术为核心,计算机网络作为传输载体,以建立土地规划信息库为基础,紧密结合各项规划的业务流程。通过建立土地规划信息系统,可以有效规避人工管理规划成果导致的存取效率低下、信息形式单一、难以保存和易损坏等问题,并为土地规划的动态实施、成果的管理提供科学的方法和现代化手段。

(3)"数字国土"及全国"一张图"。随着国家信息化建设的推进以及"数字地球"战略的实施,"数字国土"呼声越来越高。2003年提出的在全国范围内建立县级土地利用数据库和地籍管理信息系统部署,正是推动"数字国土"的建设,推进国土资源管理的全面信息化的重要举措。以往不同部门、各级管理部门之间的资料存在差异性,给信息统一管理、应用带来了挑战。为了解决这一问题,建立统一而规范的数据库,实现空间数据的共享,形成全国"一张图"非常必要。要求我们充分利用 GIS 技术,构建土地利用/土地覆盖数据库,进而形成国家、省、市、县等多级土地利用信息系统。

第三节 地球系统科学理论

地球系统科学的诞生离不开人类传统科学与现代空间技术的融合,以及计算机技术的日臻成熟。实际上,运用空间信息技术工具和手段是地球系统科学发展的先决条件。因为地球本身是一个庞大而复杂的系统,我们必须借助各种先进的监测手段来获取信息,从而对其进行有效的调控和管理。

地球系统科学是在卫星遥感、全球定位系统、地理信息系统、计算机辅助制图、数字传输网络、多媒体系统等一系列新的技术发展基础上高度集成的科学体系,其建立与发展对土地信息的提取具有重要理论意义。

土地信息是认识地球系统、控制人口膨胀、合理配置资源、保护生态环境、促进经济发展的前提,具有战略性的重要地位。多维、多层次的信息以地理信息系统为载体统一整合,通过高层次的综合集成加工和区域空间分析,可获得调控人流、物质流和能量流的科学依据。

地球系统科学将地球视为一个统一的系统,由地核、地幔、岩石圈、水圈、大气圈、生物圈和行星系统等存在相互作用的组成部分构成,如图 2-7 所示。地球系统科学专注于研究各组成部分之间的相互作用,旨在深入了解整个地球系统的历史、现状和未来行为。

地球系统科学这个名词是在气候系统研究的基础上逐渐形成的。在 20 世纪 80 年代中期,科学家们意识到必须将地球视为一个由相互作用子系统构成的统一系统,即地球系统进行研究。在这个过程中,一些人物发挥了重要作用。Garland 首次提出了物理过程与生物过程相互作用的观点;File 提出了"地球系统"的概念;Bretherton 在 1987 年对地球系统科学进行了简要说明,并于 1986 年出版了《地球系统科学概观》。美国国家航空与宇航管理局顾问理事会在 1983 年,在 Bretherton 博士的领导下,集结了一批国际知名科学家,详细评述了地学、生物学的现状和存在的问题,并于 1987 年出版了《地球系统科学》报告。一些发达国家(如美国、英国和日本等)纷纷制订了 20 世纪 90 年代固体地球科学发展计划,其核心是围绕地球各层圈相互作用、全球变化、岩石圈和地球深部内层三个研究主题展开。德国联邦政府教育与研究部与德国科学基金会曾合作策划制定了 15 年(2000—2015 年)的超大型研究计划——《地球工程学——地球系统:从过程认识到地球管理》。

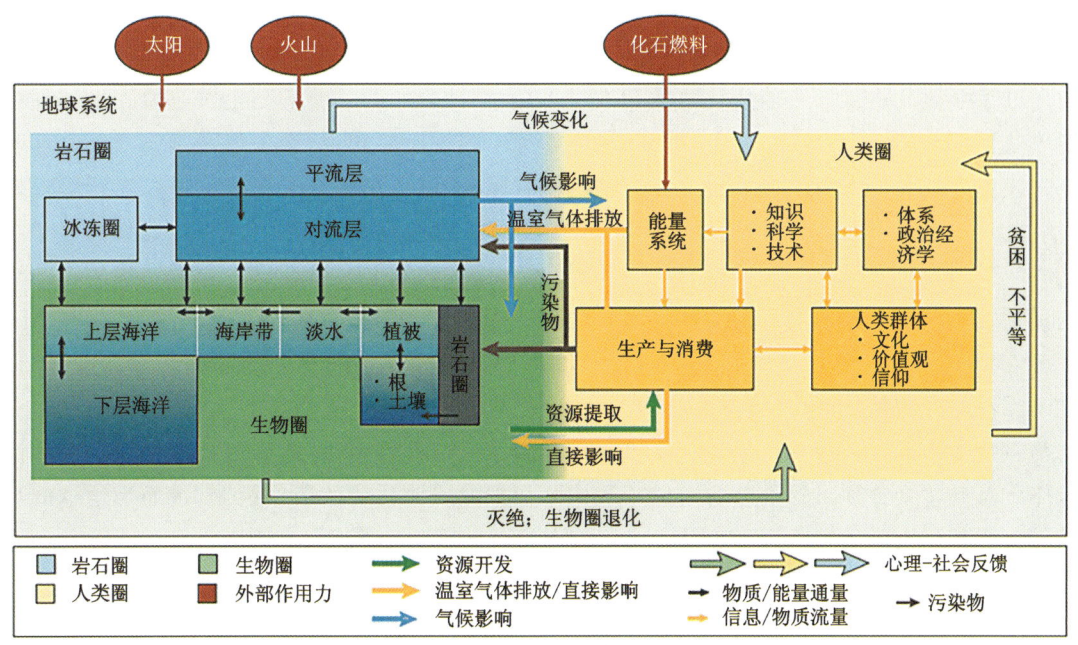

图 2-7 地球系统科学概念图

在 20 世纪 80 年代末,我国开始相关研究。叶笃正院士等气象学家以地球系统科学为指导,从 1987 年起对全球变化进行了预研究。同时,陈述彭院士作为一位遥感地理学家,发表了关于以区域持续发展为宏观调控的地球系统科学和地球信息科学的论文。

自 1991 年起,遥感科学家毕思文一直从事地球系统科学理论探索研究。他讨论了地球系统科学与可持续发展研究的意义和内涵,并将二者有机结合,进行了系统研究,初步构建了相关理论体系。此外,地球化学家於崇文院士于 1998 年发表了关于固体地球系统复杂性与自组织临界性的文章。还有其他一些专家和学者也发表了与地球系统科学相关的论文和报道。这些工作对于推动地球系统科学的发展起到了重要作用。

一、地球系统过程与地球系统科学子系统

1. 地球系统过程

地球系统过程主要体现在时间性和空间性两个方面。尝试用动力学系统来描述地球上所有过程和变化,将构成一个极其复杂的数学力学问题,这超出了我们当前的研究能力。因此,实践中常常对动力学模式进行适应性修改,以便于检验某种时间尺度的过程或解决某些特定的问题。地球系统科学的主要任务在于描述和认识行星尺度的变化,以地球各学科为基础,通过综合对行星尺度的演化和变化,形成广泛的全球观念而将各学科综合起来。对地球系统科学最基本的认识之一就是,这种行星尺度的变化发生在一个极为广泛的时间尺度内,并受所有时间尺度过程的驱动或改变。地球系统科学的研究涉及不同的时间尺度,具体可以划分为几个时段:几百万年至几十亿年,几千年至几十万年,几十年至几百年,几天至几个季

度,以及几秒至几个小时。前两个时段较长,主要关注传统地球科学领域,如地质学、地球物理学和地球化学;后两个时段则更侧重于大气科学、生物学和海洋学的研究;中间的时段,包含了几十年至几百年的全球变化过程和效应,对人类社会的利益和规划至关重要。地球系统科学需要综合地质学、地理学、大气学和海洋学等不同领域的知识,来了解和预测人类生存时间尺度内地球系统的演化。通过这种方法,我们可以揭示出在中等时间尺度下产生行星规模变化的现象和过程之间的相互作用,并将其纳入反映地球作为一个动力学系统运行的科学结构中。最后,我们可以利用地质记录中长时间尺度过程的证据来验证这一科学结构的有效性与适用性。

在空间性方面,从地核、地幔对流、岩石圈运动、大气圈、水圈和生物圈到行星太空,都是地球系统的空间范畴。然而,当我们开始深入探究地球是如何以全球系统的方式运行时,只有将其所发生的重大事件汇集进一个统一的动力学系统框架中时,才能更清楚地认识和预测未来的某些主要方面。这种整合有助于我们全面把握地球系统的运作机制,进而为地球的可持续发展提供有力支持。

2. 地球系统科学子系统

地球系统科学涵盖了多个子系统,这些子系统相互作用,共同构成了复杂的地球系统,主要包括行星子系统、地核和地幔子系统、岩石圈子系统、水圈子系统、大气圈子系统、生物圈子系统。这些子系统之间的相互关联与作用对地球上的自然过程和现象产生了深远的影响。地球系统科学的目标是理解和描述这些子系统之间的关系,以揭示地球系统的整体运作方式。

行星子系统关注地球在太阳系中的位置、运动和相互作用,包括地球的轨道运动、与其他天体的引力互动以及地球的力学特性;地核和地幔子系统关注地球内部的物理和化学特性,包括地球核心的构成、地幔的热对流以及地球内部的地震活动;岩石圈子系统研究地球的外部壳层,包括地壳、地壳板块的运动、板块边界和地壳的构造;水圈子系统研究地球上的水,包括海洋、河流、湖泊、冰川和地下水系统,它涵盖了水的循环、质量运输和地球表面的水文特性;大气圈子系统关注地球的大气层,包括气候、气象、气候变化、空气质量和大气动力学;生物圈子系统研究地球上的生命,包括植物、动物、微生物和它们在地球生态系统中的相互作用、能量流和物质循环。

二、地球系统科学的理论特征

地球系统科学将地球看作一个整体,研究方法的第一步是描述作用于地球系统的力以及地球系统对这些力的响应。其次,地球系统科学关注地球系统内部构成要素之间复杂的相互作用,从而揭示地球系统内部变化的原因。为了达到这个目标,必须借助复杂系统科学理论,通过综合分析,研究驱动力作用下地球系统整体行为的新规律和新机制。

在地球科学研究执行战略中,需要构建一个高度交叉整合集成的研究框架,旨在深入探索地球系统过程和状态。研究地球系统过程的三大主题如下:

(1)地球系统的联系,即探讨大气圈、水圈、生物圈与人类活动、岩石圈及近地空间之间是如何相互作用和相互联系。

(2)地球系统的演化,即探讨自45亿年前地球形成以来,控制地球特征的过程如何变化。

(3)预测地球系统的未来,规范人类活动的行为。其中,观测、研究和模拟相结合是地球系统研究的基本方法,对地观测技术是推动地球系统科学进步的引擎。

地球系统科学专注于揭示地球过程在各个时空尺度上的变化,尤其关注行星(或全球)尺度以及几十年到百年的时间尺度。这些变化无一不受到地球系统过程中各种尺度相互作用的影响,这一点至关重要且不容忽视。因此,新型观测技术、数据转化、处理和压缩技术,以及复杂模型计算技术和科学数据、资料共享的信息系统,对于获取科学数据至关重要。通过综合全面地分析和模拟,我们可以整合地球系统中各种基本过程的研究成果,实现整体研究的目标。

用数学模型我们可以精确地描述各子系统相互适应关系,揭示各种循环(水、碳、生物地球化学循环等)以及它们之间复杂过程的内在联系,最终达到定量模拟和预测未来地球环境变化的目的。

地球系统科学的研究方法是对全球变化进行观测、理解、模拟和预测。我们利用一系列基本变量来描述全球变化,并通过全球范围的长期、持续、同步地观测(卫星和地面观测),以建立全球变量信息库。特别地,地球系统科学尤其重视开展"过程研究",这为我们理解地球系统运作机制提供了关键的视角和工具。

三、地球系统科学理论支撑下的土地信息学发展

地球系统科学理论在土地信息学领域的应用是一个跨学科的合作,将地球各个组成部分的相互作用和反馈机制纳入考虑,以便更好地理解、分析和管理土地资源。这种应用不仅有助于科学研究,还为土地资源的可持续利用和环境保护提供了重要支持。

首先,地球系统模型为我们提供了一个整体性的视角,将大气、水体、地表等各个要素联系在一起,帮助我们深入研究土地利用变化对气候、水循环和生态系统的影响。通过这些模型,我们可以更准确地预测环境变化对土地资源的影响,为制定有效的土地规划和管理策略提供数据支持。

其次,地球系统科学理论极大地推动了遥感技术和地理信息系统(GIS)的应用。遥感数据可以用来监测土地覆盖、土地利用变化以及植被变化等,为土地资源的监测和分析提供高质量的数据。GIS技术则能够将空间数据整合,帮助我们更好地理解土地系统的时空分布和变化趋势。

另外,在可持续土地管理方面,地球系统科学理论的应用有助于协助我们综合考虑不同因素,制定合理的土地利用政策。这包括对生态系统服务的评估,从而确保土地资源的合理开发和保护,以满足当前和未来的需求。同时,对于环境风险评估和灾害应对措施的制定,地球系统科学的观点也能为相关决策制定提供科学依据。

综上所述,地球系统科学理论为土地信息学中架起了从微观到宏观的桥梁,帮助我们深入了解土地系统的复杂性和多样性。这些应用不仅拓展了我们对土地资源的认识,也为保护环境、实现可持续发展提供了重要的指导。通过整合不同领域的知识,我们能够更好地应对土地资源管理和环境挑战,为人类的未来创造更可持续的土地利用方式。

第四节 信息科学理论

信息科学是以信息论、控制论、系统论三论为理论基础,以电子计算机为工具的一门综合性学科,它广泛整合生物学、物理学、认知科学、情报学、数学、心理学、管理学、经济学等多个学科的知识,形成了独特的交叉渗透体系。该学科专注于研究信息本身及其运动规律、应用方法,旨在拓展人类的信息功能。信息科学的基础理论框架由信息论、系统论和控制论共同构成,它们为研究信息的特性和传播方式提供了坚实的理论支撑。此外,还有延伸理论,包括计算机理论和人工智能理论等,为信息科学的应用和发展提供了重要支持。信息科学的任务是研究信息的性质,以及探索自然界、机器、生物和人类在获取、转化、传输、处理、利用和控制各种信息方面的普遍规律。同时,它还致力于设计和开发各种机器设备,目的是尽可能地解放人脑,使人类能够提高对世界的认知和改造能力。

一、信息论

信息论是运用概率论与数理统计的方法研究信息传输和信息处理系统中一般规律的新兴学科,其核心问题是研究信息传输的有效性和可靠性以及两者间的关系。信息论作为一门科学理论,发端于通信工程,为通信系统设计、数据压缩、网络优化、加密安全以及生物信息学等领域提供了坚实的理论基础,成为现代科技发展中不可或缺的重要工具。它具有广义和狭义两个概念:狭义信息论是应用统计方法研究通信系统中信息传递和信息处理的共同规律的科学,即研究概率性语法信息的科学;广义信息论是应用数学和其他有关科学方法研究一切现实系统中信息传递与处理、信息识别和利用的共同规律的科学,即研究语法信息、语义信息和语用信息的科学。

1. 信息概念的演变

通信的科学理论没有形成之前,信息被看作是消息的同义语,它没有被赋予严格的科学定义。19世纪,当绝大多数自然科学家还被决定论观念束缚时,吉布斯首先把统计学引进物理学,使物理学不得不考虑事件的不确定性和偶然性,促使人类在科学地掌握信息的意义上迈出了第一步。而信息概念概括,首先是维纳在《控制论》中提出,他把人、动物和机器的控制与通信过程统一起来,指出信息的实质是负熵。他进一步阐述,"信息这个名称的内容就是我们对外界进行调节并使我们的调节为外界所了解时而与外界交换来的东西",强调信息在调节过程中作为负熵的角色,即它减少了系统的不确定性或混乱度。随后,信息概念得到进一步的深化,不同学者从各自的研究角度对信息给出了类似的定义。有的把信息与物质及其属性的有序相联系,有的把信息与物质状态的变异度相联系,有的把信息与物质和能量的不均匀性相联系。这些不同的定义方式深刻揭示了信息概念的多样性和其发展的内在逻辑。

2. 信息与控制系统

维纳指出通信和控制属于同一类,控制发出指令,正如信息源发出消息,被控量的反馈,犹如收得回音,分析信息的方法,可以用分析控制。维纳指出,通信是使社会结构黏合在一起的混凝土,社会统治的范围受通信能力所及的限度影响。艾什比也指出,作为调节的能力不能超过作为信息通道的容量。一个独裁者能把国家控制到什么程度,不会超过一个人作为一般调节器,所能干扰阻塞对受控量变异度的传输能力。任何系统都是在与环境发生关系中,由相互联系的各个组成单元构成的总体。不同单元的数量及其相互联系的多少,决定系统的组织程度。这种组织程度表现出结构上的某种有序性,可用系统的结构信息来量度。组织系统是结构上有序的,但有序的系统并不都是组织系统。例如,太阳系是有序的,原子在晶格上的排列是有序的。一切封闭系统都遵循热力学第二定律,自发地熵增,走向混乱。而一个开系统,能从外界吸取秩序,控制自身结构,以补偿失去的秩序保持组织的稳定,甚至能增加秩序,发展组织,更好地适应外界环境的变化。系统的通信和调节能力越强,其组织程度和自主性越强,就越能适应环境,越有生命力。信息成为系统组织程度和兴衰生死的重要标志。

3. 信息与能量

1871年麦克斯韦在《热的理论》一书中提出与热力学第二定律相矛盾的"麦克斯韦"问题。在反驳"妖"存在的可能性中,建立了信息和热熵(能量)间的关系,可以定量地估算出取得一单位信息所必要能量的最低量级。

4. 信息与遗传

1944年细菌转化现象的发现,第一次证实了细胞核内DNA核酸是遗传的物质基础。1953年沃森和克里克提出DNA螺旋结构模型,认为其是由两条多核苷酸链靠碱基间确定配对关系而联系在一起,形成犹如螺旋状的长梯子,第一梯级相当一对碱基。梯级很多,若以500梯级的大分子计,其结构可能取型的数目为10^{330},相当于1000比特信息量。历史上有过的物种,最高估计是40亿种,其信息量不过才是31.9比特,可见DNA结构可储存遗传信息量大得足以使每一物种内各个个体间都可以有差别。

5. 信息与智能

信息是思维的基本材料,也是任何智力活动的基础。思考过程的某些特殊性,类似于通信中对信号的平滑滤波(指信息信号的噪声信号分离)和预测(根据过去的经验、储存的信息,以一定方式或规则,在相关联的限度内,去统计推断未来信号出现的平均值)。通信需要代码符号,思维也有自己的"字母表",由诸多概念构成。个体的认知,本质就是这些概念之间对外界情况的反映和相互联系。根据所拥有概念的规模和概念之间联系的紧密度,智力可分为三类:①低度发展,只具有较少的思维符号——概念和概念间简单的联系,保持的时间也短。②高度发展,使用大量的思维符号,不只有简单的联系,而且使用复杂的关系。不仅能证明存在着共同特性的概念是同一的,而且还能觉察它们之间的细微差异,找出原因。储存的时间长,容量也很大。③中度发展,拥有一定数量的概念,以及一定程度的复杂联系。

6. 信息论支撑下的土地信息学发展动态

土地信息学以信息科学理论作为基础理论，以权籍信息之间普遍存在的相互联系、相互作用作为定义和理解信息本质概念的基础，通过深入分析信息与土地权属关系、信息可传递性，以及信息形式与信息内容关系，来揭示土地信息本质的本质概念与丰富内涵。据此，土地信息学着重分析作为客体的土地与认识层次的权属这两类信息在本质概念上的同一性，以及它们在具体形态上的不同特点。这一分析为我们广泛探讨信息科学与系统科学相结合，以及多种交叉科学在土地信息学中的应用提供了重要基础。

信息论与土地信息学的交叉应用是一个极具前景的领域，这种交叉可能促进多方面的发展动态。首先，信息论中的数据压缩和传输方法，有望优化地理空间数据的存储与传输，进而提高数据处理效率。其次，信息论的隐私保护技术可用于在共享地理数据时确保个人隐私的安全。此外，信息论的诸多概念与原理，如信息熵、编码理论等，也有可能用于地理数据挖掘、土地利用变化分析、数据整合以及地理空间模型不确定性评估等领域，为土地信息学带来新的分析视角和方法。然而，这些潜在动态仍需进一步的研究和实践来确定其实际应用效果。

二、控制论

控制论，顾名思义，是关于控制的理论，是研究生命体、机器和组织的内部或彼此之间的控制和通信的科学。它主要研究技术装置、生物机体、社会组织等系统之中的通信和控制的一般规律，是在自动调节、电子计算机、通信技术与神经生理学、生物学、数学等学科相互渗透、高度综合的基础上形成的一门新学科。任何一个事物的发展都有多种可能性，如果将一个事物发展的各种可能性集合在一起，就形成该事物的可能性空间。控制论的核心内容包括系统建模、控制器设计、稳定性分析和性能优化等，以实现自动驾驶、生命支持、经济预测、环境监测等目标，在工程、生物医学、经济金融、环境管理以及社会系统等领域得到广泛应用。

1. 控制理论的产生

控制理论的起源可追溯到18世纪中叶的第一次技术革命。1765年，瓦特发明了蒸汽机，并应用离心式飞锤调速器原理对蒸汽机进行控制，这标志着人类以蒸汽为动力的机械化时代的开始。随后，工程界从时域和频域的角度讨论调速系统的稳定性问题。在1872年和1890年，劳斯和赫尔维茨分别找到了系统稳定性的代数判据。而在1932年，奈奎斯特发表了关于放大器稳定性的著名论文，提出了奈奎斯特判据来评估系统的稳定性。维纳，美国著名的控制论创始人，总结了前人的成果，并提出客观世界存在着三个重要因素，即物质、能量和信息。虽然动物与机器在物质构造和能量转换方面存在显著的差异，但在信息的传递、变换和处理方面存在惊人的相似之处。1948年，维纳的著作《控制论：或关于在动物、机器中控制和通讯的科学》一书出版，该书阐述了控制理论的一般方法，并推广了反馈的概念，确立了控制理论作为一门学科的产生。

2. 经典控制论

经典控制论是控制领域发展历程中的重要阶段,其影响主要集中在 20 世纪中叶至 60 年代的时期。经典控制论的核心关注线性、时间不变系统,提供了基本的控制设计方法和分析技术。PID(比例-积分-微分)控制器作为经典控制的基石,通过调整三个部分的权重,确保系统输出能够精确匹配期望值。频域分析方法,如波特图、尼科尔斯图,用于研究系统的稳定性和性能,根轨迹法则提供了可视化的控制系统分析工具。在经典控制论中,拉普拉斯变换起着重要作用,将系统微分方程转化为复频域的代数方程,大大简化了分析过程,使得对系统性能的理解更为直观和深入。另外,状态空间表示法为经典控制论在处理多变量系统时提供了有效的方法。卡尔曼滤波器,用于系统状态估计,为控制和信号处理领域提供了强大工具。

3. 现代控制论

20 世纪 60 年代至 80 年代,随着计算机技术的进步,控制论开始从传统的线性框架向更复杂的非线性和多变量系统延伸。状态空间表示法在此时变得流行,这种方法更适合描述复杂系统的动态特性。现代控制论涌现出了一系列新的控制方法,包括非线性控制、状态空间表示、多变量和分布式控制。非线性控制处理实际系统中的非线性行为,状态空间法适用于多变量系统分析,而分布式控制适用于分散系统的管理。自适应控制和鲁棒控制是现代理论的关键部分。自适应控制使系统能自动调整以适应环境变化,而鲁棒控制保证系统在不确定性下的稳定性。此外,最优控制和模型预测控制也是现代控制的重要内容。最优控制追求最佳性能,模型预测控制则根据系统预测作出控制决策。总之,现代控制论通过引入新方法应对复杂性,将先进技术融入控制系统,推动了控制领域的进步,为各领域的系统设计和优化提供支持。

4. 优化与自适应控制

20 世纪 70 年代至 90 年代,控制论开始与优化理论相结合,以寻求最佳控制策略。自适应控制方法允许系统根据环境变化自动调整控制参数,以适应未知的系统变化。优化和自适应控制是现代控制领域的关键分支。优化控制旨在通过调整控制输入,在满足约束条件的前提下,实现性能指标的最优化,这对于平衡不同性能需求、资源利用等方面具有重要意义。自适应控制则关注系统在变化环境中的适应能力,它利用实时测量数据自动调整控制策略,适应未知变化和外部干扰,在处理动态系统和不稳定环境中具有重要价值。无论是在工业自动化、交通管理还是其他领域,优化和自适应控制都能提升系统性能和适应性。在实际问题中,可以根据情况选择合适的方法,甚至将两者结合,实现更智能、高效的控制系统。

5. 现代自动化技术

自 20 世纪 90 年代以来,随着计算机和信息技术的迅速发展,控制论应用范围显著扩展。工程领域中,控制论已不仅仅用于传统的机械和电子系统,还广泛应用于航空航天、能源生产、制造业等。生物医学领域中,控制论目前在医疗仪器的设计和医疗流程的优化方面发挥着重要作用,如医学成像设备、生命维持系统等。经济学领域中,控制论被用于金融市场的稳定、供应链管理以及风险评估等关键领域。

此外,控制论在环境科学中也发挥着关键作用,例如大气和水体的监测与控制,以及环境污染治理等。随着复杂系统的兴起,控制论逐渐转向更具挑战性的研究方向,如非线性系统、分布式系统和多智能体系统。非线性系统的研究旨在探索系统在非线性影响下的动态行为,分布式系统关注由多个相互连接的子系统组成的系统的整体控制策略,而多智能体系统的研究涉及多个智能体之间的协同与合作。

6. 智能控制和机器学习

自 2000 年以来,控制论在人工智能、机器学习等领域的交叉融合,催生了智能控制这一新兴领域。这一趋势将先进的技术与经典控制方法相结合,推动了控制系统的进一步演进。在智能控制领域,神经网络、模糊逻辑和强化学习等技术被广泛应用,为控制系统带来了更强大的适应能力和智能化。神经网络在智能控制中扮演着关键角色。通过训练,神经网络能够学习系统的非线性映射关系,从而实现更精确的控制,以应对复杂的系统行为,并在无法精确建模的情况下提供高性能控制策略。模糊逻辑也成为智能控制的重要工具。它通过模糊集合、模糊规则来处理不确定性和模糊信息,适用于系统行为难以准确描述的情况。模糊逻辑使控制器能够在模糊环境中作出合理的决策。强化学习则强调系统通过与环境的互动来学习最优策略。在智能控制中,强化学习可用于训练控制器,使其在不断变化的环境中优化性能。这种学习方式尤其适用于需要自主决策的系统,如自动驾驶汽车和机器人。

这些交叉应用使得智能控制系统能够更好地适应复杂和变化的环境,使控制器具备了更高级的决策能力、更强大的适应性,从而推动了自动化系统的智能化和优化。通过结合控制论和人工智能的优势,智能控制为各个领域的自动化系统带来了更广阔的发展前景。

7. 控制论支撑下的土地信息学发展动态

将控制论、系统工程等理论用于土地管理领域,开拓了控制论的一个新的应用领域,即土地控制论。土地控制论通过研究人类的土地利用活动,提出了土地利用复杂大系统的概念。该理论从土地资源的数量配置和空间布局两方面来设计土地宏观控制的模型。利用动态仿真与回归辅助模型可以模拟土地资源数量配置,为土地资源的合理分配提供科学依据。同时,基于模糊相似关系,构建土地空间布局的递阶结构模型,为土地的空间优化布局提供了有效的工具。此外,基于土地控制论还建立了土地利用状态动态监控体系,通过实时监控土地利用状态的变化,为土地管理和政策制定提供及时、准确的信息支持。

土地控制问题源于人类社会发展与技术进步所导致的人类使用土地的方式和强度变化。土地控制问题的核心是对人类的土地利用方式和行为进行管理控制,最终目标是经营好一个庞大复杂的土地生态经济系统,合理地利用土地资源,通过生物转化、社会生产等各种方式,创造人类所需要的财富——生产资料和生活资料。同时,通过对人类行为的优化控制及对土地利用活动进行运作调度,实现土地资源的可持续利用和社会经济的可持续发展。

三、系统论

不同学科的学者基于不同的实践目的,采用不同的思维方式,从不同的认识角度对系统的概念进行了不同的阐述。贝塔朗菲认为系统是处于一定相互关系中并与环境发生关系的各组成部分的总体;自组织理论则认为,系统是所属要素在特定的时空条件下,在特定的内外环境作用下相互作用、相互协调形成的有序结构,或要素在非平衡条件下,通过内外随机涨落而自组织的结果。钱学森教授也曾对系统定义有过描述,他认为系统是由相互作用、相互依赖的若干组成部分组合而成的,是具有特定功能的有机整体。综上可知,尽管学者们对系统概念的具体阐述存在一定差异,但他们的基本出发点是一致的,即系统由若干要素组成、系统要素之间相互联系使系统成为一个具有特定功能的整体。

系统论是一种跨学科的方法论,旨在研究复杂系统中整体与部分的关系、元素间的相互作用以及系统与环境的互动。它致力于解决复杂性、层次结构、多样性等核心问题,通过建模、动力学分析、控制论等研究手段,为管理学、生态学、经济学、工程学等多个领域提供独特视角和解决方案。系统论强调整体性思维,即把研究对象视为一个由多个部分相互关联、作用的整体系统,去揭示系统的本质行为和运行规律。这种思维方式有助于我们更好地理解和解决多元相互关联的问题,实现系统内部的和谐与平衡。

1. 系统思想诞生的科学背景

在 20 世纪初的科学革命中,以分析为主的机械论思想和还原论思想在科学领域内的统治地位受到动摇,这为系统思想的诞生全面地扫清了道路。在这一历史转变中,生物学发挥了特殊的作用,因为它既是系统思想的滥觞,又是系统思想的最重要的理论基础和事实基础。

近代生物学中一直存在着活力论和还原论之争。活力论认为生命体中存在一种有目的的、超物质的、神秘的"活动",被称为"隐得来希",它支配生物体内的物理、化学过程和整个生命过程。还原论则认为,一切生命现象和心理现象最终都可以还原为物理、化学现象,因而原则上完全可以用物理、化学规律来说明生物规律。活力论和还原论的长期争论激发了许多生物学家从新的视角对生物有机体进行综合研究,并取得了丰硕成果。他们发现,生物有机体是一个具有复杂结构不可分割的整体,整体属性不等于各组成部分属性之和,这为一般系统论的核心——整体性原理,奠定了基础。20 世纪初物理学的发展也暴露了分析还原方法的局限性,并有力地推动了系统思想的形成。量子力学的诞生使人们意识到,试图通过分析单个粒子的性质来了解多粒子系统的性质是行不通的。此外,在诸如心理学、病理学、经济学、历史学等其他许多学科领域内,分析方法也碰到了严重的困难,其应用越来越受到质疑。以整体观看世界已成了一股不可阻挡的潮流,这股潮流最终把系统思想推上了科学舞台。

2. 一般系统论的创立

一般系统论是系统思想的核心,它不仅是系统哲学的科学基础,同时也是系统工程的理论基础,它的创立标志着系统思想的成熟。早在 20 世纪 20 年代,奥地利生物学家贝塔朗菲在研究生物学时就提出了"机体系统理论"的概念。他强调在研究生物有机体时应注意到它们的整体性、动态结构、能动性、组织层次和开放性,即必须把生物有机体作为一个整体来对待。几乎在同时,心理学家苛勒(Köhler)、考夫卡提出了"格式塔"概念,强调必须用整体的观点研究各种心理现象;生物学家韦斯(Weiss)也提出了他自己的整体主义思想。接着贝塔朗菲又发表了《关于一般系统论》论文,标志着一般系统论的诞生,具有划时代意义。在这篇论文中,贝塔朗菲阐述了创立一般系统论的目的、意义和基础,提出了一般系统论的基本思想,并着重研究了等结局性、科学同形性、非加和性等重要概念。在控制论、信息论、博弈论、决策论、网络理论、现代组织论等相关学科的陆续诞生之后,一般系统论的重要性很快被人们认识到,并得到了广泛认同。

3. 系统思想的发展

一般系统论的创立为系统思想的进一步深化与创新打下了坚实的基础。纵观一般系统论创立以来的半个多世纪,系统思想主要在以下几个方面得到了迅猛发展:①一般系统论的基本概念和基本原理在工程实践中得到广泛应用,为工程实践提供了理论指导,并在此基础上建立了系统工程学;②系统论与控制论、信息论、耗散结构论、突变论、协同学等新学科和新理论紧密结合,建立起了系统科学这一横断学科;③在系统思想的基础上,逐渐建立起了系统哲学体系。

4. 系统论支撑下的土地信息学发展动态

土地信息系统的研究充分运用了系统科学方法中的系统方法、信息方法和控制方法。土地信息系统的整个运行过程分为规划制定、初步设计、系统开发、生产、安装、运行、更新等阶段。系统研究范围覆盖了土地管理的所有领域,为了适应土地管理工作的需要,提高管理效率,在系统建设中突出体现了信息系统的输入、输出过程和信息的反馈过程,以保持信息系统的畅通无阻。控制论方法通常被运用于土地管理模型设计的目标选择上,通过各种技术指标、政治目标、经济目标,制定出衡量能否达到目标的具体标准,以作为设计模型的约束条件。

第五节　经济学理论

随着我国经济体制的深化改革,土地问题日益复杂化,涵盖耕地保护、土地退化、土地整理、土地规划等多方面,虽然这些问题分别隶属不同学科,但是它们的根源往往与土地产权制度不明晰、土地利益分配关系欠合理、土地市场机制不够健全等有着密切的关系。在这样的背景下,土地经济学的发展显得尤为重要,它不仅推动了自身学科的深化,也促进了相关学科研究领域的拓展与交融。例如,将土地经济学理论与方法引入土地规划学,可以为我们提供更加合理的规划方案选择依据;研究土地规划与土地价格的相互作用机理,有助于我们更好地理解和实施土地规划的经营策略;运用土地经济学的基础理论与分析方法研究土地法规问题,有利于提高土地法规制度的运行效率等。

经济学作为研究资源配置与分配的学科,涵盖了广泛领域,从个体决策到市场交互,再到全球经济体系的演变。在这个宏大而复杂的领域中,地租理论、地价理论以及博弈论作为经济学的重要组成部分,扮演着解释和预测市场现象的关键角色。地租理论和地价理论探讨了土地在经济活动中的特殊地位。土地作为一种有限资源,其供给和需求的变化不仅对个体的决策产生影响,还对市场价格和资源配置产生深远的影响。地租理论分析了土地租金形成的机制,揭示了不同地段和地理位置对租金的影响,从而帮助我们理解城市发展、土地使用规划以及地产市场的运作机制。地价理论则更加聚焦于土地价值的决定因素,涵盖了土地本身特点以及周边环境对其价值的塑造作用,为城市规划和资源配置提供了重要的理论基础。而博弈论则从个体决策者之间的互动角度出发,研究他们在不确定性下的策略选择。博弈论的发展为我们揭示市场中的策略性行为、合作与竞争的平衡以及决策者如何应对其他决策者的行动提供了框架。地租理论、地价理论和博弈论作为经济学的重要组成部分,为我们理解和解释市场现象提供了有力工具,不仅丰富了我们对资源分配和市场运作的认识,也为制定合理的政策和战略提供了理论支持。

一、地租理论

地租可以通俗地理解为出租土地所获得的经济报酬,或者是土地使用者为使用土地而支付给土地所有者的经济报酬。然而,就地租经济关系的本质而言,地租实际上是指直接生产者在生产过程中创造的剩余生产物被土地所有者占有的部分。地租可以看作是土地所有权在经济上体现的形式,也是社会生产关系的一种反映。地租理论关注土地稀缺性和地理差异对租金产生的影响,强调土地生产能力决定地租的大小,而不同经济参与者分享地租。这一理论在农业、城市规划、自然资源经济学等领域有广泛应用,帮助解释农业产出差异、城市发展规律以及资源稀缺性对价值和分配的影响,同时对税收政策的制定也具有指导意义。

要科学界定地租范畴,必须把土地租金与地租严格区别开来。例如,在资本主义社会,农场主租用土地及其附属设施等,付给土地所有者的全部代价,虽然有时也称为地租,但实际是土地租金。真正的地租仅是租金的一部分,地租之外,还包括土地资本(用于土地开发的资本投入)的利息,地租过高时还可能包括平均利润和工人工资的扣除等。

1. 威廉·配第的地租理论

威廉·配第在《赋税论》中着重讨论了地租问题。配第的经济思想就是"劳动是财富之父,土地是财富之母"。他主要从劳动价值论和工资论这两方面来研究地租理论。

(1)配第最先提出了劳动决定价值的基本原理,即商品的价值是由商品所包含的劳动时间决定的。他把地租看作是剩余价值的基本形态。他认为土地所有的收获量减去生产费用,最后剩下的那部分就是地租。这里说的生产费用是指种子的价钱和工资,工资是指能满足工人最低限度的生活资料的价值。因此配第所说的地租就是土地上生产的农作物所得的剩余收入。

(2)配第还论述了地租的多少与工资的数量有密切关系。土地生产出来的总价值是一定的,满足工人最低消费量也是一定的,所以地租的多少就取决于工资的多少。在社会劳动生产率和谷物价格不变的情况下,地租与工资是成反比关系的。此外,配第还首次提出了"级差地租"的概念,这一理论对于后来的学者在地租领域的研究具有重要的参考价值。

2. 亚当·斯密的地租理论

在亚当·斯密的研究中,地租不单单是收获量减去生产费用的剩余部分。斯密引进了"利润"这个概念,这一创新使地租理论更为全面和深入。然而,由于斯密的研究方法具有双重性,并且受到重农思想的深刻影响,他的地租理论在某些方面显得不够清晰和明确。具体而言,斯密认为地租是租地人按照土地实际情况所能缴纳的最高利润。他也认为地租成为商品价格构成部分的方式是和工资、利润不同的。工资和利润的高低,是地租价格高低的原因,而地租的高低,却是价格高低的结果。

3. 大卫·李嘉图的地租理论

大卫·李嘉图是古典经济学里研究地租理论最透彻、最充分的经济学家。斯密将地租与资本和利润混为一谈,甚至把改造土地的那部分成本也算作地租,李嘉图给出了更为清晰和准确的地租定义。李嘉图认为的地租是为使用土地及其不可摧毁的生产力而付给地主的那一部分土地产品。而之所以产生地租是因为能够耕种或者说让人开发利用的土地并不是像空气那样取之不尽用之不竭,土地是有限的,并且对于逐渐增长的人口而言,逐渐变得供不应求。李嘉图明确了地租的含义,更提出了级差地租,厘清了利润和地租的关系,让我们对地租有了新的认识。

(1)级差地租。使用土地支付地租,只是因为土地的数量是有限的。但是支付地租多少,又跟土地的质量有关系,不同质量的土地收取不同的地租。随着社会的发展,当次等土地被开发后,头等土地马上就开始有地租了,它们之间的地租差额就在于它们的质量不同。当三等土地投入耕种时,二等土地也就开始有了地租,而一等土地的地租就要增加。因为利润是不变的,所以更高级的土地剩余的那部分就必须支付地租。这就说明农产品的价格是由劣等土地的农产品价格决定的。例如,一、二、三等土地使用等量资本和劳动,其净产品数量分别为25、22.5和20。那么,它们的农业资本的利润率应该是一样的,即所得的利润都是一样的,故一等地比三等地多出来的5单位产品、二等地比三等地多出来的2.5单位产品都只能用作地租,这就是李嘉图所阐述的级差地租。

(2)地租和利润是对立的。李嘉图认为地租、工资与利润都是劳动创造的价值,都是产品价值的组成部分,如果说地租占的比例大了,自然利润和工资就会减少。反之,如果地租的分量减少,工资和利润的比例也就增多了。这是个反比关系,所以李嘉图强烈反对"谷物法",因为"谷物法"会让粮食价格上涨,有利于地主阶级,对资产阶级不利。所以他的理论还是具有明显的阶级性的。

4. 马克思的地租理论

马克思在《剩余价值理论》《资本论》等著作中,以及在与恩格斯的通信中,对李嘉图的地租理论作了详尽的评论,既肯定了它正确可取之处,也指出其许多缺点和错误。归纳起来,马克思对李嘉图地租理论的评论主要有以下几点:①马克思肯定了李嘉图将地租理论与劳动价值论联系在一起的理论贡献;②马克思指出李嘉图关于地租的定义是错误的;③马克思指出级差地租的产生与利用土地的顺序无关；④马克思批判李嘉图把级差地租同"土地报酬递减率"联系在一起；⑤马克思批判李嘉图否认绝对地租的存在。

马克思在批判和继承李嘉图地租理论的基础上建立起自己科学的地租理论。与李嘉图比较，马克思的地租理论在多个方面取得了显著的进步与发展，这些发展可概括为以下几个方面：①马克思明确地指出了资本主义地租的本质乃是剩余价值的转化形式之一，并提出了绝对地租、级差地租、级差地租第一形式和级差地租第二形式这些范畴，并予以科学地解释；②马克思对级差地租作了更为周密详尽的考察，使这一理论更加科学和完善。马克思的社会主义级差地租在中国得到广泛应用。首先，在社会主义制度下，仍然存在形成级差地租的客观物质条件。这些条件包括土地的位置优劣、距离城市中心的远近以及交通便利程度等。其次，在社会主义制度下的中国，形成级差地租的社会经济条件也依然存在。在土地所有权存在的情况下，当经营垄断与土地差异结合在一起时，级差土地收入就会转化为级差地租。社会主义级差地租所反映的经济关系已经不再是土地所有者、产业资本家和雇佣工人之间的剥削与被剥削的阶级对抗关系，而是在社会主义土地公有制的条件下，国家、企业和个人之间对超额利润的分配关系，表现为不同地区和单位间经济收益的某些差别。原则上讲，社会主义级差地租应主要归属于土地所有者，但由于级差地租的形成受到多种因素的共同作用，因此在对这部分价值进行分配时需要统筹兼顾，处理好各种利益关系，以促进各方面的积极性。

5. 地租理论支撑下的土地信息学发展动态

地租理论为土地信息学的发展提供了坚实的理论基础，引导了其在土地利用规划、资源管理、环境保护、城市化与区域发展、土地价值评估以及农业生产等领域的实际应用，使其在推动可持续发展和智能决策方面发挥着重要作用。

首先，基于地租理论，土地信息学在土地利用规划方面发挥关键作用。借助地理信息系统(GIS)和空间分析技术，研究人员能够定量分析不同地区的土地生产能力和地租差异，从而优化城市和农村的土地利用布局，实现合理规划、发展。其次，地租理论强调资源的稀缺性，促进了土地信息学在资源管理和环境保护方面的创新应用。通过整合遥感数据，土地信息学能够监测土地利用变化、自然资源的利用情况以及生态系统的健康状况，为决策者提供科学依据，推动可持续资源管理和生态环境保护。此外，地租理论在城市化与区域发展研究中也发挥着重要作用。土地信息学利用空间分析和建模技术，揭示了城市扩张趋势、土地资源的可用性以及区域发展潜力，为城市规划和区域发展战略的制定提供了可靠依据。在土地价值评估方面，地租理论为土地信息学提供了理论基础。通过 GIS 和空间分析，土地信息学能够准确评估不同地区的土地价值，为土地交易、税收政策等提供决策支持。最后，地租理论促进了土地信息学在农业生产和资源配置方面的应用。借助遥感技术和空间数据分析，土地信息学帮助农业者更好地监测农田状况、土壤质量和气候变化，从而优化资源配置，提高农业产量和效益。

二、地价理论

土地价格的内涵指的是在正常市场情况下，土地在未来年期内所能提供的土地纯收益

（即地租）的资本化价值。这种土地纯收益部分是劳动者创造的剩余价值，在某些情况下可能来自本宗地的劳动者，但也可能是全社会劳动者剩余价值转移而来，这取决于土地资源的稀缺性和垄断情况。在正常市场条件下，这种土地纯收益的资本化价值可以弥补自然土地的价值，并有效补偿土地资本凝固在土地中的价值。地价理论是经济学中研究土地价格形成机制和影响因素的核心概念，关注土地作为特殊生产要素的经济属性及其交易定价。地价理论主要探讨土地价格的决定因素，土地租金形成机制，土地开发规划与公共利益的平衡，以及其在城市规划、不动产投资、环境经济学、农业经济学和税收政策等领域的应用。这一理论框架有助于揭示土地市场运作方式，引导合理的资源配置和政策制定。

1. 古典经济学的地价理论

威廉·配第是古典政治经济学的奠基人之一。他认为，土地的价值取决于投入土地的劳动量，土地所有权的价格等于祖、父、孙三代人通常可以同时生存的年数（约为21年）的地租，因此土地价格的定义应为一定年期的地租总额。英国经济学家詹姆斯·安德森认为，不是地租决定土地产品的价格，而是土地产品的价格决定地租。这说明了社会对土地产品的需求导致对土地的需求与土地供给共同决定土地的地租和价格，与现代地价理论相一致。这也说明了几百年来，土地能为土地所有者或购买者带来的市场所承担的经济收益决定了土地价格的高低。

英国古典政治经济学家亚当·斯密坚持劳动价值论。他在1776年出版的《国民财富的性质和原因的研究》中指出，"劳动是衡量一切商品交换价值的真实尺度，地租、利润和工资这三个组成部分各自的真实价值，由各自所能购买或所能支配的劳动量来衡量""作为使用土地的代价的地租，当然是一种垄断价格。它完全不和地主改良土地所支出的费用或地主所能收取的数额成比例，而和租地人所能缴纳的数额成比例"。这说明地租、地价不由土地改良成本决定，而由市场有效需求决定。

2. 现代西方经济学的地价理论

现代西方经济学的地价理论在19世纪末形成，其核心观点是，土地的价值不仅取决于土地的利用收益，还应该考虑到出售土地所带来的利益。因此，地价不仅仅由土地收益决定，还受到资本市场的参与影响。

英国经济学家马歇尔是现代地价理论的创始人。他在"土地报酬递减规律"和边际效用价格理论的基础上，应用古典学派的供应-成本模型分析地租、地价的形成机制。马歇尔认为，土地作为自然存在，其供给量是固定不变的，因此不存在土地的供给价格这一概念。相反，土地价格只受需求的影响，土地的需求决定了土地的耕作边际，地租和地价永远由土地的需求决定。他指出，由于土地需求的上升，种植蛇麻的收益将不足以抵偿生产成本，种植者无力支付地租，因而其土地将转给有支付能力的菜商；而随着需求的上升，菜商的总收益又不能抵偿生产总成本，其土地又不得不转让给能支付更高地价水平的建筑商。

根据现代西方经济学代表人物萨缪尔森的观点，土地的自然供给是无弹性的，而土地的需求是一种引致需求。因此，土地的价格取决于土地的市场供给和市场需求。由于土地供给无可弹性，因此土地价格主要由土地需求决定。在研究资源环境问题时，戴维·皮尔思认为，为了有效利用资源,产品的价格应该根据边际社会成本确定。然而,在市场上,产品的价格通常是根据边际私人成本来确定的。边际社会成本包括边际生产成本以及污染或生产该物品而导致的资源退化所带来的外部成本。土地价格不仅包含它所产生的经济价值,还应计入土地的生态价值等。

综上,现代西方经济学的地价理论分为土地收益理论和土地供求理论。土地收益理论认为,土地纯收益(地租)最终决定土地价格;土地供求理论的核心是,土地市场的供求关系决定土地价格。

3. 马克思主义地价理论

在批判古典政治经济学的地租、地价理论基础上,马克思提出了以劳动价值论为基础的地租、地价理论。他认为地租是剩余价值的一部分,而地价则是地租的资本化表现。马克思主义地价理论的主要观点包括如下几方面:①自然状态的土地虽然不是劳动产品,没有价值,但有使用价值,并存在价格;②土地价格的实质是地租的资本化;③土地资本的折旧和利息同样决定土地价格。

4. 地价理论支撑下的土地信息学发展动态

在地价理论的引领下,土地信息学蓬勃发展,为研究和管理土地资源提供了坚实的理论基础和实践指导。通过将地价理论与地理信息系统、遥感技术等融合,土地信息学呈现出一系列积极且富有成效的动态进展。首先,土地信息学借助地价理论,建立和优化了多样化的土地定价模型,以更精准地预测和解释土地价格的变化趋势。其次,该领域将地价理论应用于土地利用规划,运用地理数据和市场需求分析,推动城市的可持续发展和区域规划。此外,土地信息学也在土地市场分析方面有所创新,揭示了土地供需关系和交易模式,帮助决策者识别风险与机遇。在土地资源管理和环境保护方面,土地信息学结合地价理论,为资源的高效配置和生态环境的可持续性提供了强有力的支撑。在土地政策制定和税收规划领域,土地信息学在地价理论的指引下,为政府制定合理政策提供支持,实现公共利益与私人权益的平衡。最后,土地信息学在地价理论的引导下,利用空间数据分析方法,深入研究土地经济关系,为各类决策者提供决策分析工具和战略支持。综上所述,地价理论在推动土地信息学领域的发展中发挥着重要作用,使土地信息学在土地资源管理、城市规划、经济分析等领域持续发展和创新。

三、博弈论

博弈,是一个主体(可指一个人或一个组织)面对一定复杂的外界环境,在一定的规则下,依据所掌控的信息,从各自的角度选择效益最大化的行为或是策略并加以实施,并从各自的结果中,得到相应结果或收益的过程。在经济学上,博弈论是一个非常重要的理论。它探讨参与者的策略选择与利益最大化,涵盖博弈模型、均衡概念、博弈解计算等核心内容。该理论在经济学、政治学、生物学、计算机科学等诸多领域有广泛应用,用于解决合作竞争、资源分配、决策制定等复杂问题。

1. 博弈论的萌芽期

19世纪到20世纪30年代是博弈理论的萌芽时期。博弈论起源于对社会理论和经济理论的研究,当时经济理论迫切地需要一门专门研究策略行为的科学,所以博弈论应运而生。尽管这一时期的思路和方法与现代博弈论存在显著差异,但它们的理论贡献和方法论基础为博弈论的发展奠定了坚实的基础。其中,古诺(Cournot)是早期研究数理经济学和博弈论的开山鼻祖,其1838年对垄断竞争的数量分析成为了数理经济学研究的经典之作。

20世纪初,数学家们开始研究博弈论。当时研究聚焦于严格竞争博弈,即双人零和博弈。约翰·纳什在其一系列论文中,如《非合作博弈》《n人博弈中的均衡点》与《非合作博弈》,介绍了合作博弈与非合作博弈的区别。他对非合作博弈的最重要贡献是阐明了包含任意人数局中人和任意偏好的一种通用解概念——纳什均衡,这一理论打破了传统上仅限于两人零和博弈的局限。

在约翰·冯·诺依曼与奥斯卡·摩根斯坦的博弈论奠基性著作《博弈论与经济行为》中用了大量的篇幅讨论合作博弈,而在非合作博弈中仅仅讨论了简单的零和博弈。但合作博弈在理论上的重要突破及其后续发展在很大程度得益于夏普利(Shapley)提出的夏普利值的解的概念及其公理化刻画。夏普利的工作具有方法论上的重要意义,他的公理化方法使我们可以研究讨论合作博弈中其他各种各样的解。

2. 博弈论的体系建立时期

20世纪四五十年代是博弈论的体系建立时期。1944年,诺伊曼和摩根斯坦的巨著《博弈论与经济学》出版,标志着博弈论作为一门学科的建立,也被视为数理经济学学科建立的标志。在《博弈论与经济学》问世后的若干年,合作博弈理论成为了博弈论研究的重点,得到了迅速的发展。这一时期涌现了众多重要的理论成果,包括纳什和夏普利的"讨价还价"模型、夏普利关于合作博弈中的"核"的概念等,这些成果极大地丰富了博弈论的理论体系。

3. 博弈论的发展壮大时期

20世纪60—80年代是博弈理论的发展壮大时期。这段时期,合作博弈理论得到进一步充实和丰富,而非合作博弈理论也发展迅速,成为博弈理论研究和应用的主流。在这一期间,博弈论从一个由少数数学家研究的学科发展成为受众人瞩目的、研究队伍日益扩大的理论体系。如今,博弈论在各个领域都产生了深远的影响,其理论价值和实践意义日益凸显。20世纪60年代,人们意识到合作博弈实际上是一个涉及多方谈判、形成联盟的过程,各局中人是通过谈判达成协议结为联盟。1964年,罗伯特·奥曼(Robert Aumann)和迈克尔·马希勒(Michael Maschler)提出以谈判集为合作博弈的解,这一观点强调了谈判在合作中的核心地位。1965年,戴维·M.克雷普斯(David M. Kreps)和马希勒从超出值的角度提出以核(kernel)为合作博弈的解,进一步揭示了联盟内部的价值分配问题。1969年,大卫·施梅德勒(David Schmeidler)以超出值来衡量联盟的态度,并提出了以最小化联盟不满为目标的"核仁"(nucleolus)作为合作博弈的解,这一概念更加精细地刻画了合作博弈中的均衡状态。

1981年,提吉斯(Tijs)考虑边际贡献得出的值分配为合作博弈的解,这种计算方法既简单又直观,为合作博弈的定量分析提供了新的思路。学者们不断给出合作博弈的解的概念,努力探索合作博弈的本质特征,为博弈论的研究开辟了新的方向。

4. 博弈论的快速发展期

20世纪50年代后期,博弈论的主要应用领域开始转向经济学,并在60年代与数理经济学及经济领域的各方面均建立了牢固而持久的联系。20世纪80年代至今是博弈论的完善和应用时期。此间博弈论演化成为了一个相对完善、内容丰富的理论体系,其中非合作博弈理论在理论研究和实践应用中都占据了主导地位。更重要的是,博弈理论在各种经济学科中都得到了深入应用,在政治学、生物学、计算机科学、道德学、社会学等广泛领域内也产生了重要影响。此时,长期以来主要应用于政治领域的合作博弈理论也逐渐进入更多领域,特别是吸引了一大批经济学家的目光,博弈理论又迎来了一个快速发展的时期。

5. 博弈论支撑下的土地信息学发展动态

我国土地管理中,中央政府与地方政府之间存在博弈关系,这主要源于三个方面的因素:土地政策目标的差异化、土地制度的不健全以及分税制的不完善。具体而言,这种博弈关系体现在:首先,土地政策目标的差异化直接决定了中央政府和地方政府在博弈中扮演的角色;其次,不健全的土地制度使得这种博弈能够在土地管理中得以实施;最后,不完善的分税制鼓励地方政府寻找与中央政府博弈的途径。

在土地管理行为中,除了中央政府和地方政府作为核心博弈方外,还有一系列利益相关者参与其中。这些利益相关者包括与土地利用开发相关的用地单位,如开发商和非营利组织,以及与农用地生产、居住相关的社会公众,如农民和城镇居民。此外,还有一些组织机构,如中介咨询机构和科研院所,负责对土地管理和政策进行调查、研究和服务等。所有这些利益相关者都与土地管理行为密切相关,并对土地的开发利用产生直接或间接的影响。

博弈论在土地信息学领域的应用正逐步拓展,为解决与土地管理、规划和决策相关的复杂问题提供了新的视角和方法。通过建立博弈模型,可以分析不同土地使用者之间的利益冲突与合作机会,实现土地利用规划与冲突解决的最优策略。此外,博弈论还有助于处理有限的土地资源分配、权衡自然保护与经济开发,并在土地市场、房地产和城市规划等领域中优化决策。尽管在应用中可能面临数据、模型和实际情境的挑战,但随着技术与理论的进步,博弈论为更好地管理土地资源、实现可持续发展提供了广阔前景。

知识要点与习题

知识要点

人地关系理论　地域分异理论　中心地理论　区位论　遥感监测　地理信息系统　地球系统科学　信息科学　"3S"技术

习题

(1)试列举经典的人地关系理论及其主要内容。

(2)简述"3S"技术的概念。

(3)试评述信息科学理论与土地信息学的联系。

第三章 土地大数据

中国互联网络信息中心发布的第47次《中国互联网络发展状况统计报告》显示,截至2020年12月,中国网民规模为9.89亿人,手机网民规模为9.86亿人,互联网普及率为70.4%。随着互联网、物联网、云计算等技术的快速发展,数据的规模急剧增长。根据国际数据公司和数据存储公司希捷发布的报告,中国的数据规模预计在2025年将达到48.6ZB,而美国则为30.6ZB。如今,大数据已成为社会各界关注的热点,在土地利用科学领域亦是如此。

第一节 大 数 据

一、大数据的概念

在信息产生巨大价值的信息化时代,多源数据、海量数据、大数据汹涌而至。其中,多源数据是指来源不同的数据或数据集;海量数据则强调其庞大的数据规模;大数据不仅数量庞大,更具备实时高速增长、多模态等特征,需使用非传统的数据分析与处理技术才能深入挖掘数据信息的内在价值。随着时代的进步,大数据的定义也在不断丰富与深化。

1980年,Toffler首次提出了"大数据"概念。但在随后的一段时期内,大数据及其相关技术并没有取得重大突破。1997年,Cox和Ellsworth对大数据进行了定义,他们认为,大数据是指数据量过大以至于内存、本地磁盘甚至远程磁盘都无法容纳的数据。2008年,Shnerderman等指出了大数据集过大以至于无法在屏幕上显示的特征,补充和完善了大数据的概念内涵。2011年,麦肯锡全球研究院(McKinsey Global Institute)从数据量的角度定义了大数据。2013年,微软(Microsoft)将大数据定义为将强大的计算能力、机器学习和人工智能应用于大量高度复杂的信息处理的过程。2014年,Sagiroglu等认为大数据指的是数量庞大、变化多样、结构复杂,难以存储、分析和可视化的大量数据。不难看出,早期的"大数据"是从"超海量"数据的角度来进行定义的。然而,随着技术发展和应用场景的增多,大数据已发展成为一个综合的概念,其不仅指代数据本身,还代表着大数据处理技术和应用等诸多领域。根据数据的来源与应用领域,大数据还可以进一步细分为网络大数据、医疗大数据、教育大数据、地理大数据等多种类型。

2003年,Google公布了三篇经典论文,奠定了现代大数据技术的理论基础。但是,Google并没有开源这三篇论文的源代码。因此,Yahoo于2005年资助Hadoop按照这三篇论文的技术思路进行了开源实现,从而拉开了大数据时代的序幕。2008年,著名的学术期刊

《自然》(*Nature*)以专辑的形式刊发了关于大数据的系列论文。这一事件,被认为是正式宣告大数据时代到来的标志。随后,我们逐渐意识到,数据正以生产资料的方式源源不断地参与到生产并创造着巨大的价值。因此,大数据也随之成为了信息时代的新兴产业。联合国于2009年启动了"全球脉动计划",旨在通过大数据推动落后地区的发展。2012年,联合国发布了白皮书《大数据促发展:挑战与机遇》,推动全球大数据研究。世界各国也密切关注大数据的应用与发展。2009年,美国率先将政府数据库(Data.gov)打造为全球首个可自由获取数据的开放网络数据共享平台,共享了76项原始数据集,促进大数据产业的发展,并将大数据视为"未来的新石油"。2012年,美国更是提出"大数据研究和发展倡议",发起全球开放政府数据运动,并投资两亿美元促进大数据核心技术的研究和应用。英国则将大数据视作八类高新技术之一并进行重点投资。2014年,欧盟委员会呼吁各成员国积极发展大数据,采取具体措施发展大数据业务。近年来,我国在大数据产业发展上同样持续发力。2015年,党的十八届五中全会明确提出实施国家大数据战略,旨在全面推进大数据发展和应用,建设"数据强国"。2016年,国务院印发《"十三五"国家信息化规划》,提出建立统一开放的大数据体系,打造统一高效、互联互通、安全可靠的国家数据资源体系等措施,以推动大数据应用和管理,并高度注重数据安全保护。2019年发布的《2018年全球大数据发展分析报告》表明,中国大数据产业的发展和技术创新能力得到了显著的提升。

近年来,以 Google、Facebook、LinkedIn、Microsoft、阿里巴巴、腾讯、京东、百度等互联网企业为代表的公司纷纷推出了众多大数据处理系统。大数据已经深入渗透到各个行业和业务领域,成为支撑众多行业的关键要素。在人工智能领域,大数据分析技术在处理图像识别、语音识别、自动驾驶等方面取得了重大突破。同时,深度学习、知识计算、可视化等大数据分析技术也在持续的发展,已经广泛应用于不同的行业和领域。

大数据技术正持续推动舆情监控、情报分析、医疗管理、人才培养、城市规划等领域的深入发展。我们甚至可以认为,大数据技术已成为综合国力的重要组成部分,并且对数据的控制和占有将成为国家和企业之间新的竞争焦点。如今,世界正处于以大数据技术为基础支持的信息化发展"第三次浪潮"中,全球各行业和领域都已难以脱离大数据的影响。

二、大数据的特征

2001年,麦塔集团(META Group,后被 Gartner 收购)的分析师 Doug Lane 将大数据特征总结为"3V",分别为大容量(Volume)、多模态(Variety)、增速快(Velocity),这是对大数据特征的重要总结。而后 IBM 在"3V"的基础上进行扩展,提出了"5V"特征,增加了价值(Value)和真实性(Veracity)两大特征。随着大数据技术不断发展,数据复杂程度也愈来愈高,有关大数据特征的新观点也不断涌现。在"5V"的基础上,学者和从业人员又补充了动态性(Vitality)、可视性(Visualization)、合法性(Validity)等特征,以强调数据体系的动态特征、直观展现特征以及数据采集和应用的合规性。当前,大数据特征甚至被扩展到了"10V"。但需明确的是,大数据的核心特征在于形式与构成的复杂性、来源与含义的不确定性以及信息模式和知识的持续更新。

1. Volume(大容量)

大数据的"大"是其重要特征之一。据统计,从文字诞生到 21 世纪初,人类累积的数据总量,仅相当于现在全世界两天内创造的数据量。当前,人们日常生活(微信、QQ、上网搜索与购物等)都在产生着数量庞大的数据。传感器、物联网、工业互联网、车联网、手机、平板电脑等,无一不是数据的主要来源和承载方式。传统的个人电脑处理的数据,其量级通常是 GB/TB,而大数据通常是以 PB(1PB=1000TB)、EB(1EB=100 万 TB)或 ZB(1ZB=10 亿 TB)为计量单位。

2. Variety(多模态)

数据可分为结构化、半结构化和非结构化数据三种类型。结构化数据(或称关系数据),具备严格的架构,通常存储在数据库(表)中,如财务系统、信息管理系统、医疗系统中的数据等。这类数据易于输入、查询和分析。半结构化数据(或称非关系数据/NoSQL 数据),组织条理性比结构化数据更为松散。半结构化数据往往不严格遵循预设格式,如邮件、网页等。半结构化数据的特点在于其结构自描述性、描述的复杂性以及动态性。非结构化数据是指结构不规则或不完整,没有预定义的数据模型,不方便用数据库二维逻辑表来表现,如视频、图片、音频等。这类数据存储占比高、格式多样、结构不标准且复杂,蕴含信息量丰富,但处理门槛也相对较高。

有报告称,全世界结构化数据和非结构化数据的增长率分别是 32%、63%,其中,非结构化数据,如网络日志、音视频、图片和地理位置信息等,占比已达到 80% 左右,并呈现持续增长的趋势。根据国际数据公司(IDC)的预测结果,到 2023 年,中国的数据量将达到 40ZB,其中超过 80% 是非结构化数据。往往就是这些非结构化数据,承载着人类智慧。

3. Velocity(增速快)

美国互联网数据中心指出,企业数据正在以 55% 的速度逐年增长,互联网数据每年将增长 50%,每两年便将翻一番。IBM 研究表明,整个人类文明所获得的全部数据中,90% 是过去两年内产生的。在这种背景下,数据处理速度成为大数据区别于传统数据挖掘技术的关键特征。认可度较高的为"一秒定律"证实强调了大数据的时效性,即在这一秒有用的数据,下一秒可能就失去了价值。正是由于大数据产生更新速度之快,采集大数据的时间节点也极为重要。另外,数据价值除了与数据规模相关,还与数据处理速度成正比关系,数据处理速度越快、越及时,其发挥的效能就越大、价值越大。

4. Value(价值)

大数据的价值体现在其能够通过深入分析和挖掘,揭示出隐藏在数据中的模式、趋势和关联性,从而为决策制定和业务创新提供有力的支持。当前,大数据在生产、经营活动、流通、生物医学、城市管理、安全防护、金融、营销等各个领域发挥其重要价值。例如,企业通过分析消费者的购买历史和浏览记录,可以制定更精准的营销策略;物流公司则能通过分析交通数据优化配送路线,提高服务效率。然而,大数据的价值建立在庞大的数据量基础之上。相对于指数级增长的整体数据量来说,单个对象或模块数据的价值密度相对较低,这无疑增加了在开发海量数据时的难度和成本。比如,一天 24h 的监控录像,有价值的关键数据也许仅为 1~2s。同样,每天数十亿的搜索申请中,只有少数固定词条的搜索量会对某些分析研究有用。因此,需要更加快速、高效的搜集及处理分析工具,以从大数据中提取出真正有价值的信息。

5. Veracity(真实性)

真实性指数据的准确度和可信赖度,代表大数据的质量,大数据的内容是与真实世界息息相关的,不一定准确,但一定不是虚假数据,这也是数据分析的基础。大数据是基于真实的交易与行为产生的数据,因此研究大数据可以挖掘人的行为意志,从复杂系统数据中提取出能够解释和预测现实事件的过程。

三、大数据处理技术

大数据正带来了信息社会的深刻变革,其"5V"特征不仅揭示了大数据的本质,也带来了数据复杂性、计算复杂性和系统复杂性等多重挑战。为了应对这些挑战,就需要展开大数据处理和分析深度研究,包括数据采集、导入/预处理、统计/分析和大数据挖掘等。本书从大数据采集、清洗与预处理、存储、分析的处理全过程总结出大数据的技术生态系统(图 3-1)。

图 3-1 大数据技术生态系统组成

(一)大数据采集技术

大数据采集指通过各种技术手段,收集和整理大量数据的过程。采集的数据可以来自不同的数据源,包括结构化数据、半结构化及非结构化数据,如网站数据、社交媒体数据、电子邮件、日志文件、传感器、企业应用程序等。大数据海量化、多样化、高速化特征以及复杂的数据结构和关联,对数据存储、处理、分析和关键信息提取提出重大挑战,从而推动了大数据采集技术的不断发展和创新。传统的数据采集手段,如人工录入、调查问卷和电话随访,虽然在一定程度上能够满足某些数据收集的需求,但它们的局限性也显而易见。这些传统方法通常来源单一、结构单一、数据量小,因此并不适用于采集体量大、变化快、数据类型丰富的大数据。相比之下,现代的大数据采集方法更加多样化和高效。从数据源的角度来看,大数据采集可以分为四类:开源数据(包括网页、视频、音频、动画、图片等)、日志数据、数据库数据、传感器数据,主要的采集技术有 API 数据采集、网络爬虫、日志文件采集、数据库数据采集、传感数据采集等。这些技术能够实现对各种数据源的高效、准确、实时的数据采集,为大数据的分析和应用提供了坚实的基础。传统及现代大数据采集手段的差异见表 3-1。

表 3-1 传统及现代大数据采集手段对比

技术	原理	特征	劣势
手工录入、纸质调查	人工收集数据,手动记录或录入	精确,适用于小规模数据	效率低,易出错
电话调查、面访	通过电话或面对面采集数据	适用于定向调查,数据精确	耗时较长,适用于小规模
API 访问	调用 API 接口,获取数据	结构化数据,权限控制	数据获取受 API 限制
网络爬虫	自动化遍历网页,提取数据	自动化,大规模数据采集	需要规则和算法,可能遭遇反爬虫
分布式计算框架（Hadoop、Spark）	并行处理大规模数据	高效处理,高可靠性和扩展性,高容错率	软硬件设施成本高,故障排除和数据安全管理难度大

1. 开源数据采集

开源数据采集是通过网站公开 API 或网络爬虫等方式从网站上获取数据信息的过程。Web 数据抓取程序模拟浏览器的行为,能将在浏览器上显示的数据提取出来,也称为屏幕抓取(Screenscraping)。Web 数据抓取的目的是将非结构化的信息从大量的网页中抽取出来以结构化的方式存储(CSV、JSON、XML、ACCESS、MSSQL、MYSQL 等)。

1) API 数据采集技术

API,即应用程序编程接口,指他人编写的代码或者编译的程序,提供给用户使用。使用 API 是指用户使用了此类代码(或者程序)中的某个函数、类、对象。在数据采集中,API 可用于不同系统的数据采集与交换。当前,API 已广泛应用于大型网站、论坛等,并面临标准化、可组合性及安全性挑战。

2) 网络爬虫技术

网络爬虫是一种能够按照一定规则自动从网页中获取信息的程序或者脚本。网络爬虫的运作原理是以 URL 为起始点,获得网页内容;不断抽取新 URL,并放入队列;获得非结构化、半结构化数据并存储在本地系统。常见工具包括 Crawler4j、Java 爬虫 WebCollector、Python 爬虫程序 PySpider、垂直爬虫 WebMagic。网络爬虫极大地方便了人们的生活,但网页每次更新都需要重新进行数据抓取,电脑 IP 还可能被禁止访问,且容易造成个人隐私安全性纠纷。

2. 日志数据采集

系统日志采集主要从服务器、应用程序和网络设备的日志文件中提取数据,供离线和在线的大数据分析系统使用,用于监视性能和安全性。高可用性、高可靠性、可扩展性是日志数据采集的基本特征。工具大多采用分布式架构,能够满足每秒数百兆字节的日志数据采集和传输需求。目前常用的开源日志收集系统有 Flume、Scribe 等。

3. 数据库数据采集

传统企业会使用关系型数据库 MySQL 和 Oracle 等来存储数据。随着大数据时代的到来,Redis、MongoDB 和 HBase 等 NoSQL 数据库也常用于数据的采集。企业通过在采集端部署大量数据库,在这些数据库之间进行负载均衡和分片,并使用抽取(extract)、转换(transform)和加载(load)工具来从数据库中提取、转换和加载数据。

4. 传感器数据采集

感知设备数据采集是指通过物联网传感器、生物传感器、摄像头和其他智能终端自动采集信号、图片或录像来获取数据。数据的采集是挖掘数据价值的第一步,当数据量越来越大时,可发掘的有价值的信息也就更多、更全面。充分地利用大数据处理平台,能够使得分析结果更具有效性和准确性,以便有效地助力企业精准决策。

(二)大数据清洗与预处理技术

在数据采集、传输或存储过程中,各种原因导致的不准确、不完整、不一致或格式错误的数据,称为脏数据(dirty read/data)。这种数据可能来源于设备故障、人为录入错误、数据传输错误等多种情况。脏数据的存在不仅会降低数据质量,还会对后续的数据分析和挖掘工作造成严重影响,甚至导致错误的决策。数据清洗是指利用遗漏值处理、属性均值替代、噪声数据处理等方法,对冗余、错误的数据进行过滤、校正、整合,为数据挖掘提供高质量的数据支持。在实施数据清洗工作之前,需要明确存在的问题类型。基于数据质量的准确性、完整性、一致性、时效性、可信性以及可解释性等特征,Rahm 等将数据质量问题划分为四个类别:单数据源模式层问题、单数据源实例层问题、多数据源模式层问题和多数据源实例层问题。针对这些问题,有许多不同的数据清洗技术可供选择。

1. 模式层脏数据的清洗方法

模式层脏数据的产生原因主要包括两个方面:一是数据结构设计不合理,二是属性约束不够。因此,需要分别采取结构冲突和噪声数据的清洗方法来解决以上问题。

(1)解决结构冲突的方法包括人工干预法和函数依赖法。人工干预法主要用于解决类型冲突、关键字冲突等问题,但由于数据类型和关键字的冲突很难被程序自动识别,因此需要通过人工手动检测来清洗数据;而函数依赖法则主要用于解决依赖冲突等问题,通过查找属性间的函数依赖关系,并追踪和清理违反函数依赖关系的值来清洗脏数据。在解决结构冲突问题方面,人工干预法的准确性较高,但效率较低;而函数依赖法则存在必须满足依赖关系条件的局限性。

(2)清洗噪声数据的方法主要包括分箱法、人机结合法和简单规则库法。分箱法适用于数字类型的数据,通过运用周围属性值来平滑属性值,减少随机误差和异常值,但对于中文文本中的噪声数据,由于文本的复杂性和语义特性,分箱法的适用性受到限制;人机结合法可以通过计算机检测可疑数据,再由人工进行核实和修正。这种方法在处理复杂和不确定性数据时尤为有效,但效率较低并且会遗漏可疑数据;简单规则库法则依赖于预先设定的规则来检测和修正数据。通过构建包含业务逻辑、数据特性或专家经验的规则库,能够自动识别和修正数据中的错误。然而,对于规律性不强的数据,构建全面而准确的规则库是一项挑战。目前,模式层的脏数据更多地需要结合人工和计算机相互配合的方法进行检测。

2. 实例层脏数据的清洗方法

实例层的数据清洗更侧重于数据本身的表现形式,主要包括属性错误清洗、不完整数据清洗以及相似重复记录清洗三个方面。

1)属性错误清洗

数据库中经常存在许多违反完整性约束的数据,这些数据可能包含不一致、冲突和噪声,因此需要进行属性错误清洗(包括清洗噪声数据和不一致的数据)。光滑噪声技术是清洗噪声数据的一种方法,其中,分箱方法和回归方法是两种常用技术。分箱方法通过将数据分配到不同的箱子中,并利用箱子内的数据特性来识别和修正噪声。回归方法则通过建立数学模型来预测和修正数据中的异常值。对于不一致的数据清洗,可以参考其他材料进行手动修改,或者使用知识工程工具来查找和修正这些数据。然而,在许多情况下,简单的数据修正可能并不足够,这时就需要进行数据变换来纠正这些错误数据,如数据迁移工具和ETL工具等。

2)不完整数据清洗

在实际应用中,数据缺失不可避免。造成数据缺失的原因主要有信息暂时无法获取、信息被遗漏、数据采集设备发生故障、对象的某个或某些属性不可用、信息不重要或被认为不重要、信息获取成本高以及系统实时性能要求较高等。目前处理缺失值常用方法如下。

(1)忽略元组:常用于元组缺少多个属性值的情况,但若每个属性的缺失值的百分比相差很大时,此方法效果较差。

(2)人工填写缺失值:最大的劣势是需要耗费大量的时间和人力,而数据清洗技术要求尽可能减少人工干预。此外,当数据集非常大、缺失许多属性值时,该方法将不再可行。

(3)中心度量填充缺失值:使用属性的中心度量来替换缺失值。中心度量是指数据分布的"中心"点,如均值或中位数,在数据分布对称时通常采用这种方法。

(4)使用最可能的值填充:相当于数值预测。回归分析通常是数值预测中常用的统计学方法。此外,还可以使用基于贝叶斯形式化方法的推理工具或决策树归纳来确定缺失值。

3)相似重复记录清洗

在数据清洗过程中,为了消除近似重复记录,首先需要进行实体对齐或实体匹配,在这一环节中,文本相似度度量是常用的基础方法,它能够帮助识别在内容或意义上相近但表达形式略有差异的记录。此外,以 TransE 系列模型为基础,基于表示学习的实体匹配算法,也提供了强大的支持,能够更深入地理解实体的语义并进行准确匹配。对近似重复记录进行检测后,需要进行合并或删除等清洗操作。合并操作可以将重复或高度相似的记录整合为一个,而删除操作则可以移除冗余或低质量的记录。常用的算法包括基本近邻排序算法、多趟近邻排序算法、优先队列算法、Delphi 算法等。在完成相似重复记录的清洗之后,还需要以召回率和误识别率对清洗的有效性进行衡量。需要注意的是,现有的清洗技术大多使用的是孤立的算法,没有考虑不同清洗类型规则之间的交互,因此需要对数据进行整体清洗。数据预处理是基于清洗后的数据进行的,包含了数据合并、数据标准化、数据交换、数据归纳等步骤,能够进一步优化数据资源,有助于提高数据挖掘的质量和降低所需时间。

(三)大数据存储技术

实现大数据储存的有效性和长期性是数据处理的前提。大数据通常是由不同的数据源收集而来,数据种类丰富,涵盖了结构化、半结构化和非结构化数据。由于数据量庞大,传统数据库已经无法满足大数据储存和管理的需求。新型数据库的出现解决了这一问题,其中分布式文件系统,如谷歌文件系统(GFS)和 Hadoop 分布式文件系统(HDFS)采用了分布式架构,将数据分散存储在多个节点上,从而实现了数据的高并发处理和高可靠性存储。这种架构不仅提高了数据存储的容量和效率,还增强了数据的容错性和可用性。大数据存储遵循三个原则目标,即低成本、低消耗和高可靠性,这意味着我们需要根据不同的数据类型和存储需求,选择最合适的技术和方案,以取得最好的储存效果。

1. (半)结构化数据

结构化数据主要使用关系型数据库进行存储和管理。建立在"有关系"基础上的数据库称为关系型数据库,具体来说,它借助于集合代数等数学概念和方法来处理数据,主要包括 NoSQL 数据库系统、文档存储以及分析性数据库存储。关系型数据库具有很多优点:①采用二维表结构,贴近正常开发逻辑;②支持通用的 SQL(结构化查询语言)语句,支持表与表之间的复杂查询;③数据存储在磁盘中,安全可靠;④事务的一致性,它使得关系型数据库适用于要求一致性比较高的系统,能够可靠地处理事务并保持其完整性。然而,关系型数据库十分强调数据的一致性,因此在面对海量复杂的数据时读写性能差、存储效率低,不能很好地顺应大数据的发展趋势。

1)NoSQL 数据库系统

NoSQL 数据库系统舍弃了一些 SQL 标准中的功能,取而代之的是一些简单灵活的功能,使得分布式存储变得更加容易。NoSQL 数据库适用于庞大的数据量、极端的查询量和模式演化,具有高扩展性、高可用性、低成本、可预见的弹性和架构灵活性等优势。

2）文档存储

文档存储支持对结构化数据的访问，与关系模型不同，文档存储没有强制的架构。文档存储是以键值对的方式进行存储的，存储模型支持嵌套结构，如支持 XML 和 JSON 文档，其字段的值也可以嵌套存储其他文档。常用的文档数据库包括 MongoDB、CouchDB、Terrastore 等。

3）分析型数据库系统

分析型数据库系统支持结构化数据的高度分析和查询。分析型数据库系统采用多维数据模型和数据立方体结构，以便以高效的方式存储和查询结构化数据；数据以列式存储方式组织，通常伴随索引、压缩和分区，以提高性能和管理；还利用缓存来加速常见查询，适用于业务智能和数据分析，帮助用户深入挖掘数据并作出更明智的决策。

2. 非结构化数据

逐渐普及的数字娱乐设备和飞速发展的互联网技术，带动了数字信息的总量迅速增长，其中包含大量视频、音频、图像和文档等非结构化数据。由于非结构化数据形式多样、容量大、来源广、维度多、有价内容密度低、分析意义大，仅仅依靠单一的存储系统无法满足高效访问的需求。目前，常见的存储方式如下。

1）分布式文件系统

分布式文件系统将数据存储在分散的多个存储节点上，然后对这些节点的资源进行统一管理和分配，并将文件系统访问接口提供给用户，主要解决包括本地文件系统在文件大小、文件数量、打开文件数等的限制问题。目前比较主流的分布式文件系统通常包括主控服务器、多个数据服务器以及多个客户端。

2）列式存储

列式存储将数据按行排序、按列存储，将相同字段的数据作为一个列族来聚合存储。当查询少数列族数据时，列式数据库可以减少读取数据量，减少数据装载和读入/读出的时间，提高数据处理效率。列式存储所固有的优越性在于：不同于许多数据仓库应用的查询只关心表中所有列的一个很小的子集，其可以以很少的磁盘 I/O 得到查询结果。

3）键值存储

键值存储，即 Key-Value 存储（KV 存储），是 NoSQL 的一种存储方式，其中的数据按照键值对的形式进行组织、索引和存储，一般不提供事务处理机制。KV 存储比 SQL 数据库存储拥有更高的读写性能，同时能有效减少读写磁盘的次数，对于不涉及过多数据关系和业务关系的数据非常适用。

4）图形数据库

图形数据库主要用于存储事物与事物之间的相互关系，这些事物在整体上呈现出复杂的网络关系，可以简称为图形数据。使用传统的关系数据库技术无法完全满足超大量图形数据的存储和查询需求，比如描述上百万或上千万个节点的图形关系，而图形数据库使用不同的技术，很好地解决了图形数据的查询、遍历、求最短路径等问题。在图形数据库领域，映射事物之间的网络关系通常都用不同的图模型，比如超图模型，以及包含节点、关系及属性信息的属性图模型等。图形数据库可用于对真实世界的各种对象进行建模,以求反映这些事物的相互关系。

(四)大数据分析与挖掘技术

分析和挖掘是大数据处理体系的核心,旨在发现隐藏在大数据中的有价值信息或知识,从而帮助决策。分析主要利用统计分析方法,诊断数据并提取有用信息,而挖掘是从大量、不完整、模糊和随机的实际应用数据中提取隐含的、具有潜在价值的信息。尽管它们的内涵略有不同,但它们的最终目标都是从海量数据中提取有价值的信息或知识来协助决策,因此可以结合讨论。

大数据分析与挖掘任务可分为分类、聚类、回归、降维和关联规则五种。其中,分类和聚类比较类似,其区别是分类适用于带有标记的数据集,而聚类适用于未标记数据集。表 3-2 总结了现有的数据分析和挖掘主要方法。

表 3-2 数据分析与挖掘的主要方法

任务	主要方法
分类 (classification)	(1)基于随机梯度下降分类器(stochastic gradient descent classifier,SGDC)
	(2)决策树(decision tree)
	(3)支持向量机(support vector machine,SVM)
	(4)朴素贝叶斯(Naive Bayes)
	(5)K 最近邻分类(K nearest neighbors)
	(6)集成学习(ensemble learning)
	(7)自适应增强(AdaBoost)
	(8)逻辑斯蒂回归(logistic regression)
聚类 (clustering)	(1)K 均值(K-means)
	(2)小批次 K 均值(mini-batch K-means)
	(3)均值漂移(mean shift)
	(4)变推断高斯混合(variational bayesian Gaussian mixture model,VBGMM)
	(5)谱聚类(spectral clustering)
	(6)高斯混合模型(Gaussian mixture model,GMM)
	(7)隐马尔可夫模型(hidden Markov model,HMM)
	(8)DBSCAN(density-based spatial clustering of applications with noise)
	(9)条件随机场(conditional random fields,CRF)
	(10)凝聚层次聚类(agglomerative hierarchical clustering,AHC)
	(11)利用层次方法的平衡迭代规约和聚类(balanced iterative reducing and clustering using hierarchies,BIRCH)
	(12)最大期望(expectation-maximization,EM)

续表 3-2

任务	主要方法
回归 （regression）	（1）人工神经网络（artificial neural network，ANN） （2）支持向量回归（support vactor regression，SVR） （3）超限学习机（extreme learning machine，ELM） （4）CART（classification and regression tree） （5）线性回归（linear regression）
降维 （dimensionality reduction）	（1）主成分分析（principal component analysis，PCA） （2）线性判别分析（linear discriminant analysis，LDA） （3）独立成分分析（independent component analysis，ICA） （4）典型相关性分析（canonical correlation analysis，CCA）
关联规则 （association rule）	（1）Apriori 算法 （2）FP-Growth 算法 （3）XFP-Tree 算法

1. 分类

分类作为有监督学习的一种形式，是利用已知类别标号的样本训练分类器，实现对未知样本分类。分类模型的构建需考虑重要数据特征及其他约束条件，以及解决准确性、过拟合、矛盾划分等问题。决策树、支持向量机、朴素贝叶斯、K 最近邻分类、自适应增强以及逻辑斯蒂回归是典型的分类算法。

1）决策树算法

决策树是一种广泛应用的监督学习分类方法。它利用预处理过的数据构建出"一棵树"——决策树，这棵树能够根据一系列决策规则对未知数据集进行分类。决策树的非叶子节点表示一个决策，决策过程从根节点开始，根据数据的属性进行条件判断，并选择相应的分支，直到到达叶子节点。决策树算法具有易于理解、处理效果好、抗噪声能力强等特点，但其缺点是不适用于大规模且结构复杂的数据处理。

2）支持向量机算法

支持向量机算法（support vector machines，SVM）是由 Vapnik 等于 1995 年提出来的一种新型的机器学习方法，是近年来机器学习研究的一项重大成果。支持向量机的目的是在特征空间中，寻找到一个最优的超级平面（hyper-plane），这个平面能够有效地将两个不同类别的数据集合分隔开，从而实现对数据的精确分类。相较于一些传统的分类方法如 KNN、Adaboost 以及神经网络等，支持向量机不仅结构简单，而且其技术性能，尤其是泛化（generalization）能力明显提高，泛化能力是机器学习模型对于新数据的适应能力，SVM 通过优化算法和核函数选择，能够有效地获取全局最优解，从而提高了模型的泛化性能。然而，原始的支持向量机算法也存在一些固有问题。首先，它对于噪声非常敏感，特别是对于那些位于分类边界附近的野点（outlier）比较敏感，这些点可能会对超级平面的选择产生不良影响。

其次，SVM非常依赖于某一些支持向量，即那些位于分类边界上的样本点，如果支持向量的选择不当，反而会导致结果泛化能力大大降低。此外，当训练集规模很大时，还会出现训练速度慢、算法复杂、效率低等问题。支持向量机算法可以在高维空间构造良好的预测模型，所以在OCR、语言识别、图像识别等领域得到广泛应用。

3）朴素贝叶斯算法

朴素贝叶斯算法是一种基于贝叶斯定理与独立性假设的分类方法。它属于统计学分类的范畴，并在监督学习领域得到了广泛应用。贝叶斯算法不仅实现简单，而且当数据集的规模很大时，分类的正确率也很高。朴素贝叶斯算法在大型数据库和文本分类等场景中表现出色。由于它对缺失数据不敏感，因此在处理实际问题时具有很高的鲁棒性。此外，该算法分类准确率高且速度快，使得它成为许多实际应用中的首选算法。但朴素贝叶斯算法也存在一些局限性。首先，它需要假设属性之间相互独立，这在现实生活中往往不易成立。当特征之间存在较强的相关性时，朴素贝叶斯算法的性能可能会受到影响。其次，该算法需要知道先验概率，这在某些情况下可能难以获取。

4）K最近邻分类算法

K最近邻分类算法（K nearest neighbor，KNN）是一种基于实例的算法，是一种惰性学习算法，也是最简单的机器学习算法之一。该算法的基本思路是，在特征空间中，如果一个样本K个最相似的样本中的大多数属于某一个类别，则该样本也被划分到这一类。由于该算法主要利用周围邻近的样本，而不是使用判别类域的方法来确定所属类别，因此对于类域交叉或重叠较多的待分样本集来说，KNN方法较其他方法更为适合。目前，KNN算法在人脸识别、文字识别、医学图像处理等领域已取得良好的分类效果。虽然KNN算法具有显著优点，但其仍有不可忽视的缺点，如当数据集非常庞大的时候，计算会非常耗时。

5）AdaBoost算法

Boosting算法是一种可以用来减少监督学习中的偏差的机器学习算法，其中AdaBoost算法是最优秀的Boosting算法之一，其核心思想是将分类精度比随机猜测略好的弱分类器提升为高分类精度的强分类器。AdaBoost算法可用于分类和回归，但目前的研究和应用大多集中于分类问题。相比于其他机器学习算法，虽然AdaBoost算法对异常值和噪声数据比较敏感，但是其拥有显著改善子分类器预测精度、不需要先验知识、理论扎实、克服过度拟合等优点。因此，AdaBoost算法及其演化算法广泛应用于机器视觉、计算机安全、计算生物学等领域。

6）逻辑斯蒂回归

逻辑斯蒂回归（Logistic Regression），一种基于概率论和最大似然估计原理的统计学习方法，用于解决二分类问题。它假设输入特征与输出的对数概率之间存在线性关系，通过逻辑函数将线性输出映射为0到1之间的概率值，从而进行分类。逻辑斯蒂回归具有简单高效、易解释、广泛应用等优点，但对异常值敏感，需要特征工程，不适用于复杂非线性关系。尽管存在这些局限性，逻辑斯蒂回归仍在医学、金融、自然语言处理、社交网络分析和市场营销等多个领域得到了广泛的应用。

2. 聚类

大数据聚类是一种无监督学习方法，不需要提前定义类别或训练样本。它的目的是将具有相似特征和属性的数据聚集在一起，形成不同的数据簇。聚类分析过程简单直观，并且被广泛应用，但其缺点在于分析结果可能不唯一，需要结合主观意见进行深入分析并作出选择。

1) K-means 算法

K-means 算法是一种典型的基于距离的聚类算法，其采用距离作为相似性评价指标。该算法认为两个对象的距离越近，它们之间的相似度就越高，认为簇是由距离靠近的对象组成的，因此把得到紧凑且独立的簇作为最终目标。K-means 算法是解决聚类问题的经典算法之一，简单快速，对于处理大型数据集时具有较好的可伸缩性和高效性。

2) DBSCAN 算法

DBSCAN 算法是一种基于密度的空间数据聚类方法，目标是寻找被低密度区域分离的高密度区域。

DBSCAN 算法的核心是一个类簇可以由其中的任何一个核心对象唯一确定。与划分和层次聚类方法不同，它将类簇定义为密度相连的点的最大集合。该方法将密度足够大的相邻区域连接，能在具有噪声的空间数据中发现任意形状的类簇，能够有效处理异常数据，主要用于对空间数据的聚类。

3) 凝聚层次聚类算法

凝聚层次聚类是一种层次聚类算法，它以每个数据点作为一个独立簇的起点，然后逐渐将相似的簇合并，构建出一个树状结构，以便更好地理解数据的聚类关系。该算法的优点在于可视化和理解性强，但在处理大型数据集时可能效率较低，且合并后的聚类不可逆。

4) BIRCH 算法

BIRCH 算法是一种综合的层次聚类算法，它使用了聚类特征和聚类特征树两个概念来描述聚类结果。聚类特征作为一种紧凑的数据表示方式，不仅大大减少了内存占用，还提供了足够的信息来支持聚类决策。聚类特征树概括了聚类的有用信息，并且比原始数据集小得多，可以存储在内存中，从而提高算法在大型数据集上的聚类速度和可伸缩性。

5) 最大期望算法 (expectation-maximization, EM)

最大期望算法是一种迭代算法，每次迭代由两步组成，E 步求出期望，M 步将参数极大化。EM 算法在处理缺失值上，经过实际验证是一种非常稳健的算法，简单快速，对于处理大型数据集时具有较好的可伸缩性和高效性。

3. 回归

回归分析是一种统计分析方法，主要通过数学模型的建立来研究变量间的相互联系，利用已知变量的数据特征对感兴趣的未知变量进行预测。回归分析的重点在于分析趋势特征、预测和相关性学习。下面介绍几种常见算法。

1) 人工神经网络

人工神经网络 (artificial neural network, ANN)，或称为神经网络 (neural network, NN)，

作为一种模仿生物神经网络的结构和功能的计算模型,它通过构建大量人工神经元之间的复杂连接,模拟了生物神经系统中信息处理和传递的精细过程。这些连接之间都带有特定的权重,这些权重在神经网络的学习过程中会不断地进行调整和优化,以实现特定的功能。神经网络的工作机制基于信号的加权传递和激励函数的非线性转换。当输入信号通过神经元之间的连接进行传递时,每个连接上的权重会对信号进行相应的加权处理。随后,这些经过加权处理的信号会经过激励函数的非线性转换,产生神经元的输出。这个输出又会作为下一层神经元的输入,通过逐层传递和转换,最终汇聚成网络的输出。神经网络因具有强大的学习和处理能力而被广泛地应用在识别系统和预测科学中。目前,在全球范围内,数据挖掘领域中比较常见的神经网络模型包括反向传播(back propagation,BP)网络、循环BP网络、自组织映射(self-organizing maps,OM)网络、径向基函数(radical basis function,RBF)网络等,这些模型是组成人工神经网络的框架和基础,是实现数据挖掘与智能分析应用的关键。然而,尽管神经网络取得了显著的进展,但仍然存在一些挑战和不足。目前这些模型应用的面仍不够广阔、结果还不够精确,现有模型算法的训练速度、集成度也还有待提升。

2)支持向量回归

支持向量回归(support vactor regression,SVR)是支持向量机中的一个具体应用方向。与SVM在分类问题中的应用类似,SVR同样依赖于核函数以及边距的概念,但目标不再是最大化分类间隔,而是最小化所有数据点到回归超平面的总距离。SVR的优点主要包括对异常值具有鲁棒性、决策模型可以轻松更新、具有出色的泛化能力、具有很高的预测精度等;缺点则是不适合大型数据集,以及当每个数据点的特征数量超过训练数据样本数量的情况下或数据集噪声较多时,效果较差。

3)超限学习机

超限学习机(extreme learning machine,ELM)是一种单隐含层前馈神经网络的学习算法,其学习网络参数的过程简单快速。在ELM中,神经网络根据某种概率分布随机选取输入偏置和权值,即随机选定隐含层输出,避免了参数的选代微调,提高了训练算法的效率,与传统BP算法相比具有明显的优势。ELM的训练算法非常高效,学习速度快、灵活性好、效果十分显著,因此受到了国内外研究学者的广泛关注。

4)线性回归

线性回归使用"最小二乘法"来求解,其思想是通过最小化预测值与实际观测值之间的误差平方和来找到最佳拟合直线。在计算机中,通常使用梯度下降法等数值计算方法逼近函数极值点,从而求解最小二乘问题。梯度下降法通过迭代更新直线参数,逐步减少误差平方和,达到最佳拟合效果。这种方法简单且有效,是线性回归中常用的优化算法之一。

4. 降维

以计算机为基础的高通量技术发展迅速,生产、服务、通信和研究能力也得到了提升,同时也使高维数据变得更加普遍。然而,过高的特征空间维度可能导致参数估计的准确性下降,进而影响学习器的性能。因此,需要对高维数据进行降维处理。在机器学习和统计学领域中,降维是指在某些限定条件下,减少随机变量的数量,得到一组"不相关"的主变量,即提取有效信息和去除冗余信息的过程。常见的降维方法如下。

1)主成分分析

主成分分析(principal component analysis,PCA),是将原有众多具有一定相关性的指标重新组合成一组数量较少且互不相关的综合指标的方法。PCA 降维过程实际上是一种线性映射的转换,即经过特定的线性变换,被投射到低维空间,这个过程可以被视为乘以一个矩阵,使得新矩阵所在投影维度上的数据方差最大,以此降低原始数据的维度。

2)线性判别分析

线性判别分析(linear discriminant analysis,LDA),也是数据降维的有效手段,它是由 Belhumeur 于 1996 年引入人工智能领域的。与 PCA 不同的是,LDA 是将样本映射到一条直线上,使不同类的数据点尽可能地分开,因此多用于人脸识别中。与 PCA 相同的是,LDA 降维也使用了矩阵特征分解的思想。

5. 关联规则

关联规则是描述数据之间相关关系的常用描述性模式,其挖掘算法与聚类算法类似,属于无监督学习方法的范畴。关联规则是支持度与置信度均满足用户设定阈值的规则。其中,支持度揭示了事件 A 和事件 B 同时出现的频率;置信度揭示了事件 B 出现时,事件 A 有多大的可能出现。挖掘关联规则通常分为两个阶段:第一阶段从大量原始数据中筛选所有高频项集;第二阶段基于这些高频项集,生成关联规则。下面是几种典型算法的介绍。

1)Apriori 算法

由于许多事物之间的联系无法精确表示,因此基于概率统计的经典算法通常被应用来挖掘这些潜在关联,其中,Apriori 算法是最具影响力的算法之一。Apriori 算法是一种挖掘关联规则的频繁项集算法,其核心思想是通过候选集生成和剪枝,实现向下封闭检测,从而挖掘频繁项集。在 Apriori 算法中,所有支持度超过最小支持度阈值的项集都被称为频繁项集,也被简称为频集。Apriori 算法是最具有影响力的挖掘布尔关联规则频繁项集的算法。它所挖掘的关联规则在表达上具有单维、单层、布尔型的特点,这使得关联规则更加直观与易于理解。目前,Apriori 算法已经被广泛应用到商业、网络安全等各个领域。

2)FP-Growth 算法

虽然 Apriori 算法的准确性较高,但由于需要多次迭代生成大量的候选项集,挖掘效率较低。因此,Han 等提出了一种新的频繁模式挖掘算法 FP-Growth。这种算法采用了频繁模式树(frequent pattern tree)的数据结构,在整个挖掘过程中不会产生候选项集。FP-Growth 保留了 Apriori 算法的准确性和适应性,而且有效地解决了 Apriori 算法的效率缺陷。

在大数据挖掘的过程中,主要面对的挑战是挖掘算法的复杂性,以及计算涉及的庞大数据量和计算量,传统的以单机/单线程为主的数据分析处理技术在大数据时代已然不适用。在当前大数据环境下,基于 Hadoop 云平台的 Map Reduce 可以最大限度地挖掘海量数据,已成为当前数据挖掘的核心技术,被广泛地应用于社交网络、科学数据分析、传感器数据处理、医疗和电子商务等领域。

(五)大数据可视化技术

人类从外界获得的信息约有 80% 以上来自视觉系统。当大数据以直观的可视化的图形形式展示在分析者面前时,分析者往往能够一眼洞悉数据背后隐藏的信息,而机器计算却很难理解其涵义。因此,大数据可视化分析是大数据分析不可或缺的重要手段和工具。大数据时代,传统显示技术已很难满足大规模、多维度和非结构化海量数据的可视化需求,大数据本身的新特点也对可视分析提出了更为迫切的需求与更加严峻的挑战。下面按照数据的不同类型介绍一些当前常见的可视化技术。

1. 文本数据可视化

文本信息是大数据时代非结构化数据类型的典型代表,是互联网中主要的信息类型,也是物联网各种传感器采集后生成的主要信息类型,人们日常工作和生活中常常接触的电子文档也多是以文本形式存在。典型的文本可视化技术是词云(word clouds 或 tag clouds),即将关键词根据词频或其他类似规则进行排序,对出现频率较高的词语通过字体、大小、颜色或其他可视化手段突出渲染,生成关键词云层图像,从而过滤掉大量的次要的低频率的文本信息,使阅读者只要一眼扫过文本就可以领略整个文本的主题。图 3-2 所示是在中国知网(CNKI)中以"空间+功能"为关键词检索所得词云图。

图 3-2 中国国土空间利用功能关键词词云

2. 网络数据可视化

在有限的屏幕空间内对大规模网络进行可视化是大数据时代面临的难点和重点。为了解决这一问题,研究人员提出了许多网络可视化或图可视化技术,其中,节点-链接法是最为普遍的方法。该方法将每个个体视为节点,并通过连线展示节点之间的层次关系,通常是表达一种承接关系,如图 3-3 所示。然而随着节点和边数目的增长,尤其是当节点和边的数量规模达到百万级别,可视化界面往往面临底层空间不足的问题。这可能会导致节点相互重叠、影响可视化效果。现有的主要解决方法是图简化,即对边进行聚合处理,以减少显示的复杂性,或引入交互技术,将大规模图转化为层次化树结构,再进行可视化,从而更好地展示网络的整体结构和关键信息,如图 3-4 所示。目前,网络可视化已广泛应用于商业智能分析、网络安全分析、互联网运营、社交网络分析、生物信息分析、金融等各个领域。

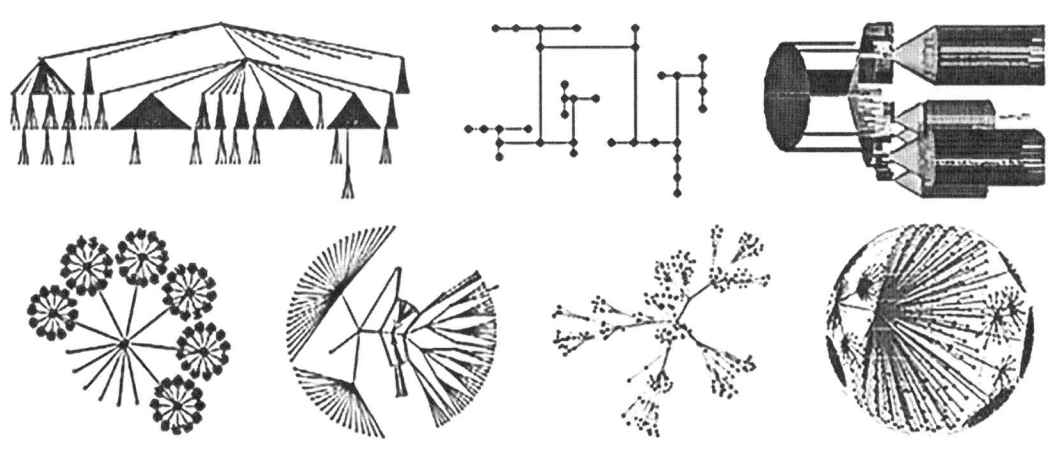

图 3-3 基于节点连接的图和树可视化方法

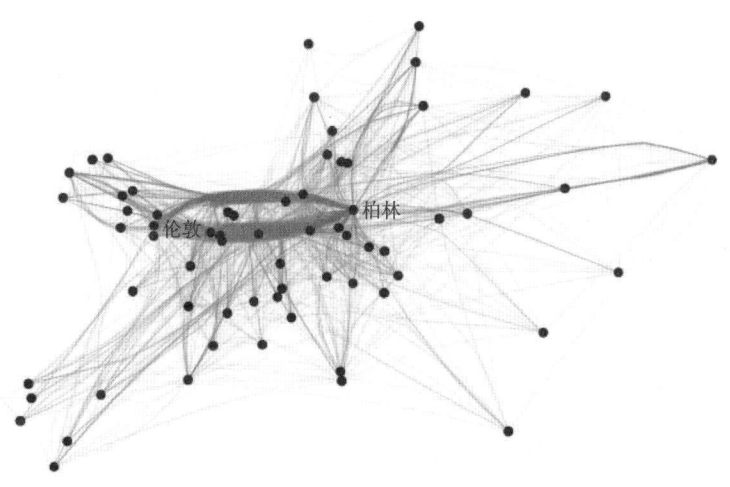

图 3-4 简化后的大规模密集图可视化

3. 时间数据可视化

时间数据是按照时间顺序排列的一系列数据。时间数据可以分为连续型和离散型两类。前者是指在某段时间内的数据呈现连续、不间断分布状态；后者则是指数据在时间纬度上是离散分布、不连续的。为了更直观地呈现这两种数据的特点，我们通常会采用不同的可视化方法。连续型时间数据常用阶梯图、折线图、拟合曲线进行可视化处理，以凸显其连续变化的趋势；而离散型数据则采用散点图、柱形图、堆叠柱形图等方式进行表示，从而清晰展示其分散的数据点及分布情况。

4. 空间数据可视化

空间大数据是指在不同时间和地点收集、储存和处理的大规模地理空间信息，其涵盖内容广泛,通常包括地理坐标、地形数据、遥感图像、地理信息系统(GIS)数据、卫星图像、传感器数据等。空间大数据具有高维度、高复杂度、高时空分辨率等特点。地图是其最常见的可视化方式,无论是静态地图展现的固定地理信息,还是交互地图提供的动态查询与操作功能,抑或是 Web 地图带来的便捷网络访问体验,都能有效地展示地理位置、地形地貌及地物分布等关键信息。地理信息系统软件常用于管理、分析和可视化地理数据,支持地图制作、地理分析、空间查询等系列操作。遥感技术用于获取地球表面的图像和数据,通过对遥感图像的处理和显示,我们可以了解土地覆盖、植被、污染情况等重要信息。三维可视化技术则进一步提升了空间数据的呈现效果,通过三维地图、虚拟现实(VR)和增强现实(AR)等方式,将空间数据以更加立体、生动的形式展现,提供了更加沉浸式的空间数据体验。

5. 时空数据可视化

时空数据是指带有地理位置与时间标签的数据,时空数据可视化与地理制图学相结合,重点对时间与空间维度,以及与之相关的信息对象属性建立可视化表征,对与时间和空间密切相关的模式及规律进行展示,其目的是要反映信息对象随时间进展与空间位置所发生的行为变化。在大数据环境下,时空数据具有高维和实时性等特点,因此选择不同要求采用恰当的可视化方法来展示时空数据线性和周期性特征。常见的可视化方法包括流式地图和时空立方体。流式地图主要展示物体在不同地理区域之间的移动情况,通过线条的粗细代表源和目标之间的流量,如图 3-5 中展示的苏格兰威士忌酒出口流式地图。时空立方体通过三个维度来展示时空数据,可分别选择不同的时间分辨率、地理空间和属性值进行可视化。图 3-6 展示了北京长安街主要道路的交通流量在 2002 年 11 月 30 天和每天 24h(两个时间分辨率表示)下的变化情况。

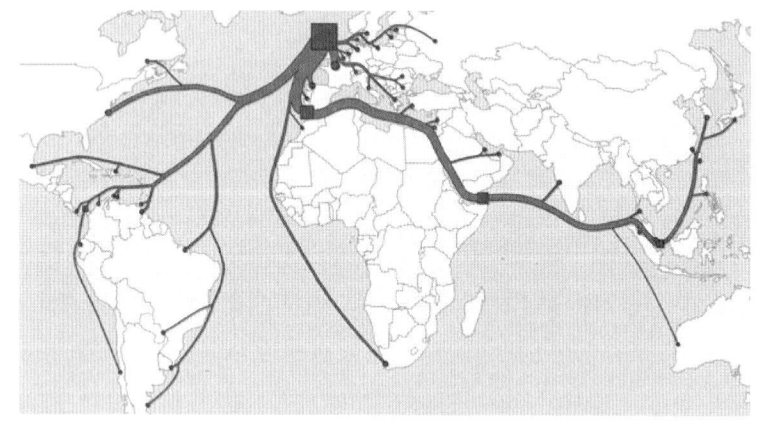

图 3-5 流式地图

6. 多维数据可视化

目前,真实世界与虚拟世界越来越密不可分,移动互联网、物联网等信息的产生和流动瞬息万变,涌现了无数复杂的数据,如视频影像数据、传感器网络数据、社交网络数据、三维时空数据等。对此类具有高复杂度的高维多元数据进行解析、呈现和应用是数据可视化面临的新

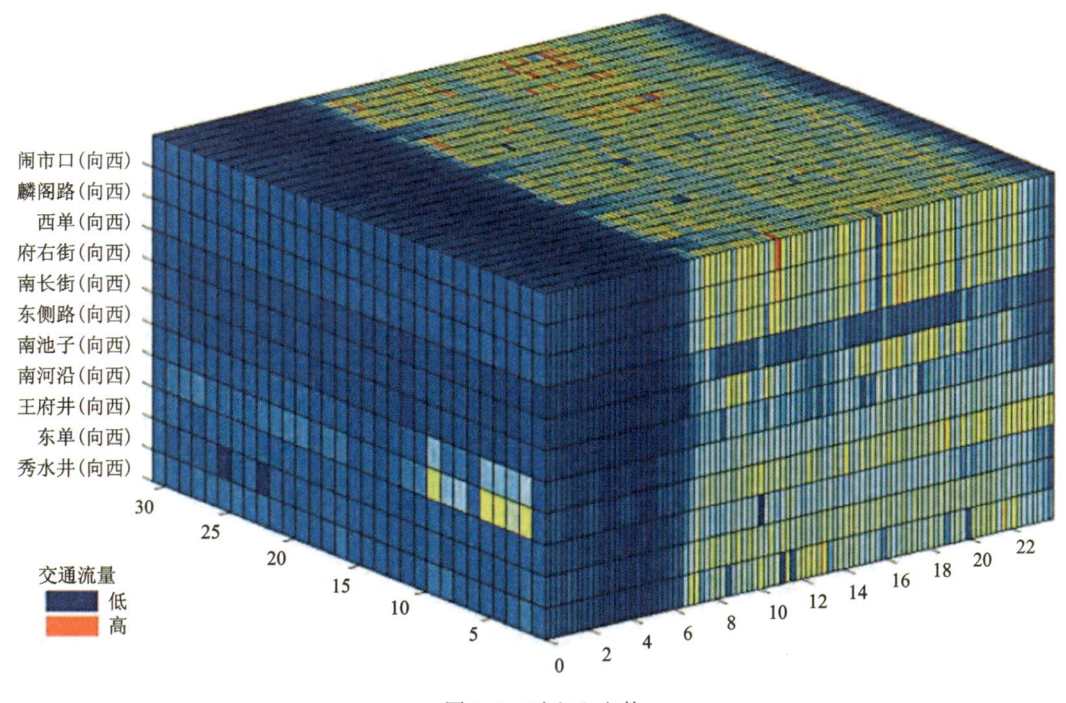

图 3-6 时空立方体

挑战。对于高维多元数据,即每个数据对象有两个或两个以上独立或者相关属性的数据,多采用空间映射法、图标法反映各维度间的关系、数据的关联及属性。在同一个数据集中结构或者属性不同的异构数据,或存在多个不同种类节点和连接的异构网络,则通常采用网络结构进行表达。大尺度数据可视化一般采取两种方法,一是通过层次结构进行重新组织,以展示数据的层次性和结构性;二是对高精度的数据进行采样,转换成分辨率较低的数据,在有限的视图空间内实现预览式的可视化,从而保障用户可以快速把握数据的概貌。针对不确定性数据的可视化方法,包括图标法、几何体表达法、视觉元素编码法、动画表达法等。这些方法能够帮助更好地理解数据的不确定性,并据此做出更明智的决策。

四、大数据应用方向

目前,大数据技术被广泛应用于各传统行业与领域,有效促进了行业的发展与转型,也催生了许多新产品和新业务,逐渐形成了一个庞大的大数据应用体系,称之为"大数据+"。根据国内外学者、研究机构、政府等对大数据的应用分析与实践成果,当前"大数据+"主要集中在智慧企业管理、智慧公共管理、智慧医疗服务、智慧国土空间治理四大领域。

(一)企业管理

现代企业拥有包括企业的交易信息、商品物流信息、客户信息、位置信息、购买信息、内部人力与财务管理信息等在内的重要数据,这些数据是企业进行科学管理和决策的基础,是企业极为重要的资源。目前大数据在智慧企业管理中的应用,涉及制造业、金融业、零售业等各行各业。

1. 大数据在制造业的应用

随着云计算、大数据等信息技术的发展，为了在第四次科技革命和新一轮全球竞争中赢得主动权，全球主要国家先后制定了一系列智能制造强国战略，如德国的"工业4.0"、美国的"工业互联网"以及我国的"中国制造2025"战略。与传统制造方式不同，这些战略的核心在于智能制造，即利用实时获取和状态追踪等手段全面掌握所需信息，科学分析和决策，实现生产过程的柔性控制和自动化管理。

智能制造具有高度数字化的特点，汇聚了物联网、大数据分析、人工智能和工业互联网等多种尖端技术。由于连接了产品、设备、运营、管理、销售和消费者等多元化数据，其数据处理量已超越了传统手段的范畴。运用大数据处理与分析方法可以满足其数据处理需求，并从中获取巨大的价值以促进智能制造。在智能制造系统中，大数据分析有一项重要应用，即产品全生命周期管理。通过深入分析产品在设计、制造、使用、服务、回收、拆解等过程中积累的海量数据，发现问题产生的规律、内在关联和本质。这种深度分析形成的反馈机制，能够逆向指导产品全生命周期的优化与协同，帮助企业在产品的各个阶段中实现更精准的控制、协调和管理，从而提高效率、降低风险，实现更加成功和可持续的产品运营与发展。

作为全球新能源汽车产业的领跑者，比亚迪在电动汽车制造过程中广泛使用大数据技术。2011年，比亚迪在自主研发的一款纯电动跨界车E6中建立了新能源监控系统，该系统收集并存储汽车的设计、生产、运行到售后、舆情控制等全生命周期数据。各部门根据需要对数据进行分析和应用，例如，在车辆运行阶段，比亚迪通过车内空调温度变化数据，掌握车辆空调系统在夏天的供应能力；在车辆售后过程中，比亚迪通过收集汽车的充电时长和耗电量分布数据，对充电系统零部件的耐久时间进行预测，据此及时提醒客户更换受损部件。大数据技术的应用，将促使制造过程朝着信息化、智能化、个性化以及绿色化等方向发展。

2. 大数据在金融业的应用

传统金融业是高度依赖数据发展的产业，其数据来源丰富且价值高。然而，这些数据内容复杂且标准化程度低的问题，整合和分析往往需要巨大的成本投入，这导致数据的流动性和共享性受限，进而容易造成严重的数据孤岛现象。近年来，随着金融科技的发展，金融行业迎来了新的发展机遇，大数据、物联网、人工智能和云计算等先进科技手段的相互融合，正推动着传统金融业务的创新发展。尤其是大数据技术，其应用日益广泛。例如，根据客户需求进行精确化营销，降低营销成本；通过数据分析深化产品研究及风险评估，为投资者提供更为明智的投资决策支持。然而，金融科技同样面临着数据隐私泄露和网络攻击等风险，因此，金融监管部门也需要不断完善监管流程，提升监管效率，确保金融科技在健康、安全的轨道上发展。总体来看，大数据技术为金融业的转型发展提供了强大的动力和方向，但同时也带来了前所未有的挑战。因此，在追求金融创新的同时，更需要注重金融数据安全管控工作，多培养善用大数据技术的专业人才，以确保金融业的稳健发展。

3. 大数据在零售业的应用

2016年马云提出的"新零售"理念,逐渐成为零售业的趋势和标志。新零售是建立在大数据、人工智能等数字技术基础上的一种零售模式,通过将线上和线下销售渠道进行融合,以物流和消费场景为基础,致力于提供最佳的消费体验。相比于传统的零售模式,"新零售"的竞争逻辑已经从单纯的降低成本转变为降低成本、提高差异性和提升用户体验感。在零售行业,大数据算法的应用主要聚焦在两个方面:第一,通过了解客户的消费趋势,进行商品精准营销,从而降低营销成本;第二,根据客户购买行为,帮助企业识别出高价值客户,并据此制定个性化的销售策略和推荐方案,扩大销售额。此外,零售业还可以通过大数据掌握未来的消费趋势,有利于热销商品的进货管理和过季商品的处理。通过利用大数据的方法,零售业可以更好地满足消费者需求,提高企业的盈利能力。

(二)公共管理

自党的十九大以来,国家对推进行政管理体系建设作出了新的重要战略部署。重点强调大数据在社会治理方面的支持作用,并鼓励推进大数据环境下的行政管理机制进步,从而提高决策的科学化、智慧化和现代化。2022年4月,中央全面深化改革委员会第二十五次会议提出,要以数字化改革为助力,构建以大数据技术融合政府管理的数字政府,推进各部门政务应用系统集约建设、互联互通、协同联动,实现政府数字化,履职能力体系的高效协同。系列举措旨在进一步提升公共服务能力和社会综合治理能力,并为我国行政管理数字化转型奠定坚实基础。2022年4月,中央全面深化改革委员会第二十五次会议提出,要以数字化改革为助力,构建以大数据技术融合政府管理的数字政府,推进各部门政务应用系统集约建设、互联互通、协同联动,实现政府数字化,履职能力体系的高效协同。

在大数据时代,公共管理水平获得了显著提高,主要表现在以下两个方面:一是公共管理的开放性变得更加明显;二是通过政府与信息技术的有机融合,公共管理整体制度以及结构由传统的金字塔形向扁平化方向不断改进,实现跨部门和跨产业间的数据利用、挖掘工作,促进资源共享,提高服务效率。

(三)医疗服务

2013年被誉为大数据元年,摩根士丹利报告指出其中数据增长最快的行业是医疗行业。近年来,我国医疗卫生领域引入了先进的信息技术,使得医疗数据数量剧增。每个社区医院或中等规模制药企业均可生成数个PB级的结构化和非结构化数据。这些医疗大数据通常涵盖四个方面,即电子病历与医学影像信息、可穿戴设备或社交媒体采集的健康行为信息、临床试验和基础医学实验产生的生物数据及医疗机构、保险机构等运营数据。医学领域中的大数据分析主要应用在大规模的遗传学研究、公共卫生、个性化精准医疗、新药开发等方面,其分析成果主要应用在群体层面的疾病预防、诊疗体系评价、特定疾病机制阐释、个体患者疾病诊疗等方面。医学领域中大数据分析的广泛应用是实现传统医学模式向"精准医学"转变的必要前提和核心动力。精准医学可充分考虑患者个体差异，在多维度数据的支持下获得最有效的疾病治疗和预防。

1. 群体疾病的预防与诊疗

医疗大数据在群体层面的应用具有显著价值，它不仅能够对传染性疾病进行监测，还能深入研究危险因素与疾病之间的复杂关系，从而为国家卫生决策提供有力依据。其中，医学大数据技术应用最成功的场景之一就是基于搜索数据进行流感病毒预测。在新型冠状病毒疫情期间，大数据在疫情信息统计分析、流动人员健康监测、确诊病例追踪以及疫情态势研判、预测等方面发挥了重要作用，对于预防和控制疫情具有重要意义。

2. 个体患者的疾病诊疗

医生可以根据患者的基因序列特征进行分类，建立医疗行业的患者分类数据库。在制定患者的治疗方案时，可以根据其基因特征，查询与其相似基因、年龄、人种、身体情况相符的有效治疗方案，为患者制定个性化的治疗方案，帮助更多的人及时获得恰当的治疗。这种利用基因特征和数据解读的方法，不仅有助于提高诊断和治疗的效率，也可以为医疗行业提供更加精准的疾病诊断和治疗方案，为患者提供更好的医疗服务。例如，乔布斯自患胰腺癌到离世，时间长达 8 年，这有赖于精准的诊断和治疗。乔布斯为治疗自己的疾病，支付了高昂的费用，获得包括自身的整个基因密码信息在内的数据文档，医生凭借这份数据文档，基于乔布斯的特定基因组成及大数据按所需效果制定用药计划，并调整医疗方案。

3. 特殊疾病的机制阐释

医学大数据技术凭借其强大的数据处理能力，能够解决长期以来由样本量不足、混杂因素过多以及随访体系不完善等问题导致的特殊疾病机制解析受阻的难题。基于基因型分析技术，大量学者将研究重点聚焦在基因表达的分析以及基因组数据在病例与对照组之间的差异上。例如，Minikel 等借助数据共享平台的外显子组测序数据，证实了某些突变位点的致病可能性极低，这一发现为治疗与预防这种特殊疾病提供了希望和路径。

（四）国土空间治理

1. 城市规划建设

智慧城市是指利用各种新型信息技术或者创新的概念，对城市的现有系统和管理进行优化，旨在提高资源的利用效率，并改善居民的生活条件，促进城市的发展。其基本特征体现在全面感知、高效互联和智能应用三个方面。网络大数据是智慧城市发展的基础，主要应用在城市建设和管理等方面。自 2008 年全球智慧城市概念提出以来，便在国际上引起广泛关注，并迅速在全球普及。中国于 2013 年开始推行智慧城市建设，并于 2016 年在原有概念基础上提出新型智慧城市理念，并将其上升为国家战略，更加聚焦城乡统筹、城乡融合，进而为智慧城市建设指明了发展方向。2017 年，党的十九大提出建设智慧社会，这是智慧城市概念的中国化和时代化体现,旨在通过加强智慧城市建设,进一步促进城市的可持续发展。

通过智慧城市,可以实现城市的智慧建设。大数据基础设施既是大数据技术应用的载体,也是智慧城市的基本保障,其广泛应用有助于实现信息全方位覆盖,为信息数据传输提供保障。目前,我国在智慧城市建设中开始应用5G网络,建立一体化城市数据共享平台,使得数据信息传播更为规范化,更具有实用性,为智慧城市规划与建设打下基础。

通过智慧城市,可以实现城市的智慧管理及服务。智慧管理主要是指在城市运营过程中有效管理交通和通信信息数据,实时监测掌控城市运转状况,为城市的正常高效运转提供强有力的技术支持。在城市的运转过程中会出现海量的数据信息,如人口流动数据、居住密度、交通运输轨迹信息、空气质量数据等,大数据技术能够对这些数据进行收集、分析和管理,从而及时、准确、全面地掌握城市的运转情况。大数据时代下的智慧管理降低了城市管理的行政成本,节约管理的人力成本、物力成本,为城市的正常运转和良性发展打下了坚实的基础。

2. 农业农村发展

新一代信息科技与农业的紧密结合,催生了第三次农业绿色革命——农业数字革命,标志着农业进入了网络化、数字化、智能化发展的新时代。在农业数字革命的推动下,世界农业产生了两大变革:一是以智慧农业为代表的新型农业生产方式;二是促进了农业数字经济的发展,激活了"数据要素"的价值潜能,为数字农业农村新发展注入了新的活力。智慧农业是一种现代农业形态,以物联网技术为支撑和手段,与电脑农业、精准农业和数字农业一样属于农业信息化的范畴,包括智慧生产、智慧流通、智慧销售、智慧社区、智慧组织以及智慧管理等环节。智慧农业离不开大数据理念、技术和方法在农业领域的实践,为农作物生产、技术研发以及销售流通等环节提供了强大的数据支撑,这些数据涵盖了气象、生物、环境、农业生产与管理、市场价格等数据信息,并具有动态变化的特点,与气候、水分、土壤、市场以及价格等因素相关。

1)农业灾害预警

自然灾害、病虫灾害等农业灾害是农作物减产、农民遭受经济损失的主要原因之一。在播种时,根据往年数据,建立农场环境与病虫害发生之间的模型,可预防灾害的发生。在作物生长周期内,通过病虫害监测预警系统,对农作物进行实时监测,做到精准防治、有效防治,降低农业投入成本,提高农业生产效率,增加农民收入。同时,大数据技术还可以对历年来的自然灾害数据信息进行分析,准确总结自然灾害发生规律,为自然灾害预报工作提供参考。

2)农业生产监测

大数据技术应用可以实现对农产品生产全链条进行精准化监测、智能化决策、科学化管理和调控,实现智能化生产。在农产品种植前,大数据技术可以采集、整理并分析近几年的农业数据,结合基因芯片和第二代测序技术,为农民培育抗自然灾害的优良品种;大数据技术也可以对种植用地做全面测试,分析土壤质量情况并根据结果进行整治,从而为农作物的生长提供良好土壤环境。在农产品生长过程中,通过数据挖掘技术充分了解农业大数据的历史与趋势,可以实现对土壤肥力、作物需肥规律、气候等养分管理关键因子的时空预测与分析,掌握土壤养分变异情况,再结合测土配方、施肥原理与方法,能够对农作物进行精准定量及平衡施肥作业。此外,大数据还可以对农业装备与设施进行监控,有利于管理人员及时进行调度。

3)农产品产销信息预警

在安排生产计划时,科学应用大数据技术,可以准确对全球农业数据信息进行分析,再结合科学预测模型,对农产品产销状况做出预警。农民据此可及时了解市场供需情况,制订合理的农作物生产计划,尽可能减少农业损失。在农产品销售过程中,大数据技术可以根据客户的运动轨迹、社交媒体、生活习惯、消费偏好等信息,结合农产品特征进行精准推送,增加农产品销量。

4)农产品质量安全管理

大数据技术可以实现农产品从生产贮藏、到物流运输、再到消费者使用的全链条信息记录,建立农产品质量安全信息大数据中心,种植农户、经销商和消费者均可通过数据共享平台快速查询产品信息,做到"知根溯源"。

3. 自然资源管理

大数据在自然资源管理领域的应用广泛。在环境监测与预警方面,大数据可帮助实时监测污染情况、天气变化、自然灾害等,从而更好地保护环境和保障人民生活;在气象和气候研究领域,大数据提高了预测气象变化和气候趋势的准确性,有助于应对气候变化挑战;在土地利用和土地覆盖监测方面,大数据技术的应用极大地提升了工作效率,为决策者提供了有关土地的使用情况和植被状况的详细信息,以便更好地规划城市和农村发展;大数据还在森林和野生动植物保护、水资源管理、矿产资源勘探、海洋资源管理等领域产生积极影响,通过数据分析可以更加深入了解生态系统,保护濒危物种,管理水资源,挖掘矿产资源,以及监测海洋污染等;在自然资源规划和决策过程中,大数据提供的全面信息为政府和组织更科学地管理资源分配和规划用地提供了依据;大数据技术为自然资源保护和执法以及生态修复和恢复提供了有力的支持,使得监管和行动更有针对性和高效。总而言之,大数据在自然资源管理中充当关键角色,通过提供丰富数据、强大分析和更好的决策支持,有助于实现可持续的自然资源管理和保护,促进生态平衡和人类社会的可持续发展。

第二节 土地大数据

一、土地大数据的概念

在过去 20 年里,随着传感器技术以及移动定位技术的快速发展,我们对地表系统的认知表达到了前所未有的深度,土地科学也得以迈进大数据时代。土地大数据包括从各种传感器、物联网以及连接用户和设备的网络中获取的实时、具有地理位置信息的长时间序列数据。值得一提的是,人类行为大数据也是土地大数据的重要组成部分,包括志愿者定位数据、浮动车行驶轨迹、移动终端定位以及通信记录数据、社交网络签到数据、公交 IC 卡和自行车租赁信息等。这些数据突破了传统采样数据的局限,为人类更全面地了解"人-地"关系提供了新的机会。

土地大数据是表征土地系统及各要素数量、规模、分布、变化规律等信息的重要数据且具有大数据基本特征。土地,作为地理空间的重要载体,拥有承载、养育、提供资源、文化以及资产等多重功能。在土地资源利用和管理过程中,对土地资源数量、分布、质量等属性和过程的描述与时空投影,形成了大量的基础数据。此外,土地管理部门还积累了大规模的土地批、供、用、补、查等数据。这些数据的来源广泛、结构复杂、数据量庞大,共同构成了土地大数据的基本内容。作为土地信息学的一个分支,土地大数据不仅关注数据的收集与整合,更强调用科学的方法和相关学科的最新成果来研究土地问题。

二、土地大数据的类型

(一)遥感影像数据

遥感技术通过提供多传感器、多用途、多分辨率和多频率观测数据,可以快速观测目标区域。该技术具有高空间、高光谱和高动态的特性,因此被广泛用于城市规划、建设和管理、城市生态系统评估以及土地优化利用等各个领域。遥感技术是获取、处理和分析遥感影像数据以生成数据产品的基础,遥感影像数据产品主要分为光学影像、雷达影像、热红外影像、多光谱/高光谱影像、地形高程、地表变形监测等类型。

光学影像产品通过可见光捕捉地表图像,具有高分辨率和彩色信息,适用于识别地物和监测变化。雷达影像则利用微波,具备全天候观测能力和高垂直分辨率,适用于各种气象条件下的监测。热红外影像产品测量地表温度分布,对火灾监测及温度变化敏感。多光谱/高光谱影像捕捉多波段光谱信息,用于物质识别和植被监测。地形高程产品获取地表高程数据,适用于数字地图制作与地貌分析。地表变形监测产品通过多期数据监测地表位移与变化,适用于地质灾害预警。这些遥感数据产品在环境、资源、灾害等领域发挥重要作用,支持科学研究和决策制定。

(二)个体时空数据

个体时空数据主要源于具备全球定位功能的个人终端设备,如智能手机。智能手机通话数据拥有海量、真实、实时和广泛的空间覆盖优势。通过手机基站,可以获取大量用户位置信息,从而间接分析城市个体的空间分布和动态变化。这些数据包含时间和空间等多个维度,可以用于分析城市人群个体的移动性、居民的日常行为模式、游客的休闲活动以及出行方式等,支持城市结构和城市景观在空间上的适宜性分析。国外的学者已经开始尝试利用智能手机的位置信息采集居民时空行为数据,并在此基础上加以分析,进而得出关于城市人口动态和功能用地效率的结论。

(三)业务管理数据

业务管理数据主要包括土地利用变更、耕地质量、永久基本农田划定与调整、后备土地资源等入库数据,以及国土空间规划、土地整治规划、农业规划、交通水利规划、林业规划、生态环境规划等规划类数据。通过利用卫星遥感数据、地理信息系统和市场趋势分析等大数据技术，政府机构、土地规划部门和土地开发商能够更准确、高效地管理土地资源，提高土地规划的可持续性，制定更合理的土地政策，从而促进土地利用的可持续性和资源有效利用。

（四）手机 App 数据

手机 App 数据类型众多，涵盖了社交、地图导航、网购支付、通话通信、生活消费、查询工具、拍摄美化、影音播放、图书阅读、浏览器、新闻资讯等多个领域。例如，网购支付和生活消费类主题网站提供商户评价信息，房产主题 App 提供住房信息，招聘主题 App 提供职位信息等。这些 App 提供的数据通过统计分析，可获取土地功能类别的兴趣点位置信息、城市中心地带分布、个体活动热点及房价分布等，这些信息的获取可以为城市土地利用的功能用地效率分析提供支持。

（五）调查统计数据

社会经济调查与统计数据是土地优化利用过程中高效评价的重要信息之一。这类数据涉及针对特定问题在项目区范围内展开的实地调查所获取的第一手数据，包括居民基本特征、项目实施的满意度、项目实施进展、社会参与、产业发展等多方面的调查数据。经济普查数据是最为有效的参考数据之一，可以反映我国三大产业的发展规模、布局、结构。它涵盖了产业组织、各要素构成、服务业、战略性新兴产业、小微企业的发展状况。社会经济统计数据可以通过格网层次处理来降低尺度，通过对企业位置、人口和用地数据进行人口-产业-用地的关联分析，可以帮助深入了解"三生"（生产、生活、生态）用地的利用效率等问题。

（六）社交应用数据

社交网络数据反映了城市空间组织和居民行为特征。常见的社交应用包含大量用户行为数据，如微信、微博、QQ 空间、Twitter、Facebook 等，这些数据提供了用户活动地点、好友关系、社交信息数量和频次等数据。通过使用网络爬虫程序下载和整理这些数据，可以研究用户行为状态和特征，评估网站的资源情况，并提供个性化的产品和服务。这些分析是城市活跃地点分布监测、居民行为特征分析和土地利用效率评估等研究的基础。

（七）智能交通数据

智能交通设备和系统提供了更多的地理位置大数据，如用户活动内容和路径、刷卡地点和时间、乘车时长、司机和车辆编号、行驶轨迹和速度、车辆违章、交通事故、道路拥堵、全天候客运人数及移动信息、车辆运营效率、换乘信息、交通气象、停车场信息、出行方式和时间、路线及车次选择、物流、货运效率等。这些数据可用于交通状况实时监测与分析、交通设施评估、居民出行行为研究，以及交通与土地用途类型、数量和利用效率之间的关系分析，从而支持城市土地利用空间的优化。

（八）台站观测数据

台站观测是获取生态、环境、农业、地球物理、海洋、天文、空间等领域第一手真实科学数据的主要方式。这些野外观测台站由中国科学院、水利部、农业农村部、生态环境部、自然资源部等部门建立。台站观测数据对于分析城市自然、生物和人工环境的演变规律、资源环境动态、功能用地类型结构、城市社会经济发展演化、资源利用效率提高和生态环境保护等方面具有重要支持作用,已成为评估和模拟生态环境质量、进行区域土地利用优化分析的重要资料。

(九)传感器数据

城市传感器网络可以提供高附加值信息,对于城市管理应用十分重要。传感器网络应用于城市管理的各个领域,如环境监测、路灯控制、安防监控等。传感器网络所收集的数据类型广泛,包括物理数据(如温度、湿度、光照度、空气质量、噪声等)、化学数据(如含氧量、二氧化碳等)、生物数据(如细菌数和植被等)。底层采集的原始数据经过聚合后,形成高层概括性数据,为城市功能用地效率、生态环境质量评估、土地利用的空间优化提供了重要支持作用。

(十)POI数据

在地理空间中,POI(point of interest)数据代表真实的地理实体,是一种点状大数据。POI一般指在电子地图上的地理实体点要素,也指受关注程度高于普通点要素的地理点,比如利用公众签到、手机信令和出租车GPS轨迹等方式形成多样的POT数据。这些点要素与城市社会经济与人民生活密切相关。随着人类对地理空间认识的深入,POI不仅限于大尺度的室外兴趣点,也包括小尺度的室内监控兴趣点等,用于实时接入和存储动态信息。POI数据通常来自导航类电子地图平台,如百度、高德和腾讯地图等。这些数据内容详尽、精度高且更新频率快。POI数据的应用领域广泛,涉及建筑、规划、景观、商业分析、地理信息等多个领域,与城市更新、老旧社区改造、社区生活圈、商业业态研究息息相关。

三、土地大数据的特征

土地大数据是大数据在土地利用规划和管理领域的应用。土地作为一个复杂的、动态的、具有显著时空变化特点的自然经济综合体,既具有数量、质量、位置等一般地理实体的基本属性,又包含人类利用所产生的影响,因此,土地大数据不仅包含地理空间要素,还涵盖了资源、环境和管理信息,内容广泛、复杂、变化迅速,展现出多源异构性、动态异质性、关联性与层次性等特征。

(一)多源异构性

由于现实世界的复杂性、空间实体描述的不确定性、土地数据采集工具与处理软件的不同以及人类认知表达的局限性等,土地大数据通常呈现出显著的源性异构特征。从数据来源看,土地相关数据来自不同的机构和部门,包括政府机构、地勘单位、地产公司等,不同数据源可能采用不同的数据采集方法和标准。从数据格式和结构来看,不同数据源采用的数据格式和结构也不尽相同,如文本、表格、图像、传感器数据等;从数据质量和精度来看,不同数据源的数据质量也有差异,包括数据的准确性、时效性、精度等方面;从时间尺度来看,土地数据具有不同的时间尺度,包括瞬时数据、时间序列数据和历史数据;从空间分辨率来看,不同数据源提供的土地数据可能具有不同的空间分辨率,从全球尺度到局部尺度。

(二)动态异质性

从时间特征上看,地理环境及其相关的社会经济活动无时无刻不处于变化之中,这种持续的变化使得与土地相关的数据信息也随之不断更新,从而要求土地大数据必须定期维护和更新,确保为土地管理提供准确的分析和预测。一般地,土地大数据的观测频次和周期取决于其内容和类型,包括瞬时、小时、日、月、季、年等不同时间尺度。从空间特征上看,土地大数据具有地域分异性,涵盖了全球、区域、国家、省市、区县等不同区域大小,以及大、中、小比例尺等不同尺度大小。不同的空间尺度表达的空间范围和空间对象的规模大小也各不相同。这种异质性要求土地数据处理方法的选择和分析技术的应用需考虑到不同地区和时间的变化,以更准确地揭示土地的复杂性。

(三)关联性与层次性

土地数据往往按一定的时间尺度、行政层级、编码系统或其他人为划定的区域而表现出层次性,形成类似树状的结构,以实现快速检索、查询以及管理等功能。不同土地大数据具有相对独立的整体性,同时数据之间又存在着关联性、依存性和制约性。因此,在整合土地大数据时,需要全面考虑各系统之间以及系统内部各要素之间关系,再进行系统整合。通过对土地大数据的层次性和关联性进行详细分析,可以有效组织与管理土地数据,深入理解土地系统运行机制,进而优化土地利用决策提供有力支持。

四、土地大数据的获取途径

土地大数据融合了传统的土地海量数据与新型记录人类行为的大数据。因此,在采集土地大数据时,不仅需要关注传统的土地数量、位置、性状、利用程度等信息,还需要重点关注与土地相关的人的全样本信息、人对土地的不同需求、人类社会经济活动作用于土地所产生的影响。此外,由于土地大数据具有多源异构性特点,因此,需要通过有针对性的途径来获取土地数据。关于获取传统的与"地"相关的数据,主要的手段有实地调查、航空航天遥感、小型无人机等,这些技术将在第四章进行详细介绍。本节主要侧重与人有关的土地大数据获取途径。通过对现有研究使用的数据获取方式进行梳理,针对不同的土地大数据类型,我们总结出了目前较为常见的几种数据获取途径,包括网络爬虫与 API、传感设备与车载设备、移动终端设备、政府和公共机构、开放数据平台等。

(一)网络爬虫与 API

在数字时代,无论是人们的社交、支付,还是产业发展、城市治理,人类的各种活动都被即时数字化呈现,产生了大量以"人"为中心的网络信息数据。网络爬虫(Web Crawler 或 Web Spider)是一种按照特定规则抓取网页信息的程序,包括通用网络爬虫、聚焦网络爬虫、增量式爬虫、深度网络爬虫等类型,因其高效、海量、便捷地获取网络信息数据的能力,目前已成为各种信息数据深度收集的主要工具。网络爬虫的工作原理与日常浏览器访问网页的原理相同,当用户输入网址后,浏览器作为客户端向服务器发送请求,通过 DNS 服务器定位到服务器主机,经服务器解析后将信息返回给浏览器,浏览器解析处理后会呈现在页面上。在土地大数据领域,网络爬虫常用于采集社交平台(如贴吧、微博、小红书、抖音等)上用户动态中带有位置信息的数据,通过提取 POI 签到信息,统计各 POI 的累计签到次数,得到社交平台 POI 签到数据。

然而,未经授权的网络爬虫涉嫌非法收集个人信息,且若抓取的数据遭到泄露、滥用还会衍生出下游犯罪、社会分层等继发性新型损害。因此,目前微博、豆瓣、知乎等大部分平台已通过设置图片验证码、封禁 IP 等反爬虫机制,保护用户个人信息。在此情况下,通过网络爬虫方式采集数据受到的限制逐渐增多,难以满足大规模 POI 数据采集需求。为解决此问题,目前爬虫技术正逐渐转向通过调用特定目标的网页 API 来爬取所需数据。API(Application Program Interface)即应用程序开发接口,是一组定义、程序及协议的集合,主要用于实现不同软件之间的通信与信息交换。使用爬虫技术调用 API 数据,就类似于日常生活中去储物柜领取快递,取件人必须要输入正确的信息才能打开目标储物柜,拿到快递。在这个比喻中,我们要输入的信息相当于 API 接口,帮助我们准确定位并调用所需的数据。以使用 Facebook Graph API 爬取 Facebook 帖子发布数量与时间的数据为例,API 调用的基本流程如图 3-7 所示。

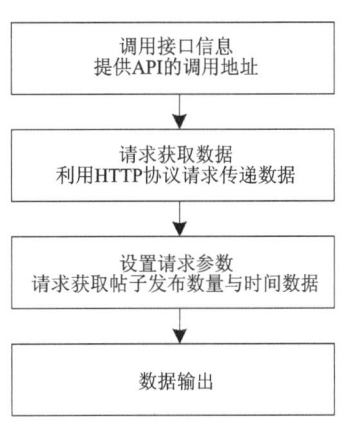

图 3-7 调用 API 爬取数据基本流程

(二)传感设备与车载设备

车载设备主要包括摄像头、传感器、智能驾驶辅助系统和通信设备、GPS 等。车载摄像头能够实时捕捉道路和周围环境的图像,用以监测土地覆盖、土地变化以及城市发展;车载传感器则通过获取环境参数数据,如温度、湿度以加深对土地的气候和生态环境的了解;智能驾驶辅助系统和车载通信设备可以收集道路信息、交通流量等数据,为交通管理和城市规划提供支持;车载 GPS 旨在通过收集车辆位置数据,分析交通流量、拥堵情况,为交通规划和优化提供数据支持。例如,目前大多数汽车都配备了车载 GPS 设备,研究者们可以利用车辆的 GPS 数据提取汽车轨迹数据,预测交通流量、识别交通拥堵情况等。然而,这些方法需要将 GPS 数据与路网进行匹配。对于采样频率较高的 GPS 数据,密集的 GPS 轨迹点可以通过距离清晰地识别出匹配路段,匹配相对容易,实际中大多数车辆的 GPS 数据采样频率较低,采样间隔可能在 30s 至 1min,GPS 数据的地图匹配往往较为困难。

(三)移动终端设备

智能穿戴设备、智能手机和平板电脑作为现代科技的杰作,在获取土地数据方面发挥着日益重要的作用。可穿戴设备与智能手机和平板电脑的便携性及智能化,使其成为收集土地利用相关数据的强大工具。

1. 可穿戴设备

可穿戴设备包括智能手表、智能眼镜和可穿戴相机等多功能可穿戴设备，因其便携性、数据收集能力、智能显示功能，已在人机界面、医疗保健系统、远程医疗、增强现实（AR）和虚拟现实（VR）等领域得到广泛研究与应用。在土地科学领域，可穿戴设备也已成为土地数据的常用采集途径之一。智能手表通过 GPS 技术，能够准确记录用户的行走、户外活动轨迹，这些数据与土地位置紧密相关；运动追踪器则记录了用户的运动轨迹，用于掌握土地利用状况和人类活动分布；智能眼镜可以捕捉周围的图像和视频，从而记录地表特征、建筑物的形态与布局等；可穿戴相机能够拍摄城市的实时照片，通过对照片进行图像处理和分析，可以了解城市的地理特征、空间布局以及土地利用状况，用于分析城市用地类型、土地混合利用程度等，从而为城市规划提供数据支持。

2. 智能手机和平板电脑

随着无线通信技术的不断发展，智能手机和平板电脑等移动终端已经深入渗透到全球的每个角落。这些设备不仅成为人们日常生活中不可或缺的一部分，还在土地大数据获取领域发挥着重要作用。基于 Android 操作系统的智能手机或平板电脑，利用传感器辅助编录、语音识别辅助编录、可定制字典辅助编录、界面自定义、相关联数据辅助编录等手段，辅助野外数据快捷、智能化采集，并利用采集的数据直接在移动设备上进行地质图件的绘制，实现数据的现场制图及可视化表达。

在全球范围内，智能手机用户数量呈现快速增长趋势。联合国数据显示，从 2019 年到 2021 年，全世界网民的人数已经突破 49 亿。在我国，手机普及率已经超过了 112.23%。这背后的运营商基站分布在城市的各个区域，成为了无处不在的数据采集器。手机信令具有数据覆盖范围广、用户体量大、实时性强、采集方便、成本低廉等优势，容易从宏观上反映用户的整体出行轨迹特征，是大数据的主要类型之一。

手机信令数据的产生离不开我们日常生活中所说的蜂窝网络。蜂窝网络（图 3-8）实际上是由一系列的运营商基站构成的，多个运营商基站将整个通信区域划分为若干个蜂窝小区。对于人口密集的城市，蜂窝小区的覆盖范围从几十米到几百米不等；对于人口较为稀疏或者偏远地区，蜂窝小区的覆盖范围可达数千米。当手机用户发生开关机、打电话、收发短信、位置更新、切换小区等信令事件时，手机信令数据即时产生并由运营商在基站收集，经过匿名处理后上传至运营商云服务器存储。通过分析手机信令数据，即可获取信令用户的空间定位信息。此过程的核心思想是通过特定基站定位技术算法，分析运营商基站接收到的各项参数，进而估算出信令用户当前所处的位置。常见的基站定位技术包括 COO 定位、AOA 定位、TOA 定位、TDOA 定位和 AGPS 定位。

目前，手机信令已成为获取个体时空数据、POI 数据的获取的重要途径。在智能交通数据获取方面，手机信令数据更是发挥了重要作用。它被应用于出行模式识别、城市交通流量预测、城市区域空间联系强度分析和城市等级体系确定等方面。经过实践验证，与无线传感

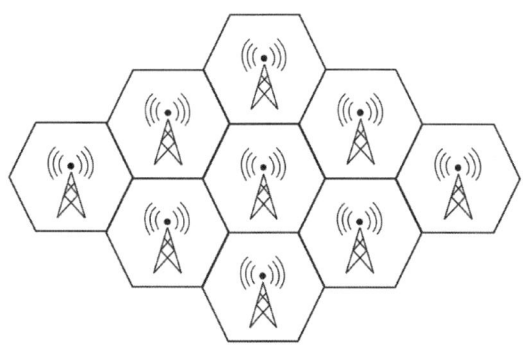

图 3-8 蜂窝网络示意图

数据、GPS 数据等常见的数据源相比,手机信令数据更能从宏观上反映用户的出行轨迹,是出行模式识别和交通流量预测研究的合理替代数据。

(四)政府和公共机构

政府和公共机构是获取基础地理数据、社会经济调查与统计数据以及台站观测数据的主要渠道。政府地理信息部门通常提供详尽的基础地理数据,如地形、交通线路、行政区划等。许多社会经济统计和调查数据都可从国家统计机构、经济研究机构或相关政府部门的调查活动或报告文本中获得,涵盖人口、基础设施建设、土地财政等方面。关于观测数据,气象局和气象机构负责收集和分发气象数据,以监测与预测气象变化,以及应对自然灾害;地震台站负责收集地震数据,为地震监测和风险评估提供重要依据;政府机构维护监测站负责监测大气质量、污染物浓度等数据,以支持环境保护和公共健康。为了提高数据透明度、促进科学研究和支持公众决策,政府和公共机构通常将这些数据公开发布。

(五)开放数据平台

许多遥感、地理、生态等数据可在开放数据网站平台获取。在数据获取过程中,首先明确需求,然后寻找对应的开放数据平台,如国外的 NASA Worldview、ESA、USGS Earth Explorer 等,国内的中国科学院资源环境数据中心、中国科学院地理空间数据云、中国科学院地理空间数据共享中心等。再选定平台后,需要按照平台指引进行注册并遵守数据使用协议,搜索并下载所需数据,了解数据格式和使用工具,最后使用遥感和 GIS 软件进行处理和分析,确保合法使用,并满足存储和计算需求。通过开放数据平台,研究人员和政府机构可以便捷地获取多源土地数据,极大降低了研究成本,并推动了多领域的土地研究。这些平台的数据具有可访问性、多样性和实时性,有助于监测土地变化、支持可持续土地管理、政策制定和决策支持,同时,这些平台也激发了创新和进一步的研究,促进了土地科学和社会可持续发展的共同进步。

五、土地大数据的常见用途

信息化时代背景下,大数据技术在很多领域都有广泛应用,土地管理也不例外,加强大数据技术在土地管理中的应用,是土地资源管理部门实现转型发展的必经之路。大数据在土地资源管理领域中的应用主要有以下几点。

(一)城市规划与建设

土地大数据分析不同于传统数据环境下的定量分析,前者更强调基于大样本数据挖掘的相关关系研究,为城市规划提供了强大的数据支撑。大数据分析手段已应用到城市规划编制中的城镇体系优化、城市功能分区、公共设施布局、城市专项规划等方面。

1. 城镇体系优化

城镇体系规划需要以研究区域内城镇间的相互联系为基础,这种联系是通过各种要素的流动驱动的。大数据以其精确性和广泛性成为揭示城市间要素流动的关键工具。例如,通过社交网络数据、百度搜索指数数据等,能够从网络社会空间的角度分析城市间的联系及等级体系;基于手机信令数据,可以模拟区域内不同城镇间的人流交换,从而获得城市间的联系强度。这些大数据分析成果为评估区域联系现状,合理构建区域城镇体系提供了科学依据。

2. 城市功能分区

以往研究中,城市功能区的识别多利用高分辨率遥感影像展开,但这种方法仅能反映地物的自然物理属性,无法精准对接、识别经济社会属性明显的城市土地功能区类型,以及物理属性较相似的不同类别城市功能区。通过追踪人类行为活动的时空规律,大数据能精细化描述微观个体与用地空间的内在联系,从而为更精确地划定城市增长边界、分析城市内部结构与中心体系、识别用地功能等提供了可能性。在实际应用中,车辆轨迹、社交媒体的签到数据、带有地理标记的街景图像等数据被广泛应用于城市功能研究,POI 数据被用于城市土地利用类型分类等,以提高城市功能区识别的准确度。有学者通过 ETM 模型挖掘语义特征信息,融合国产高分二号高分辨率影像和 POI 数据,实现了城市功能区识别。图 3-9 展示了不同特征组合的识别结果,经过对比发现,融合遥感数据和 POI 数据的识别结果与实际情况更为相似。因而,大数据驱动的城市功能分区能够实现更好的实现资源分配和城市空间合理利用。

3. 公共设施布局

在城市公共服务设施布局规划中,大数据可以从设施的空间分布和人流的活动轨迹两方面指导公共服务设施的布局优化。例如,利用手机信令数据和地铁刷卡数据判别商业中心的等级、腹地和势力范围等,支撑商业中心的规划布局;利用移动应用数据和市民反馈信息,实时监测交通状况,以优化公交车站和轨道交通站点的位置,提高城市的交通服务质量。此外,医疗设施、学校、公园等公共设施的布局也可根据大数据分析结果进行调整,以更好地满足市民需求,提高居民生活质量。这种数据驱动的公共设施布局能够提供更高效、更智能的公共服务,使城市更宜居。

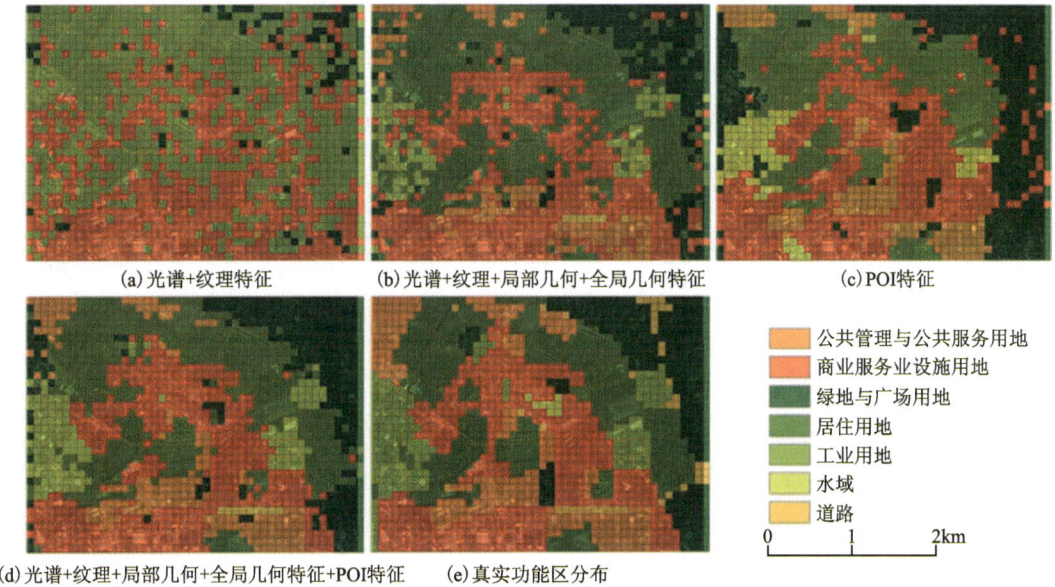

图 3-9　研究区不同特征组合的识别结果图

4. 城市专项规划

在旅游规划、历史文化保护规划等城市专项规划中,大数据分析手段也能有效提升规划的科学性。例如,通过手机信令数据的深入分析,从活动强度、功能联系等方面展开对特定区域(如衡复历史文化风貌区)展开分析,进而支持历史街区的规划方案设计;通过分析游客的移动轨迹和互联网上的旅游评论,能够帮助深入了解游客的行为模式、兴趣偏好以及对旅游服务的满意度,城市可以据此确定旅游热点和需求,进而合理规划旅游线路和景点。

（二）"人-地"关系解析

"人-地"关系是指地球表层人与自然的相互影响和反馈作用,对"人-地"关系的认知一直是地理学的研究核心。"人-地"系统是由多尺度、多结构、多过程构成的自然—社会复杂系统,具有动态变化、非线性特征明显、空间相互作用显著、时间紧密连续的主要特征。传统地理学对区域"人-地"关系综合特征的表达,通常是在认识区域地理要素的基础上,对社会经济要素进行机械叠加。然而,这种对要素的简单罗列并不能表达"人-地"系统的真实特征,在很大程度上忽略了要素内在复杂关联和相互作用关系。此外,近代地理学沿袭自然科学研究"还原论"经典的思维逻辑,对"人-地"系统内的要素逐级分解再进行时空格局与变化规律研究,同样难以系统阐释"人-地"系统复杂且多样的区域变化规律。因而,建立系统思维、从"整体论"逻辑出发、引入复杂性科学的概念成为解译"人-地"系统的最优选择。构建多要素-多尺度-多情景-多模块-多智能体集成的时空耦合模型,是认识人地要素相互作用的耦合性和复杂性的关键。传统的土地数据,如统计监测数据、社会调查数据以及遥感影像数据,缺乏对人类活动的描述,难以全面刻画土地信息学核心的"人-地"关系问题。而以兴趣点(POI)为代表的地理空间大数据强调人类活动全时空轨迹记录,对于"人-地"关系研究具有重要革新意义。POI是一种代表社会经济地理实体的点状地理空间大数据,早期研究主要集中于POI数据的获取、管理方面。基于POI的人地关系研究是利用POI的点、线、面数据形式展示"人-地"系统要素及空间分布,应用领域覆盖"人-地"系统要素的空间格局识别与评价、人类活动空间分布的表征与预测以及"人-地"系统竞合关系解析等,即逐渐从描述人地要素空间格局,到揭示"人-地"系统运行规律、驱动力和影响因子以及相互作用关系,对于深入探究人类活动影响和自然环境驱动下的陆地表层系统变化及其与人类社会可持续发展之间的关系,推进局地、区域和全球不同尺度的可持续发展决策中发挥重要作用。

(三)国土空间规划

国土空间规划作为我国国土空间可持续发展的重要指南,是各种开发、保护和建设活动的基本遵循依据。2016年,国土资源部发布的《关于促进国土资源大数据应用发展的实施意见》提出,随着新一代信息技术的快速发展,需要创新国土资源管理方式,为国土资源领域的科学决策提供支持。大数据作为智慧社会崛起的主要动力与发展的重要支撑,正在改变国土空间的保护、开发与治理模式,也对国土空间规划编制提出了新的要求,"智慧国土空间规划"也应运而生。智慧国土空间规划,借助云计算等尖端信息技术,将国土空间各种要素进行整合,利用大数据对其进行深入而全面的分析,构建出完整的数据资源体系。在大数据时代,国土空间规划能够通过信息技术手段将各种规划手段进行整合,从而实现对国土空间优化与社会经济发展统筹规划,指导国土空间合理开发,以实现经济发展与环境保护双向兼顾,达到可持续发展。

1. 智能感知与收集

国土空间规划的传统数据收集方式通常包括人工调查、地面测量、地理信息系统(GIS)数据采集等。这些方法花费大量人力、时间和物力资源,且数据更新相对较慢。而在大数据背景下,国土空间规划数据收集方式更加多元化和智能化。通过传感器、视频监控、移动应用、无人机、智能路灯等设备可获取海量相关数据。同时,通过应用图像识别、影像解译以及机器学习等技术,对感知到的多源数据进行分类整理。对收集整理后的数据进行清洗、转换、修正和标准化等预处理,明确数据分类入库标准和数据处理标准,构建国土空间规划基础数据库,实现对数据的统筹管理,统一国土空间规划基础,形成共建共用的多源数据集成的国土空间规划"一张图"。

2. 智能分析与处理

在总体规划中,改变了传统规划局限于物质空间本身形态的经验式规划布局方式,开始重视人类时空活动对空间的影响分析,利用智能感知获得的大数据,构建智能分析与处理模型库,从活动强度、活动联系及活动偏好等方面,对居民的社会经济活动特征及规律进行测度。通过资源环境承载力评价、国土空间开发适宜性评价模型对国土空间保护、开发、利用与修复进行辅助判断,明确国土空间各类用地范围,合理划定"三区三线"。详细规划中,结合区域联系度模型分析、空间可达性分析、舆情文本分析、城市人口规模分析、职住平衡分析、城市空间流动性分析、城市增长边界分析等模型,辅助判断具体地块功能,并明确地块开发强度等内容。

3. 智能评估

规划评估作为传统规划编制和实施中的关键流程,能够实现对规划方案的动态反馈修正,保障规划实施的有效性。大数据背景下的国土空间规划智能评估包含规划模拟预演、动态监测与定期评估三个方面。

制定科学、合理、高效的国土空间规划,是国土规划的最终目的。为达成这一目的,必然要进行规划方案模拟预演,比选出最优的规划方案。例如,MAS,即多智能体系统,是一种全新分布式计算机技术,如今已成为一种复杂系统分析及模拟的重要工具。其模拟特征与国土空间智能模拟需求相符合,可以将空间要素带入模型,再利用学习算法构建人工智能学习模型。将MAS和学习算法相结合,建立各个规划方案的动态模型,进行规划方案预演,模拟出各方案实施后的城市发展路径,预估实施后的结果,实现多方案的智能比选。

在动态监测阶段,通过卫星、无人机高精度遥感影像等对国土空间开展实时遥感督查,通过城市内部的各类智能传感器与视频监控、交通运行监测数据、环境监测数据等城市实时运行大数据,可以对城市的运行过程进行动态监测,与规划方案的模拟预估进行对比,以辅助查看规划实施过程。

定期评估阶段通过集成统计数据、企业运行数据、环境监测数据、POI数据、手机信令数据、GPS数据、网络文本数据、居民调查问卷等多源数据,从社会经济影响评估、资源管理评估、空间利用效率评价、民意与舆情调查、政策和法规合规性评估等方面展开国土空间规划实施的定期评估,以便及时发现规划实施路径与目标路径之间存在的偏差。

4. 智能决策

集成遥感影像数据、智能交通数据、台站观测数据、传感数据、调查统计数据以及民意数据等多源数据,将国土空间规划方案的二维数据与三维模型进行整合,实现仿真技术一体化管理,并结合VR虚拟现实技术,对规划内容进行多角度、全方位可视化展示,通过方案浏览、数据查询与分析,实现多方案对比和指标比较。通过微信、微博、公众号、贴吧论坛等方式向各类决策主体提供国土空间规划方案的获取途径,辅助政府、企业、公众、科研机构等各类决策主体了解、掌握规划方案,实现定性与定量相结合的可视化与可感知的智能决策,构建多元主体参与规划编制的"生态圈"。

(四)全域土地综合整治

全域土地综合整治是国家层面的战略部署,更加强调"山水林田湖草是一个生命共同体"的整治理念。基于土地利用调查、统计年鉴等传统数据的整治评估已经难以实现对全域土地综合整治的系统评估。大数据时代的到来,为全域土地综合整治评估与决策提供了新的思路,借助电子地图、手机信令、手机App、智能交通等数据的挖掘分析,对乡村空间的发展格局、基础设施分布、居民通勤和出行行为、消费行为进行动态监测，能够有效评估乡村发展特征、经济发展状况、空间布局秩序、资源利用效率等。此外，手机信令数据等还能够用于监测和判别区域活动强度识别乡村居住区的实际入住率，进而用于合理评估区域农村建设用地整治潜力等。大数据在全域土地综合整治中的应用可以帮助政府和社会更好地管理土地资源，实现可持续发展目标，减少资源浪费和环境破坏，提高土地资源的可持续性。

（五）房地产评估

在房地产开发过程中，土地成本在整体开发成本中占较大的比例，需提前对土地进行全面评估，做好准备工作。在土地评估过程中，工作人员按照开发土地的规模、空间地理位置以及其他特性信息对土地的价值进行详细的判断和评估。虽然关于土地的基本数据信息收集相对便捷，但涉及土地经济价值和开发商品牌价值等深层次信息的获取，传统数据收集方式存在一定的困难，在实际评估过程中会遇到一些问题，进而影响评估结果的正确性。借助大数据技术，我们能够提高获取的能力和效率，在先进数据筛选技术的辅助下，完成不同数据信息的筛选工作，进而确保信息的权威性和合理性，为后续的房地产评估工作提供便利和保障。

第三节 土地大数据对土地科学发展的影响

深入了解土地大数据对土地科学带来的影响，以及在土地大数据广泛应用背景下土地科学所面临的挑战与机遇，可以让我们以更高的站位、更广的视野明确学习土地大数据相关理论与方法的重要意义。

一、促进

大数据时代的土地管理决策要靠数据"说话"。数据是信息的表达方式之一，信息是数据所蕴藏的具备挖掘价值的"内涵"，知识是用于解决问题的结构化信息，智慧是运用知识的能力。若要真正实现从数据中提取信息，从信息中发现知识，再把知识升华为智慧，需要针对性地研制数据挖掘算法，对各类数据（包括文本、影像、视频等非结构化数据）进行关联分析，建立分析预测和可视化模型，从而实现从数据到智慧的升华。通过加强土地大数据深度挖掘，融合科学研究方法，能够充分发挥其中所蕴含的信息在管理中的价值，进而大幅提升土地科学管理水平。

（一）实时监测与智能决策

不同于传统的土地"小数据"，由政府主导、自上而下对土地及其使用者状况进行采集的模式，土地大数据是按照自下而上的数据汇聚的规律进行深度挖掘，促进了对深层次土地利用过程和机理的认知，推动了土地科学的蓬勃发展，并且在应用中，使决策者能够深入洞察与多维度掌控土地状况，进而做出科学而高效的决策。

全域土地综合整治是优化国土空间格局、助力乡村振兴的重要抓手，需要确保其科学性。而持续推进整治试点工作只是实现这一目标的重要手段之一。大数据的动态可获取性为全域土地综合整治评估提供了数据和方法支撑,有助于实现以"用地指标"为核心的静态评估方案,向以"要素流动"为核心的动态监测转变。通过实时采集区域土地利用、基础设施、主体活动、企业生产、生态环境等要素的信息,可以精准掌握整治区域工程实施和建设的动态情况,从而实现对全域土地综合整治区域的动态监测与评估,为整治工作提供支持。同时,借助各种传感器、手机信令、电子地图、社交网络、智能交通、应用程序等渠道,可以获取反映土地利用个体行为的时空信息,促进全域土地综合整治评估由片面性评估转变为综合性评估。

(二)公众参与与透明性

土地大数据的可视化和互动性增加了公众对土地资源的理解和参与,促进了公众与土地科学的互动。传统的数据获取方式通常工作量大且耗时耗力。在网络普及的信息化时代,利用大数据技术考察网民乃至整体社会公众对于土地改革的意愿及反馈,为科学制定土地制度改革方案提供了重要依据。

目前已有学者尝试以全球最大的中文搜索引擎百度为基础,收集公众对农村土地流转问题的关注度和兴趣点等信息,旨在为全面深化农村土地制度改革提供大数据支撑。研究发现,当前我国网民对"农村土地政策"的注意力主要集中于确权、买卖、土地改革、土地征用、土地纠纷调解赔偿等问题,以及《农村土地承包经营纠纷调解仲裁法》《农村土地承包法》《农村土地管理法》等国家法律。其中,网民对土地买卖、土地改革尤其是土地确权等内容的关注度上升较快。关于"土地确权"的搜索集中于登记、发证、程序、实施方案等重要信息,表明土地权属信息登记、权证发放、土地确权程序与具体实施等仍将是主管部门宣传和解释咨询工作的重点。关于"农村土地承包经营纠纷调解仲裁法"的关注则集中于劳动争议、劳动人事、适用范围、全文及司法解释等方面。

(三)可持续土地利用管理

大数据为可持续土地利用开辟了新的可能性与机遇,通过更精细化的自然资源管理、农业生产优化、城市建设智能化,得以实现更为可持续的土地管理和资源利用,减少资源浪费,降低环境影响,并提高人们的生活质量。这些应用对于推动土地科学的可持续发展具有重大意义。

大数据技术为土地利用和资源管理提供了精确的数据支持,使决策者能够更精细地管理土地资源。通过对土地类型、土壤质量、植被覆盖等因素的深入了解,农业、林业和自然资源管理领域得以进行更为精准的资源分配和管理,从而实现资源的最大化利用。大数据也极大推动了精确农业实践,有助于提高农业生产效率和可持续性。通过监测土壤湿度、气象条件和植物健康等因素,农民可以调整灌溉、施肥和农药使用,以减少资源浪费,降低生产成本,减轻对环境的不良影响,有助于实现更可持续的农业实践。在城市建设方面,大数据同样发挥着举足轻重的作用。通过监测人口增长、交通流量、用地变化等数据,城市规划者可以更好地管理城市资源,包括土地、能源、交通和基础设施。这有助于创建更高效、更绿色和更能应对未来挑战的城市,从而提高城市居民的生活质量。

二、挑战

大数据的发展也为土地科学带来了一定的挑战。大数据的"5V"特征使得将土地大数据充分应用在科学研究中也面临着较多的问题,例如:数据采集与存储方面,从多个来源获取大量数据并将其整合成可用于分析的格式是复杂的过程,需要解决数据质量、格式不一致等问题,同时还需要考虑数据的时空分辨率,以及如何有效地管理和存储海量数据;土地大数据涉及个人和机构的隐私信息,确保数据安全和保护隐私是一项重要任务;如何在保护隐私的前提下,实现数据的合理共享与开放也是一个挑战,数据的安全性、访问权限控制、数据使用协议等问题均需要得到妥善解决。

(一)数据采集与存储需求

土地大数据的使用过程中,问题较多地体现在数据的采集与存储的技术上。大数据时代的到来促使着土地科学的研究要更多地采用动态的、细粒度的、大量的、真实的数据来源,而传统研究方法、技术手段与研究范式相对落后,如果仍然依赖基于小数据和经科学试错逻辑而发展出的传统理论,可能会缺乏对深度信息化背景下数据量度、数据时间-空间颗粒度、数据维度等突破性变化的解释依据。

因此,数据的采集在土地大数据的应用中就显得尤为重要,没有高质量的数据就没有高质量的结果。在以人为本的城市化进程中,传统的人地系统研究方法主要基于系统综合集成和系统动力学模拟,且较依赖土地普查、经济统计、地面调查等静态数据,将城市空间中的人口仅视为机械数量,而未能充分考虑其属性数据随时间变化,从而无法刻画城市空间结构或秩序中的人的作用和影响。如何获取多元的、交叉的、准确的动态数据,是能否准确刻画城市空间乃至国土空间变化规律的重要所在。

在大数据背景下,地表要素属性的实时变化得到了显著的增强,尤其是个体或群体对象的空间位置与属性实时变化更为突出。地理大数据的出现,在促进地理计算、城市计算与社会计算等领域的交叉与融合方面起到了重要作用。未来,反映土地资源的数量、空间结构、利用动态、模式和效率的新数据将通过互联网、物联网和移动设备等多种渠道进行整合,实现从传统的有限数据源向多样化的信息采集过渡,从而促进相关土地工作从经验决策走向数据支持的科学决策。

数据存储方面,以遥感大数据为例,作为一种空间数据,其本身具有高密度价值且与空间位置关联,具有一定的空间属性。早期使用基于关系型数据库的空间数据存储和管理方法,并利用其关联性比较强的特点,创建空间数据读写系统,从而建立有效的空间数据储存管理体系。但是,关系型数据库对数据一致性要求高,其底层存储问题比较棘手,从而导致数据分类与合并难。

针对数据切分和可扩展性问题,出现了 NoSQL 和列存储等新型数据库类型,采用分布式系统实现底层存储容错性和可扩展性,适用于一次写入、多次顺序读取的场景。为了解决数据一致性和空间索引问题,可以使用内存索引或小型索引存储等方法,采用计算节点进行分布式索引计算。虽然大数据的计算架构已经建立,但计算模式仍受到限制。较为合理的存储管理方法是采用"元数据库—异质存储—计算模型"的结构,但该方法需要进一步补充和加强。

除此之外,在当今科技飞速发展的时代,数据信息的存储在设备研发、存储材料制备和技术封锁等领域依然存在着一系列挑战。设备研发面临着日益庞大的数据量,从设计到测试,每个环节都产生着海量的数据,其高维、多源的特点使数据的整合和分析变得极为复杂。在存储材料制备领域,材料的多样性和性能受多个参数影响,导致了一个高维的参数空间。预测和优化材料性能需要在庞大的数据集中搜索最佳组合,这要求创新性的数据分析方法和工具。技术封锁作为另一重要议题,限制了信息的获取和共享,数据访问受限、隐私与安全问题是技术封锁所带来的核心问题,此外,技术封锁还可能导致信息获取的不完整性,限制了深入分析和创新的空间。

要克服这些挑战,需要跨学科的合作与创新。开发更强大的数据处理和分析工具,整合不同来源的数据,制定明确的政策以平衡隐私和共享,综合利用数据科学、材料科学、工程学等多个领域的专业知识,以及注重技术和创新的平衡,方能有效地应对土地大数据在这些关键领域面临的挑战。

(二)数据共享与安全问题

数据共享与数据安全一直是困扰中国学者的问题之一。近年来,中国积极推进土地管理信息化建设工程,建立适用于各种土地管理业务的信息系统,为土地数据的采集和分析提供更高效的途径。但现有的土地管理数据模型缺乏在土地科学视角下的本质认识,仅依赖于具体业务,导致不同业务之间的数据难以互联互通和集成。为建立有效的土地管理数据模型,我们需要以"人地权"关系视角下的权籍时空系统调整为基础,反映有关土地问题或现象的本质特征和全范畴共用性。

在实际应用过程中,中国土地系统缺乏核心理论的科学共识,缺乏主要数据的共享,导致不同业务中的土地管理要素概念语义及其表达不一致,并影响了各业务系统的数据模型统一,难以建立有效联系。现有的数据模型容易造成概念语义上的不一致和数据之间的关系不够明确。因此,需要通过新的数据模型建立抽象的土地管理对象及其关联模式,并明确它们的概念和关系语义,以便于实现基于统一模型的数据共享和集成。

同时,在实现了大数据的采集、存储以及共享之后,如何确保网络数据的完整性、可用性和保密性,不受到信息泄露和非法篡改的安全威胁影响,已成为政府机构、事业单位信息化健康发展所要考虑的核心问题。而土地科学由于其所涉及数据的特殊性,经常需要面临所使用项目数据难以做到充分保密的问题,这也为我们提出了新的研究思路。此外,土地大数据还涉及用户隐私保密的问题,以及数据更新速度加快的挑战,如何实现数据隐私安全保护将成为未来研究重点之一。

(三)数据准确性与一致性

土地大数据具有多种来源,如卫星遥感、地理信息系统(GIS)、政府机构记录等。这些数据源采用了不同的数据采集方法和质量标准,导致数据质量不一致,如卫星图像的分辨率和精确性可能因不同传感器而异。此外,不同数据源通常使用不同的数据格式和结构,如矢量数据、栅格数据、数据表等,这对数据整合和集成带来了严峻挑战。由于土地数据的动态性特征,不同数据源的土地大数据具有不同的更新时间,可能导致时滞问题。同时不同数据源中的土地数据也可能存在不同的语义和定义,涉及不同地理区域和要素,确保这些数据在不同数据源中关联和匹配也是一个挑战。除此之外,政府记录中的错误或遗漏也可能影响数据的准确性。数据的准确性与一致性差可能导致土地利用分析不够精确与完整,影响土地决策,从而导致不合理的土地利用现象,浪费土地资源,限制城市发展的可持续性。

三、机遇

信息技术的迅速发展和数据科学的崛起,在给土地大数据的发展带来不少挑战的同时,也为其带来了前所未有的机遇。这个时代要求我们不断创新和进步,充分利用现代科技手段来应对、解决社会面临的各种土地相关问题。土地大数据不仅仅是一堆数字和信息的堆积,更是一扇通向智慧城市、可持续发展和资源合理利用的窗口。

土地大数据对土地科学的扩展主要体现在方法和数据来源上,但是更重要的是对土地科学研究思路的拓展,从早期的人与地的数量关系研究,拓展至"人-地"耦合关系研究,从过往的"以人定地",拓展至"以人为本",土地大数据的崛起,促使土地科学的研究对象从单一的"土地系统"逐步转变为更为全面、复杂的"人-地"系统。具体表现为对于土地科学研究内容的拓展、跨学科研究及学科平台建设、人才培养的拓展三个方面,从而能够丰富学科内涵,拓宽学科的发展前景。

(一)学科内容拓展

土地大数据对土地科学的研究内容具有拓展作用。土地科学的研究客体是作为自然历史综合体的土地,土地大数据的发展使得我们对土地的认识更加精细和动态,而这势必将为土地科学的研究带来全新的角度,进而大幅延伸其所涵盖的内容。

随着土地科学的进步与发展,新的数据源不断涌现,对土地自身的性状认识将更加深刻。耦合人的行为大数据与土地自然性状的关系,将大大提升对土地利用的认识深度。通过大数据技术的应用,许多学者和规划部门对于居民和企业等主体行为对土地空间发展所产生的影响有了新的认识,从而在土地科学问题研究中,从人类需求出发,提供全视角的解决思路与对策。以国土空间规划为例,多源异构数据、社会经济运行等社会属性数据的动态可获取性,促进国土空间规划由单一的物理空间规划过渡到"以人为本"的生态和社会可持续发展的综合规划转变。在空间政策制定过程中,利用高精度大数据收集人的活动轨迹和需求信息,将数据采集尺度细化至人的感官尺度,有助于反映国土空间规划的社会和人文价值,建设满足人本需求的优质国土空间。这种"由人及地"的研究范式,为探究"人-地"关系提供了全新视角,促进土地科学向"人本化"与"信息化"的方向发展。

借助大数据技术,可以掌握实时全面数据,在对土地自身认识上实现动态化。传统的土地利用规划数据源通常由土地普查、经济统计、地面调查等静态数据组成,存在几何粒度粗、更新周期长等普遍性问题。在大数据背景下,基于定位功能的移动信息设备和技术逐渐成熟,空间位置服务数据呈爆发性增长,网络行为、个体出行记录、网络地图应用等成为新兴空间数据源,与传统数据一起共同构成了更加完整的国土空间规划的动态感知体系。

此外,土地大数据的应用促使土地科学从以"地"为中心向以"人"为中心的管理模式转变。传统的土地数据更多关注土地的位置、性状、利用、处置程度等,更多揭示土地本身的特征,虽然可以间接预测人的需求与行为,但毫无疑问,传统土地数据是以"地"为中心的,所有对人的判断、人对地的需求变化、行为方式都是通过历史土地变化数据反推或局部人口统计信息预测实现,预测难免有偏差且滞后性较强。随着大数据时代的到来,新型数据源则提供了人对土地的不同需求的直接反映、人类社会经济活动作用于土地过程的全样本数据等信息。将新型数据源与传统土地海量数据协同应用,能够更准确地揭示"人-地"关系的动态变化,以产生真正有价值的土地大数据。随着土地大数据的发展,在掌握详细土地数据的基础上,我们更能全面掌控人的活动轨迹、人对土地的需求,以及由此衍生的相应行为模式。这种以"人"为中心的管理模式,不仅提高了土地管理的效率和精准度,也为国土空间规划提供了更为科学、合理的决策依据,促进了土地资源的合理利用和社会经济的可持续发展。

(二)跨学科研究

土地科学的学科范式是土地科学本体论、认识论和方法论的综合体,并被土地科学学者作为开展土地科学研究时认可和遵循的共同学术语言。如图 3-10 所示,其基本框架包括以土地资源、土地管理、土地工程为本体论,以关注土地利用系统功能识别的发展观、系统观和时空观为认识论,以质性量化法、时空分析法、模型分析法和工程技术法为方法论的复杂科学研究范式。目前,随着土地大数据的融入,土地科学与相关学科,如信息科学和统计学的联系越来越紧密,这为土地科学的发展提供了更加广阔的空间。

本体论是指一定时期内科学共同体"看问题的方式"的集合,即一套根据特有的价值观念和标准所形成的关于既定外部世界的形而上的信念,包括共有的世界观和价值标准。土地大数据的融入,使得我们对土地资源的认识由某个时空下具有特定自然与社会属性的土地,转变为随着时间与空间变化而发生着动态变化的,并耦合了土地上的各类社会行为的自然综合体。

认识论是指一个学科体系在本体论的基础上衍生出来的,是被该学科的科学家们普遍认可的基本概念、定律、规则和认识方法等,也包括一套可以进行逻辑和数学演算的符号体系。大数据背景下,传统数据分析的思维得到极大地突破。要全体,不要样本,侧重于数据的整体性,要求提炼总结大数据中蕴藏的总体规律;要效率,不要精度,侧重于数据挖掘的高效性,通过舍弃数据分析的精度以提高效率;要相关,不要因果,则要求更多地思考规律的驱动因素及其作用机制。目前,"问题提出-研究方法-研究结论-驱动因素"这一研究框架,已成为土地科学中被广泛接受的研究模式。

方法论则是指用一些公认的或具体的科学成就、经典著作、工具仪器以及已解决的难题来解决问题的理论。目前结合土地大数据的国土空间规划工作正如火如荼地进行,全国范围内已有丰硕成果,形成了相应的技术规范与方法。这一过程中,传统数据和新兴数据的紧密结合,为国土空间的深入分析提供了有力支撑,促进了多学科交叉融合。借助 GIS 技术、机器

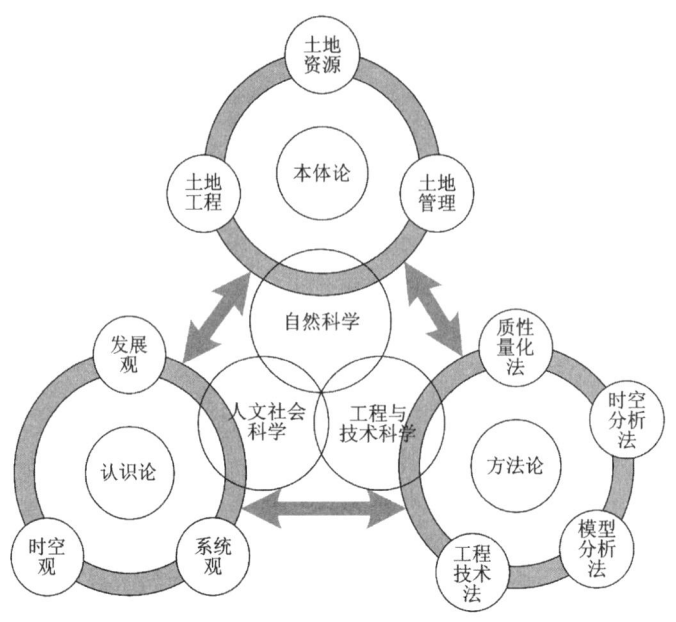

图 3-10 中国土地科学学科范式框架构想

学习和人工智能等技术的二次加工,在微观上对城镇空间内要素现状进行精细化监测,提高数据精确度和颗粒度,从而在宏观上识别和研判城镇、农业、生态等不同系统内部结构和质量变化的趋势与差异,进而为国土空间规划编制提供依据。

1995 年,联合国可持续发展委员会将土地科学的支撑技术确定为:①提供土地资源现状、潜在用途、土地利用限制、土地市场和交通、环境及其他土地经济信息的信息科学和技术;②评价土地资源潜力和土地利用方式的评价科学和技术;③应用于土地利用实践中的应用科学技术;④土地可持续利用和管理中的支持技术和基础设施。国内学者根据不同技术类型将其划分为"测绘技术""计算机技术""遥感技术"等。目前,以土地大数据为代表的土地科学的支撑理论和相关技术日臻全面,技术集成交叉和综合性趋势明显。

地理信息系统、遥感、应用数学、计算机、大数据、人工智能等领域的最新成果,极大地拓宽了土地科学学科的研究思路,助推土地科学沿着综合化、系统化、协调化和智能化的方向发展,为形成并归纳出土地科学领域完善的技术体系提供了支撑,为系统揭示"人-地"复杂关系提供了方向。土地科学的多学科发展路径为类似的学科建设提供了良好的范本。

(三)平台建设与人才培养

当前,土地大数据在我国土地管理中的应用研究尚未得到足够重视,尤其是缺乏专门研究机构与对应专业人才,一定程度上制约了土地大数据实践应用。土地大数据技术在土地管理领域具备巨大潜力,应由自然资源部牵头,联合实力较强的大学或者科研机构,成立土地大数据专项研究中心,提供相应物力、财力、智力支持,加强土地大数据技术开发与应用研究,并通过专项投入,引进和培养土地大数据的专门人才。

随着网络技术的发展和信息处理要求的不断提高,土地资源管理已经由以图纸为基础的规划管理转向为以专业软件和大数据为支撑的智能空间规划管理,建设以空间地理信息为核心的国土资源数据库成为"数字国土"的重要任务之一。因此,土地信息系统技术成为土地资源管理专业学生所必须具备的技能之一。为了满足大数据时代的多源数据整合、信息技术应用与实践等专业要求,优化后的培养体系要求需从两方面着手:一方面,加强学生对空间地理信息技术和大数据的理论学习,形成与新知识和实践课程密切相关的理论教学方案;另一方面,拓展学生对土地大数据的处理与分析能力,除传统地图信息处理外,还需掌握网络数据、社会经济数据分析模型的应用,这需要将土地利用模拟模型、开放数据获取、无人机等新型数据技术与方法纳入培养体系。此外,为了加强与社会联系并匹配实际应用要求,应以"新工科""新文科"建设为导向,明确人才培养方向,只有这样才能使人才培养始终紧跟行业实践前沿,为我国土地科学利用保驾护航。

土地大数据深入拓展了土地科学的内涵、客体以及研究方法等,这既有助于我们进一步明确土地科学的学科定位,找到学科具有持续生命力的生长点,从而深刻回答"我们是什么"的问题;也有助于我们深入把握多维度的土地信息,从中发掘土地存在与持续发展的内在规律,从而推动基于土地的学科理论建设,提高土地科学的成熟度,回答"我们有什么"的问题;最后,依托新技术的发展,土地大数据助于我们实时探究、充实和修改重要的基础理论,跟上社会实践发展的步伐,回答"我们去哪里"的问题。

<h2 style="text-align:center">知识要点与习题</h2>

知识要点

大数据　大数据分析与挖掘技术　大数据应用方向　土地大数据　土地大数据的类型　土地大数据的获取途径　土地大数据的常见用途

习题

(1)大数据与海量数据有何区别?
(2)大数据有哪些特征?
(3)简述土地大数据的主要类型及其获取途径。
(4)大数据对土地信息学的发展有哪些影响?
(5)大数据时代,我们应如何更加系统、全面地学习土地信息学?

第四章 土地数据获取与存储

现实生活中存在各种土地数据,如土地利用类型、土地出让价格和宗地图等。这些数据的获取与存储方式各异,形成过程、特征和用途也不尽相同。随着国土资源"一张图"工程的进一步实施,土地数据的共享应用将愈发频繁。本章重点介绍了土地数据的主要获取手段、存储技术、维护与安全管理等内容。

第一节 土地数据获取的主要手段

常用的土地数据包括地图、实地测量数据、遥感影像、调查统计数据和文档资料等。我们可以通过现场调查、野外测量和遥感测量等方式间接获取地图数据,可以传统的大地测量方法或数字摄影测量等方式直接获取实地测量数据。除了上述常用的获取方法外,我们还可以利用无人机航测、移动设备、网络爬虫和模拟实验等手段,来获取特定的土地数据。

一、现场调查

现场调查是一种较为常见且传统的数据获取方式,通常包括前期准备、实地调查和成果整备三个过程。现场调查可以获得高精度、高质量的数据,但也存在易受天气影响、工作量大、人力与资金投入高等缺点,因此其多适用于小区域的数据采集。目前,现场调查在土地利用现状调查、土壤普查和地籍调查中得到了广泛应用。

(一)土地利用调查

土地利用调查是以行政区或自然区域为基本单位,对每块土地的利用方式及变化情况进行全面调查的过程。在调查完成后,基本单位向上级行政单位逐级汇总调查成果,形成全国的土地利用调查成果。土地利用调查包括普查、专项调查和年度变更调查等类型。及时掌握土地利用现状是各级土地管理部门有效管理土地资源的重要前提,因此定期开展土地利用调查极为重要。

1. 目的及任务

我国的土地利用调查的主要目的包括以下几个方面:其一,了解土地的利用状况与变化情况,获得各类型土地的基础数据和信息;其二,建立健全的土地监测、统计和管理制度;其三,借助现代化技术,逐步实现土地资源信息的电子化和社会服务多功能化。

土地利用调查的主要任务包括：①清晰标记权属单位之间的界线和各级行政辖区范围；②全面收集土地利用类型及分布信息，并测定各类土地面积；③统计各权属单位和行政辖区的土地面积，并分类汇总数据；④为县、乡两级绘制土地利用现状图和分幅土地权属界线图；⑤撰写调查报告，基于土地利用的经验和教训，提出可持续利用土地的建议。

2. 工作程序

土地利用调查的工作程序包括准备工作、外业调查、航片转绘、土地面积量算、成果制作、检查验收、成果资料归档和汇交。在准备工作阶段，主要开展编写任务书、组织队伍和培训人员等工作；在外业调查阶段，调查人员应准确调绘地物界线和位置并清晰标注，免漏查或重复调查的问题；在航片转绘阶段，要注意控制工作质量，对点误差不得超过误差控制标准；在土地面积量算阶段，先后进行地类图斑面积量算、比例平差等步骤，即可获取准确的土地面积信息；在成果制作阶段，需要制作土地利用现状图和编写调查报告。在上述工作完成后，对相关成果进行检查验收、汇总和存档，并建立各级数据库和管理系统。

3. 调查结果

土地调查结果包括各种数据成果、图件成果、文字成果和数据库成果。其中，数据库成果是土地利用调查最重要的成果之一。在土地管理系统中，土地利用调查成果数据库中的所有土地信息需经过分层、分项组织等处理，并根据相应的标准进行更新，以确保土地利用数据的统一性。该系统以土地利用现状调查资料为数据源，通过 GIS 平台对土地信息进行采集、管理、分析、处理、更新和输出显示等操作，通过连续的数据采集和动态更新来保证土地数据的实时性和有效性，可为土地管理工作提供需要的基础数据。

（二）土壤普查

土壤普查是一项针对特定区域内土壤的类型和质量等状况所开展的调查工作。土壤普查按照统一规程从下而上逐级实施，目的是了解土壤的类型、分布、理化性状等信息。通常，土壤普查包括以下内容：土壤的形成因素、基于典型土壤剖面的描述、土壤类型的判定、土壤理化性状的测定、土壤的分类评价及低产土壤的改良规划等。

1. 目的及意义

19 世纪末，现代土壤学的诞生让人们认识到地球表面平均厚度为 18cm 的表土对陆地乃至近海生物的生存和繁衍至关重要。这一层薄薄的物质中蕴藏了约 1/4 的生命体，是地球上微生物群落最为丰富的地方。土壤中的各种生物不断分解地球上的废弃物和排泄物，为人类提供粮食、能源、干净的水和空气等重要物质资源。土壤的形成需要数百年，而土壤的退化却仅需要短短数十年，并会直接影响到人类的财富和健康。为全面摸清我国的土壤"家底"，合理安排农业生产布局，保障国家粮食安全，提高土地资源的利用效率，我国早在 1959 年就开始了土壤普查，至今已实施了三次土壤普查。三次土壤普查的开展时间与主要成果如表 4-1 所示。

表 4-1 三次土壤普查基本情况表

项目	开展时间	主要成果
第一次土壤普查	1959—1961 年	初步建立了一个土壤分类系统,摸清了耕地资源分布与土壤基本性状
第二次土壤普查	1975—1994 年	第一次全面查清了全国土壤资源的基本信息,建立了中国土壤分类系统,并编制了《中国土壤》《中国土种志》等资料和图件,摸清了中低产田的比例、分布,以及影响植物生长的主要障碍类型
第三次土壤普查	2022—2025 年	预期成果:查明土壤的物理性质,根据土壤质量、性能和开发利用情况,建立起与农业数字经济相适应的数据库

在过去的近半个世纪里,我国农业生产方式和农业资源的利用方式发生了巨大改变,粮食产量从 3.3 亿 t 增加到了 6.8 亿 t。在这一过程中,我国的耕地总体处于超负荷利用状态,黑土地退化、北方耕地盐碱化、南方耕地酸化等问题日益凸显。然而,第一次、第二次土壤普查数据难以反映现时的土壤信息。因此,为了及时了解我国土地的质量情况,更好地进行耕地质量建设,以促进国家粮食安全保障和"藏粮于地、藏粮于技"战略的深入实施,有必要进行第三次土壤普查。第三次土壤普查以现代高新技术为依托,能够更准确、细致地反映土壤质量、现状和利用情况。根据"一年试点、两年铺开、一年收尾"的时间安排,当前正在进行的"三普"将按顺序推进,预计在 2025 年完成普查成果汇总、验收和总结。

2. 普查对象与内容

第三次土壤普查的对象为全国耕地、园地、林地和草地等农用地和部分未利用地的土壤。其中,林地和草地重点调查与食物生产相关的土地,未利用地重点调查与可开垦耕地资源相关的土地,如盐碱地等。本次普查内容涵盖多个方面,包括普查土壤的性状、类型、立地条件、利用情况,土壤数据库和样品库构建,以及土壤质量状况分析、数据整理审核、成果汇总等工作。为了完善土壤分类系统与补充校核土壤类型,本次普查着重于土壤理化性状的普查、全国土壤基础数据及土壤数据库和样品库的构建与完善。总体而言,土壤普查通过深入了解不同生态环境和利用类型下土壤质量及其退化障碍状况,能够明确特色农产品产地的土壤特征、耕地后备资源的土壤质量,以及典型区域土壤的环境和生物多样性等,全面了解农用地土壤质量状况。

3. 普查技术路线与方法

为实现普查工作的标准化、专业化和智能化,土壤普查的工作技术路线包括构建平台、制作底图、布设样点、调查采样、测试化验、数据汇总、质量校核和成果汇总八个步骤。具体而言,首先,要整合我国已有的土壤相关调查成果,基于"3S"、模型模拟和空间可视化等技术,构建智能化工作模块;其次,在已有基础图件上,编制土壤"三普"统一工作底图;再次,考虑地形地貌、土地利用类型等因素,全国统一规划布设外业调查采样点位,且样点样品实行"一点一码",作为外业调查采样、内业测试化验等普查工作唯一信息溯源码;最后,以国家标准、行业标准和现代化验分析技术为基础,规范建立测试指标与方法,构建涵盖普查全过程统一质控体系,科学、规范、高效推进普查工作。

4. 普查主要成果

土壤普查的成果包括数据、数字化图件、文字报告、数据库和样品库。数据包括土壤类型、理化指标、生物性状指标和退化数据。数字化图件包括全国土壤类型图、土壤养分图和土壤质量图等。文字报告包括调查报告、技术报告和专项报告等。数据库包括国家级和省级的土壤性状数据库、土壤退化与障碍数据库和土壤利用数据库等专题数据库等。样品库包括国家级和省级土壤样品库以及典型土壤剖面标本库。

(三)地籍调查

地籍调查是为落实土地登记工作而开展的一系列程序,旨在验证每宗地的权属状况和土地利用状况,准确地测量每宗地的界址位置,以确认各宗地的基本情况,并将其以图和簿等形式详细记录,便于有效管理。地籍调查的基本单元是宗地,一般划分为国有土地使用权宗地和集体土地所有权宗地,涉及土地争议的地块可单独设定为宗地。在地籍调查中,需要进行现场指界、界址调绘与设定以及地籍平面控制测量等工作,以确保调查的准确性。

1. 地籍调查的类型

以调查的时期和任务分类,地籍调查可分为初始地籍调查和变更地籍调查。初始地籍调查涉及内容多、规模大、范围广,其成果是地籍资料的基础源。变更地籍调查是以初始地籍调查成果为基础,对相关地籍资料进行的更新与维护,其主要目的是保持地籍的及时性和准确性,维护地籍资料的现势性和宗地权属状况在法律上的连续性。

根据地域特征分类,地籍调查可以分为城镇地籍调查和农村地籍调查。城镇地籍调查包括城镇规划用地范围确定,城镇土地使用状况调查,宗地权属状况和权属界址点线确定,地籍测量,宗地面积计算以及城镇土地分类面积统计等过程,能够为土地管理提供必要的信息资料。农村地籍调查包括农村集镇、村庄地籍调查和土地利用现状调查,其主要工作为逐级确定各级行政区内的土地权属界线以及土地总面积。由于城镇土地所有权通常为国家所有,农村土地所有权多为集体所有,因此城镇地籍调查侧重确定土地使用权的单位和个人,而农村地籍调查则侧重于划清土地所有权的界限。

2. 地籍调查的内容

地籍调查作为土地管理和登记的基础工作,包括土地权属调查和地籍测量两个方面。土地权属调查是地籍调查的核心,其主要目的在于通过调查宗地权属及其界线以确认土地的所有权归属情况。地籍测量是在土地权属调查的基础上,对土地的权属界限、位置、形状和地类界进行准确测量,计算宗地面积,并最终绘制出地籍图,以提供土地登记所需基础信息的过程。土地权属调查通常按照规定的法律程序和行政手段进行,地籍测量则主要是将地籍要素绘制于图上,更倾向于技术性工作。地籍调查的这两个方面相互协调,确保了土地权属的合法性和土地界线的准确性,为土地管理、法律执行以及城市规划提供了可靠的基础数据。

1) 土地权属调查

土地权属调查是一项关键性的实地核实工作,主要内容包括查清土地权利人、权利来源和范围,明确土地用途,标定宗地界址和位置,以及绘制宗地草图和填写地籍调查表等。土地权属调查是确定土地使用权的必要程序之一,具有法律效力。

在进行土地权属调查工作时,应确保权属认定的合法性,界址指定和标定的准确性,以及丈量过程和精度计算的合规性。为保证调查的质量,土地权属双方代表、自然人或其委托代理人必须亲临现场参与界址确定,并现场签字确认。同样,其他项权利如通行权、通水权和管道埋设收益权等,也必须进行现场认定。在调查过程中,必须严格遵循法律程序,填写记录应当清晰整齐,确保数据准确性和可靠性。

2) 地籍测量

地籍测量包括测量、绘图、统计等内容,主要分为地籍控制测量和细部测量两个关键步骤。与一般测量有所不同,地籍测量具有很强的专业性,需要满足合法性、精确性和现势性等多重要求。同时,地籍测量必须配合权属来源证明、土地权利人身份证明和签章证明等资料进行。

为确保测量的准确性和质量,首先必须进行地籍控制测量,以控制整体精度并限制误差传递和积累。地籍控制测量包括首级控制测量和图根控制测量两个方面。

控制测量完成后,再进行细部测量,包括界址点位置测定、基本地籍图制作、宗地面积计算以及宗地图绘制等环节。在这一系列工作中,准确测定界址点的位置对土地产权管理至关重要。基本地籍图是土地管理中最基础的图件,而宗地图则在土地权属问题处理中具有法律效力,因此这些图件的制作和精确性尤为重要。

3. 地籍管理信息系统建设

地籍管理信息系统建设是为了适应我国的社会经济的发展需求而进行的一项工作,主要目的是推进国土资源的信息化、智能化和精细化管理。地籍管理信息系统的建设是实现地籍管理自动化和信息化的关键,也是我国地籍管理的首要任务。相比传统的地籍管理工作,地籍信息系统利用计算机技术提供服务,不仅避免了资料遗失的问题,而且还大大节省了人力、财力和物力,提高了工作效率,具有高效率、高质量和高效益的优势。此外,地籍管理信息系统也为土地登记公开查询、地籍中介组织建设和地籍资料资产化等工作提供了重要支持,促进了地籍事业的社会化和产业化进程。地籍信息系统的基本框架如图 4-1 所示。

1) 建设原则

地籍信息系统建设的目标是网络化、集成化和实用化,这是根据我国地籍管理和计算机技术的发展趋势而确定的。在系统建设过程中,应遵循实用性、稳定性、易用性和安全性的原则。其中,实用性是关键,系统应按照不同的业务特点进行流程设计,操作简易、运转流畅,有效提高地籍管理效率;稳定性是基础,系统需要按照软件工程原则进行质量控制,以保障数据安全;易用性也是不可或缺的,系统操作要简易而全面;此外,还必须具备相对独立的安全机制以防止系统外部的非法访问。

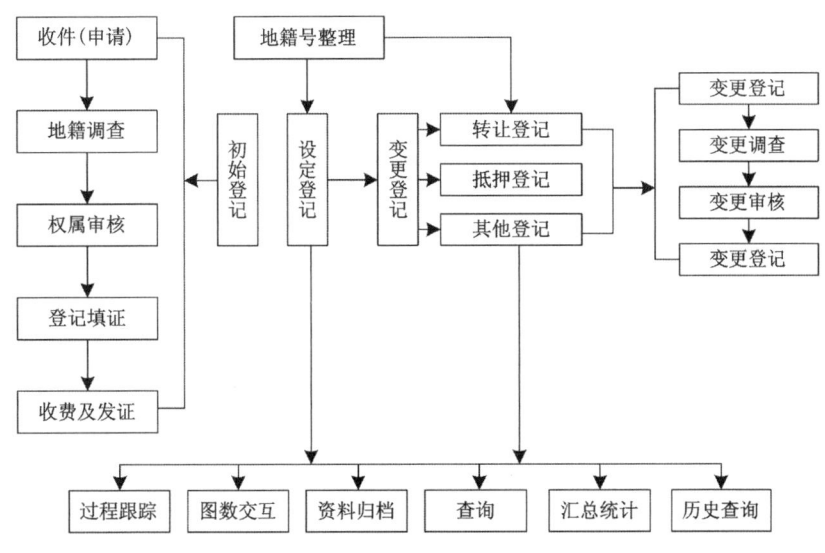

图 4-1 地籍管理信息系统的基本构成

2)建设流程

地籍管理信息系统的建设主要分为系统分析、系统设计、系统开发与运行三个步骤,如图 4-2所示。

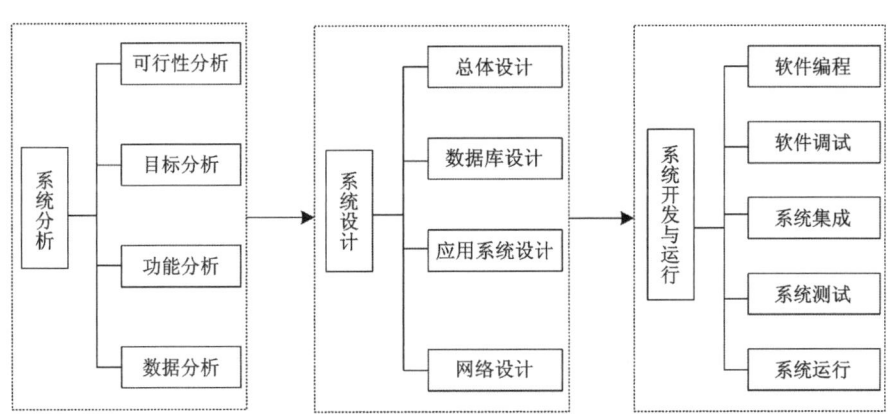

图 4-2 地籍管理信息系统的建设步骤

(1)系统总体设计。在地籍管理信息系统的建设过程中,系统的总体设计是关键步骤,需要合理规划系统的整体结构和功能布局,确保系统能够有效地满足地籍管理的要求。总体设计阶段需要充分考虑地籍管理的实际需求和技术要求,制定系统的整体架构和技术方案。在设计过程中还需要注意接口、信息安全和系统性能要求等方面的内容,确保系统能够高效、稳定地支持地籍管理工作的各个方面。

地籍管理信息系统主要由数据处理、登记统计、资料变更、制图和公告查询等子系统构成,其具体结构如图 4-3 所示。

(2)数据库设计。在总体设计的指导下,设计系统的数据库结构,包括数据表、字段和关系等。地籍数据库一般包括测量数据、图形数据和属性数据三个方面。数据库的设计需要根

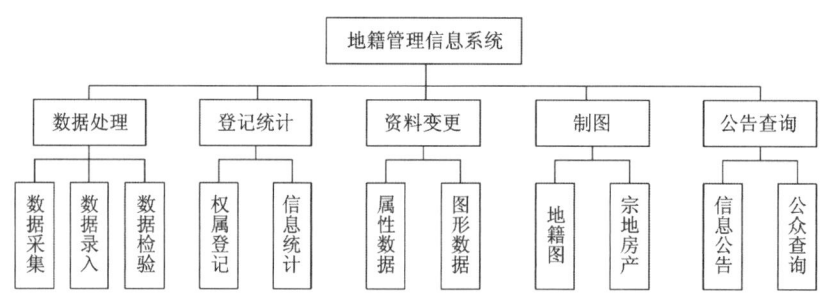

图 4-3　地籍管理信息系统设计构图

据地籍信息的特点,合理划分和组织数据,确保数据存储与管理的高效性和可靠性。地籍管理信息系统的数据库需要适用各种用户和组织,对所涉及各项数据进行分类整合,如地籍区、地籍子区、土地权属、土地利用和基础地理数据等。数据库建设技术路线见图 4-4。

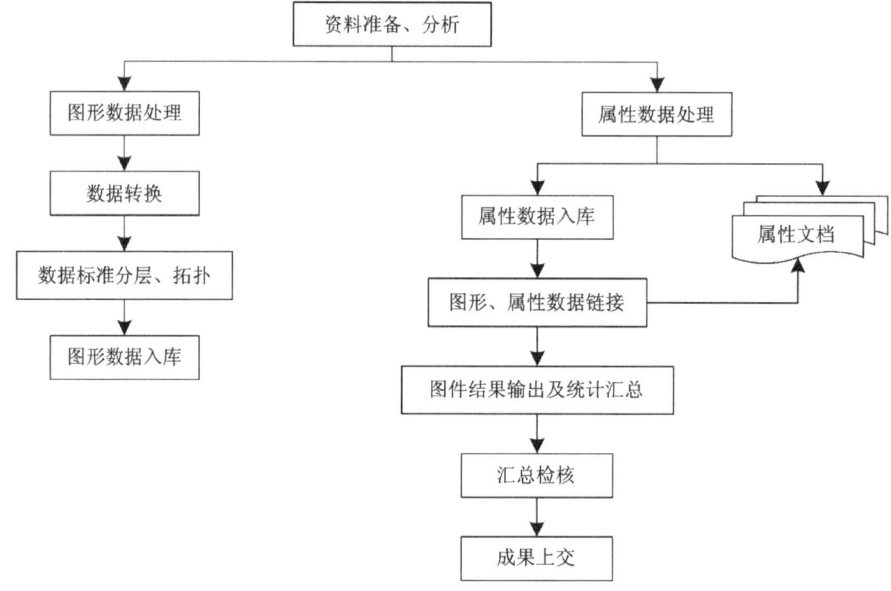

图 4-4　数据库建设技术路线图

3)系统功能

地籍信息系统是一个基于计算机的网络化的信息管理系统,通过采集、编辑、数据管理、查询、分析和输出等各个环节,实现对地籍信息的管理和处理。为此,地籍信息系统具备以下功能和要求:

(1)数据采集方面,系统可通过多种方式完成空间几何数据采集,包括手扶数字化、图纸扫描数字化、测量仪器和外部数据文件接口,以及键盘输入矢量数据等,拥有高精度数据采集标准。

(2)图形处理功能方面,系统提供图形窗口显示、地图整饰、符号设计、图形编辑、图形空间拓扑关系、属性数据的编辑、计算功能和制图功能等。

(3)属性数据的管理方面,系统支持用户自定义各类地物属性数据结构和自定义数据结构功能,灵活修改数据库结构并进行多种数据查询,以及数据计算和统计分析等。

(4)统计报表功能方面,系统可按标准格式制作各种统计报表,且可针对不同用户的需求进行文书格式的定制。

(5)空间查询方面,系统提供丰富的查询功能,如条件查询、从属性表直接查询目标对象、根据图形查属性,以及空间关系查询等。

(6)空间分析功能方面,系统支持叠置分析、缓冲区分析和空间集合分析等常见的空间分析功能。

二、实地测量

(一)全野外数字测图

全野外数字测图是一种利用全站仪和电子手簿等设备,实现野外数据自动化采集、计算、存储和传输的测量制图技术。与传统的地形测图方法相比,它具有观测精度高、速度快、机动灵活、易于修改和更新等优点,可与光电子技术等高科技、计算机辅助制图结合。全野外数字测图在城市土地信息测绘中,特别是在城市地区的大比例尺(尤其是1:500)测图中是最主要的一种方法。

1. 测图流程

数字化地图的基本思想是将地面的地形和地理要素等信息转化为数字形式,通过计算机进行处理和输出,生成内容丰富、精度高的电子地图。数字测图包含外业和内业两个部分,前者主要负责现场数据采集,后者是对采集的数据进行图形处理、编辑和输出等工作。

外业的主要任务是现场采集地形和地物点的信息并确认它们在属性上的相互关系。内业则是数字化测图的重点,涉及图形生产、编辑和输出等各方面的工作。不同的数据采集方法和软件使用模式,会导致数字化测图具体的作业过程和模式存在显著差异。针对"全站仪+电子手簿"的自动记录作业模式进行测图时,其基本流程如图4-5所示。

1)准备工作

在数字化测图的准备工作阶段,需要搜集测区的高级控制点、现有成果以及原有图纸等资料,以此进行控制测量。与传统的逐级布设控制点不同,数字化测图采取等级控制点布设的方式,优先选择地势较高的点作为控制点,以提高控制点的控制率。在等级控制点设置完成后,采用辐射法布设图根点,避免过度布点。同时,将等级点与图根点的三维坐标和代码输入电子手簿中。最后对测量区域进行合理划分,通常是根据该区域内的明显线状地物,将整个区域划分为多个适当大小的作业区。

2)碎部点的数据采集

碎部点包括地面特征点和地貌特征点,是数字化测图的关键数据。在数字化测图中,当测量区域内的碎部点时,需要先在测图板上按坐标绘制出各个控制点,再通过这些控制点确定地物和地貌特征点的平面位置和高程。这样的测量方式,能够更好地约束特征点的位置和高程信息,提高数字地图的制作精度和质量。所采用的测量方式可以是极坐标法或者一步测

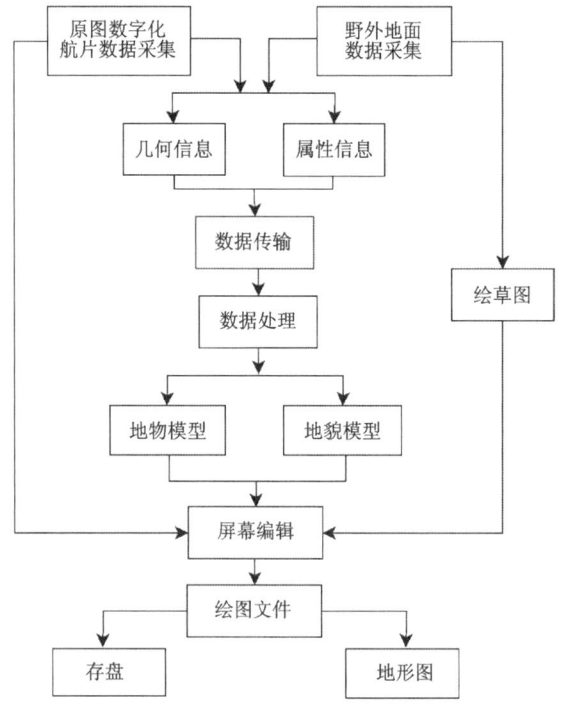

图 4-5 数字测图流程图

量法,其中,一步测量法是指全站仪在某个测站上,通过架设仪器、测仪高、建站、定向、角度和距离测量或坐标测量等步骤,对碎部点的数据进行采集(图 4-6)。在采集碎部点的过程中,可利用视距测量法测量其高程。最后,根据比例尺将有关地物、地貌以对应符号绘制在图上。

图 4-6 技术人员采用"一步测量法"进行数据采集

3)内业处理

为了进行内业处理,需要将采集到的数据传输到微机中进行处理和输出。数据传输通常使用专用电缆将电子手簿和微机连接在一起,并按照特定格式将数据传输到微机中生成坐标数据文件。数据处理是对外业采集的数据进行检查和修改,并将坐标数据分块处理。然后,将"简编码"转换成为适合于微机内部处理的"绘图码",同时将坐标数据转化为自动绘图所需的绘图数据文件,则可成功完成图形的绘制。当涉及地形图的时候,需要对等高线进行光滑处理。此外,还需要根据外业草图进行局部修改,并通过编辑、修改、文字标注、符号填充、图框整理等方式来完成地图的局部装饰。

4) 图形输出

完成数字化地图编辑后,需要进行图形输出。图形输出的方式一般分为两种:一是将编辑完成的地图输出到绘图机上,以生成不同目的或要求的地图;二是按照特定的数据格式,将地图输出到其他系统中,比如输出到 GIS 系统中或是为工程设计部门提供数据。而当数字化测图应用于地籍测量时,还需要生成地图,并通过输出界址点成果表的方式来呈现地图测量的成果。对于管线数字化测图,则需生成断面图和管线报表,以计算土方量等。

2. 优势与不足

数字测图技术的应用能够数字化地形和地理信息,实现测图过程的自动化或者半自动化,大幅度减少野外测图所需的时间。通过数字测图技术的应用,观测精度得到了显著提升,为制作高质量电子地图、地图数据的组织和管理、工程设计和规划等提供了有力保障。具体来说,全野外数字测图具有以下优势:

(1) 高度自动化与操作便捷。数字测图实现了野外测量与计算、内业数据处理和绘图等的高度自动化,从而使数据传输、处理和共享更为方便,节省了存储空间。

(2) 高精度点位信息存储与成果更新便利。数字测图的成果将每个特征点对应的坐标及其具体的属性信息存入计算机,这种高精度的点位存储形式可快速更新变化信息,保证数据的可靠性和现势性。

(3) 分层数字信息存储与图纸依赖性减少。数字测图的成果以数字信息分层存放,避免图纸变形对数据的影响,同时可无限存放地面信息,方便测量成果的深加工和利用。

(4) 作为 GIS 的重要信息源。数字测图系统是地理信息系统(GIS)的一个子系统,其成果可直接输入 GIS 的数据库并更新,提高了 GIS 的现势性和应用价值。数字测图充分发挥计算机自动化、高精度点位信息存储以及数字信息分层存放等优势,适用于现代化的测绘工作。

尽管全野外数字测图在研究领域已得到广泛应用,但仍存在一些缺点。目前数字测图采集数据的存储方式有两种,一种是直接存储到全站仪内存中,另一种是通过电缆接口存储到电子平板或个人数字助理(personal digital assistant,PDA)等电子设备中。然而,由于现场无法实现实时连线构图,工作效率和成果质量都会有所下降。即使使用电子平板进行测绘作业,仍然难以全面地了解各测站测点之间的关联关系,这也影响了后续数据的进一步处理和分析。引入无线数据传输技术可实现 PDA 与全站仪无线通信,使测点连线效率更高,显著减少测图工作量。但是这种方法需要高档次的通信设备,并且在地形复杂的地区有一定的操作难度。

3. 典型应用案例

数字化成图技术是一种将测量数据转换为数字地图的技术,在测绘工作中,特别是绘制大比例尺地形图方面发挥重要作用。全站仪数字测图是一种常用的数字化成图技术,它可以根据不同的作业需求,采用不同的作业模式。目前,全站仪数字测图主要有三种作业模式:草图模式、内外业一体化实时测图模式和镜站遥控电子平板测图模式。这三种模式都需要通过全站仪对测点进行坐标测量,并通过现场调查获取地物属性和连接关系等信息。这些信息可以通过不同的方式记录和结合,以生成符合质量要求的测绘成果。在选择全站仪数字测图的作业模式时,为实现数字化成图的目标,需要考虑设备成本、作业效率和劳动强度等因素,并结合其他的测绘技术手段和资源。下面将对这三种作业模式进行简要介绍,并分析它们的优缺点和适用条件。

1)草图模式(全站仪+电子手簿)

草图模式利用全站仪和电子手簿记录点号与坐标,然后将数据传输到计算机中,进行图形编辑和数据输入,实现计算机自动成图。这种模式下,野外测绘的主要任务是准确地获取各个地物对象的属性信息和连接关系,为内业数据处理和成图提供便利。为了确保地物属性和连接关系的正确性,通常采用镜站完成野外采集工作,手簿仅用于记录坐标,在内业编图时再将相关的属性和连接关系导入"引导文件"中。但是,这种方法也有一定的局限性,它要求测绘人员具备专业的草图绘制技能,并且在内业阶段需要通过人机对话来编辑图形文件和输入数据,增加了工作量。这种采用镜站的作业模式,更适合地形较为简单的区域,如果地形复杂,可能会出现测绘难度大、效率低的问题。因此,在野外测绘工作中,应综合考虑实际地形条件,选择合适的仪器设备和作业模式,以达到最佳的测绘效果。草图法的工作流程如图 4-7 所示。

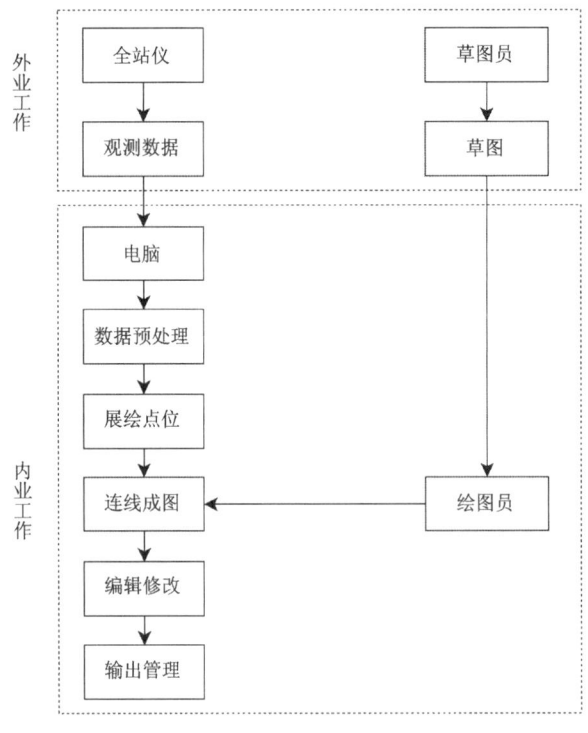

图 4-7　草图法工作流程图

长沙理工大学的学者以长沙理工大学云塘校区的图书馆及附近区域(如图 4-8a 所示)作为应用示范,使用草图法实施测图工作,实测的数字草图和 shp 文件如图 4-8b 和图 4-8c 所示。通过分析得知,采用草图法测绘的数据可以基本满足数字草图模式的要求,除了在符号化和编辑功能方面略有不足之外,整体质量依然能够保证,并且符合数字草图模式的相关标准。

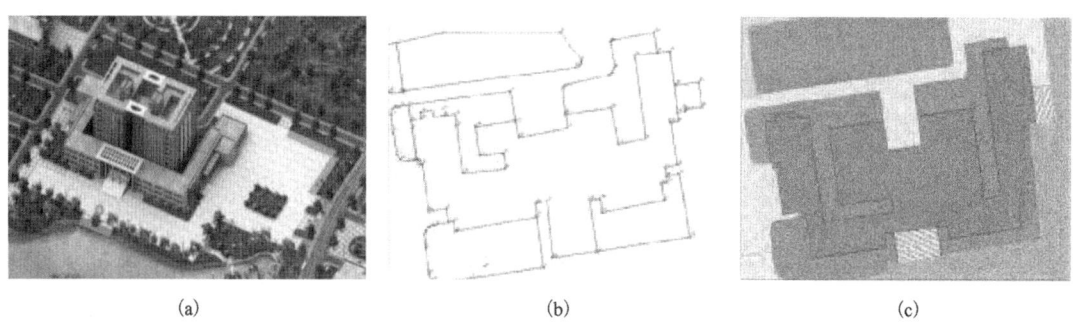

图 4-8 测区三维地图(a)、测区数字草图(b)和测区 Shp 文件(c)

2)内外业一体化实时测图(全站仪+便携机+相关测绘软件)

内外业一体化数字测图模式具有高效、准确和实时的特点,适用于各种复杂的地形环境,流程可分为以下三个步骤:

(1)信息采集。测量人员使用全站仪和便携机进行地形地貌等相关信息的观测和记录。全站仪可以实现角度、距离和高程等数据的精确测量,便携机可以实现数据的存储、显示和编辑。全站仪和便携机通过电缆连接,实现数据的实时传输。这样,测量人员无须记忆编码输入数据,也无需使用图板绘制草图,大大提高了工作效率和准确性。

(2)数据处理。测量人员将便携机中的数据通过数据接口传输到计算机上进行处理和分析。计算机上的测绘软件可以对数据进行校核、平差、转换等操作,生成相应的绘图数据文件。软件内置了多种编辑工具,如铅笔、直线笔、曲线笔等,可以对数据进行曲线光滑、符号绘制、线型生成等,实现数据的优化和美化。

(3)绘图输出。测量人员将绘图数据文件发送到数据绘图仪上,根据不同的比例尺、分辨率和颜色等参数自动绘制出地形图,并以电子地图的形式保存在存储介质上。

内外业一体化模式的测图流程如图 4-9 所示。

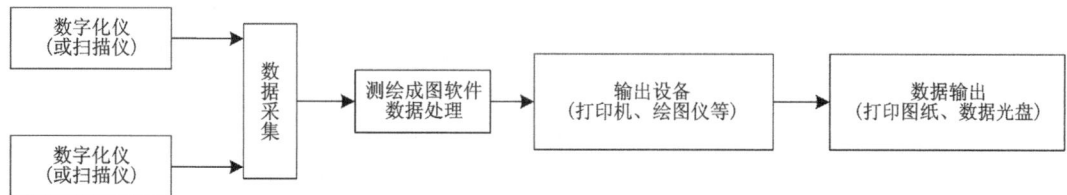

图 4-9 内外业一体化数字测图的流程示意图

进入21世纪后,数字测图领域面临着更高的需求和更大的挑战。数字测图领域相关单位纷纷加快一体化采集和建库系统的开发进程,以提供集成的解决方案。例如:通过整合产品线,形成空间数据生产和建库技术体系;推出以地理信息服务为中心的EPS2008地理信息工作站,包含信息化测绘生产技术和内外业一体化生产工艺流程;国家测绘局第一航测遥感院和长安大学合作开发MapStore软件平台,支持制图与建库数据的生产和管理。这些系统共同解决了外业采集调绘、摄影测量、扫描矢量化和编辑入库等多个测绘生产领域中的问题,为一体化数字测图的整体优化提供方案。

3)镜站遥控电子平板测图模式

镜站遥控电子平板测图模式将现代化通信技术和电子平板高效结合,使跑点现场作业更加智能化。在该模式下,作业员通过下指令指挥立镜者跑点,利用遥控驱动全站仪进行观测,观测结果将通过无线电传输到便携机和屏幕,作业员根据数据即时绘制成图。该模式相比传统的测图模式,具有成图速度快、现场工作完成度高、成图结果准确无误、内业编图工作量小等优点。但是,该模式也存在一些局限性和挑战。一是需要高精度、价格昂贵的通信设备;二是对于复杂地形的测绘任务,往往需要多人协作跑点,但便携机只能跟随一个作业员,且要求跑点员汇报地物名称,容易发生失误。针对这些问题,可以采取一些解决方案,如在条件较好的城镇地区进行测量时,可采用自动跟踪式全站仪配合无线报告机进行作业,使用电子平板测图模式。优点是现场工作完成度高,成图结果准确无误,内业编图工作量小。但在恶劣的野外环境中作业时,可能会受到信号干扰、设备损坏等影响,影响测绘效果。因此,在实施该模式时,需要加强技术维护和提升作业员的技能水平,从而更好地完成测绘工作。

(二)GPS测图

全球定位系统(GPS)是一种以人造地球卫星为基础,利用卫星测时和测距技术,实现高精度空间定位的系统。GPS在航空、航天、陆地、海洋等领域有着广泛的应用,可以为用户提供在线或离线的空间定位数据。如图4-10所示,GPS系统由卫星、控制系统和用户设备三部分组成,总共由24颗卫星组成,它们分布在地球上空六个不同的轨道上。每颗卫星都能提供高精度的定位信息和测量数据,并且能够与其他卫星进行通信和协同工作,以提高定位和导航的精度。同时,GPS系统的控制设备可以监测和调整卫星轨道,以保证系统的整体稳定性和精确度。随着GPS技术不断发展创新,现在人们可以通过手机或智能手表等移动设备接收定位服务,GPS技术成为人们日常生活中不可或缺的工具之一。

GPS技术在我国土地领域有着重要的应用价值。我国于1990年左右引进GPS导航技术,并开始建立自己的卫星定位系统。GPS技术可以实现实时、高精度、全天候的土地数据测量,其将差分定位技术与电子地图相结合,构建各种土地数据的野外测量系统,具有连续地面覆盖、多功能、定位时间短等显著优点,已经成为土地数据采集和维护不可或缺的工具之一。目前,我国卫星导航用户设备已经较为成熟,在土地空间数据的采集和更新方面发挥了重要作用。

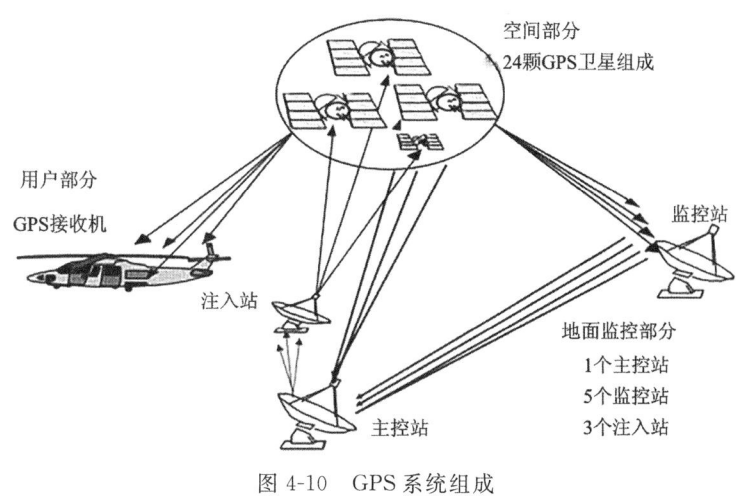

图 4-10　GPS 系统组成

1. 工作原理

GPS 工作的基本原理是把卫星视为"飞行"的控制点,在已知其瞬时坐标(可根据卫星轨道参数计算)的条件下,以 GPS 卫星和用户接收机天线之间距离(或距离差)为观测量,进行空间距离后方交会,从而确定用户接收机天线所处的位置。

1)GPS 定位原理

GPS 定位方法主要分为单点定位和差分定位两种。单点定位是基于一颗单独的 GPS 接收器,通过接收多颗卫星发射的信号,利用三角测量原理确定接收器的位置。单点定位使用的观测量包括伪距测量和载波相位测量。伪距测量主要利用测距码信息在卫星和接收机之间的时间来计算距离,实时性好;载波相位测量则利用 GPS 卫星和接收机之间的相位差来计算距离,精度更高。单点定位通过对四颗及以上卫星的测量,利用伪距或相位来推算出载体的位置,当接收机获得四颗及以上卫星信号时,即可进行精准定位。这种方法适用于开阔地区,但由于可能受到信号干扰和多路径效应的影响,定位精度相对较低。差分定位则是在单独 GPS 定位基础上,利用两个或更多的接收机同时接收同一组卫星信号,并通过比较计算得到误差修正值的方法。差分定位通过测量卫星底部的接收器位置误差,来对接收机的位置误差进行修正,从而提高位置精度和稳定性,被广泛应用于精准测距和轨迹监测等领域。

在 GPS 定位中,一颗卫星的信号传播到接收机的时间仅能确定该卫星到接收机的距离,而距离本身不能准确确定接收机的位置,这是因为接收机的可能位置构成了一个球面(图 4-11)。只有当测到两颗卫星的距离时,接收机的可能位置被限定在两个球面相交构成的圆上。而当得到第三颗卫星的距离时,球面与圆相交得到了两个可能的点,第四颗卫星则用于确定接收机的准确位置。因此,只有当 GPS 接收机接收到四颗及以上卫星的信号时,才能进行精准定位。当接收到信号的卫星数目多于四个时,可以根据信号质量和强度等因素来择优选取四颗卫星进行位置计算。

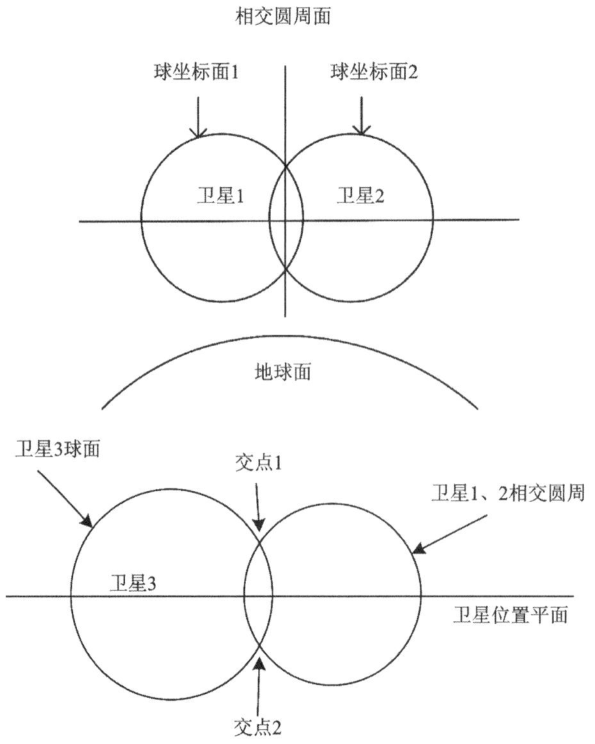

图 4-11 GPS 定位示意图

2) GPS 误差和纠正

GPS 定位产生误差的原因是多方面的，其中包括卫星轨道的不稳定性、卫星电子钟精度的问题以及信号穿越大气层过程中速度变化等因素。GPS 定位误差大致可分为以下三类：

(1) 与卫星相关的误差，包括卫星星历误差、卫星钟差误差、SA(Selective Availability) 政策限制和相对论效应误差。其中，卫星星历是描述卫星轨道参数的数据，它受到卫星跟踪站数量、观测值数量以及轨道计算方法的影响，星历误差通常是 GPS 定位误差的最大来源之一。卫星钟是卫星上搭载的高精度电子钟，它会受到温度、电压、老化等因素的影响而产生偏移。卫星钟差误差会影响信号发射时间和接收时间的计算，从而影响测距和相位测量。卫星钟差误差一般在 0.1~1ms 之间。SA 政策是美国政府为了保护军事利益而实施的一种人为干扰措施，它会对卫星信号进行随机调制，使其精度降低。SA 政策导致的误差可高达 100m，是影响民用 GPS 定位精度的重要因素之一。相对论效应是指由于卫星和接收机之间存在相对运动与不同的重力场而产生的时间及空间上的变化。相对论效应会导致卫星钟和接收机钟之间存在相对偏差，从而影响测距和相位测量。相对论效应误差与卫星轨道高度、速度以及地球自转有关，在精度要求较高的测量中需要综合考虑多种因素。

(2) 信号传播相关误差，包括大气层延迟误差和多径效应误差。信号在大气层中传播时因受到不同介质的影响，会产生延迟或多径效应，由此产生的误差会对精度产生较大影响且难以预测和消除。

(3)接收机相关误差,指接收机本身的性能或设置产生的误差,如天线偏置、仪器噪声、多普勒效应以及用户定位设置等,也会对 GPS 测量精度造成一定影响。

上述误差可以使用差分 GPS 技术降低,即通过使用两台或更多的接收机来完成信号的同时接收和处理,以有效消除大部分误差。

2. 主要优势

与传统测量方法相比,利用 GPS 获取土地数据具有 7 个突出优势:

(1)测量精度高。实地测量证明,GPS 测量相对误差不超过 10^{-6},甚至在 1000km 范围内误差仅为 10^{-9},这意味着 GPS 技术能够提供更为精确的测量数据。

(2)工作效率高。随着 GPS 技术和算法水平的进步,现在只需要大约 18min 便可以完成 20km 内的定位。在短距离情况下,静态快速定位时间更短,仅需不超过 3min 的时间即可测定坐标。此外,利用动态观测方法,只需要 8s 即可完成单点定位,极大地提高了精度和测量效率。

(3)通视限制少。与传统测量方式不同,GPS 测量不需要在测站之间建立视线,只需要保证测站上空畅通无阻。这大大减少了造标成本,并使测点的选取更加灵活,省去了测量中的过渡点。

(4)可获取三维空间坐标。GPS 测量方法不仅可以提供测点的地理坐标,还可以获取待测点的三维空间坐标,数据更加精确,空间精度更高。

(5)操作简便。GPS 测量方法干预性较小,自动化程度高,仅需进行仪器安装、启动和监视工作状态等简单操作,其他任务可由仪器自动完成,极大减轻测量人员工作强度。

(6)时空限制少。GPS 测量不受时间、地点和气候条件的限制,可全天候进行。

(7)成本较低。随着 GPS 技术的发展,用于购买 GPS 测量设备所需的费用大大降低。该方法只需要一名测量人员携带接收机即可完成,节约了人力物力成本。此外,不需要建立视线也会减少测站标识的成本。因此,采用 GPS 作为地籍测量手段可以实现低成本测量。

然而,尽管 GPS 测量方法相比传统方法有了显著提升,但仍存在一些问题。比如,定位数据计算需要在数据处理中心进行,导致整体测量误差难以控制。这在一定程度上影响了工作效率,难以满足地籍测量中的及时性要求,限制了 GPS 在数据采集方面的使用和推广。目前,上述问题可采用 RTK 技术解决。

3. 典型应用案例

全球卫星定位系统(GPS)是目前广泛应用于土地数据采集领域的新兴定位数据采集方式,其高精度、高效、全天候、低成本、高灵活性和实时性等优势赋予它重要的应用价值。在土地数据采集中,GPS 为实时土地空间数据采集和更新提供了可靠支持。将 GPS 与电子地图相融合,能够实现对各类土地数据的野外测量,从而打破传统测量的局限。此外,使用 GPS 技术可辅助实现土地调查、道路与管道测量等空间数据采集,从而提高成果数据的精度和应用范围。总的来说,GPS 卫星导航技术在地籍信息提取中具有广泛的应用前景,既可以用于建立高精度的地籍控制网络,也可以用于边界点的测量。下面将对其应用展开具体说明。

1) 平面控制测量中的 GPS 应用

进行地籍测量时,使用 GPS 定位技术一般需要以下步骤:首先,通过加密控制网点和卫星定位技术,确定控制点的坐标,并作为后续测量的基础;其次,将计算得到的地方坐标转换成参数,并确定基站位置;再次,设置接收机并输入相关参数,完成设备的初始化和校准;最后,存储和传输实际测量数据,并利用计算机进行自动处理。这些步骤通常在四周架设了电台并位于空旷制高点的条件上进行。对于移动式定位端,需要进行相应的设备启动和校准,实现初始定位。

2) 地籍碎部测量中的 GPS 应用

在传统的地籍外业测量中,通常采用由广域到细部测量的逐步细化流程。然而,随着 GPS 技术的发展,使用 GPS 快速静态模式进行导线设置可以提高效率。在进行地籍测量变更时,如果原有的已知点受到破坏,则可以考虑使用 GPS 快速静态模式加密导线的方法进行定位。在此模式下,观测时间应不少于 15min,以提高观测精度和准确度。同时,为了确保定位准确,需要合理安排起算点,在布网时要注意起算点的选择和分布均匀性,以避免误差。此外,起算点密度越高,布点越均匀,就越能够有效减小观测误差,提高测量的精度和可靠性。这种方式可以提高地籍外业测量的效率并可广泛应用于各种地形环境中。需要注意的是,采用 GPS 方法时,由于每个界址点的测量是孤立进行的,缺乏校验条件,因此,实践中必须对每个界址点进行至少两次的仔细测量。

3) GPS 技术用于地籍控制测量的实践案例

位于沧州地区东部沿海的黄骅市城区经常进行扩建和改建,商住公用土地逐年增加,因此地籍信息的变更频率非常高。黄骅市的东部位置为老城区,楼宇林立,巷子纵横交错,而测量区域位于市区偏北的低洼地带,繁茂的植被和堆积的土壤使得传统测量方法难以应用于这一复杂环境,也无法确保测量工作的及时性。为解决这一问题,一些学者利用全球卫星导航定位(GPS)技术的优势,即不需要视线通畅、定位精度高以及较短的观测时间等,对该区域进行了 1∶500 的地籍测量工作。

针对地籍控制测量,技术人员先以 1954 北京坐标系作为施测区域坐标,采用经 117°子午线制作测区地籍控制设计节点,如图 4-12 所示。然后,根据实际情况,制定适合的 GPS 测量方案,并将测量过程分为两个步骤。接着,通过 GPS 网数据进行平差,并对平差后的定位数据进行了验算。最后,综合分析 WGS-84 自由网平差精度以及西安-80 坐标下平差精度。结果表明,采用 GPS

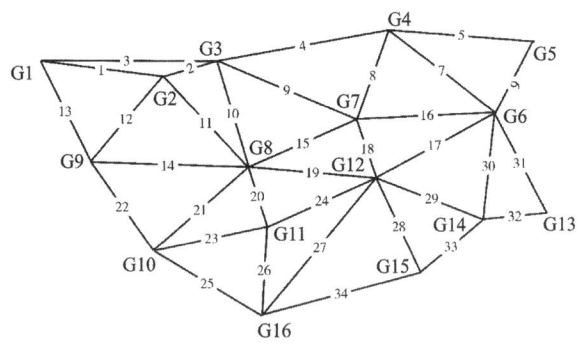

图 4-12 GPS 首级控制网

技术进行的地籍控制测量具有相对较高的精度,可以满足城镇大比例尺规划测量、地籍测量和工程测量的精度要求,并且与传统的四等级地籍测量相比,精度更高。

三、航空航天遥感

(一)概念

遥感技术是一种利用电磁波探测地球表面物体或目标的特性、分布、类型和数量的技术。遥感技术可以根据传感器所在的平台高度划分为地面遥感(<1000m)、航空遥感(600~10 000m或10 000~25 000m)和航天遥感(100 000m以上),三者构成了完整的遥感对地观测体系。

航空遥感技术使用各种飞行器等作为平台搭载传感器,收集地物目标辐射或反射的电磁波,远程跟踪和处理数据获取并识别大气、陆地或海洋环境信息。航空遥感技术使用的飞行器包括人造卫星、载人飞船、航天飞机和空间站等;传感器包括光学相机、高光谱成像仪、合成孔径雷达和激光雷达等。航空遥感数据所具有的真实丰富、可量测性以及对物体和目标进行高效反映的特点,也可以用于基础地理信息数据库的快速更新以及物体几何和光谱信息的获取。现今,航空航天遥感技术已广泛应用于城市测绘、农林资源调查、全球变化、环境监测、灾害监测和评估等多个领域,为解决人口、环境、资源、灾害等方面的问题提供重要决策信息。

航空航天遥感技术作为现代遥感技术的重要组成部分,具有悠久的历史。早在19世纪,法国画家达盖尔便发明了银版摄影法,为航空航天遥感技术的崛起奠定了基础。在第一次和第二次世界大战中,航空航天摄影技术得到了快速发展,其军事需求促进了其向红外和微波技术的延伸。此类技术方向的探测能力随后在航空航天遥感中得到了广泛实现。20世纪50年代以来,航空航天遥感技术伴随着空间、材料、电子、探测器和计算机技术的迅速发展而进一步壮大。其硬件设备得到了不断升级,信息提取和处理技术得到了长足发展,自动化和智能化水平也得到了不断提高。近年来,数字化航空摄影、高分辨率航天遥感技术、雷达成像技术以及海量遥感影像并行处理技术等领域的快速发展为航空航天遥感技术在测绘领域的广泛应用提供了可靠的支撑。

航空遥感平台拍摄的图像被称作航片,通常由飞机获取,拍摄高度在几千米到10 000m之间,图像幅宽较小,分辨率随高度增加而下降。由于飞机飞行的姿态变化较大,航片存在较大畸变。航天遥感平台拍摄的图像称为卫片,其相对高度通常在100 000m以上,图像幅宽较大,而且卫星平台相对稳定,畸变较小。卫片相比航片有以下优势:覆盖面积广、现场更新快、反映地物的光谱特征等。同时,由于卫片的观测平台高且几何畸变小,通计算机图像几何纠正直接形成的专业应用成果,无须进一步修正。然而,由于拍摄高度的差异,一般情况下航片的分辨率高于卫片。目前,在我国,卫星图像的分辨率已经发展到可以达到0.1~0.5m的水平,几乎可以和航片的效果媲美。然而,考虑到成本和需求等因素,航片仍然有一定的市场空间。

(二)工作原理

航空遥感可以通过感光胶片记录反射电磁波的能量,或者采用光电转换将紫外、红外、微波信息转换为人眼可见的图像和数字化磁带、曲线和数据以供分析研究使用。航天遥感技术主要是以数字化的过程"电磁波-信号-数据-信息"为核心展开的。具体而言,它通过从自然或卫星发射的电磁波中采集和记录数据,然后通过数据传输系统传输到地面系统进行接收、解调和处理,输出不同级别的数据产品。这些产品通过应用系统反演和解译,能够揭示人类社会活动和地球环境的相互作用规律,为人们的决策提供支持和帮助,如图4-13所示。

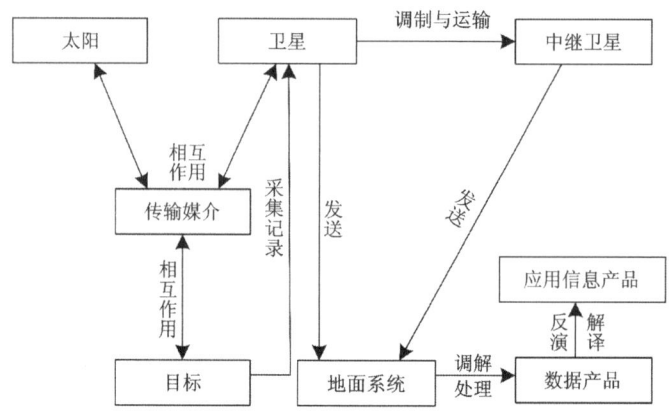

图 4-13　航空航天遥感采集信息的方式

航天遥感平台的信息采集方式包括四种:①宇航员通过组合相机拍摄地球照片;②回收卫星舱体上的影像数据,例如中国科学实验卫星的影像;③将图像通过扫描转换为数字编码,并传输到地面接收站;④卫星数据采集系统收集定位观测站发送的探测信号,并通过中继传输到地面接收站。在信息采集的过程中,必须注意不同卫星数据源拥有不同的时间分辨率、空间分辨率、波谱分辨率和辐射分辨率,并受到大气、天气、太阳光照、地物自身的变化和季节变化等因素的影响。此外,不同的地物目标都有其自身的特点、运动轨迹和变化规律,且人类活动可能会加剧这些特点和规律的复杂性。因此,在采集和处理数据时,需要考虑这些因素对后续工作的影响,并尽可能选择最适宜的数据,以节省时间和人力成本。

(三)航空航天遥感技术提取土地信息的应用

在遥感影像上,不同的地物有不同的特征,如形状、大小、颜色和色调、阴影、位置等,这些特征是判读识别各种地物的依据。人们可以通过目视解译、人机交互解译和计算机数字影像处理等方法,根据不同的地物特征,从影像上提取所需要的信息。航空航天遥感影像为自然资源调查、地籍管理、行政执法等工作提供了科学依据。

1. 遥感技术在土地调查中的应用

遥感技术自20世纪80年代开始被应用于国土资源调查,其中数字正射影像图是土地调查数据的主要数据源。利用地面遥感图像可以全面记录地表物质的分布特征和规律,有利于自然资源的空间定位和成分识别。此外,定期利用遥感影像对土地资源进行观测,可实现土地资源的多时相动态监测与趋势监测;根据不同的土地资源特征,进行类型的划分和确认,可以实现土地资源的多方位、多角度的探测和分析;通过定性和定量分析,可分析不同区域的土地分布情况以及土地分类。

在我国已开展的三次全国土地调查中,第一次调查由于计算机应用和航空航天遥感技术尚未大规模应用,大量工作由人工完成,包括野外调查、航片转绘、编图绘图等。而第二次调查采用遍布全国的航空卫星遥感影像调查底图,使得图形、数据和实地得到统一,大大减少了人工成本,调查时间也由 13 年缩短至 2 年。第三次土地调查则融合遥感影像技术和地理信息数据,构建遥感正射影像图,进一步提高了土地利用信息的收集效率和土地利用动态监测能力。

近年来,遥感技术的发展趋向"三多三高",即多传感器、多平台、多角度和高空间分辨率、高光谱分辨率、高时相分辨率。遥感信息的分析应用不再局限于单一遥感资料,而是更多地使用多组时相、多数据源的融合与分析方法。与此同时,监测的方式从静态逐渐演变为动态,遥感分析由定性分析向定量分析发展。

利用遥感影像数据为土地利用调查提供信息,可以实时掌握土地资源的动态信息,为各相关部门进行决策提供科学依据。例如,遥感技术能够实现多尺度地获取耕地信息。有学者以北京市昌平区百善镇 2002 年的 SPOT5 影像为基础,根据耕地的影像特征,以分类规则集的形式实现耕地提取。具体过程是:首先,结合各种土地覆盖类别的特点,找到耕地与非耕地之间的异同,将与耕地无关的大类提取并掩膜,从与耕地相关的大类中分别提取出耕地的子类,将研究区划分为五种大类,其分类流程如图 4-14 所示。耕地提取过程中得到的五种大类划分结果如图 4-15 所示。其次,将五个主要大类的样本导入到 CART 决策树中,区分它们的最优特征和特征阈值。对植被和透水面的类别各自进行细分,并将它们导入到一个新的 CART 决策树中,进一步确定类别分层提取的策略,从中提取出能够更好地区分特定大类的最优特征和特征阈值。将所有这些结果综合在一起,构建具体的耕地提取规则集,如图 4-16 所示。最后,将非耕地的地类掩膜,应用耕地提取规则集从植被和透水面中分别提取出耕地,图 4-17 是从实验数据中截取的一块地类齐全的区域中每一层的提取结果。

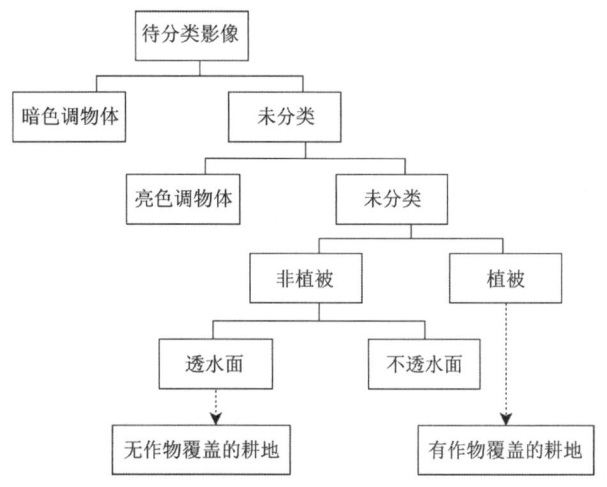

图 4-14 研究区大类划分

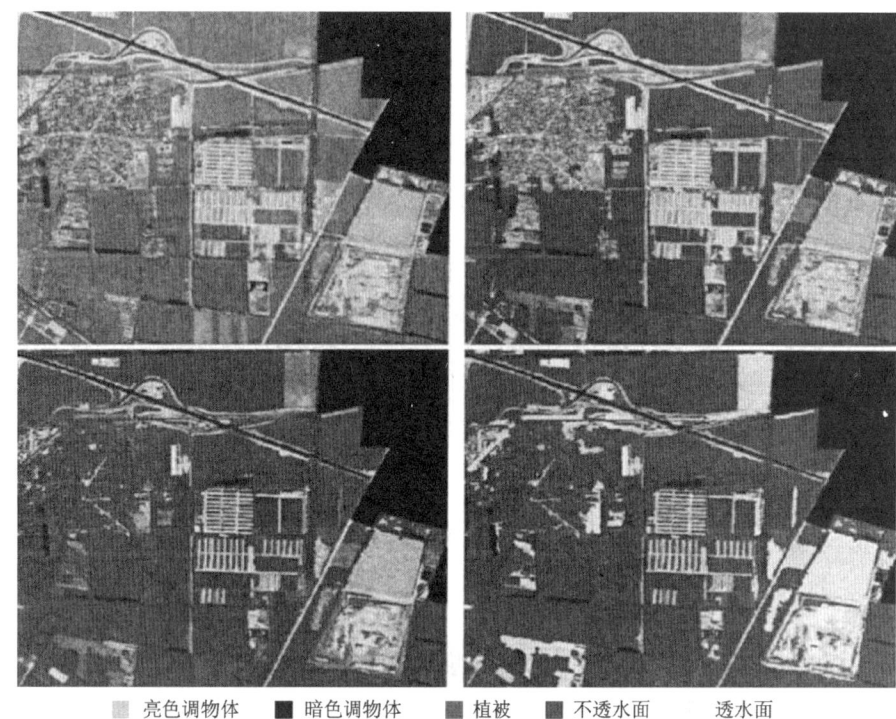

图 4-15 耕地提取过程中的大类区分

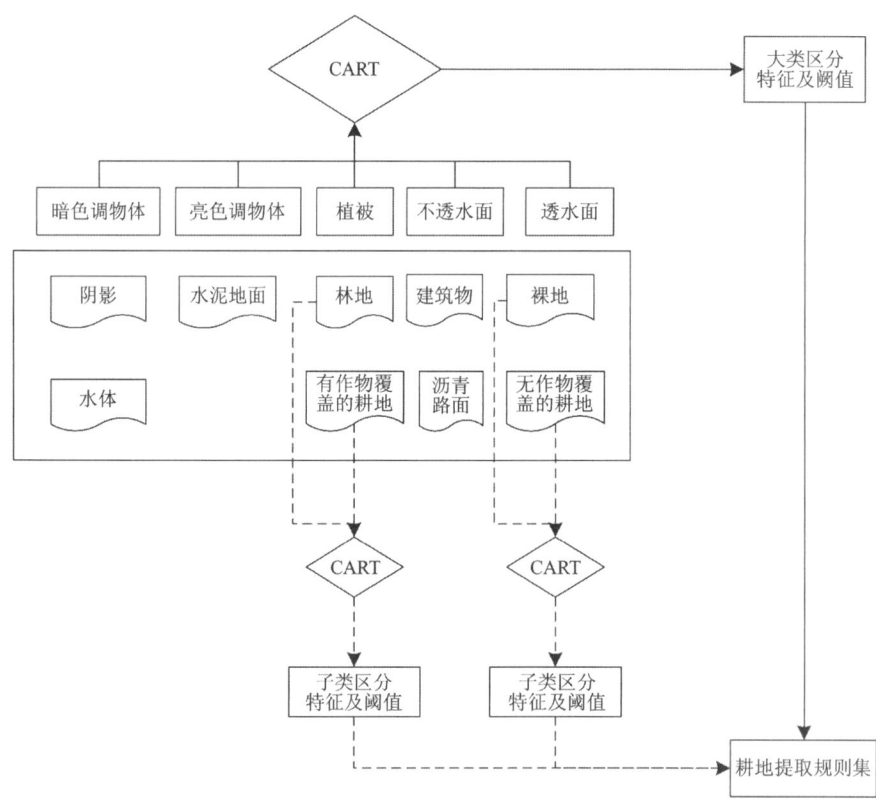

图 4-16 基于 CART 决策树的耕地提取规则集获取

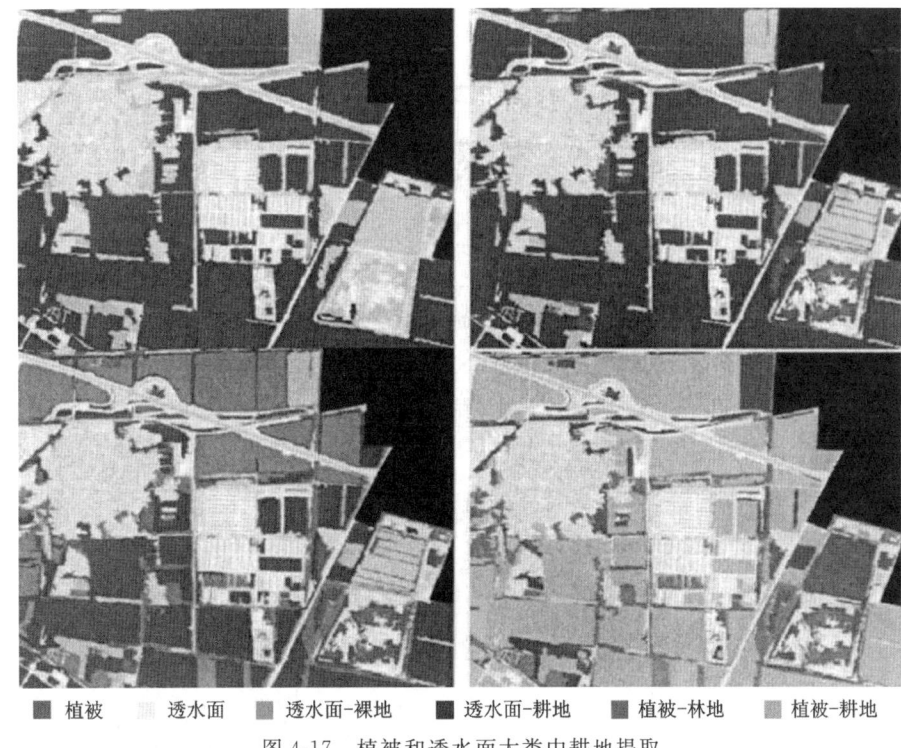

■ 植被　　■ 透水面　　■ 透水面-裸地　　■ 透水面-耕地　　■ 植被-林地　　■ 植被-耕地

图 4-17　植被和透水面大类中耕地提取

2. 遥感技术在地籍管理中的应用

土地资源管理工作涉及的内容较多，一般包括宗地的占有面积、地理位置以及地貌纹理等信息。利用遥感技术可以对不同特征的遥感影像进行锐化处理，以区分不同土地类别。通过 GIS 系统可以进一步确定宗地的位置、面积、边界、利用状况等信息，以便为地籍管理提供基本依据。

在地籍测量中，遥感技术与立体测图仪可以相互结合，提高测量效率。采用遥感影像作为底图，预先对每宗地进行编号，绘制大致界线，以便外业调查人员在实地调查时了解被调查地物的属性。利用遥感技术可以在大量测量数据中快速筛选数据，与实地情况进行比较，保证数据准确性并提高效率。相对于传统技术，遥感技术的应用范围更广，可以借助无人机等设备获得更广的视野，同时也可以借助陆地卫星优势，进行全面的地籍测量。利用陆地卫星可以实时反馈信息，有助于工作人员及时确定应急预案，为自然灾害的预防提供重要参考。遥感技术的应用还可以减少土地纠纷问题，提高地籍调查效率。

然而，在应用新技术的同时，也应该注意到航空航天遥感技术在精确度上存在一定的限制，宗地的垂直数据难以获取，因此不能全面地收集地籍信息。航空航天遥感技术更多地仅应用在辅助阶段，如地籍管理的草图绘制、地界划分等方面。例如，在鹿乡镇农村地籍调查工作中使用的权属调查底图就是分辨率为 0.5m 的卫星遥感影像图，将影像图与通过 GPS-RTK 采集的界址点和地物点位置进行比对，可以评估外业数据收集的准确性，保证数据成果质量，减少地籍测量工作失误造成的农村宅基地纠纷事件的发生。

3. 航空航天遥感在土地执法中的应用

为了提高城市化进程中的土地利用效率,防止土地资源的浪费和破坏,国土资源执法监察工作十分重要。然而,目前我国的国土资源执法监察工作还存在诸多不足,如监管手段落后,检查精度低,监察范围小等。这些不足使得执法监察人员难以及时发现和制止土地违法行为,导致土地违法现象屡见不鲜。因此,有必要改进现有的土地执法监察手段,利用先进的航空航天遥感技术,实现对土地资源开发利用与管理全过程的动态监督检查。土地卫片执法检查是指相关人员运用卫星遥感监测等技术,形成某个地区不同时期的地质地貌情况影像图片,根据部门要求选取一定时期图像进行叠加对比后,反映出该地区的土地利用变化情况,从而制定处理决策的过程。例如,在违法占用耕地的案例中,占用前,地表处于原始状态,占用和破坏后,地表则呈现一种新状态(图 4-18),因此执法部门只需定期对卫片进行前后对比,就能够发现是否存在违法用地行为。

图 4-18　乱占耕地建房示意图

国土部门采用卫星遥感技术进行土地执法监察,是一种高科技与人力相结合的执法监察方式,可以将土地执法监察工作由被动变为主动。卫星遥感技术在预防、发现和查处土地违法行为方面发挥着重要的作用。采用卫星遥感技术可以构建一个全方位、立体化、信息化的建设用地动态执法监察网络,这种网络能够最大限度地发现和查处土地违法行为,对一些心存侥幸、以身试法者产生强烈的警示作用。此外,卫星遥感技术可以一定程度上减少管理体制对土地执法监察工作的阻力。因此,卫星遥感技术是一种非常有效的土地执法监察手段。

4. 航空航天遥感在国土空间生态修复中的应用

党的十八大以来所实施的相关政策,使得统筹山水林田湖草沙系统治理逐渐成为了一项复杂的系统工程。不可忽视的是,这项复杂工程的成功实施离不开各种先进的科技手段,如大数据、人工智能、卫星遥感等。在数字化管控时代中,利用卫星遥感技术可以帮助实现生态空间的动态监测,从而提高生态保护、修复和管理工作的智能化程度。如在针对"山"地的修复过程中,技术人员利用卫星遥感数据,结合相关信息资料进行动态监测,了解矿山开发对土地资源、地质灾害、环境污染和生态修复的影响和变化趋势,为山水林田湖草沙生态保护修复工程设计提供参考依据。

内蒙古自治区煤矿资源储量丰富,开采历史悠久,但长期的煤炭资源开采却给生态环境带来了严重的影响,如草原森林损毁和矿山地质灾害等问题。为此,加强当地矿山环境的恢复治理工作是当前最为迫切的需求之一。在此背景下,有研究者以遥感技术为手段,利用卫星数据对内蒙古自治区2018—2019年煤矿矿山环境恢复治理状况进行了监测与分析,发现区内鄂尔多斯市某煤矿治理工程采用采坑回填的方式,种植适宜的草种、树种,形成了灌、草结合的植被群落,取得了良好的生态修复效果,已成为典型的农牧交错带露天矿山恢复治理模式(图4-19)。类似地区可借鉴该模式,以提高矿区植被覆盖度、改善水土保持和水源涵养功能,大幅提高矿区生态环境质量。

(a) 2018年GF-2号　　　　　　　　(b) 2019年GF-2号

图4-19　鄂尔多斯市某煤矿治理工程效果对比

2014年,我国创建了生态学学会生态遥感专业委员会,致力于推进"生态遥感",即以生态系统为对象的遥感技术的研究和应用。生态遥感利用多平台、传感器和卫星遥感数据以及地面观测数据,通过反演、数据同化和尺度转换等手段,获取连续的时间维度和一致的空间尺度的生态参数。这些参数可以为生态学研究提供数据支持,并可用于开发新的生态监测技术。生态遥感已成为国家尺度乃至全球尺度生态学研究的重要支撑,未来将结合前沿计算技术,发展生态遥感大数据和云服务,为全球的生态保护和环境治理提供更多的科学基础。

四、小型无人机航测

无人机(unmanned aerial vehicle, UAV)即无人驾驶飞机,一般通过无线遥控或规划航线飞行。如今,UAV技术在民用领域得到了充分应用和发展,且使用成本在不断降低。无人机按构造可分为固定翼和旋翼两类,固定翼通常采用多种方式起飞,成本低、效率高、操作简单、抗风能力强。旋翼类无人机便于起降,可实现定点悬停、灵活操纵飞行姿态、传输实时动态影像,适合获取多重复、定点、多尺度和高分辨率遥感影像。

地球空间信息科学在人工智能、云计算、大数据、物联网等高新技术的推动下,正迎来智能化时代的新机遇。小型无人机航测技术是这一领域的重要创新之一,它将无人驾驶飞行、遥感技术、数据传输与 GPS 技术等相关技术进行融合,采用多旋翼、固定翼的无人飞行器搭载相机传感器和小型雷达,高效、全自动地获取空间信息。该技术不仅可以提高土地资源管理的精度和效率,还有广阔的应用前景。然而,小型无人机航测技术也面临着一些挑战,如传感器载荷限制、天气影响、影像幅度小等,需要进一步研究和改进。

(一)系统组成

小型无人机航测系统通常由飞行平台、飞控系统、地面监控系统、遥控遥测链路以及遥感载荷等组成,如图 4-20 所示。确保各子系统的密切衔接与配合,是提高无人机低空遥感系统作业成效的关键。

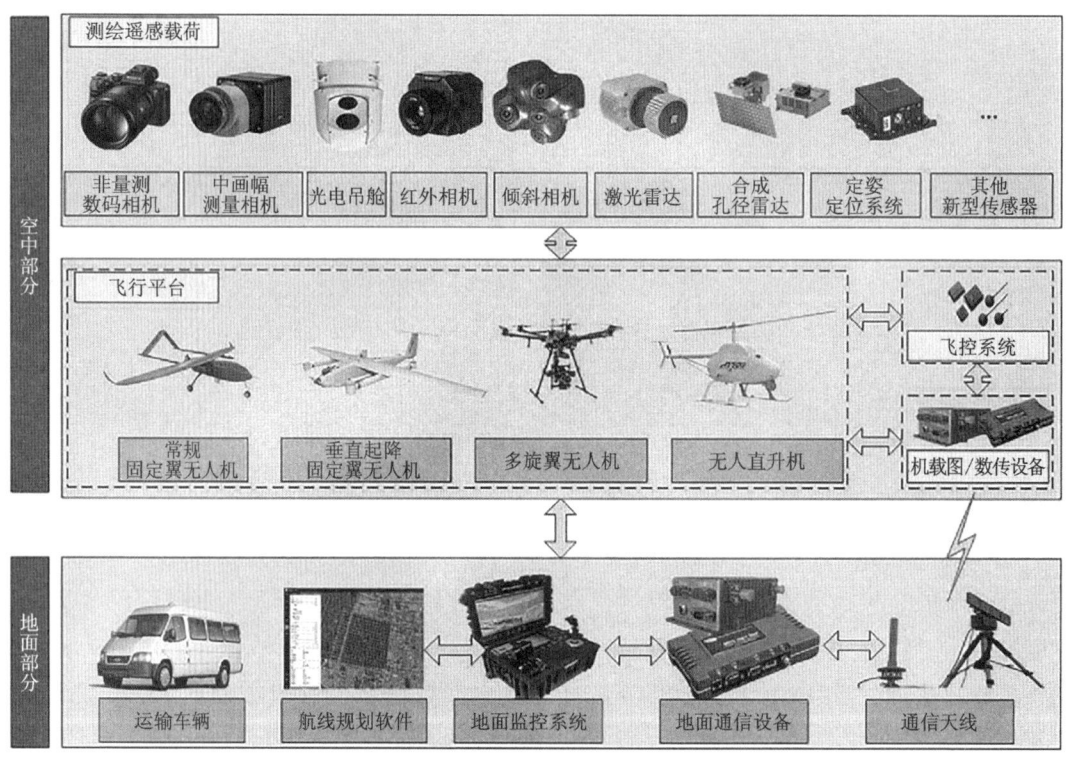

图 4-20　小型无人机测绘遥感系统组成

1. 飞行平台

无人机测绘飞行平台是一种小型平台,由导航器、供电系统和传感器等组成,能够满足无人机在低空飞行的需求。该平台最高飞行速度可达 160km/h,且续航能力强,能满足连续性测绘的作业需求。根据不同翼形结构,该平台可分为固定翼无人机、多旋翼无人机、无人直升机、伞翼无人机、扑翼无人机和无人飞船等类型。在选择平台时,需要考虑不同载荷、续航时间和操控复杂度等因素。

2. 控制系统

控制系统是无人机的核心系统,由转速传感器和 GPS 接收机等部件组成,负责无人机的全过程飞行管理。控制系统主要担负着姿态控制、航迹控制、载荷设备控制和故障检测等重要任务,能够确保数据获取质量。然而,现阶段飞控系统的智能化水平还有待提高,尤其在简单操控、障碍物检测与规避、应急救援等条件下的航线精准度还需要进一步提升。

3. 地面监控系统

地面监控系统是一套由地面监控计算机、地面通信链路设备、航线规划软件和飞行监管软件等组成的综合性系统,它是无人机飞行任务管理和监督的核心。其中,作为地面监控系统的重要组成部分,航线规划软件能够规划无人机的飞行路径、传感器工作位置和其他关键参数。在航线规划过程中,需要考虑多个复杂指标,如地形、影像重叠度、无人机转弯半径、影像分辨率以及传感器参数等。地形对于确定无人机高度和速度的安全限制范围有着重要的作用,影像重叠度决定了影像匹配的准确度,无人机转弯半径越小则传输速率也会越慢,影像分辨率决定并发控制数的多少,而传感器参数则直接影响无人机的实际作业效果。同时,在无人机飞行过程中,飞行监管软件可以实现对无人机飞行路线、飞行高度、飞行速度等信息的监管和管理,确保无人机任务的高效完成。综上所述,地面监控系统是无人机飞行任务顺利完成的重要保障。

4. 遥控遥测链路

遥控遥测链路是实现无人机与地面系统间通信的重要途径,提供了遥控指令上传和飞行参数在无线环境下的传输等功能。遥控遥测设备通常由遥控器电台、数传电台和图传电台等组成。其中,遥控器电台可以实现飞行器遥控指令的上传和飞行器的姿态控制等,确保飞行器沿着指定路径完成任务;数传电台可以实现无人机程控指令和飞行参数的传输,其通过数字信号进行传输,能够快速、稳定地将无人机飞行过程中的数据传回地面系统,便于数据分析和处理;图传电台主要负责将机载传感器采集的视频和图像等数据传回到地面系统,以提供实时的视角展示,对于无人机的实时监控和调度有着至关重要的作用。综上所述,遥控遥测链路是无人机飞行过程中不可或缺的组成部分,对于保障无人机的安全、高效完成任务具有重要作用,其整体构成如图 4-21 所示。

为提高影像分辨率,通常使用小型无人机进行航测,但单张影像视野较小,难以形成大区域的整体认知。因此,必须进行若干影像的匹配拼接来获取区域的全景影像。为了保证无人机遥感质量,需要评估无人机飞行是否稳定、高度是否满足需要、电池续航是否达标等,这些性能指标的完善程度将直接影响到无人机遥感应用的领域和深度。

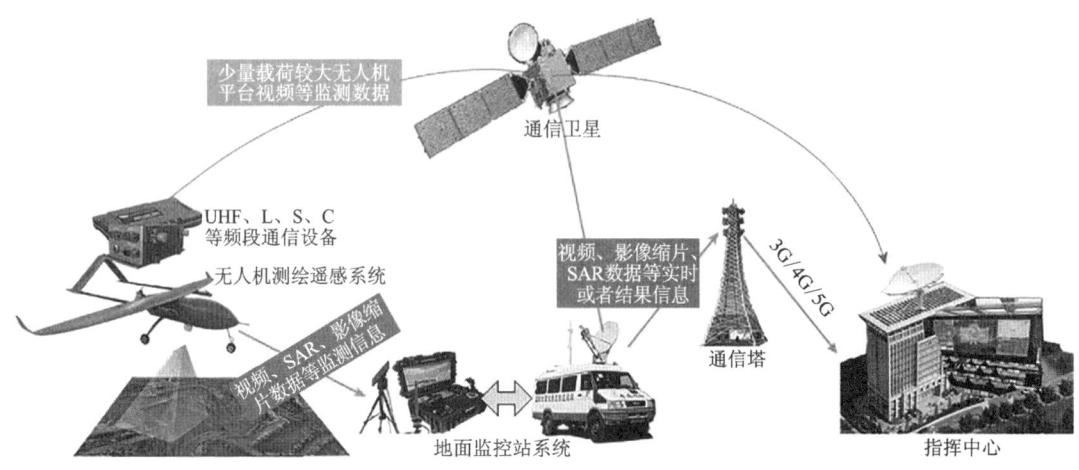

图 4-21 遥控遥测链路的运作流程

(二)操作流程

1. 资料搜集和航测准备

在开始测绘工作之前,要对测绘区域进行全面的调查和分析,了解其地形地貌、周边建筑物和当地政策规定,以便选择合适的工作时间和避免外部干扰。使用手持或车载 GPS 设备记录起飞、降落场地和重要目标的坐标,结合相关资料数据确定无人机飞行高度。

起飞场地的选择对无人机的起降和飞行安全至关重要,应根据实际情况综合考虑各种因素,选择最佳的场地。一般来说,无人机起降场地应满足以下条件:距离机场 10km 以上,场地开阔平坦,四周通视条件良好,以及半径 200m 范围内无高压线杆和其他重要设施。同时,技术人员需要在起飞前进行信号频度和强度测试,确认场地无干扰源。如果存在干扰源,则需要采取协调措施,如排除干扰源或改变起飞场地,以确保飞行安全。

在进行航测准备时,需要配备足够数量的电池,并考虑携带多块电池和充电器以提高作业效率。遥控器电池也要考虑备用电池,以便轮流充电使用。在起飞前,需要检查机身和设备电源是否正常,POS 系统应静止 5~10min 完成初始对准检查。建议将测区地标的 kml 文件导入遥控器中,以得到更准确的位置。

2. 飞行方案编制

航飞前,需要编制合理的飞行方案,设计符合任务要求的航线和飞行参数。为了确保飞行控制器的网络连接通畅,首先,需安装 4G 网卡并登录正确账号,以确保 RTK 能够获得固定解;其次,在了解测绘区域特点的基础上设计合理的航线。

1)航摄分区划分

航摄分区是无人机航摄获取影像的综合掌控方法之一。无人机飞行时,易受到测区地形条件的影响,特别是对于大范围、复杂的航摄任务,往往需要进行多次飞行以获取完整数据。

因此,需要在地形图或 DEM 上将摄区分为若干航摄分区,同时按从左到右、自上而下的顺序对各分区进行编号。在划分航摄分区时,需要考虑地形起伏对影像重叠度的影响,以便保证影像精度。根据地形起伏的情况,通常将分区分为平坦地区和山区地形两个部分,而地面分辨率和相机参数等一般都保持不变。

2)航线敷设

航线设计的目的是提高影像的质量和效率。在设计航线时,要综合考虑多种因素,包括基准面高程、分辨率、重叠度、相机参数、航高、摄影基线和旁向间隔等。航线应覆盖整个测区并适当扩展边界,以保证相片的完整性。航线两端应额外覆盖 1km,而旁向敷设则应至少超出一条基线的宽度。若航拍任务有分区,则每个分区均应保证满幅相片。航线通常是沿着东西或南北方向直线飞行,但也可以根据测区地形选择倾斜的航线分布,以达到更高的效率。在实际飞行中,应综合考虑摄区形状和航摄效率,选择最优航线分布进行设计。

3)航摄比例尺

航摄的比例尺决定像片的地面分辨率、点位刺点和测量精度,也直接影响着影像解译和成图精度。一般地,航摄比例尺越大,像片地面分辨率越高,相关测量的精度也相应提高;然而,一旦比例尺过大,制作成图的工作量和费用也会随之增加。因此,在选择航摄比例尺时,还要综合考虑测图精度、成图周期、造价和项目预算等因素,根据不同项目需求进行权衡。选择合适的航拍比例尺既能提高成图精度和测绘精度,又能节约成本和时间,保证工作流程的高效顺畅。航摄比例尺的选择应根据测图比例尺来确定,标准如表 4-2 所示。

表 4-2 航摄比例尺标准

比例尺类型	测图比例尺	航摄比例尺	航摄计划用图
大比例尺	1:500	1:2000～1:3000	1:10 000
	1:1000	1:4000～1:6000	1:10 000～1:25 000
	1:2000,1:5000	1:8000～1:12 000	
中比例尺	1:5000	1:15 000～1:20 000	1:25 000～1:50 000
	1:10 000	1:20 000～1:40 000	
小比例尺	1:25 000	1:25 000～1:60 000	
	1:50 000	1:35 000～1:80 000	1:100 000～1:250 000
	1:100 000	1:60 000～1:100 000	

4)航高与航速设计

无人机作业时,飞行高度和速度的控制是保证安全的关键。摄影航高指摄影机平台物镜与摄影基准面之间的垂直距离,可分为绝对航高和相对航高。绝对航高是以平均海面为基准面,相对航高则以地面上特定基准面为依据。在无人机作业中,可能需飞越城市高楼和狭窄山谷等地形复杂区域,造成航高差异,因此必须设定适当的飞行速度,避免飞行过快,以保证安全。此外,合理的飞行规划也是影像清晰的重要保障。

3. 影像检查与处理

微小型无人机遥感系统受规模、成本、安全和灵活性等因素的制约,无法搭载高精度的导航和平衡控制系统,从而影响航拍像素的质量和拼接效果。同时,数码相机的成像质量也受到多种因素的干扰,如镜头畸变、无人机抖动和相机摆动等。为了提高影像质量,需要在数据采集后进行影像质量检测,筛选合格数据并对其进行预处理。然后,还需要结合 POS 数据和像控点资料,进行空三加密以生成航测产品。

1)影像预处理

无人机图像预处理的目的是提高图像质量,为后续的分析和处理打下基础。预处理的步骤包括几何校正、图像平滑和图像增强。几何校正是为了消除无人机摄像机镜头造成的非线性畸变,常用的方法有共线方程法和多项式法。共线方程法精度高,但由于要求高精度的地形数据而难以广泛应用;多项式法适用于处理非线性畸变、传感器外方位元素的变化和地形复杂等情况。图像平滑是数字图像处理中的一项重要技术,主要用于减少图像中的噪声和不规则性,从而提高图像的质量和清晰度。实现图像平滑的方法主要有空域法和频域法:空域法是指对图像的像素进行局部平均或高斯滤波等操作,以消除高频噪声;频域法则是将图像转换到频域进行滤波处理。图像增强是通过灰度变换、直方图修正和模糊增强等手段,来改善图像的视觉效果或使影像适用于特定分析需要。以上三项技术相互补充,为数字图像处理提供了有效的手段和工具。

2)像控点布设

为了使三维模型在地理坐标上更真实,需要布设像控点进行测量,并根据用户的坐标系统进行修正。像控点是进行空中三角测量的必要条件和基础,选取的像控点的质量将直接影响到空三加密的精度。像控点选取不当,不仅会影响影像处理的精度,还会给实地测量带来麻烦。因此,在选取像控点的过程中,需要注意权衡各种因素,如地形地貌、天气环境等,以便选出适合的位置和范围,并针对其进行测量和处理,确保重建结果能够满足用户需求,达到预期的效果。同时,像控点应选择高程明确、GPS 观测方便、易于识别且不易损坏的位置。

3)空三加密

空中三角测量是一种通过少量野外控制点数据快速计算未知点坐标和高程的测量方法,用于影像定向和控制点加密。空三加密通过提供大量的绝对定向高精度控制点,弥补了外业像控点不足的缺陷。为了解决空间三角测量的问题,目前采用的方法主要有航带法、独立模型法和光束法等。其中:航带法将一条航带作为模型来研究;独立模型法则将相对密集的几个像片看成一个整体进行处理,最后将每个小整体之间的共同点连接起来形成大片模型;光束法是目前应用最广泛的一种解析空中三角测量的方法,它以共线方程为其理论基础,通过测量像片上的加密点和控制点像点坐标,进行区域网的平差结算,得到各像片中加密点的精确地面坐标及每张像片的外方位元素值。通过以上三种方法,可在少量控制点的基础上实现影像的精确定位、三维坐标计算和控制点加密。

4. 测绘产品生产

无人机航测的产品种类繁多,主要包括数字高程模型(DEM)、数字正射影像(DOM)、倾斜实景三维模型、数字线划图等。其中,获取 DEM 的主要方法是利用高精度数字影像匹配算法全自动匹配大量三维离散点,并自动提取和量测多点。在过滤筛选掉不合格的点之后,可以内插构造 DEM。DEM 可以为 DOM 提供支撑。DOM 是在 DEM 的基础上,对遥感影像进行扫描处理,并改正遥感影像中每个像元对应的投影差,最终形成的影像数据。实景三维模型是基于空三解算获得的外方位元素,利用多视匹配技术生成的密集点云,构建不规则三角网格,进而生成三维模型白模。根据三维模型的形状,在具体航拍照片中选取对应场景进行纹理贴合,最终输出具有真实纹理的实景三维模型。

无人机遥感技术作业具体流程如图 4-22 所示。

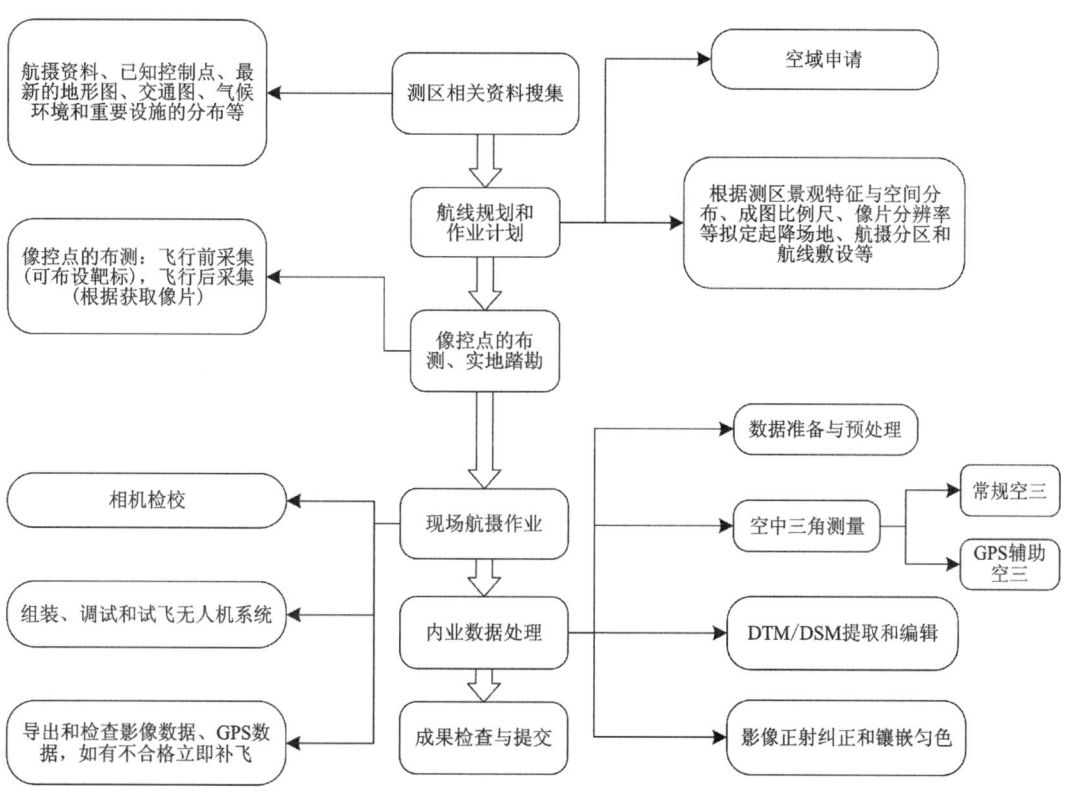

图 4-22　无人机遥感技术作业流程

(三)小型无人机航测技术的优势

低空无人机遥感技术能够轻松地获取高精度的数字影像,精度足以满足大比例尺地形图量测和其他工程项目应用的需要。利用这项技术,可以更深入地了解地理空间的特征和地貌信息,更快速、精确地获取地图数据、地形信息以及其他地理数据。同时,低空无人机遥感技术也为遥感技术在工业、农业、资源管理和环境保护等领域的应用提供了新的动力。

1. 航摄精度高

无人机航测技术可以实现高精度的数字影像采集。当无人机和数码相机在飞行过程中进行完美配合时,可以利用"3S"技术进行系统集成。这使得在较小范围内获取高分辨率、真实色彩的航测遥感数据成为可能,因此无人机成为了小区域和飞行难度高的地区快速获取高分辨率影像数据的理想选择。

2. 灵活性和安全性

传统的航空飞机在起飞和降落时对于起飞场地要求非常严格,只能在机场附近进行作业。与之相比,无人机飞行器具有高度的机动性和灵活性,其起飞和降落过程不需要特定的跑道场地,能够更好地适应各种复杂的环境条件,包括狭小的地形和气候条件不佳的区域。此外,由于无人机机身是模块化的设计,部件的拆卸和运输十分方便。因此,无人机飞行器的应用范围更广,也更容易被普遍接受和推广。

无人机的飞行高度一般规定在120m以下,因此属于低空飞行,空域申请便利且不受山区低云的影响,即使在阴云浓雾的恶劣天气条件下也可直接获取满足要求的遥感影像,尤其适合在建筑物林立的市区、地形复杂的丘陵区和多云地区使用。此外,无人机还能执行气象探测、搜寻救援、森林防火和危险系数较高的任务等重大任务,具有极高的实用性和重要的社会价值。

3. 成本较低

无人机的机身材质主要采用复合材料,如玻璃纤维复合材料和碳纤维复合材料等,这些材料相对于其他遥感平台而言,造价更加低廉。在数据处理方面,只需要一台配置高的电脑作为其处理设施即可。在运营与维护方面,无人机的成本远低于载人机系统,且其对于操作人员的知识与技能的要求也相对较低,更易于推广。此外,一次无人机测量可得到多种成果,大大降低了数据获取的费用。

4. 应用广泛

当前,无人机系统已经成为小型遥感传感器的优秀搭载平台之一,如探地雷达、热成像仪、气象传感器和合成孔径雷达等。这些传感器可以轻松被集成到无人机系统中,形成全新的监测体系,有效应对多种快速监测需求。无人机系统在民用领域、国家各专业职能部门和自然资源测绘等多个领域得到了广泛应用,尤其在电力巡线、应急救援和无人机植保等方面,无人机可以和其他技术进行高效率融合,取长补短,产生出更多的应用价值,并提高应用效率。

然而,相对于其他遥感系统,无人机遥感系统在实际应用中也存在一些局限性。例如,单幅影像的覆盖区域相对较小,需要更多的控制点才能提升数据处理的精度;无人机遥感系统的姿态稳定性相对较差,容易受到外界因素的影响,导致基于灰度相关系数的立体影像匹配失败。另外,由于无人机遥感系统所采用的是非量测相机,其后续数据处理较为复杂,精度也相对较低。此外，无人机系统续航性较差，电源供电能力不足会增加无人机事故的风险。这些限制因素都在一定程度上影响了无人机遥感系统在实际应用中的表现和效果。为了不断提升无人机的遥感技术，我们需要针对这些问题不断地进行深入研究并加以解决，以确保无人机遥感技术能够在更广泛的领域中发挥更大的作用。

（四）无人机遥感技术提取土地信息的应用

1. 无人机遥感技术在地籍调查中的应用

传统地籍调查工作需要使用测绘仪器进行界址点的野外人工测量，然后在室内通过草图绘制地籍图。这一过程不仅耗时耗力，而且成本高，效率低。同时，传统遥感技术只能获取地物的二维数据，无法获取其立体信息，使得建筑物的层数和房檐位置难以精确确定，仍需进行大量的外业测量工作。无人机倾斜摄影测绘技术因其在无人机上搭载了多镜头相机，在低空进行摄影测量，能够快速精确地获取目标区域的三维信息，建立三维模型，全方位、立体化地还原地物特征，并有效识别地物立面信息，从而减少外业工作量，提高数据采集效率。无人机技术在地籍调查等领域的应用，将极大地提升传统方法的效率和精度，为工程建设和管理提供更可靠的数据基础。

有学者以具有地势不平、房屋不规整、地形复杂、测量环境恶劣等特点的赫章县六曲河镇河边村民族组为研究区域，运用无人机倾斜摄影技术，开展农村不动产地籍测量工作。工作的具体流程包括野外数据获取、内业数据处理、三维模型建立和1∶500数字线划图绘制等（图4-23）。所获取的村庄不动产地籍信息，极大地方便了当地土地管理。

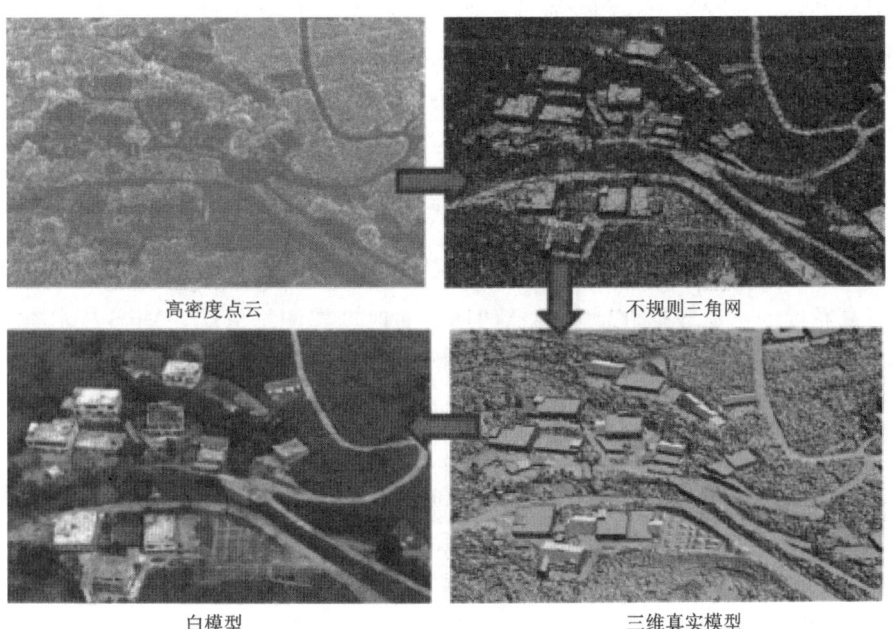

图 4-23　河边村三维建模过程

2. 无人机遥感技术在国土空间资源动态监测中的应用

无人机航测技术具有航摄精度高、安全性高、成本低廉和操作简便等特点,在大数据、云计算等新信息技术的配合下,无人机技术已经在国土空间资源动态监测方面有了广泛的应用,如矿山生态修复、自然灾害监测、耕地退化监测、水土保持监测等领域。

特别是在矿山生态修复方面,无人机遥感技术可以有效避免人工伤亡,提高测量精度和建立清晰直观的实景三维模型。这些模型可以为决策者提供直观的原始影像,实时反馈修复方案的实施情况,为调整和修正修复方案、督促相关企业推进工程建设等提供科学依据。在自然灾害频发区域,卫星遥感技术重访周期相对较长,不能实时监测,而无人机低空遥感技术可以第一时间到达并查明灾区地形地貌和受灾程度,为救援人员提供真实信息,有效减少灾害损失。

五、移动设备数据采集

基于移动设备的数据采集是指利用智能手机、平板电脑等移动终端设备,通过安装专用的软件或应用程序,实现对土地信息快速、准确、高效的采集和传输。随着计算机硬件、无线通信和互联网技术的快速发展,自20世纪90年代中后期起,GIS开始从室内工作站和桌面系统转向户外移动计算终端。移动计算机的出现,如笔记本、平板电脑、个人数字助理(PDA)和智能手机等,进一步加快了移动终端设备与GIS的结合。地理信息技术可以为国内众多移动用户提供基于位置的丰富地理空间信息服务,而移动通信和无线网络技术则在提供地理信息空间服务的传输方面发挥着重要作用。移动GIS在土地信息采集和管理中扮演着重要的角色,已成功开发出多种基于移动设备的土地信息采集系统,在土地信息采集的实践中,基于移动设备的数据采集逐渐成为一种重要方式,有效提高了数据的共享性和可视化能力,还可以实现数据的在线查看、编辑、分析等功能,方便了多方协作和决策。根据移动设备和信息获取方式的不同,移动土地信息采集系统可以分为不同类型。

（一）基于VRS技术的土地信息采集系统

基于VRS技术的土地信息采集系统是一种利用虚拟基站技术(virtual reference station,VRS)进行高精度的土地数据获取与存储的网络实时动态测量系统。VRS技术是一种通过网络将多个GPS基站的数据传输到中心服务器,然后根据用户的位置生成一个虚拟的基站,从而提供实时动态差分(real-time kinematic,RTK)服务的技术,它是在传统的差分GPS技术的基础上发展而来的。

前文介绍过,GPS定位技术可分为单点定位和差分定位两种方法。由于受到多种因素的影响,单点定位存在较大的精度限制,但差分定位技术可以消除基准站和移动站(用户)之间的共性误差,从而提高定位精度。对于差分定位方法中的伪距差分定位技术,在特定条件下,其定位精度可达到米级别。差分定位技术应用广泛,在各种领域如高精度地图制作、精准农业、移动测量等方面发挥着重要作用,常规RTK定位技术便是GPS差分技术的应用之一。当流动站离基准站较近(如不超过10km)时,常规RTK技术可以实现厘米级别的高精度定位结果。然而,在涉及距离较远的流动站和基准站之间进行测量时,受到误差相关性的影响,单历元解的定位精度会逐渐降低。当流动站和基准站之间距离超过50km时,常规RTK的单历元解只能够保证分米级别的定位精度,这对于一些需要更高精度的应用来说仍然存在不足之处。为了解决这个问题,出现了网络RTK技术,如采用了多基站的CORS(continuously operating reference stations)系统。该系统是一个区域型的GPS网络,其误差模型可以替代传统的线性衰减的单点GPS误差模型,有效提高常规RTK技术的定位精度,因此取得了很好的应用效果。网络RTK技术的出现极大地拓宽了高精度定位的应用领域和范围,其优势在于覆盖面广、定位精度高、可靠性强、可实时提供厘米级定位。目前,网络RTK可采用内插法、线性组合法和虚拟基准站法等方法进行。

内插法、线性组合法和虚拟基准站法是分别提出的,早期GPS界少有学者对三种方法的关系进行研究。2006年,吴北平教授系统研究了GPS网络RTK的这三种方法,科学地分析了三者间的关系,发现三种方法的作用、算法、结果理论精度都大体相当,并且虚拟基准站法的虚拟观测值计算公式可以由内插法和线性组合法的公式导出。前面我们提到,在使用RTK进行测量时,若流动站离基准站较远,两站间的误差相关性就会减小,从而影响GPS定位精度。为了克服常规RTK技术中基准站和移动站距离受到限制的问题,虚拟参考站技术应运而生。该技术在流动站附近建立一个虚拟基准站,并利用周围各基准站的实际观测值计算出虚拟基准站上的观测值,以此进行数据处理,从而达到定位的目的。由于虚拟基准站与流动站之间的距离通常只有几米到几十米,因此可以获得十分精准的定位结果。如果将虚拟基准站的观测值和坐标按照常规RTK格式播发,那么动态用户可以直接使用已有的常规RTK软件进行数据处理,这使得数据处理更加方便。虚拟参考站技术是一种应用广泛的网络RTK技术,它成功地克服了距离限制问题,具有广阔的发展前景。目前在市场上,Trimble公司的GPSNet、Topcon公司的TopNet以及南方测绘公司的Venus等软件都采用了VRS解算模型,具有较为可靠的性能。

综上所述,本书认为VRS是网络RTK定位技术的一种常用方法。近年来越来越多的研究人员与技术人员将VRS应用于各行各业,VRS逐渐成为网络RTK技术的代表方法,故部分学者直接将VRS等同于网络RTK定位技术。

1. VRS组成

VRS由GPS基准站、网络监控中心、数据传输和移动站用户组成。VRS系统主要由两部分构成:一是中心服务器,负责接收多个基站实时收集的卫星数据,并进行数据质量检测、误差修正和系统误差消除等处理,生成虚拟基站,提供RTK服务;二是移动终端,负责通过无线网络将自己的初始位置信息传输给控制中心,接收虚拟基站的数据发布的相位差分改正信息。利用这些数据信息,移动站用户可以将自己的GPS观测值与相位差分改正信息组合成双差相位观测值,以此来确定整周模糊度参考和位置信息,最终完成实时定位。虚拟基站技术在GPS基准站实时收集卫星数据的同时,解决了移动站用户距离限制的问题,具有广泛的应用前景。VRS系统硬件组成如图4-24所示。

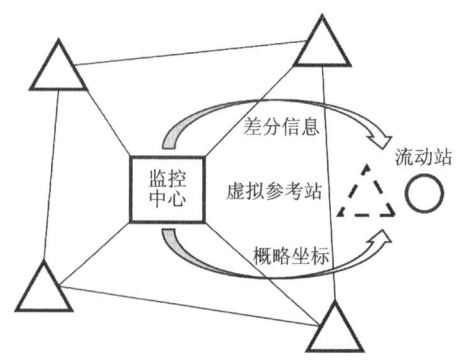

图 4-24 VRS 系统组成

1) 网络监控中心

VRS 网络的核心是网络监控中心,它连接着多个 GPS 基准站和移动站用户。GPS 基准站通过连续观测卫星并记录卫星数据,然后将这些数据传输给网络监控中心。网络监控中心利用这些数据计算区域的电离层、对流层和卫星轨道误差模型,并进行相应的误差校正。通过这些纠正后的数据,GPS 基准站的观测误差得到改正,从而保证了基准站位置的精度和稳定性。移动站用户通过无线网络与网络监控中心通信,以传输设备的位置信息。网络监控中心基于移动站发来的位置信息选择周围最合适的几个参考站,并将高精度的差分改正信息发送给用户移动站,以实现精准定位。

2) 连续运行 GPS 基准站

连续运行的 GPS 基准站可以看作是固定的 GPS 接收系统,它们广泛分布于整个 VRS 网络中。VRS 网络需要至少三个 GPS 基准站,这些基准站之间的距离可以达到 70km 以上。这些基准站跨越广泛区域进行持续 GPS 观测,并将观测值实时传输给网络监控中心。网络监控中心对这些数据进行集成处理,为整个 VRS 系统提供数据支持,保证了系统的可靠性和精度。通过这些基准站的观测和数据传输,VRS 系统可以实时获得高质量的 GPS 数据来进行位置测量和解算,因此已被广泛应用于地位感知与导航等领域。

3) 移动站用户

在移动站进行工作之前,用户需要通过 GRPS 向网络监控中心发送大致的坐标信息。这些信息会被数据处理中心使用,结合"无误差"的观测值,选择最佳的基准站,以进行 GPS 信号的改正。经改正后的数据会被最终发送到移动站中,以实现高精度实时定位的目的。这种流程使得移动站可以获得高精度的 GPS 定位信号,广泛应用于车联网、智能交通等领域,具有重要的应用价值。

2. VRS 工作原理

VRS 网络中,基站并不会直接向移动用户发送改正信息,而是通过建立多个连续运行的 GPS 基准站,并在 VRS 系统中对这些基准站的观测值进行误差校正,形成一套"无误差"的参考观测数据。当移动用户通过 GPRS 发送概略坐标时,数据处理中心会根据用户位置和"无误差"的观测值,选择最佳的基准站进行整体改正移动用户站的误差,并将高精度的差分信号发给移动站，实现精准定位。差分信号作为虚拟参考站，在移动站附近起到了有效解决 RTK 作业距离限制的作用，保证了用户的精度。

3. VRS 系统数据流程

在 VRS 系统中，首先，基准站的观测数据需要传输到网络控制中心。在这个过程中，观测数据会经过有效性检验、无效数据剔除以及压缩存储等一系列的处理和优化。首先，移动接收机会通过数字移动电话网络向控制中心发送标准的 NMEA 位置信息；其次，主控计算机软件会根据各基准站观测数据和移动接收机大致的坐标信息，进行误差模型化和估算计算；再次，软件会为流动站接收机创建一个虚拟基准站位置，并产生一套针对流动站所在位置的 RTK 改正数据流；最后，这些数据会通过数据播发系统，发送给各个移动接收机。这个流程可以为各种应用场景提供高精度的 VRS 实时定位和测量数据，使得 VRS 系统可以满足更多用户的需求。流动站的位置在网络中可任意选定，这样就能消除或减少 RTK 系统误差。VRS 系统的数据流如图 4-25 所示。

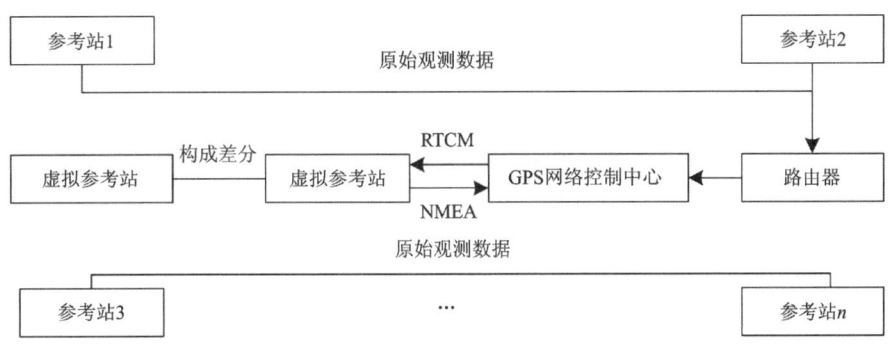

图 4-25　VRS 系统的数据流

4. VRS 用于土地信息采集

VRS 技术是一种可以实现地籍测量与基准控制网联测的实时定位方法，能够为光电测距仪或全站仪提供局域测量控制数据。虽然在地形起伏较大、信号遮挡较少的农村或城市郊区中，GPS 技术可以直接用于细部测量，如边界标记和地形目标观测，但是在存在建筑物、桥梁和街道等干扰因素的特殊情况下，GPS 技术也需要结合常规测量方法进行，以确保高精度的测量结果。在施测过程中，如果测点的条件适合整周模糊度求解，则可以仅采用 GPS 技术施测。此外，现场检核工作也很重要，能够帮助获取测点坐标信息和保证测量结果的准确性。总之，VRS 技术具有广阔的应用前景，在地籍测量、基准控制网和工程测量等领域中都有着重要的作用。

目前，VRS 技术已被广泛应用于地点的坐标与高程测量中，提高了测量的精度、质量和效率。例如，河南省有色金属地质矿产局第三地质大队利用 VRS 技术在河南省内乡县雁岭石墨矿矿区布设加密控制网，并对矿山山头、山梁和硬化道路等控制点的坐标和高程进行了实测，为后续地质工程测量和地形测图工作奠定了科学的数据基础。

目前,GPS 的 VRS 技术研究已经较为深入,但我国北斗的 VRS 技术还不够完善,未来还需要融合数学模型、计算机技术等,促进北斗的 VRS 技术研究和实际工程测量。

(二)基于 PDA+GPS 的土地信息采集系统

PDA,即个人数字助理,是美国苹果公司于 1992 年 1 月提出的一个产品概念。PDA 属于一种嵌入式电子移动设备,可以集记事、上网、计算、通话等多种功能于一体。PDA 设备除了具备多种功能外,还具有较高的个性化定制性,可以根据用户需求进行各种软硬件组合的搭配,从而丰富其功能体验。随着电子技术与计算机技术的普及,PDA 技术有了明显的提升。目前,PDA 已广泛应用于测绘行业中,成为新的数据采集平台和系统客户端的主力产品。

GPS-PDA 土地信息采集系统是集 PDA、GPS、GIS 和网络通信技术于一体的系统,具有定位准确、数据精确、处理智能化、速度较快等优点,可增强现场调查的可视化和直观性,进而实现现代化管理模式。对于土地利用变更调查而言,它是一种重要的工具,可以有效减少工作量,提高变更调查效率。具体操作流程如下:首先,为了确定需要进行变更的地块,调查员会在室内使用土地利用现状图或过去的遥感影像图进行调查。然后,调查员将预处理后的最新影像图导入 PDA 中,作为变更调查的底图。调查员可以利用 GPS 接收机和 PDA,快速采集地块的几何和属性信息。最后,调查员将采集到的信息导入到 PC 机中,利用现有的数据库进行变更分析,形成新的土地利用现状图。与传统方法相比,GPS-PDA 技术的调查方法更加高效,前者依赖于遥感数据,受分辨率限制大,仅适用于区域性的土地资源动态监测,并且调查员需要进行复杂的野外调绘或转绘,效率低下;而后者能够直接在外业进行集中调绘或转绘,有效降低工作量,提高变更调查的效率。

在中国,从 2000 年开始,国土资源部启动了基于 GPS/GIS/RS/INTERNET 的土地调查新技术的研究,东南大学承担了研究的开发工作。基于 GPS-PDA 技术的"调查之星"是其中一款操作系统,集成了全球卫星定位系统、掌上电脑、电子地图、卫星遥感和网络通信等技术,常用于土地调查数据库的更新。该系统精度满足 1:10 000、1:2000 土地调查的要求,是"3S"集成技术在土地变更调查方面运用的成功案例。随着时间推移,越来越多的学者将 GPS-PDA 技术应用于土地变更调查中。现今,GPS-PDA 技术已经从原来的功能简单、操作复杂转变为智能化、集成化、数字化的工具。同时,GPS-PDA 的定位精度也随着技术的不断发展而提高。普通的 GPS-PDA 一般可以达到 10m 左右的单点精度,而高质量的 GPS-PDA 则可以达到 3m 左右的单点精度。如果使用手持差分 GPS 接收机直接接收国家基站信号,单点精度甚至可以达到 1m 左右。

1. 系统组成

系统主要包括两大部分:移动客户端系统和集群服务器端系统。

1)移动客户端系统

移动客户端系统是由多个硬件和软件组件组成的,包括移动设备、GPS 接收机模块、数码摄像机模块、GPRS 无线联网模块等。移动设备的种类多种多样,包括 PDA、移动电话、嵌入式终端设备等。移动设备的小巧便携使其应用方便，但同时也伴随着处理速度相对较慢、存储容量较小和屏幕较小的问题。GPS 接收机模块可以实现地理定位的功能，市面上有多种类型和品牌可供选择。数码摄像机模块有采集图像、视频等信息的功能，可以通过两种方式进行应用：一是可以嵌入到移动设备内部，二是可以通过 USB 接口进行连接使用。GPRS 无线联网模块可以实现数据的无线传输，即使移动设备本身没有 GPRS 功能，也可以通过扩展 GPRS 卡来实现该功能。在野外土地调查中，移动设备会存储采集到的数据，并可以通过无线局域网、蓝牙等方式将数据传输到服务器端进行后期处理。

2) 集群服务器端系统

集群服务器端系统包含 GIS 应用服务器、WEB 服务器、数据库服务器和管理工作站等多个组件。GIS 应用服务器负责对土地调查数据进行处理和分析，在内业工作中扮演重要角色，主要完成属性和空间数据的查询、统计、检索和格式转换等工作。WEB 服务器则负责将相关信息或数据以 Internet 可浏览的方式进行发布。数据库服务器则用于存储、操作和管理空间数据、属性数据和其他相关数据等。最后，管理工作站则主要用于管理和维护系统平台，在保障系统的正常运行和数据的完整性、准确性等方面起着重要的作用。这些服务器端组件之间的协调和互动，使得系统的搭建和管理变得更加高效、便捷。

2. 系统数据采集基本原理与流程

数据采集模块旨在录入属性和空间数据，使得数据可以被处理、分析和统计。属性数据的录入可以通过工作人员手动输入、数据批量导入等方式实现。在设计时，应规范输入、减少手动输入量、提高数据一致性，比如系统自动设定某项输入值，对于某个取值范围仅允许选择固定格式等；当移动设备的屏幕较小却需要采集大量属性项时，可使用分页或滚动条进行数据采集。在此过程中，需注意数据的操作方便性、一致性和整体性。GPS 接收器可用于自动记录空间几何数据，但系统必须考虑空间数据和属性数据之间的连接关系。系统可同时或分开进行属性数据和空间数据的采集，在使用目标 ID 建立关联的情况下，即可实现二者间的关联。PDA＋GPS 系统土地信息采集的工作流程如图 4-26 所示。

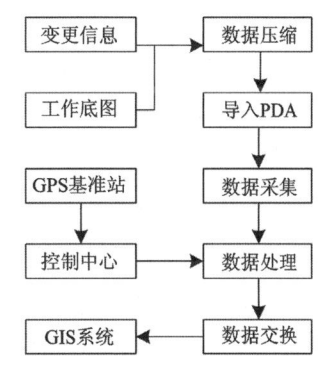

图 4-26　GPS＋PDA 系统工作流程

3. PDA＋GPS 在土地信息采集中的应用

基于 PDA＋GPS 技术的土地调查系统是一种将 GPS、PDA、GIS 以及 RS 等技术整合于一身的作业系统，主要用于土地利用现状数据库的更新。此系统可将土地利用现状信息和遥感信息整合至 PDA 设备上，用于土地信息的现场采集和记录。系统可通过卫星定位和其他辅助手段进行数据采集，采集到的数据经过编辑处理后即返回到数据库中。通过这样的先进技术手段，土地利用现状数据库的更新得到了可靠的技术支持，能够更快速、更准确地完成土地信息的更新工作。

PDA＋GPS 技术在森林资源调查中有广泛应用，20 世纪末手持 GPS 接收机在用于森林资源调查时只能获取地理坐标和进行简单的导航。2000 年后，随着 PDA 等微电脑设备和插卡式 GPS、蓝牙 GPS 等技术的不断发展，以及嵌入式开发平台和 GIS 技术的不断壮大，越来越多的科技工作者开始将注意力投向以掌上电脑为基础的移动 GIS 开发，并研发针对森林资源调查的专用软件系统。这样的发展使得移动 GIS 开发能够更加高效和精准地开展，为相关领域的实际应用提供了强有力的技术支持。此外，PDA＋GPS 技术也被广泛应用于水资源数据、地质数据和权属信息的收集。

六、网络爬虫

网络爬虫是一种用于自动抓取网页内容及其相关信息的脚本或程序。网络爬虫主要由控制节点、爬虫节点和资源库三部分构成。控制节点是其中央控制器，主要负责根据 URL 地址分配线程并调用具体的爬虫节点进行爬取操作。各个爬虫节点会根据事先设计好的算法进行具体的爬取工作，并将其处理后的结果存储至资源库中。图 4-27 中展示了网络爬虫中控制节点与爬虫节点之间的关系。需要注意的是，网络爬虫系统中不仅会存在多个控制节点，而且每个控制节点下也包含着多个爬虫节点。不同的控制节点之间、控制节点和其下的爬虫节点之间以及同一控制节点下的各个爬虫节点均可相互通信。

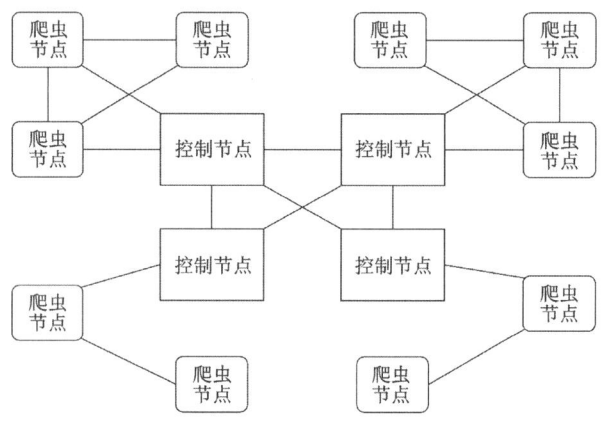

图 4-27　网络爬虫的控制节点和爬虫节点的结构关系

网络爬虫随着互联网的普及而广泛应用，适用性不断扩展。网络爬虫的基本操作流程是模拟人的行为，按需对各个网站进行逐一浏览，并最终将信息传回数据库。网络爬虫的运行原理是根据网页的链接自动获取网页内容，免去手动寻找。网络爬虫一般分为数据采集、处理和存储三个部分。图 4-28 展示了网络爬虫的实现原理和过程，采集系统会按照任务描述根据既定步骤开始工作，最终将采集到的结果存储到指定位置。

（一）网络爬虫的类型

自网络爬虫技术被提出以来，随着网络环境、数据环境以及技术环境的变化，其涵盖的技术范围与广度也不断扩展和进化。目前，主流的网络爬虫技术分支包括通用网络爬虫、聚焦

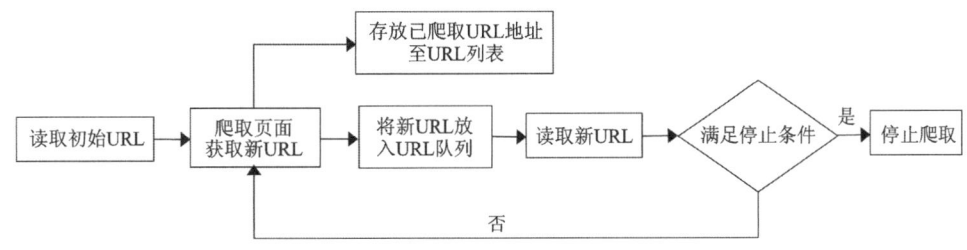

图 4-28　网络爬虫的实现原理和过程

网络爬虫、增量式网络爬虫以及 Deep Web 网络爬虫。这些技术分支各自侧重于不同方面的应用需求,从而为特定领域的数据采集与处理提供了有效的支持。

1. 通用网络爬虫

通用网络爬虫是搜索引擎常用的一种爬虫程序,也叫全网爬虫,由多个组件组成,包括初始网络地址、爬取队列、页面爬取模块以及爬取内容数据库。这类网络爬虫适用于一般的搜索主题,其特点是爬取范围广泛,数据量大,对服务器性能和存储空间的要求较高,但对爬行页面的顺序排列要求相对较低。虽然通用网络爬虫存在一定的局限性,但在搜索引擎应用中,仍然具有着重要的价值。

2. 聚焦网络爬虫

聚焦网络爬虫是针对特定的目标网站或网页进行爬取的一种爬虫程序,可以节省硬件和网络资源。其主要由初始网络地址、页面爬取模块、爬取内容数据库、无关链接过滤和 URL 优先级排序等组件构成。它需要对目标网页进行描述、对网页和数据进行分析与过滤,以及对 URL 进行搜索与排序等操作。为了实现这些功能,聚焦网络爬虫采用了不同的实现策略,如基于内容评价、基于链接结构评价、基于增强学习和基于语境图的爬行策略。聚焦网络爬虫的实现过程如图 4-29 所示。

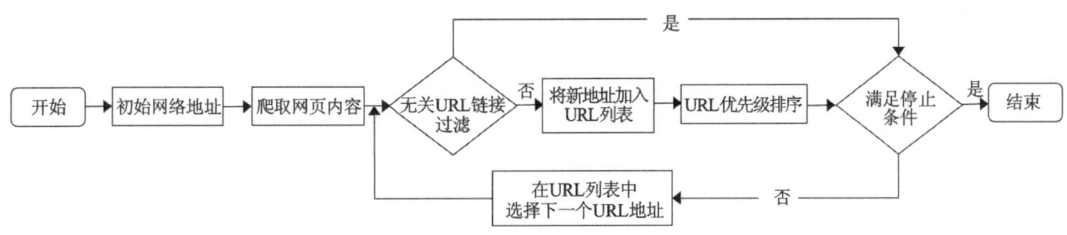

图 4-29　聚焦网络爬虫工作流程图

3. 增量式网络爬虫

增量式网络爬虫的特点是只爬取新产生或变化的网页,从而提高爬取效率和质量。与周期性爬行和刷新页面相比,它减少了数据下载量、实时更新已爬行网页,并减少了时间和空间消耗,增加了爬行算法复度和难度。为实现爬取到的网页为最新网页、提高本地页面的质量这两点要求,增量式网络爬虫可以采用统一更新、个体更新和基于分类的更新三种方法。

增量式网络爬虫实现过程如图 4-30 所示。实现增量式网络爬虫的流程包含以下几步：首先,确定一个初始网络地址,爬取该地址的页面内容并存储至数据库中；接着,将新的 URL 地址与已有的 URL 进行对比并添加到 URL 列表中,重新进行 URL 优先级排序；最后,选择下一个 URL 地址进行循环爬取,不断更新 URL 列表,直到满足停止条件为止。

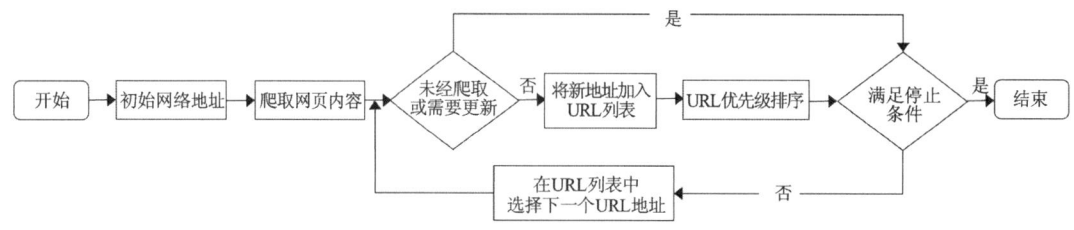

图 4-30 增量式网络爬虫工作流程图

4. Deep Web 爬虫

Web 页面可分为表层网页和深层网页。表层网页是指可通过静态链接获得的页面,而深层网页则指隐藏在搜索表单后,绝大部分内容不能通过静态链接获取的 Web 页面,后者是现阶段发展最快、规模最大的信息资源。Deep Web 爬虫即针对深层网页而生,其最重要的特点是拥有独立的表单数据源,可以对表单数据进行分析处理、自动填充和提交表单。Deep Web 爬虫有两种类型：基于领域知识和基于网页结构分析。基于领域知识的表单填写需要建立关键词库并进行语义分析；而基于网页结构分析的表单填写则可以实现自动填写,特别是在知识较少的情况下尤为常用。Deep Web 爬虫的实现过程如图 4-31 所示。

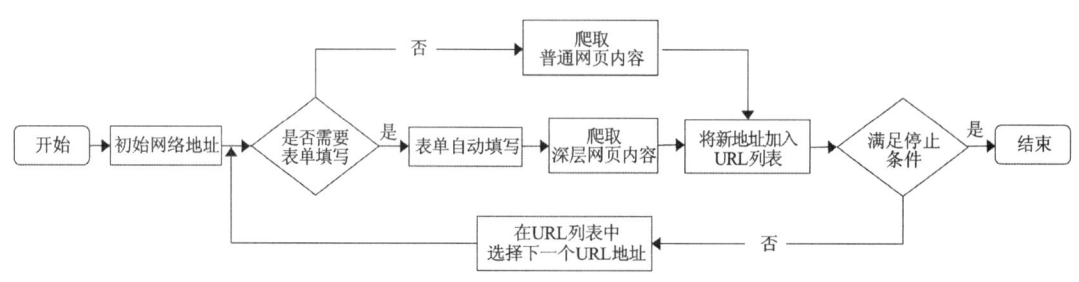

图 4-31 Deep Web 爬虫工作流程

(二)网络爬虫的应用

目前网络爬虫在土地社会经济信息的获取方面有着广泛的应用。例如,通过网络爬虫技术,可以从包含土地交易明细的网页上获取结构化的数据,并据此计算土地价格指数。上海社会科学院的研究者就运用这一技术,从中国土地市场网上采集了上海市土地出让成交结果的数据,这些数据比《国土资源统计年鉴》中的数据更加详尽,囊括了全国和重点区域土地供应各环节的数据信息和政策法规、新闻动态等,包括行政区划、项目信息、地块面积、供应方式、用途、级别、成交价格和签订日期等信息。研究者对这些数据进行了清洗和描述性统计,得到了后续分析所需的数据。为解决地块之间的异质性问题,研究者采用了 Hedonic 法结合重复交易法。网络爬虫技术在获取细粒度数据集方面具有重要作用,能够有效监测城市地价并把握地价随时间变动的趋势。如表 4-3 是研究得出的上海市 2010—2015 年间居住用地分布的数字特征,表中分别列出了历年居住用地最大成交价、成交价平均值及成交价中位数。

表 4-3　2010—2015 年上海地区住宅用地价格　　　　　单位:万元/hm^2

年份	最高价	均价	价格中位数
2010	56 953.13	6 120.45	2 925.58
2011	88 725.05	6 461.38	3 689.11
2012	47 237.10	6 913.28	4 290.83
2013	64 711.06	8 257.99	4 105.67
2014	131 664.82	15 132.69	7 761.69
2015	133 258.86	16 144.01	6 737.45

七、模拟实验

在数据获取过程中,有些现象由于客观条件的限制,无法直接进行提取,需要采用间接实验的方法,设计出与自然现象相似的模型来研究对象的规律性,这就是模拟实验。在土地科学领域,常见的模拟实验为土壤实验。土壤实验可以模拟不同土壤条件下的生物、化学和物理过程,方便研究土壤的特性和行为,但其结果可能受到人为操作和实验室环境的影响,且只能模拟有限的土壤类型和条件,无法完全真实地反映实际情况,也不能完全涵盖现实中的多样性。虽然土壤实验具有局限性,但在土地科学研究的不同场景中,如土壤学、环境科学、地貌学和遥感等领域均发挥着重要作用,在土地可持续利用、土地质量评估、环境污染治理、土地利用规划和资源管理等方面具有重要的应用价值。

土壤高光谱综合反映了土壤所含有的各种组分信息,以及周围的环境信息,如土地类型、气象等。通过土壤中有机质和水分含量的变化信息掌握土壤健康与植物生长的重要指标,可以及时观察土壤的发育状况和时空变化规律,为耕地质量保护提供决策基础。因此,从土壤数据中提取这些信息,也是土地信息提取的重要内容。虽然遥感技术可以全球覆盖,获得高分辨率的土壤数据,但目前仅能反映表层土壤状况。

利用陆面模式进行数值模拟可以模拟较长时间、较高空间分辨率的土壤特征变化,是研究土壤性质变化的有效方法之一。常见的模拟实验包括土壤物理实验、土壤化学实验、土壤生物实验等。

(一)土壤物理实验

土壤物理性质包括了土壤结构和孔隙性、土壤水分、土壤空气、土壤热量和土壤耕性等特征。土壤的各种物理特性与过程相互关联和依存,其中以土壤质地、结构和水分状况最为显著。一旦这些主导性的物理特性有所变化,则常会引起土壤其他物理特性和过程的变化。因此,土壤物理实验包括了土壤粒径分析、土壤微团粒分析以及土壤饱和导水率测定等。

1. 土壤粒径分析

土壤粒径分析亦称土壤机械组成分析,是确定土壤颗粒大小分布的物理方法。粒径分析是土壤模拟实验中相当重要的基础分析项目,主要分为三步。其中,对土壤样品进行预处理是分析其粒径大小和分散状况的首要步骤;然后对预处理后的各级单粒进行定量分散;最后进行粒径分级,包括粗土粒的筛分和细土粒的分离。分析一般使用不同孔径的筛子对大于 0.25mm 的粗粒进行筛分,并采用吸管法或比重计法分离小于 0.25mm 的颗粒。最近还有一些光谱方法可以用于粒径分析。

2. 土壤微团粒分析

土壤微团粒是土壤中小于 0.25mm 的团粒结构,它是土壤团聚体中的一个组成部分。土壤团聚体是指土壤所含的大小不同、性状不一的团聚体总和,它是土壤结构的重要组成部分。土壤结构性是土壤物理性质的重要组成部分,综合考虑了土壤单粒、复粒数量、大小、性状、性质、孔隙和排列等特性。土壤团粒结构是衡量土壤肥力的重要指标之一。具有良好团粒结构的土壤不仅含有丰富的养分和水分,而且有良好的肥力和透气性,能为植物提供适宜的生长条件。相反,土壤质地紧密,团粒结构较差的土壤,土壤孔隙度和排水性下降,将会使植物的生长发育受到严重限制。土壤微团粒分析可以评估土壤的微结构性能和水稳定性,为土壤的农业利用提供支持。

进行土壤微团粒分析的步骤包括土壤样品处理、悬液制备、分级吸液和结果计算等。土壤微团粒分析的结果可以计算出土壤的分散系数和结构系数,以衡量土壤微结构的水稳定性。相比于传统的土壤机械分析吸管法,土壤微团粒测定不需要加入化学分散剂,在颗粒分散处理时使用振荡方法,可保持微团粒的完整性。

3. 土壤饱和导水率测定

土壤饱和导水率描述了水在饱和土壤中的流动能力,通常用作不同湿度下土壤导水性能的参考。不同土壤特征如质地、容重、孔隙分布和有机物含量等都会对饱和导水率产生影响。目前,双环法是最常见的田间土壤入渗测定方法之一。该方法是将两个不同直径的环打入土壤一定深度,然后通过在两个环之间提供水量和测定时间来计算入渗速率。然而,这种方法耗水量大、耗时较长,在测定坡地土壤入渗时需要平整地表,可能会对试验结果产生影响。因此,在不同的条件下,需要因地制宜地选择相对省时、省力、准确和便捷的方法来替代双环法。

(二)土壤化学实验

土壤的化学特性和化学过程是影响土壤肥力水平的重要因素之一,涉及土壤的化学、物理、生物化学和生物学过程。与此相关的重要因素包括土壤的酸碱度、缓冲特性、氧化还原性、吸附性、表面电化学性质和胶体性能等。这些特性对土壤的形成、发展、保肥能力、缓冲能力、自净能力和养分循环等方面都产生了显著影响。从化学角度来看,土壤的养分、金属离子和污染物的吸附与释放过程,以及有机物的降解和转化都与这些特性密切相关。正确评估土壤的化学特性和过程对于实现可持续农业与保护土壤资源具有至关重要的作用。有关土壤的化学性质的测定可为改良土壤、提高土壤肥力以及为作物提供所需的营养元素等提供重要依据。土壤化学实验包括土壤腐殖质组成的测定、土壤比表面积的测定等。

1. 土壤腐殖质组成的测定

有机质主要由 C、N、O、S 等元素组成,其分子结构包含基团多样的复杂组分。其中,腐殖质是土壤有机质中最稳定的部分,它是一种颜色由浅黄—深棕—暗黑色变化的高分子天然化合物,其含量可达土壤有机质的 60% 以上。腐殖质是土壤有机碳中最稳定的碳库,可动态地转化为胡敏酸(HA)、富里酸(FA)和胡敏素(HM)三个部分。土壤腐殖质的结构表征方法通常是各种光谱技术,主要是红外光谱、紫外-可见光谱与荧光光谱。红外光谱是研究有机物结构的重要手段,但一般只用于定性分析。紫外-可见光谱可用作结构分析的依据,因为腐殖物质的结构与其紫外吸收光谱密切相关。而在一定浓度范围内,溶液的可见光吸收服从 Lambert-Beer 定律,可据此作粗略估算。荧光光谱是一种敏感、无破坏和相对简单的分析方法,具有很大的应用潜力。尽管只有腐殖质中的少量组成部分显示出荧光结构特性,但荧光光谱法可用于获得有关腐殖质的荧光和化学变化信息。这种分析方法适用于土壤、水体和其他环境样品的分析。荧光光谱法的优势在于它不仅能够定量显示或定性检测样品的不同组成成分,还可以通过改变光谱参数来阐明样品的不同性质和化学环境。

2. 土壤比表面积的测定

比表面积是单位质量颗粒所具有的表面积,是表征土壤物理化学特征的重要指标。目前广泛使用的比表面积测定和估算方法主要有吸附法、压汞法和经验公式法等。吸附法通常是最为常用方法之一,其测定装置如图 4-32 所示。该方法的测定原理是用单层吸附介质技术将颗粒表面完全覆盖,然后根据吸附介质的质量-面积关系计算出颗粒的表面积。吸附介质可分为气体和液体介质,其中,常见的气体介质有氮气和水蒸气,而常见的液体介质则包括多种有机溶剂和染料,如乙二醇、乙二醇乙醚、甘油和亚甲基蓝等。研究学者指出,使用乙二醇乙醚法和甘油法时,所需土样数量较少,处理较为方便,但需要较长时间达到平衡,而且操作相对复杂。而亚甲基蓝法所需土样相对较多,但操作简单,试验时间较短,测定时土样处于饱和状态。

(三)土壤生物实验

土壤生物包括微生物、动物和植物等,它们在土壤的形成和演变,以及高等植物的养分供应中都扮演着重要角色。然而,土壤生物的生命活动却受到许多因素的影响,例如土壤的物理和化学性质,以及农业技术的措施。土壤生物实验包括植物分析实验、土壤动物实验和土壤微生物实验等。

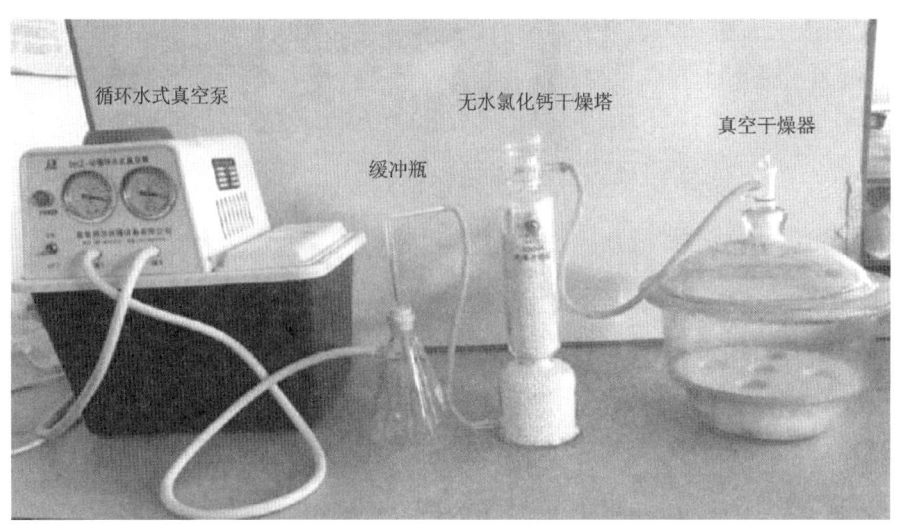

图 4-32　比表面积测定装置

1. 土壤动物实验

土壤动物对物质循环和能量流动正常运行具有关键的作用,是陆地生态系统极为重要的组成部分。狭义上,土壤动物指的是整个生命周期都在土壤中度过的动物;广义上,土壤动物则包括了生命周期中仅在某个时段接触土壤表面或者在土壤中生活的动物。作为土壤和整个生态系统中不可替代的成分之一,土壤动物在与微生物的相互作用中发挥着重要的生态作用。此外,它们的生态特征和生态功能也受到周围环境因素的影响。举例来说,土壤动物可对凋落物有分解作用,扮演着生态指示的重要角色。在评价不同功能的作用效果时,常常需要进行土壤动物实验来定量描述。土壤动物实验的具体方法包括网袋法和直接测量法,分别可在有或者没有土壤动物的情况下测定枯落物的损失量、微生物活动以及碳氮含量的变化,从而验证土壤动物的分解功能等。此外,将土壤动物作为评价土壤质量的指标之一,可以建立包含丰富度、均匀度、优势度、多样性指数、成熟度指数、关键种指数以及生理生态指标等的综合评价指标,从而全面评价土壤生态质量。

2. 土壤微生物实验

土壤微生物是森林生态系统中十分重要的一个组成部分,研究表明,生态系统的功能、结构以及土壤肥力直接受土壤微生物影响。据学者估算,1g 的土壤中就有 10 亿个微生物个体数量,细菌种类更是不计其数。目前学术界的研究多聚焦在土壤微生物群落结构和基础土壤呼吸的测定,其中,磷脂脂肪酸(PLFA)法是一种常用的分析土壤微生物结构多样性的方法。通过分析该微生物细胞膜的重要组分 PLFA 的种类和组成比例,可以鉴别土壤微生物结构多样性,这也是 PLFA 方法适用于土壤微生物量、微生物群落表征、土壤微生物生理状态和代谢活动等方面的原因。PLFA 法和 DNA 测序法在各方面的对比如表 4-4 所示。

表 4-4 PLFA 法和 DNA 测序法的比较

比较项目	PLFA 法	DNA 测序法
读取土壤微生物群落环境响应的速度	较快	较费时
成本	较低	趋于减少
信息种类	更多在微生物表型、活力等生态学层面的信息	丰富的基因层面信息
分析层面	更多是微生物群落的总体分析	专一的微生物物种分析
分析对象	土壤微生物有生命个体	土壤微生物所有个体（包括休眠或死亡的个体）
表征数据库	仍有一些特征脂肪酸未厘清，总体种类较少，数据量相对较小	仍有较多未识别的土壤微生物物种基因，基因数据库正在不断完善，总体种类庞大，数据量巨大，表征择取精确到物种，但是仍存在一定误差
表征	部分生物表征并不能与土壤微生物一一对应，需慎重选择	

八、修复与重建

（一）影像修复

我们在日常的研究工作中，常常会使用到 Landsat 系列卫星影像，目前常用的 Landsat 卫星影像数据有 Landsat5、Landsat7、Landsat8。其中，自 2003 年 6 月以来，Landsat 7 由于传感器扫描线校正器（SLC）发生故障，导致其 2003 年 5 月 31 日之后的图像都出现数据条带丢失，为获取图像分类所需的完整底图，研究中需要对条带进行修补后再使用。

常见的 Landsat 7 影像条带处理方法主要有以下两种：一种是利用替补影像进行修复，即利用两幅影像之间的"互补"关系，建立线性回归关系，通过影像镶嵌完成条带修复；另一种则是运用焦点统计功能对空白缺失影像（即待处理像元）进行填补。其中，焦点统计作为影像条带修复中常用的一种图像处理方法，其原理是根据图像中灰度值变化的规律，预测修复区域中像素的灰度值，并通过对焦点周围像素点的统计计算来获得焦点。焦点统计能够对图像像素进行局部统计，重建像素分布函数，更好地还原图像；此外，焦点统计的计算较为简单，且准确度高，修复效果好。但该方法也存在一定不足，如需要在焦点区域附近采样像素，因此对图像的像素分布和光谱变化敏感性较高，若图像像素分布不均或光谱发生剧烈变化，将导致修复效果不理想；另外，焦点统计需要输入参考数据，若数据缺失或不准确，则会影响修复效果；焦点统计还需要对图像进行局部统计分析，计算量较大，耗时较长，提高了算法的复杂度。在实际应用中，焦点统计通常结合其他方法一起使用，如傅里叶变换、小变换等，以提高修复效果和适用性。如图 4-33 是基于 Landsat 时间序列影像，采用焦点统计法对某市存在条带缺陷的遥感影像进行修复后所得的部分结果。

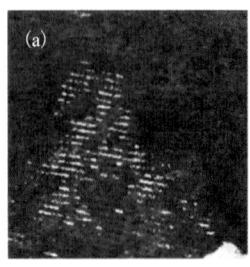
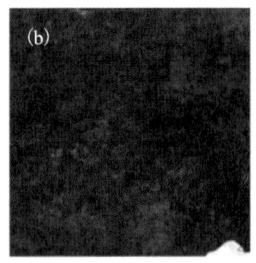

图 4-33　Landsat 7 影像条带修复前(a)与修复后(b)对比图

(二)历史数据重建

在生态文明建设和国家经济与社会可持续发展背景下,高空间精度、长时间序列的土地利用/覆被变化数据集建设、完善和补充逐渐受到学者们的广泛关注。从长时间序列研究中探索土地开发利用模式,明确驱动机制,分析由不同土地利用模式引起的生态环境效应,对科学应对人类活动和气候变化带来的挑战、保护地球环境和促进社会和经济的可持续发展均具有重要意义。

文字与数字是保存、记录历史的主要方式,对历史统计数据、文字资料的解读是我们重建历史土地利用信息的有效手段。中国作为一个历史文明古国,有大量丰富的历史文献资料可供查阅,可为我国历史土地利用空间格局重建研究提供科学依据。目前,多数学者利用历史文献资料,获得人口、经济、土地等数据,运用不同的模型和方法重建了我国不同区域、不同尺度的土地利用数据集,为长时间序列的自然、社会经济与文化的变迁研究作出重大贡献。例如,李美娇等(2018)就以元代各行省册载屯田与屯户数据、零星的册载田亩与户口数据等为基础,结合史籍中有关户均屯田数和户均垦田数的记载及元代土地制度和屯田制度等,探析元代户均屯田与户均垦田的关系,并构建基于元代省域户口、户均屯田及其区域修订系数的省域耕地面积估算模型,最后利用模型重建了元代省域耕地面积,并分析其空间分布特征。表 4-5 为现有研究所得的元朝 1271—1290 年省域耕地面积数据。

表 4-5　元朝 1271—1290 年省域耕地面积

地域	耕地面积($\times 10^6$ 今亩)	土地垦殖率(%)	人均耕地面积(今亩/人)	占比(%)
北方	309.7	6.6	15.6	57.8
南方	225.7	7.1	4.1	42.2
元代全域	535.4	6.8	6.7	100.0

注:1 今亩$=580.8 m^2$。

第二节　土地数据存储技术

云计算、社交媒体、物联网、短视频等新一代互联网技术的飞速发展带来了数据的爆炸式增长。各领域的企业和组织经过多年的信息化发展,也已经积累了各种类型的海量数据。随着时间的推移,海量数据的存储和分析是当代所面临的巨大挑战之一,如何有效地处理和分析海量数据是时代数字化转型过程中需要解决的关键问题。近年来,地理信息行业发展迅速,土地数据存储作为其中的关键环节也得到了明显的发展。土地数据存储,是指将各种来源的土地数据按照统一的方式和规则,转化为能借助计算机系统进行保存的信息的过程。在土地信息系统中,一般将土地数据归纳为空间数据和属性数据(非空间数据)两种基本类型。其中,空间数据可以存储为栅格格式或矢量格式,这两种格式都有对应的软件或程序进行处理。不同类型的土地数据需采用不同的存储形式和设备,并面临着各自的优势和不足。为推动地理信息行业持续发展,需要加强对数据空间存储技术的研究与创新。因此,本书就土地数据存储的形式、所需设备,存储技术的优势、不足及其发展等方面进行探讨,以期促进行业进一步发展。

一、栅格数据存储

栅格数据是一种二维矩阵数据,用网格单元对地理空间对象进行表示,是一种最简单、最直观的空间数据结构。每个栅格单元称为像素(像元),相邻像素之间紧密连接,记录着空间对象的信息,如图 4-34 所示。每个栅格单元的位置由它的行列号定义,这个位置隐含着它所表示实体的位置。因此,栅格结构具有属性明显、定位隐含等特点。栅格数据存储有许多优势:①栅格数据具有简单的数据结构,包含值的像素矩阵,可以链接到属性表的坐标位置;②方便开展高级空间和统计分析,可以表示连续的影像数据和表面,并可以执行科学分析;③栅格数据可以以一致的方式存储点、线、面,可以使用复杂数据集执行快速叠加。但是,栅格数据存储也存在一定的缺点。随着像素大小的减小,分辨率也会随之增加,存储所需要的磁盘空间和处理速度的成本也会随之增加。此外,在将数据重构为固定间隔的栅格像元边界时,数据的精度会有所降低。

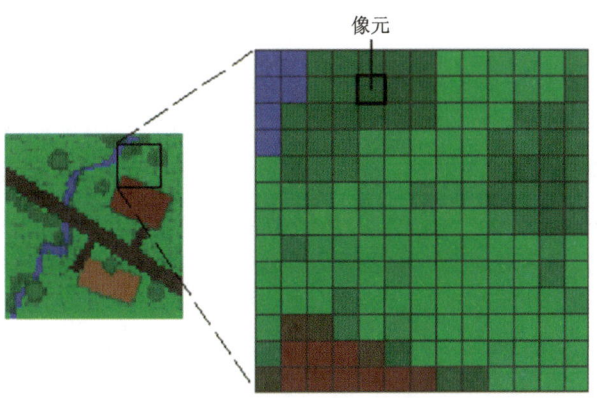

图 4-34　现实世界(左)与栅格数据(右)

(一)存储形式

栅格数据包括描述地形起伏信息的 DEM 数据和带有光谱特征的遥感影像数据。这些数据都可以按照栅格数据集或栅格数据目录的方式进行存储和管理,以满足不同的需求。

1. 栅格数据集

栅格数据集是一种用于管理由一幅或多幅拼合成的栅格影像数据的数据集，可以存储在磁盘上或地理数据库中。它可以实现数据的无缝拼接和空间连续分布，因此适合管理空间连续分布、频繁用于分析的栅格数据类型，如 DEM 数据。基于栅格数据集的空间分析具有速度快、精度高的特点。栅格数据集有多种存储格式，如 TIFF、JPEG、Grid 和 MrSid 等。在栅格数据集中，每个像素都有一个值，用来表示栅格数据集所描述的现象，如光谱值、类别、量级或高度等。像素大小影响影像中图案或对象的显示粗细程度，像素大小越小时，影像越平滑，越详细。如果像素大小过大，可能会导致信息丢失或细微的图案模糊不清。栅格数据集是一种简单的栅格数据存储方法。许多数据处理的输出都以此为基础，同时它也是其他数据集构建的基础模型。图 4-35 给出的是由 DEM 数据镶嵌而成的栅格数据集示例。

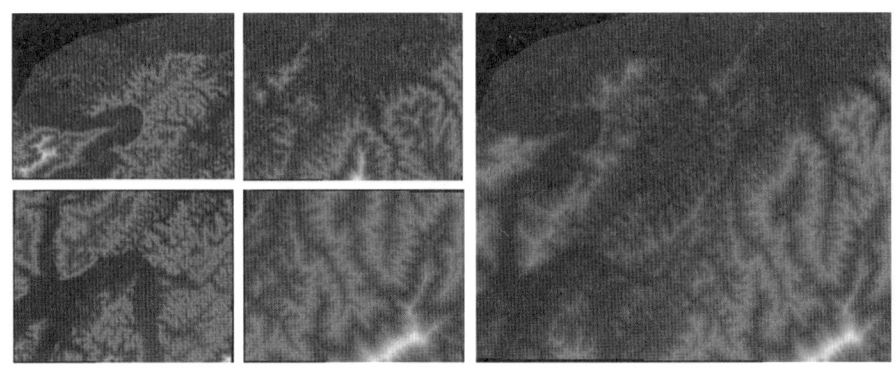

入库前四幅图像　　　　　　　入库后镶嵌为一副图像

图 4-35　栅格数据集镶嵌示例

2. 栅格数据目录

栅格数据目录是一种组织栅格数据集的方式，它以表格形式列出每个栅格数据集的信息，如名称、位置、空间参考等。栅格数据目录通常用于管理在物理上独立存储但具有相同空间参考的多个栅格数据，如遥感影像、数字高程模型等。使用栅格数据目录的好处是，可以方便地更新、添加或删除数据，而不需要将它们拼接成一个大的数据集。此外，栅格数据目录还支持混合管理，即每个目录项既可以是一个独立的栅格数据文件，也可以是一个地理数据库中的栅格数据集。因此，栅格数据目录在数据组织的灵活性和层次结构的清晰性方面具有很强的优势。需要注意的是，栅格数据目录不存储实际的数据，仅是对栅格数据集的一种管理方式。栅格数据集既可以独立存在，也可以属于某个栅格数据目录。总的来说，与栅格数据集相比，栅格数据目录的物理存储结构更为简单，但其组织方式更加灵活，方便管理。图 4-36 给出的是 DEM 数据的目录管理形式示例。

3. 镶嵌数据集

镶嵌数据集是一种高效的数据管理模型，适用于大规模的影像数据。它结合了栅格数据

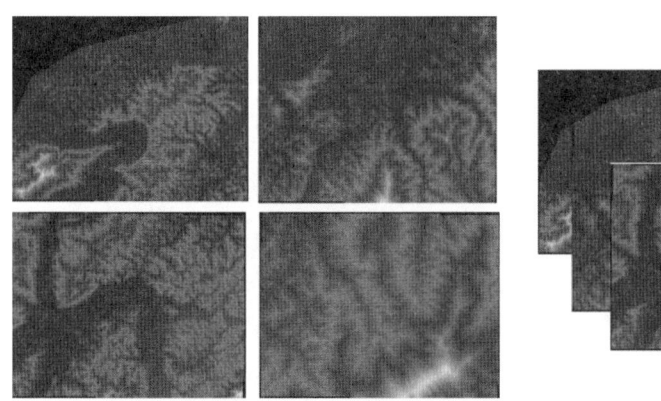
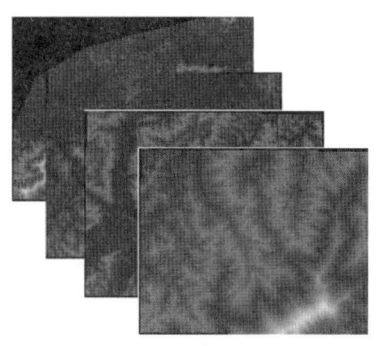

入库前四幅图像　　　　　　　　入库后采用目录管理

图 4-36　栅格数据目录管理示例

集和栅格目录的优点,支持索引和查询功能。镶嵌数据集以集合的形式存储,每个集合包含单个镶嵌影像或多个独立影像组成的影像或栅格数据集。这些集合涉及的文件大小和影像数据集数量均非常大。镶嵌数据集可以根据栅格类型进行分类,并使用与栅格格式相结合的标识元数据,如地理配准、采集日期以及传感器类型等信息。当需要添加新的影像数据时,镶嵌数据集可以将其保留在磁盘上,或者将它们加载到地理数据库中。与栅格数据集不同,镶嵌数据集中的影像数据可以是不相邻或不叠置的,也可以以未连接的离散数据集的形式存在。这意味着在处理镶嵌数据集时,可以使用完全覆盖某个区域的影像,也可以使用多条影像,这些影像之间没有连接,也没有构成连续影像,如图 4-37 所示。总之,镶嵌数据集在管理和处理大规模影像数据时具有显著的优势,且灵活性更强。这种灵活性使得镶嵌数据集在处理大规模影像数据过程中更为高效和方便。

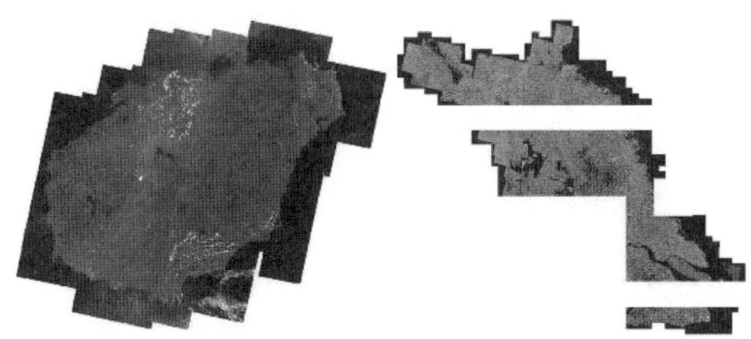

图 4-37　镶嵌数据集显示连续数据(左)与不连续数据(右)

(二)储存技术

1. 分块与分级处理

为了使栅格图像在存储时更加高效,需要进行分块和分级处理,构建金字塔模型。在使用电子地图搜查某个地点时,一般会先显示一张整体图。为了看清楚该地点附近的具体情况,可以局部放大地图,在此过程中,每放大一次地图,电子图片都会及时更新。对于同一区域,可能存在多组表示该区域的不同图片,这些图片组按照不同的放大级别用"层"来描述。这些栅格地图会被分割成多个方形,也就是瓦片(Tile),这些瓦片可以组成层级顺序的瓦片金字塔。瓦片金字塔中,越靠近底层,数据的分辨率越大,可以更好地反映原始地形详情。GIS中金字塔模型常用的投影方式有两种,即墨卡托投影和地理坐标投影,如图4-38所示。每个栅格数据集只需要构建一次金字塔,之后每次查看栅格数据集时都会访问这些金字塔。对于镶嵌数据集,则需要使用专门工具进行构建。

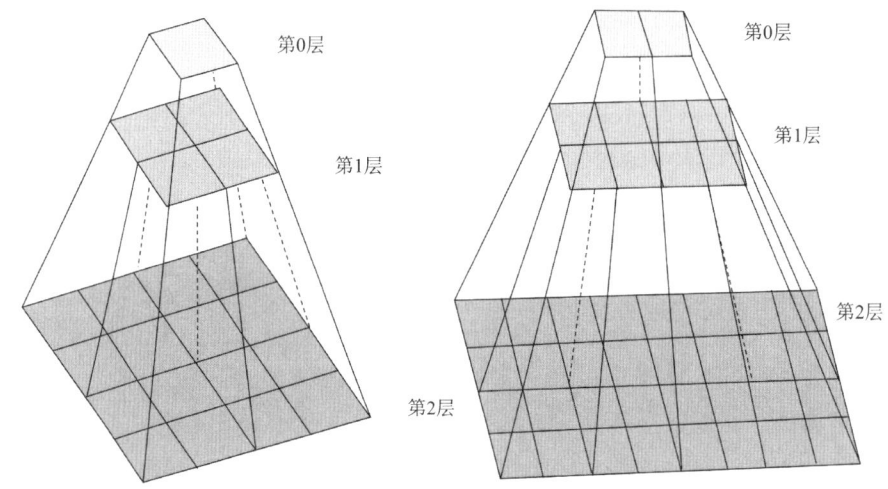

图4-38 墨卡托投影金字塔模型(左)与地理坐标投影金字塔模型(右)

2. 数据库存储

数据存储管理模式随着计算机软硬件水平、数据规模特征以及实际应用需求的不断变化而不断演化,至今已经历了五代演变的过程,如图4-39所示。这些演变表明,数据存储管理模式已经成为一个重要且不断发展的领域。在这些演变中,越来越多的新模式和新技术被引入,以适应不断变化、增长和多元化的数据与应用需求,同时保持高效管理和快速访问的要求。

栅格瓦片金字塔数据是在线影像地图服务的主要数据源之一,具有数据量巨大、小文件数量众多、空间特征明显、管理难度大以及调用效率要求高等特点。栅格瓦片金字塔数据的特殊性质再次凸显了数据存储管理模式的背景和重要性。目前,存储瓦片金字塔数据有两种主要方案。第一种方案是基于文件存储方式,该方案的优点在于其编程自由度较高、结构简单,但由于存在目录和小文件数量众多的缺点,会导致管理模块编程量大。第二种方案是基于关系数据库存储方式,该方案可以通过在关系数据中存储索引和数据,或者是通过关系存储索引、文件存储实体数据的方式来实现。相对于文件存储方式,该方案能够避免小文件数量多的问题,降低管理模块的编程难度。但是,该方案的性能依赖于关系数据库,因此其灵活性和扩展性比较有限。

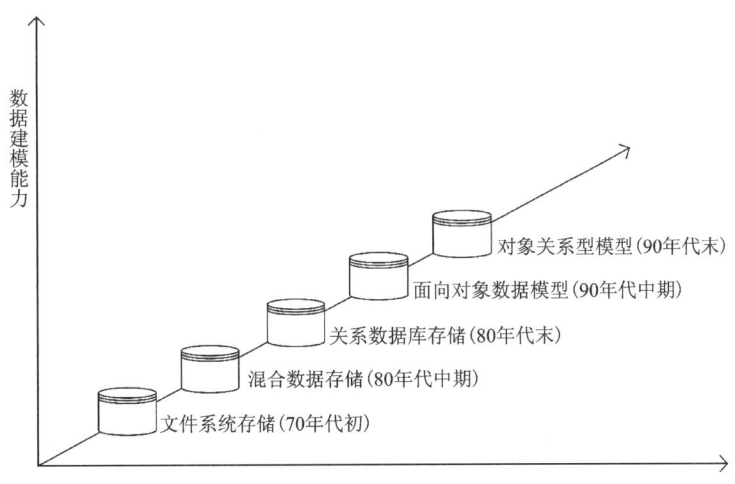

图 4-39　GIS 空间数据存储结构 20 世纪的发展

ArcGIS 地理数据库是一种原生数据模型,它能够存储包括栅格数据集、镶嵌数据集以及栅格目录在内的各种信息数据,这些数据集合可以存储在通用文件系统文件夹或多用户关系数据库管理系统中。在一些情况下,可以将栅格数据存储在此数据库中,比如在需要管理影像、添加行为和控制方案时,需要将一组明确定义的栅格数据集作为地理数据库管理系统的一部分进行管理时,或者需要将全部内容使用单一架构来管理时。这种存储方式也可以提供更好的数据安全性和可靠性,更便利地管理和查询操作,因此具有更广阔的应用前景。地理数据库主要有两种类型:企业级地理数据库和文件地理数据库。目前栅格数据的存储主要是依靠主流的空间数据库管理系统产品来进行。这种建立初始栅格数据库的方式在面对海量数据时,会出现操作繁琐、用时较长、数据备份和更新困难等问题。此外,在使用地图瓦片和切片技术来组织数据时,需要预设参数,灵活性较差,且处理后数据量大、难以快速进行并发访问。为了解决这些问题,有学者采用 Hadoop 系统实现栅格瓦片数据的分布式存储管理,即采用多个文件存储一个金字塔,有效提升了各方面的效率和性能。但受计算机网卡、内存和硬盘 I/O 等的限制,多线程区域瓦片并发查询的实验结果不能完全反映出真实的效率对比,未来还有待进一步研究。

二、矢量数据存储

矢量数据是通过记录空间对象的坐标和关系来描述物体在地理空间中的几何位置,通常由用于描述物体空间位置的空间数据和用于描述物体特征的属性数据组成。不同的数据组成决定了不同的矢量数据结构和存储方式。相较于栅格数据,矢量数据的优点在于其数据可提供更高的地理准确性,可储存拓扑信息,数据结构紧凑、冗余度低且可呈现更美观的显示效果。总体上来看,矢量结构具有"位置明显,属性隐含"的特点。

(一)存储形式

矢量数据按照空间数据和属性数据的储存方式可分为地理关系矢量数据和基于对象的矢量数据。

1. 地理关系矢量数据模型

地理关系矢量数据将空间数据和属性数据分开存储,地理关系数据模型使用图形文件来存储空间数据,使用关系数据库来存储属性数据,并通过唯一标识符(ID)进行关联和衔接,如图 4-40 所示。在数据存储过程中,要想进行相关的查询、分析和数据显示等空间操作,空间和属性数据必须保持同步。根据数据是否具有拓扑关系,地理关系数据模型又被分类为两种数据结构:拓扑数据结构和非拓扑数据结构。拓扑数据结构可以记录矢量要素之间的空间关系,如相邻、相交、包含等,从而提高数据的完整性和准确性;非拓扑数据结构则只存储矢量要素的几何信息,如坐标、形状等,不考虑要素之间的空间关系。ESRI 的 Coverage 是一种典型的使用拓扑数据结构的矢量数据类型,它可以有效地处理复杂的空间分析和编辑操作。Shapefile 文件是一种常见的使用非拓扑数据结构的矢量数据类型,它具有简单、通用和易于转换等优点,是目前最流行的矢量数据格式之一。

图 4-40 基于地理关系的矢量数据模型示例

2. 基于对象的矢量数据模型

随着计算机技术的不断进步,基于对象的数据模型也成为了地理信息系统研究人员关注的热点。它将空间数据和属性数据封装成一个对象,对象之间可以有层次关系和拓扑关系,避免了数据存储的分散和不一致。在基于对象的数据模型中,一个空间要素可以与其属性和方法相对应。这些属性和方法不仅反映了空间要素在现实世界中的特征,而且还能够让我们更方便地在 GIS 中进行交互式的处理。

目前广泛使用的基于对象的数据模型为 OGC(open GIS consortium)提出的几种简单要素模型。如图 4-41 所示是为 OGC 所提出的几何数据模型之一。几何对象模型的核心是一个依赖空间参考系和测量参考系的几何类,从该类中派生出了点、线、面和几何集合以及多点、多线和多面。OGC 提供的矢量数据模型结构简单、易于理解,具有很好的可扩展性,因此得到了广泛的应用。

相比早期 GIS 矢量数据模型,基于对象的矢量数据模型具有多方面的优势。首先,它能够更好地模拟客观世界,符合人们的认知方式,更容易被理解和接受;其次,它具有可扩展和可修改的优势,可以方便地进行数据共享;再次,其所具有的多态性可以使一个对象对应多个表示体,并提供了便利的多比例尺综合表示机制;最后,它可以提高 GIS 软件模块的可复用性

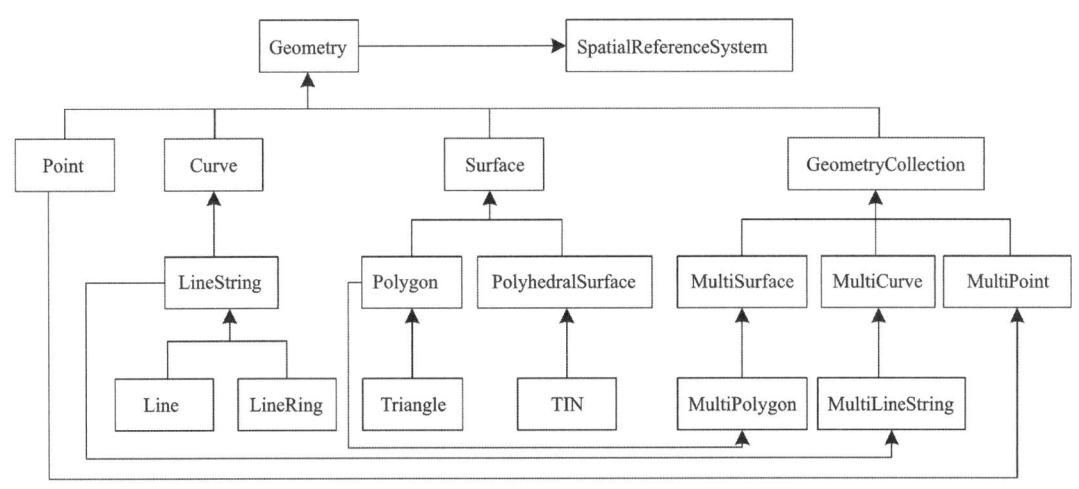

图 4-41 OGC 简单要素规范中的几何数据模型

和可扩展性,是分布式 GIS 构建的基础。但需要注意的是,该模型存在拓扑关系需要临时构建、数据之间的关系难以维护、GIS 局部或全局分析效率有待提高等问题。

(二)存储技术

GIS 的发展促进了多种数据存储方式的出现,包括文件存储、文件和关系数据库混合存储、关系数据库存储、面向对象数据库存储和对象关系数据库存储。

面向对象数据库存储方式将矢量数据的空间数据和属性数据作为一个对象存储于数据库中,具有强大的建模能力,但由于缺乏结构化查询语言,不便于查询空间数据。而对象关系数据库将空间对象以离散对象的形式存储于关系数据库中,并使用 BLOG 字段存储其坐标数据,还提供了索引机制和操作函数,能够有效地查询和操作空间数据,也成为目前最流行的矢量数据存储方式。空间数据由于其分布性、多源性以及数据模型和空间关系的特殊性,具有很高的存储与管理复杂性,对 GIS 的处理效率有一定影响。为了解决 GIS 应用与空间数据集成中数据提供和访问模式方面的瓶颈问题,目前大多数信息管理系统采用关系数据库进行数据的存储管理,并使用空间数据库管理系统产品进行空间数据的管理。

三、文本资料存储

文本资料包括任何由书写所固定下来的文字资料,也可以指计算机可读的、主要用于记载和储存的文字信息。常见的文本资料有书籍、杂志、电子文档等。

(一)存储形式

文本资料常用的存储格式有 TXT、DOC、RTF、WPS 格式。文本素材中汉字采用国标码统一编码和存储,英文字母和符号使用 ASCII 编码和存储。

1. TXT 格式

TXT 是一种常见的文本格式,具有体积小、存储方便、跨平台传输和共享性好等优点。但是,TXT 格式也有一些缺点,如只能支持纯文本,无法显示图像等多媒体信息,也无法保存标签记录和书签等功能,这些可能限制了文本信息的表达效果。

2. DOC 格式

DOC 是微软公司的专有存储格式,是目前广泛使用的文本格式之一。与其他格式如 RTF 和 HTML 相比,DOC 格式能够支持更多的文字格式、脚本语言及复原等信息,具有更强大的功能。然而,该种格式兼容性较低,只能在特定的平台和软件上进行查看和编辑,不方便共享和实现跨平台传输。因此,选择该格式时需要考虑文本存储的需求和使用场景。

3. RTF 格式

为解决 DOC 格式开放性较差的特点,微软公司开发了一种主要用于不同文字处理软件之间的文本交换的跨平台文档格式,即 RTF 格式,也称为丰富文本格式。当将 WPS 文件另存为 RTF 格式时,用 Word 进行编辑处理时,原来 WPS 下的文字设置不会改变。RTF 的这种通用兼容性,使得其在多平台的信息兼容方面具有广泛的应用。然而,RTF 格式由于嵌入了控制符号而文件较大,且无法保存 Word 等应用软件特有的格式,这也导致了其在一些功能和特性方面的限制。

4. WPS 格式

WPS 格式则是金山公司开发的文本存储格式,该格式与 DOC 格式类似。WPS 文件由 Microsoft Works Word Processor 创建,并且不包括 Word 文档包含的高级格式化选项和宏。相较于 RTF 格式,WPS 格式的通用性受到一定的限制。

(二)存储技术

传统的文本存储是利用软盘、硬盘、移动硬盘等物理介质来保存数据,但这种方式容量有限、易损坏、不便携带。云存储技术是基于云计算技术的一种新型数据存储方式,它将数据存储在互联网上的服务器中,用户可以通过网络随时随地访问和使用数据,同时也可以享受云计算提供的各种服务。云存储技术具有容量大、安全性高、成本低和易扩展等特点,更能满足土地数据存储需求。在云存储发展过程中,网盘已经成为一种常见的云存储载体。目前,国内外已经推出了许多云存储服务产品,提供着各种各样的功能。例如,Google 云端硬盘拥有快速的传输速度,能够及时地存储信息,更适合于分享和协作。而 Dropbox 则注重存储和同步功能,在增量同步方面表现突出,同时也提供文件历史版本保存、文件链接分享和多人协作等协同办公的功能。无论是哪种云存储服务,都在不断发展和优化,以更好满足用户不同需求。

四、视听资料存储

视听资料是一种基于现代科技设备,利用电信号来记录、存储和重现图像和声音的数据形式。在土地科学领域,问卷调查录音、新闻报道、纪录片等都被视为视听资料,例如,为收集某自然村村民对于自愿退出宅基地的意愿信息,技术人员可以通过手机录音软件记录问卷调查的过程,以便后期分析。这些录音文件就属于视听资料的一种。视听资料具有准确、直观、生动、高效和信息量大的特点,常见的格式有 AVI、MPG、WMV、MP3、MP4 等。视听资料的存储技术主要包括硬盘阵列、光盘库和数据流磁带库三种。硬盘阵列读取速度快,适合存储常用视听资料,方便多人在线查看。其他不常用的视听资料则应采用后两种方式进行存储,以便管理人员后期查询。最后,全部的视听资料需要以专业化的数据库进行管理,并需要具备查询、检索等功能。

(一)存储形式

1. AVI 格式

AVI 格式是由微软公司在 Windows 平台下制定的一种数字影音文件标准。通常情况下,AVI 文件是由视频采集卡将模拟信号转换为数码信号所生成。虽然 AVI 格式文件体积较大,每分钟录像片需要转换成的文件大小约为上百兆字节,但由于其可在非线性编辑中广泛使用,因此一直深受广大用户的喜爱。

2. MOV 格式

MOV 格式是由苹果公司开发的一种影片格式。它被广泛应用于存储常见的音频视频文件类型,并支持各种数字媒体效果。MOV 格式的文件可以在线播放,也可以作为视频流格式在互联网上传输。MOV 格式在视觉和听觉方面有着优异的表现,是一种高质量的视频编码格式。

3. MPG 格式

MPG 格式是由动态图像专家组(motion picture experts group,简称 MPEG)制定,并被国际标准化组织(ISO)认可的一种视频标准,具有较高的压缩比和较好的图像质量。现已逐渐成为数字视频领域的重要标准格式之一。

(二)存储技术

1. 硬盘阵列

硬盘阵列是多个磁盘组合而成的一个大容量磁盘组,其利用数据条带化方式组织各磁盘上的数据,以提升整个磁盘系统性能。该存储技术通过冗余校验和镜像机制提高数据安全性,即使磁盘出现故障,仍可以提供数据访问和恢复失效数据。硬盘阵列可节省储存空间且性能优秀,支持多人同时在线访问并进行快速读写以展现出用户所需要的检索内容。

2. 光盘库

光盘是利用激光原理进行读写的设备,用于存储各种多媒体数字信息。光盘存储可支持长期保存达 100 年,且能离线存储海量数据。带有自动换盘机构的光盘网络共享设备被称为"光盘库"。一个光盘库拥有储存数百张光盘的能力,尽管读写速度较慢,但是由于适合多人同时进行查询工作,因此其被广泛使用于后期处理场景中,以提高全体成员的工作效率。与硬盘阵列相比,光盘库价格性能优势较为突出,但读写速度较慢。

3. 数据流磁带库

磁带作为一种记录声音、图像、数字或其他信号的载体,由于不易受到病毒感染且支持离线存储,常被注重数据安全的单位应用于重要数据的备份。磁带库属于基于磁带的备份系统,它由驱动器、机械手臂和磁带槽位等重要组件构成。驱动器完成数据的读写操作。机械手臂负责自动拆卸和装填磁带。磁带库可以提供基本的自动备份和数据恢复功能,多用于实现集中式网络数据备份。磁带库结构可靠性高且适合长期数据备份,能够更好地保障数据安全。然而,数据流磁带库,虽然是较为廉价的数据存储方式,但由于在各种效果上都不如其他方式,因此只适合于视音频材料的备份,并不适合在线浏览。

4. 云储存

分布式处理、网络通信技术的进步,使得土地数据存储从封闭走向开放、从单机走向网络化。与文本资料存储类似,云存储可以满足土地科学领域大容量存储、数据共享、信息充分利用、数据备份与安全等多种需求。此外,随着存储硬件、软件及相关技术的不断发展,存储介质的容量、传输速度、可靠性也在不断提高。

五、存储技术前沿

2018 年,自然资源部发布《关于切实加强第三次全国土地调查数据库建设工作的通知》,要求各地区、各部门充分认识数据库建设的重要意义,统筹安排做好数据库建设工作。2021 年,我国完成了第三次全国国土调查,深入系统全面地调查清楚了我国国土自然资源的基本情况,建立了覆盖国家、省、地、县四级的国土调查数据库。

本次建立的国土调查数据库包括基础地理要素、土地利用要素、永久基本农田要素、栅格要素、其他土地要素和独立要素等内容。第三次全国国土调查主要数据公报显示,本次调查全面采用优于 1m 分辨率的卫星遥感影像制作调查底图,后续更新调查过程中则使用优于 0.5m 高分辨率影像,历时 3 年,21.9 万名调查人员先后参与,汇集了 2.95 亿个调查图斑数据,比第二次全国土地调查时的 1.45 亿个增加了 1 倍多。由此可见,传统的数据存储技术已难以高效存储相关数据,亟须利用新兴大数据存储技术来对海量数据进行有序梳理与存储,以保证数据的质量和处理效率。

(一)区块链技术

区块链起源于中本聪的比特币,作为比特币的底层技术,本质上是一个由多方共同维护,可实现数据存储一致性、防篡改和防抵赖的去中心化的数据库。通俗来说,区块链技术就是一种全民参与记账的方式。我们可以把数据库看作是一个大账本,而要管理好账本,谁来记账的问题就变得很重要。目前各大系统遵循的是"谁的系统谁来记账"的原则,如微信的账本由腾讯进行记录,淘宝的账本由阿里巴巴记录。但在区块链系统中,系统中的每个人都可以有机会参与记账。在一定时间段内,如果有任何数据变化,系统中每个人都可以来进行记账,系统会评判这段时间内记账最快最好的人,把他记录的内容写到账本,并将这段时间内的账本内容发给系统内所有的其他人进行备份。这样系统中的每个人都得到了一本完整的账本。这种方式,我们就称它为区块链技术。与传统技术对比,区块链的特征包含几个方面:智能合约技术和分布式节点公式算法,可使数据具有一致性,可靠性高;非对称加密算法和分布式账本,可使数据不被篡改,可信度高;分布式数据库和数字签名等技术,可使数据具抗抵赖,安全性高;网状直接协作机制,可使数据更加透明,可追溯性高。

区块链是由链式结构、共识机制、智能合约、P2P网络结构、签名算法、公钥加密算法等技术共同实现的分布式账本系统。每一项技术分别实现了区块链的一种特征。其中,链式结构指的是每个区块都包含了前一个区块的哈希值,这样就形成了一个不可篡改的链。这种链式结构可以保证数据不被篡改,因为一旦某一个区块的数据被篡改,会导致整个链的哈希值发生变化。共识机制是指区块链技术中的各个节点通过协商达成共识,确认新区块的添加。在不同的区块链平台中,这种共识机制可能不同,比如比特币采用"工作量证明"机制,以太坊采用"权益证明"机制。共识机制的作用在于保证新数据的安全可靠,并避免出现分歧。智能合约是一种基于区块链技术的自动执行的合约,它可以在没有第三方机构的情况下自动执行约定的条件,并自动释放资金或变换资产等。智能合约的优势在于不需要中间人干预,具有高效、便捷、可信等特点。P2P(点对点)网络结构则是指区块链技术中各个节点之间相互连接,所有节点平等地拥有相同的权利和地位。这种网络结构的优势在于去中心化,不易遭受单点故障,具有高可靠性和鲁棒性。签名算法是指区块链技术中的数据签名机制,通常采用的是非对称加密算法。这种算法可以确保数据的真实性、完整性和不可否认性,同时也可以避免数据被篡改或伪造。公钥加密算法是指区块链技术中的一种加密方法,它使用两个密钥,一个是公钥,一个是私钥。公钥可以向所有人公开,任何人都可以使用公钥来加密数据,但只有持有私钥的人才能解密数据。这种算法可以确保数据的安全性和可靠性,同时也可以方便地实现数据的加密和解密。根据区块链所使用的各种技术,区块链系统可分为数据层、共识层、合约层、应用层,如图4-42所示。

近年来,区块链、大数据和人工智能等高新技术的快速发展促使土地科学领域进行革新。在不动产登记领域,基于区块链的共识机制,不动产确权登记的统一主管部门可为上链的不动产数据资产提供权威验证,明晰不动产权属状况,消除冗余、错误的信息,保障数据资产的整体可靠性。在土地资源调查与评价方面,土地调查数据库的建设往往面临数据体量大、信息化程度低和易被篡改等挑战,区块链具有的上述全程留痕和不可篡改等特性,使得在区块链上保存的土地资源调查数据能够实现可追踪与防篡改,从而能够更安全地保存数据。目前,基于区块链技术的土地数据存储应用主要集中在土地资源信息系统和框架方面,而对基础测绘数据的存储和访问方面的研究还不充分。针对非结构化数据的区块链存储方式,通常是对文件本身进行数字指纹生成,即采用哈希算法对数据进行加密。但在土地调查场景下,数据规模庞大,包括点云数据、栅格数据和元数据等,直接进行数字指纹生成的方式并不适用,会导致保存时间过长、效率低下。为实

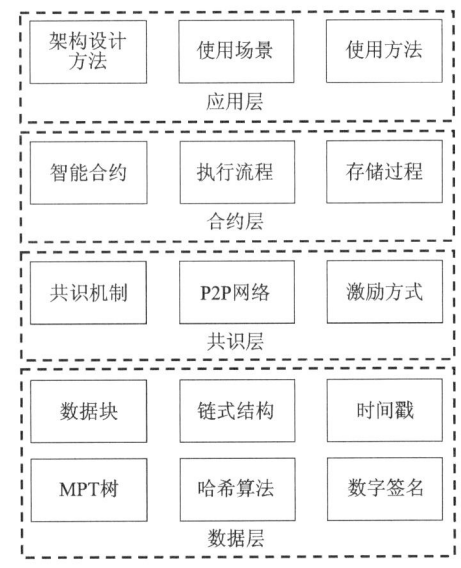

图 4-42 区块链技术层级

现土地资源数据的安全高效存储与溯源,有学者提出了一种基于区块链的数据存储模型(模型架构如图 4-43 所示),分别设计了点云数据压缩算法、分布式数字指纹生成算法和链上链下数据关联检索算法,实现了相关数据的链上链下高效存储及协同检索。该模型实现了数据提交后的防篡改功能,但对数据采集前的源数据是否被篡改还有待进一步的研究与查验。未来还需进一步聚焦于数据提交时可能出现的"源头篡改"问题,以对模型进一步优化并加以应用。

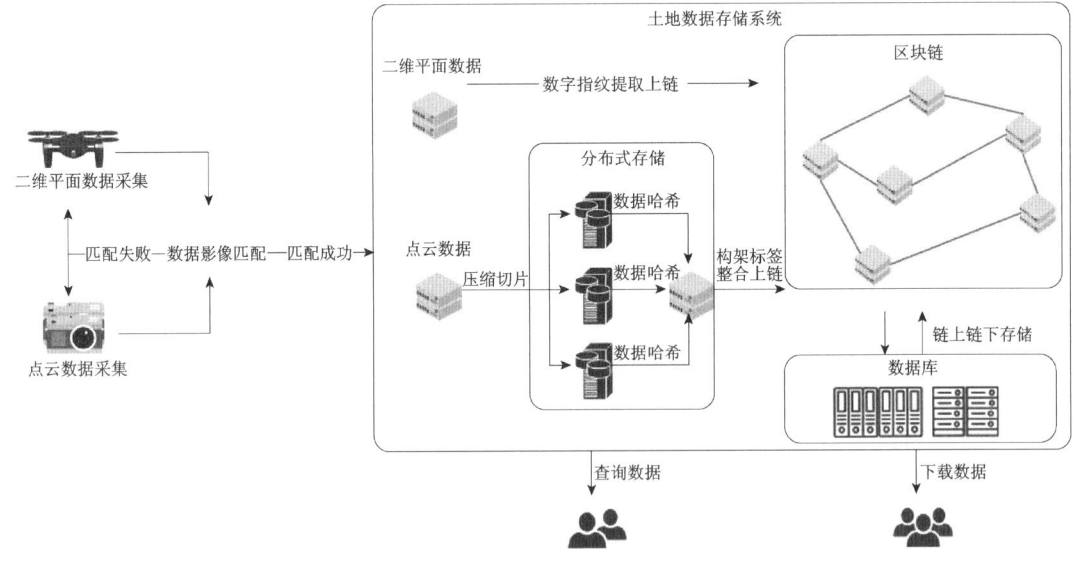

图 4-43 基于区块链的土地数据存储模型架构

（二）数据湖技术

大数据时代，物联网、社交网络、科学研究、音视频等产生了大量的半结构化和非结构化数据，并且这些复杂多变的数据都是烟筒式的分散数据集。企业和组织需要通过更有效的数据架构来存储和处理这些杂乱的数据，以及采用更灵活的方法进行数据分析。传统的数据集和数据仓库已经不能满足复杂数据处理和分析的需求。灵活性不高、存储成本高以及不善于处理多类型数据，以上三点是传统数据存储技术所面临的最大挑战。为了对这些复杂数据进行全面、灵活的分析，近年来出现了数据湖的概念。

数据湖是以原始数据格式存储各种来源数据，简化和改进大数据存储、管理和分析的一种技术。与以往的数据仓库相比，虽然两者都集中存储不同来源数据，并为组织提供了数据分析、挖掘和决策方面的数据管理和处理平台，但数据仓库是以经过处理的数据和已过滤的数据为获取对象，而数据湖则是以原始或未经处理的数据为获取对象。当前，数据湖在许多领域的应用中都取得了不错效果，如智能电网、医疗保健、教育、航空航天等。在土地科学领域，数据湖在国土空间规划、土地资源评估与动态监测、智慧农业和土地资源管理等方面均有应用。在国土空间规划领域，数据湖技术可以将不同来源的土地利用数据，如卫星遥感数据、土地调查数据和城市规划数据等，进行整合和存储。这样可以方便研究人员和决策者在进行土地利用规划时，快速获取和分析各种土地利用数据，为国土空间规划和决策提供科学支持。在土地资源评估方面，数据湖技术可以用于存储和管理土地资源评估相关的数据，包括土壤数据、气候数据、地形数据等。在农业领域，减少人工干预程度决定着农业智能化的高度，而其中基于大数据管理的智能农业平台一直是很多研究者关注的重点。智能农业数据湖支撑着农业发展进程，在空间分布、水利管理、农机系统的维护等方面提供有用的决策建议。在土地资源管理方面，数据湖可以作为一个中央数据存储库，实时接收和更新土地资源管理系统中的各种数据，包括来自不同部门或系统的数据，使得数据的集中存储和管理更加方便和高效，便于土地资源管理者对数据进行分析、挖掘和洞察。例如，自2020年3月广东省自然资源厅办公室印发《广东省全民所有自然资源资产清查试点工作实施方案》，要求推动全省全民所有自然资源资产清查数据库建设和应用以来，相关技术人员与研究者即开始积极探索数据库的架构设计与应用实践。在此背景下，广东省国土资源技术中心技术人员于2022年提出了基于"数据湖"概念构建的全民所有自然资源资产清查数据管理与分析应用系统。该系统运用关系型数据库、数据仓库、空间数据引擎、地理文件数据库、文件目录设计模式等进行设计，涵盖土地、矿产、森林、草地、湿地、海洋六类自然资源，是一个集空间图形数据、业务管理数据、统计分析数据、成果档案（如清查）数据、相关业务系统数据等多库于一体的综合性数据仓库。系统采用 GeoScene Data Store 存储空间大数据，不仅支持现有的省、市、县三级全民所有自然资源资产数据以及相关参考数据，还能充分考虑数据历史版本以及未来权益业务有关数据的存储，按照数据量预估年度数据量和年增长数据量，有效提升空间数据的运算与存储性能，为后续新增数据的构建奠定基础。图4-44是该系统的数据架构设计图。

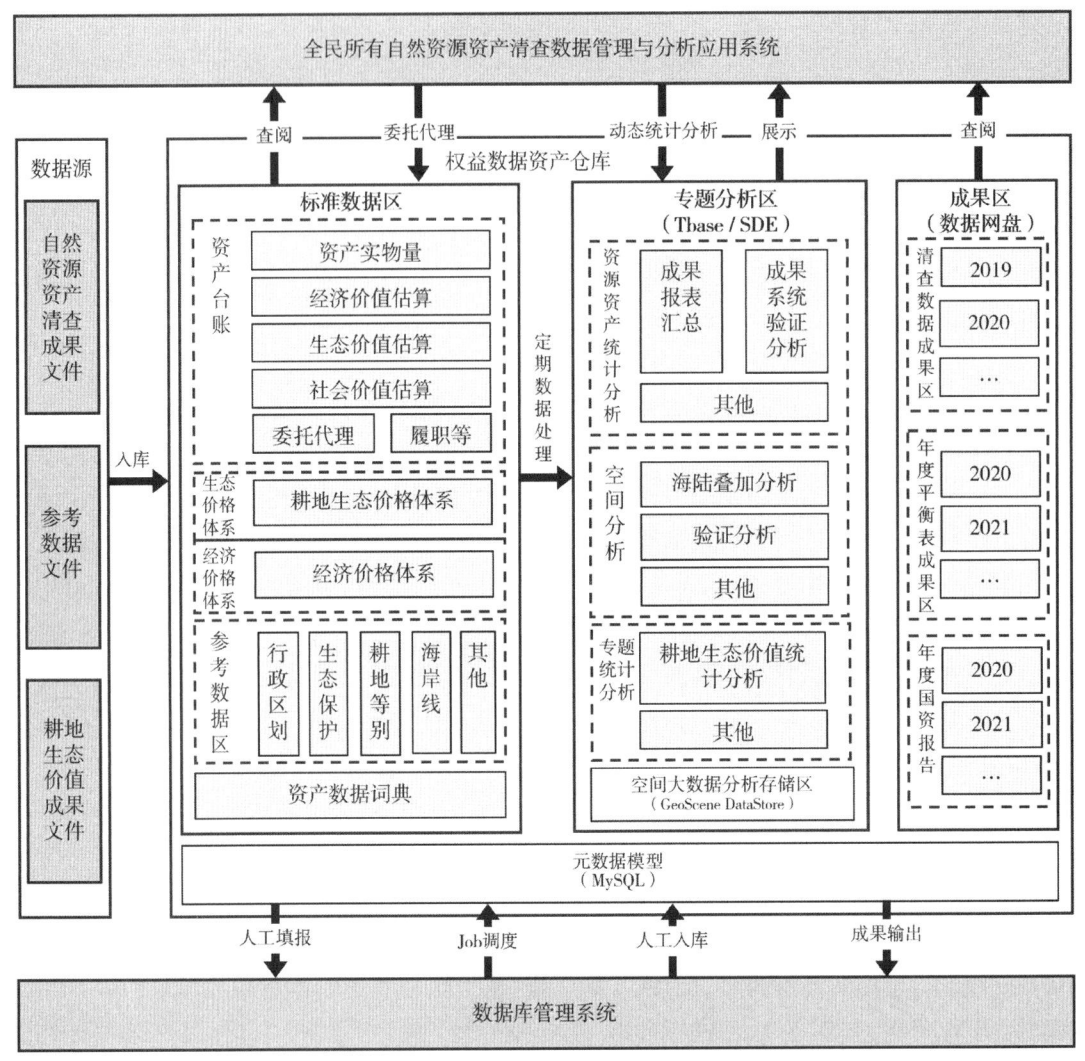

图 4-44　全民所有自然资源资产清查数据管理与分析应用系统架构设计图

第三节　土地数据维护与管理

一、土地数据维护

数据维护是对数据进行日常的保护、管理和更新，以确保数据的安全性、可移植性和长期价值，数据维护的重要性不言而喻，它是持续管理的基础。数据维护涉及多个方面，包括数据选择、数据准备、数据维护周期和数据日常维护等。首先，数据选择不仅要考虑数据内容，还要考虑数据形式，选用长期有效的文件格式或者物理形态来存储数据，并根据需要及时更新数据形态，防止数据形式带来的影响导致数据无法使用。其次，在数据准备过程中需要进行数据核对，既要确认数据不存在涉及机密或隐私信息的问题，也要确保数据质量可靠，同时还要征得利益相关者的同意。再次,数据维护周期的鉴定也是维护工作的一个重要环节。科研人员与数据管理人员要共同参与并确立相应的规范,以保证数据价值的发挥,同时提高数据维护工作的效率。最后,数据的日常维护是保证数据完整性、真实性和可持续性的关键,需要采取定期检查、备份和恢复等操作来确保数据的有效性。

(一)主要内容

1. 维护方案制定

制定合理科学的数据运行和维护方案非常重要,其中包括划分应急处理等级、制定响应时间、制定数据运行和维护计划、明确相关组织结构、确立职责任务、加强防范措施以及落实关键环节等过程,并且需要建立稳固的保障系统。

2. 备份与恢复

为避免数据丢失,必须按照数据备份制度和备份策略进行日常备份,按操作规程进行系统和数据的备份,当发现系统在异常时,应及时进行恢复操作。备份策略应明确数据备份内容、时间和方式,并尽可能采用多层体系结构的备份软件,实现数据备份的统一管理。

3. 管理与监控

按照预先制定的维护计划,对数据资源目录、数据库系统进行定期维护、监控和优化,确保数据库系统始终处于良好的运行状态。维护数据库需要进行一系列操作,包括一致性检查、更新和重建数据目录和索引、备份系统和用户数据库、检查文件大小和系统冲突、定期查看日志是否有错误,以及检测监控数据库的大小、增长情况和磁盘自由空间的使用情况等。

4. 归档与检索

根据数据的使用频率、数据量和磁盘容量等要素,制定数据离线归档策略。在需要的情况下,可将归档数据放到数据中心进行在线检索和处理。

5. 监督与评价

为了及时发现问题并加以改进,建议聘请或委托专门机构对数据运行、维护管理情况定期进行检查和评估。同时,要利用第三方监控软件对数据管理系统的安全运行状态进行监控。月度检查情况、监督员监督报告和监控报表将与目标考核挂钩,形成定期监控报表。另外,可以通过定期审核和评价数据中心的运行状况,查看系统是否处于有效适用状态。

(二)技术要求

进行土地数据维护时,需要满足以下技术要求:优先采用元数据管理方式,定期管理和维护元数据,并可结合数据安全综合监控管理平台、数据访问行为控制和数据安全综合审计等方法,保证数据管理有效。其次,采用实时监控、定期维护和应急故障处理相结合的机制,对系统运行状态、用户访问行为进行监控和记录,确保数据运行的顺畅性。此外,需要采用灾难恢复技术。备份与恢复系统需考虑网络带宽、平台选择、安全性、容量适度冗余和扩展性等因素,保障数据库的可靠性。最后,在系统崩溃后,备份与恢复系统应该能够快速完成数据库的还原和恢复,以确保数据库正常运行。

(三)数据维护面临的挑战

数据维护是一项综合性的工作,涉及数据选择、数据准备、数据维护周期和数据日常维护等方面,面临着许多问题与挑战。在数据选择方面,存在多种来源数据、复杂的数据格式以及数据质量容易受到干扰等问题。数据来源多样的情况下,需要对数据进行筛选,确定哪些数据是重要的、有价值的,哪些数据可以被舍弃。同时,不同的数据来源可能存在格式不一致、重复数据、编码不统一等问题,需要进行数据清洗、转换和整合操作。此外,数据采集过程中,可能会存在数据丢失、采集错误等情况,导致数据缺失、数据错误等问题,需要进行数据质量检查和校验,处理数据的不一致性、缺失值、错误值等问题。

同时,互联网和云技术的广泛应用使得企业和个人所管理和维护的数据量不断增大,数据的被攻击和泄露风险也不断增加,如黑客攻击、病毒威胁、钓鱼邮件等,可能导致数据的泄露、篡改、丢失或不可用,数据安全问题备受关注。数据安全问题是数据管理和维护中的一个重要方面,影响着企业数据的机密性、完整性、可用性以及其他方面的质量和属性,需要采取系列措施降低数据泄露和被攻击风险。例如,采取身份验证、访问控制、加密传输等方式来保证数据的安全性;采用备份和恢复技术来备份重要数据;加强员工数据安全培训,提高数据安全意识等。此外,企业还可以借助数据安全技术和服务,如数据加密、数据备份、数据恢复等,来降低数据泄露和被攻击风险。

此外,在数据维护成本方面,随着业务的发展和要求的变化,组织需要对数据进行及时更新、处理和分析,使得数据维护和管理对组织成本和人力资源的需求不断提高,为数据维护带来了不小的成本压力。

二、土地数据共享

土地数据共享是指通过共享矢量图形数据实现空间数据共享。由于矢量图形数据存在空间参考坐标的差异,通用GIS平台提供的成熟的坐标转换模块可以实现不同数据存储格式间的土地空间数据共享。因此,本节主要研究基于GIS平台的土地数据共享问题。

土地数据共享的发展历程表现出两个显著特点。一是GIS数据共享方式发生了变化。随着软件技术的发展,数据共享方式和手段在不同的时期发生了变化。早期的单机环境下更多采用数据转换的传统模式,而近年来,分布式计算技术的方式受到重视。二是数据共享的实现方式经历了从单一的结构性共享向更抽象的地理模型共享的变化。传统的数据转换方法更多考虑的是空间数据结构的转换,难免会出现信息丢失、精度损失等问题。因此,需要互操作模式来解决地理信息共享的问题。这种模式可以处理全方位概念上的地理信息共享,同时可以从语义共享层面上实现数据共享,解决信息共享中的问题。

数据的共享程度可反映地区和国家的信息化发展水平。在实现数据共享之前,需要建立统一的、法定的数据交换标准,并制定相应的数据使用管理办法,包括数据版权保护和产权保护等规定,签订数据使用协议,以达到真正的信息共享,打破各部门和地区的信息保护目的。

(一)主要内容

1. 建立数据共享交换系统

为实现数据共享和交换,还需要建立数据共享与交换系统,包括基础平台、共享与交换服务体系和信息发布与用户管理体系三个部分。其中,基础平台为数据共享与交换提供技术保障;共享与交换服务体系提供分享和交换数据的功能;信息发布与用户管理体系则负责确保用户的使用体验和服务质量。

2. 建立数据共享交换机制

为推动数据共享和交换的发展,需要建立规范化的管理机制与技术标准,确保系统的稳定性和持续运行。数据中心应制定符合国家和行业标准的数据共享和交换技术标准,促进数据共享和交换。

3. 数据共享与交换的审核

在共享与交换过程中,相关人员还应对共享和交换的数据进行严格审核,以确保数据的可信度。这些措施的实施有助于推动数据共享和交换的顺利发展,促进信息化建设。

(二)技术要求

在进行数据共享和交换时,必须遵守信息安全和保密相关规定,包括元数据、数据实体和其他相关信息。对于非涉密数据交换,可以使用远程网络进行;如果数据量较小,则可直接通过互联网进行交换。共享系统应提供用户统计管理功能,并规定适当的响应时限以满足不同服务内容和用户需求。同时,需要利用中间件技术或相关传输服务程序以确保数据在传输过程中的安全、可靠和完整性。为增加数据交换过程的透明度,方便数据的管理,数据交换系统应提供日志、审计、查询和监控等辅助功能。

总之,土地数据共享应建立规范的管理机制和技术标准,制定用户分级制度,认定涉密和非公开数据,建立数据共享与交换系统等措施,以推动数据共享和交换的顺利发展,促进信息化建设。

(三)主要途径

在 GIS 发展的早期阶段,不同的 GIS 系统使用不同的数据结构,这给数据共享带来了极大阻碍。归纳起来,目前已有的数据共享途径主要有传统 GIS 数据共享、仿 ODBC 空间数据共享、互操作共享和基于 GML 的土地管理数据共享四种。需要注意的是,空间数据和属性数据一般是分开进行管理的。在数据共享的过程中,需要同时考虑两种数据的转换。

1. 传统 GIS 数据共享

1) 明码格式数据转换方法

GIS 厂商最初采用的共享空间数据方法是通过使用明码格式,在不同 GIS 系统间进行数据转换。明码格式的作用相当于数据桥梁,它可以实现软件之间的数据共享(图 4-45)。

在单机环境下,数据转换是一种快速、准确实现数据共享的方法,可以满足用户的需求。用户只需设置相关的转换参数,即可批量转换大量的 GIS 数据。因为这种方法是面向系统开发者的,所以实现起来相对容易。然而,这种数据转换方法也存在着显著的缺点。例如,数据模型的不同可能造成转换后的数据无法准确地表达原始数据信息,导致空间数据转换时信息丢失和精度损失,满足用户需求需要多次明码交换。因此,对于 GIS 数据共享和转换,需要综合考虑不同 GIS 系统之间的差异,进行数据转换前的规范化操作,尽可能地避免信息的损失和错误的发生。

2) 系统直接存取方法

为了解决资源浪费的问题,GIS 厂商之间经过协商,向对方部分或全部开放自己的空间数据格式,实现双向存取,从而实现数据共享。但是,这种方法也存在一些缺陷,如空间数据丢失、精度损失和数据表达歧义性等问题。因此,在采用直接存取方法实现 GIS 数据共享时,需要注意数据转换所带来的弊端,尽可能减少信息的丢失和精度损失,以避免数据表达的歧义。为此,最好在转换前先进行规范化处理,以免影响数据的准确性和一致性。直接读取数据访问模式如图 4-46 所示。

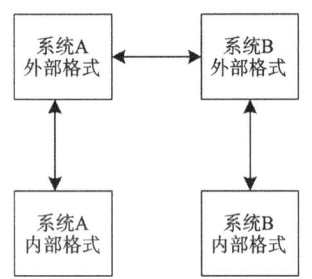

图 4-45 基于明码格式数据转换流程图

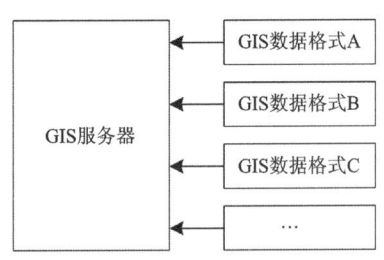

图 4-46 直接读取数据访问模式

2. 仿 ODBC 的空间数据共享

随着数据库的发展,标准 SQL 和 ODBC 技术已能够实现数据库系统间数据的共享。ODBC 技术是一种实现数据库互用性的标准,它由应用程序、驱动管理器、驱动程序和数据源四个部分构成。ODBC 技术支持两种类型的驱动程序:数据库驱动程序和文件驱动程序。数据库驱动程序可以实现空间数据和属性数据的一体化存储,提高数据的互操作性和共享性;文件驱动程序可以实现空间数据和属性数据的分离存储,适应不同的应用需求。因此,ODBC 技术是一种有效的 GIS 数据互操作和共享方法,其相互关系见图 4-47。

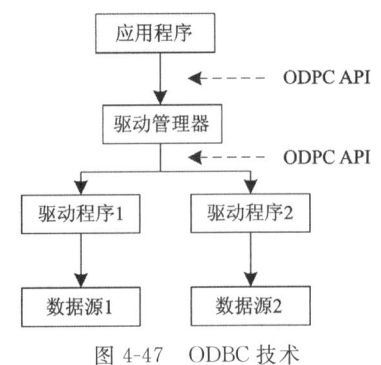

图 4-47 ODBC 技术

3. 互操作共享

不同的组织和领域对于互操作有着不同的定义。地理信息系统从功能和实现目标出发，将互操作定义为将不同数据结构和格式的软件系统集成在一起共同工作。前文提到的 OGC 是一个旨在在全球推广地理信息的共享和互操作的组织，该组织在其所制定的 OpenGIS 规范中，将互操作分为地理数据模型、地理数据处理服务和信息群三个领域。目前已经有一些公司在其产品中融入 OpenGIS 规范，但是规范仍然在不断修改完善，未来的推广和实现时间也无法确定。

4. 基于 GML 的土地管理数据共享

GML 是地理信息的 XML 编码标准，由 OGC 组织制定，是基于 OCC 的地理抽象模型之上，用于 GIS 数据的存储、传输和转换的一种语言。GML 提供了对地理空间数据的编码和存储开放的应用系统框架，同时也为地理信息互操作提供了技术基础（图 4-48）。采用 GML 的空间数据转换方法可以避免信息损失，实现了一次转换多次使用、空间数据便捷共享和多种 GIS 软件平台之间数据转换的目的。多种 GIS 软件平台的空间数据都可以用 GML 来表达，极大地方便了共享数据在网络中的传输和使用。

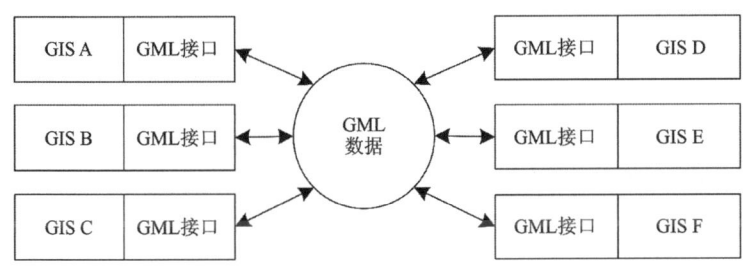

图 4-48 基于 GML 的 GIS 数据共享概念框图

（四）数据共享面临的挑战

土地数据共享是一个双面性的问题。在国家层面上：一方面，自然资源与社会经济数据对国土空间规划、学术研究以及社会各行各业未来的发展均具有良好的引导作用，因此社会对这些数据的开放具有较高的期待，政府应顺应时代潮流加大公共数据开放的力度；另一方面，自然资源信息涉及国土空间规划、土地利用管制、土地权属登记、土地征收补偿、土地市场交易等多个领域，这些领域与国家安全、社会稳定和公共利益密切相关，如果不加以妥善保护和管理，可能导致国家安全受到威胁、社会稳定受到影响以公众信任受到损害。因此，向社会开放土地公共数据是一个十分复杂的问题，土地数据共享需要考虑数据泄露、滥用、篡改等风险，必须先要明确和界定数据开放和维护国家数据安全的边界，建立相关的制度、规范和流程，确保数据的开放不会对国家安全造成威胁。这两者关系的处理，也是非常复杂和富有挑战性的。

此外，近年来，虽然我国的公共数据开放取得了明显进展，但是仍然存在数据质量不高、实用价值不强、应用成效不突出等问题。

1. 数据实用性不高

各级政务部门开放的公共数据普遍存在数据质量不高、数据价值低、机读性差等现象，在促进社会公众办事创业中的实用性还不高。一是存在"形式开放"倾向。现有开放数据从量上看形成了较大规模，但涉及核心业务办理、社会公众迫切需求的数据较少，数据质量高、实用性较强的公共数据开放程度不足，无法满足社会公众的迫切需求。二是数据更新不及时。我国各级地方政务数据开放网站开放的数据普遍周期较长，据公开资料统计，地方平台约有46%的平台没有更新数据，只有8.5%的地方平台连续两年发布了新的数据集。除上述问题外，公共数据的开放还存在监督约束机制未落实、公众评价功能较弱等问题，数据实用性有待提高。

例如，在开展微尺度土地利用变化的相关研究时，往往需要较高分辨率的卫星影像图。目前，我国所建立的高时间分辨率、高空间分辨率、高光谱分辨率的高分系列卫星工程所能获取的影像分辨率高达2m，是研究小尺度土地利用/覆被变化的优秀数据源。然而，目前可面向全球开放共享的数据仅为16m分辨率的高分卫星影像，而2m分辨率的高分一号数据需要通过高价购买或签订保密协议后才可获取。

2. 平台功能不完善

目前，国家公共数据开放网站尚处于建设阶段，部分地方建立了省级、地市级数据开放平台，但是平台建设总体良莠不齐，未能形成标准统一、互联互通的公共数据开放平台体系。同时，仅有2.4%的地方平台提供了数据请求功能且公开了用户的数据请求，仍有37.8%的地方平台未提供此功能，互动平台功能多数未能显现。此外，各地数据开放平台并未实现数据库的有效连通，各数据库之间的技术标准不同、基础设施重复建设等问题更是加大了公共数据汇聚建设的成本，增加了用户获取数据的难度，影响了用户体验。

3. 长效机制待加强

一是工作合规性仍需强化。近期正式颁布实施的《数据安全法》《个人信息保护法》等法律法规对公共数据开发利用提出了新的要求，各级政务部门数据开放工作还不完全满足数据安全法的要求。此外，我国仍无专门的数据分级分类指南、数据安全保护细则、元数据治理规范等管理规范条例。二是标准化水平仍需提升。2020年，《政务数据开放共享第1部分：总则》《政务数据开放共享第2部分：基本要求》《政务数据开放共享第3部分：开放程度评价》等相关标准的实施，从数据资源、平台设施、应用成效、管理制度和安全保障等几个方面对公共数据开放进行了规范，但是由于具体实践在标准颁布之前就已开展，各地在推进公共数据开放中尚未遵循相关标准要求优化工作，标准落地见效有待加快。三是数据开放授权机制仍未建立。我国尚未制定政务数据开放授权许可协议，无法有效规避和控制涉及个人隐私、数据安全的潜在风险，数据开放中的很多具体操作性问题无章可循，数据开放的规范化程度和可控性水平都有待提高。

三、土地数据安全(保密)系统

随着海量存储、高速网络、物联网、大数据、云计算和人工智能等技术的发展成熟,我国正大力推进自然资源信息化建设,土地数据的存储、处理、分析与应用也依托互联网而不断朝着数字化、自动化发展。北斗定位系统和航空航天遥感技术的发展,拓展了土地数据的获取方式;土地数据管理模式也从传统的纸质图件转变为空天地一体化的基础地理信息数据库,具有更高的空间精度和更快的更新频率,同时也对数据的安全性和时效性提出更高要求。然而,目前土地信息行业仍有少数单位未完成涉密测绘地理信息网络分级保护建设,安全保密形势严峻。

数据安全具有两种含义,分别是数据本身的安全和数据防护的安全。前者主要是采用现代加密算法,如数据加密、数据完整性校验和双向强身份认证等,来对数据进行主动保护;后者则是采用现代信息存储技术,如磁盘阵列、数据备份和异地容灾等手段,来对数据进行主动防护。数据安全一般适用于数据的计算机软硬件存储、备份和授权保护等策略,旨在避免未经授权的访问或使用所带来的数据损坏、破坏、毁损或泄露等问题。

(一)设计原则

设计土地数据安全系统需要在保障数据安全的同时考虑其他方面的影响,既要保护所存储的土地信息尤其是个人隐私,又要提高用户使用的舒适度。系统设计需要遵循适用性、稳定性、先进性和安全性四个原则。其中适用性要求系统能够有效地保护个人数据安全;稳定性要求系统能够稳定运行并避免数据失真;先进性要求采用无法突破的高新加密技术;安全性是系统最重要的要求之一,需要提供足够的安全性能,防止信息泄露和被窃取。

(二)技术要求

土地数据安全保密系统必须满足以下要求:资料按规定分类存档管理;设立专职安全管理员,根据法律法规完成数据安全定级工作;采用加密、数字签名、数字证书、内容防篡改等技术,防止敏感数据被恶意攻击;设置用户身份识别系统,按权限授权用户访问数据;对非网络下载数据共享服务进行备案归档;重要大型数据库应运行于专门服务器,异地备份保障数据安全;涉密数据资料由专人负责,并按照保密法规执行。

1. 防火墙技术

防火墙是一种网络安全系统,可以过滤和拦截外部对内部网络的攻击。防火墙由一个或多个部件组成,可以在不同网络之间进行设置,并控制外部访问的范围。防火墙技术的特点是不需要改变原有的互联网系统,可以智能地检查和过滤网络流量,并屏蔽危险的地址。相对于其他计算机安全技术,防火墙技术非常简洁,相当于计算机中的闸门,用于筛选和拦截互联网来往地址,只有符合互联网安全才能通过防火墙技术。防火墙技术可以有效地预防外来入侵,保障数据安全。目前,防火墙是个人和企业信息安全的重要保护措施,应用非常广泛。

2. 数据加密技术

数据加密技术是保护土地数据安全的重要手段,可以防止敏感信息泄露或被篡改。数据加密技术有两种类型:对称加密和非对称加密。对称加密技术使用相同的密钥进行加密和解密,速度快,但需要保证密钥的安全;非对称加密技术使用不同的密钥进行加密和解密,公钥用于加密,私钥用于解密,安全性高,但速度慢。工作中,可根据土地数据的保密级别,选择合适的数据加密技术。

3. 访问控制技术

访问控制技术是保护土地数据安全的重要手段,它可以从根本上保护数据的安全性。现在有许多常用的访问控制技术,例如服务器控制技术和目录控制技术,可以对所有进入网络的用户的时间、位置和登录凭据等进行控制,避免恶意访问的出现。

VPN 技术是典型的访问控制方法之一,全称虚拟专用网络,通常由客户端、服务器和传输媒介组成。利用 VPN 可以构建一个安全的远程网络访问专用网络,而且无须拥有实际物理数据线路,只需通过公共网络即可。VPN 技术主要依赖于三个防护屏障,分别为身份验证、数据加密以及隧道协议。VPN 技术的工作原理类似于在服务器上进行身份验证,验证通过后服务器响应请求。同时,在数据传输过程中,数据发送方需要进行身份认证并加密传输以保证安全。

4. 区块链技术

我们在第一节中介绍了区块链技术的基本概念,阐述了区块链技术在土地资源信息系统建设和存储土地数据方面的应用。然而,相对于数据存储,区块链最早及最广泛的应用是在数据保密领域。例如,比特币作为加密数字货币,是区块链最原始、本质的应用。在比特币系统中,每个节点复制保存所有账户"币"的状态,每生成一个块,所有节点就迁移至另一个新的状态,并记录所有交易的迁移过程。区块链技术高度依赖密码学,以保证账本的完整性、公开性、隐私保护、不可篡改、可校验等一系列特性。正是密码学的一些理论研究和技术特性,使得公有链的所有节点能一定程度上达到公平、安全、可信赖。区块链在设计之初就曾采取了多种加密手段来解决安全问题,包括利用非对称加密保证了支付可靠性,使用哈希和签名的唯一性保证了数据无法被篡改,通过去中心的分布式设计防止数据丢失等。

(1)采用非对称加密算法来保证支付过程的安全可靠性。在支付过程中,通常使用公钥和私钥进行加密和解密。公钥可以在网络上公开,而私钥只有持有者知道。因此,在进行支付过程中,只有私钥的持有者才可以对数据进行解密和签名,从而保证了支付过程的安全性和可靠性。

(2)利用哈希和签名的唯一性来保证数据无法被篡改。哈希是一种将任意长度的信息映射到固定长度值的算法。通过哈希算法,可以将一条消息转换为一段长度固定的散列值。这个散列值可以被看作消息的数字指纹,不同的消息不可能生成相同的散列值。在区块链技术中,每个区块都包含了前一个区块的哈希值。一旦某个区块的内容发生了改变,其哈希值也会相应发生变,从而导致前一个区块的哈希值也发生变化,这样一直影响到整个区块链的结构。通过这种链式结构,可以保证数据不被篡改。

(3)区块链技术还利用去中心化的分布式设计来防止数据的丢失。传统的存储方式通常是将数据存储在中心化的服务器上,一旦服务器出现问题,数据就可能丢失。而区块链技术采用分布式存储方式,将数据分散在各个节点上,每个节点都保存了整个区块链的副本。只有当多数节点达成一致时,新的交易或数据才能被添加到区块链中。通过这种去中心化的设计方式,可以保证数据的安全和完整性,即使某个节点出现问题也不会对整个系统产生影响。

当前,区块链保密技术在土地科学领域的应用主要是不动产登记和转让。区块链技术去中心化的分布式存储设计,使得不动产确权登记数据在上链后,还可同时备份在各级部门的服务器,避免被单方面篡改;同时,数据的更新、被访问以及应用,均可被全程追溯,从而确保不动产登记和转让的安全可靠性,避免虚假交易和欺诈行为。例如,我国某省利用区块链技术将土地信息存储在链上,并通过数字身份认证等技术保证数据安全和可靠性。这在当地推动了土地交易的数字化进程。此外,区块链技术还可以促进土地众包和股权分拆的公开透明。以土地众包为例,行业内的平台利用区块链技术将众包者之间的土地股权合约化,便于土地的拥有者和股权持有者之间的权益协商和交易。

(三)数据安全系统面临的挑战

通常,数据的生命周期包括数据生成、收集、存储、使用、共享、归档和销毁七个阶段。随着数据量的日渐膨胀,一些传统的数据存储方式已逐步被区块链、数据湖、云计算等技术取代。其中,区块链技术的数据安全性很高,但是由于数据的不可篡改性,在一些特定场景下,比如个人隐私数据的保护,可能存在不符合法律法规和伦理道德的问题。数据湖技术可以维持数据源的原始性和完整性,但其本身并没有对数据进行安全保护,容易被黑客攻击或者泄露。云存储技术具有高效性、便捷性、实时性和强大的容灾备份能力,但由于云服务商通常不会向用户提供云基础设施、接口等部署和实施细节,因此数据的安全性取决于云服务商及其平台的安全性,然而各种恶意攻击、云服务商失职都能导致云环境中数据受到诸多安全威胁。总的来看,当前数据安全系统所面临的挑战主要来自三方面:数据传输、数据存储、数据销毁与恢复。

1. 数据传输威胁

数据传输是数据安全至关重要的环节,其安全性不容小觑。在现实中,个人和企业用户均持有诸多隐私数据,如个人信息、财务数据、电子病历等,而他们可能将大量数据迁移至云平台中,便于数据存储、使用和共享。在整个过程中,数据的安全威胁主要包括三类:其一是不完全的传输信道,这可能导致数据在传输过程中遭受非法窃取;其二是当前个人和企业用户多通过网络连接操作系统,当管理人员操作失误时,容易遭到恶意的网络攻击,导致数据隐私泄露,使用户的数字资产安全受到威胁;其三则是非法的数据访问,在网络环境中数据的访问认证策略均由服务商提供或制定,如果策略不合理或不全面,那么可能造成合法用户无法访问或合规操作自己的数据,而未经授权的用户却能够非法访问、窃取甚至修改用户数据,造成用户隐私数据泄露和数据损坏等后果。

2. 数据存储威胁

数据存储是云平台的重要服务之一，也是云平台运行的重要支撑环节。用户将本地数据迁移至云端后，便会失去对数据的物理控制权，无法得知云数据在网络中的真实存储状态，如加密模式等。具体来说，数据的存储威胁主要包括数据损坏、数据丢失和泄露。目前，各类恶意攻击（如病毒破坏、木马入侵、漏洞利用等）、服务商操作或配置失误以及云服务器所在地的意外灾害都可能会导致数据的损坏、丢失或泄露，使用户对数据完整性和机密性感到担忧。

3. 数据销毁与恢复威胁

在数据存储的过程中，由于服务商仅将数据的虚拟视图提供给用户，因此只能依靠服务商实现对数据的销毁操作。然而，鉴于数据重要的潜在价值，服务商可能只将删除数据的虚拟视图和"成功删除"的信息返回给用户，而实际内容未进行删除。此外，服务商还拥有存储这些数据的物理介质，可以直接访问这些物理介质获得已删除数据的残留数据，甚至通过技术手段可以对数据进行一定程度的恢复，这给用户的数据安全带来极大的隐患。除此之外，服务器的意外断电、硬件故障、管理人员操作失误、自然灾害等都可能导致数据永久的损坏或丢失，给用户造成巨额经济损失。

在高新技术快速发展的今天，上述数据安全问题在各行各业中都有发生。例如，在土地行业，2017年底，四川省丹棱县一名单位工作人员私自下载、复制国土资源信息管理系统中的资料内容，导致该系统中的11万条土地数据遭泄露。由于国土资源管理系统中包含许多敏感信息，因此该事件引起了广泛的关注，涉事工作人员因此被问责。我们应该意识到，数据存储技术的快速发展确实有效地解决了数据存储的容量及效率问题，然而，我们需要做到"首尾兼顾"，不能仅仅将目光放在提高数据存储能力上，数据的保密性、完整性和可用性同样重要，这也是数据安全保护的关键。

目前，我国在数据保护方面给予了较高的重视，2021年开始生效的《中华人民共和国个人信息保护法》(《个人信息保护法》)，结合先前已经生效的《中华人民共和国网络安全法》(《网络安全法》)《中华人民共和国数据安全法》(《数据安全法》)等相关法律法规，即将形成《网络安全法》、《数据安全法》和《个人信息保护法》三法联动体系。至此，我国在数据安全领域已基本完成上位法架构，在指导思想、基本原则、重点领域上形成了较为明确的指向。然而，上述法律法规在指导具体落地的下位法规建设方面还相对欠缺，存在很多模糊地带。因此，结合上述问题，在数据不断膨胀的时代，我国相关部门应该同步完善数据安全治理配套法规制度的建设，尽快出台指导性和操作性强的下位法规。其次，充分考虑我国数据安全系统建立中存在的问题，促进产、学、研各方面通力合作，加大数据安全相关技术手段的研发和应用力度，形成技术攻关和经验分享的合作机制。再次，建立健全数据安全保护标准规范，有序推动数据加密、数据脱敏、数据分级分类等数据安全技术标准的落地，引导行业统一标准，提升数据安全技术的应用效果，并支持和鼓励新技术的落地应用，促进数据安全技术更好地应用于数字化转型领域，满足数字经济的安全需求。最后，需要提高数据安全的应急处置能力，建设完善的应急响应机制，为数据安全系统面临的各类安全问题提供快速反应和解决方案。

知识要点与习题

知识要点

土地数据获取　全野外数字测图　GPS 测图　小型无人机航测　VRS 技术　网络爬虫　土地数据类型　土地数据维护　土地数据共享　土地数据安全系统

习题

(1) 常见的土地数据获取途径有哪些？
(2) 简述栅格数据和矢量数据的存储方法。
(3) 简述土地数据共享的实现方法与技术要求。
(4) 试述土地数据采集新技术、新方法及其应用案例。

第五章　土地信息分类

第一节　土地信息分类的概念与原则

一、土地信息分类的概念

在土地信息输入到计算机之前,必须先按使用要求和目的进行分类。土地信息分类是指根据土地所包含内容的属性或特点,按照一定的原则和方法,对信息进行分区和分类,并建立相应的分类体系,使其有序化的过程。土地分类系统的建立需要考虑土地的类型、气候、地形、土壤等因素,科学的土地分类不仅反映了土地的内在特性,而且是土地科学水平的标志。土地信息分类作为规范土地信息管理、应用与共享的语言,一方面通过建立有序分类,实现了信息实体与名称的唯一对应,为信息化监管平台的建设打下基础;另一方面填补了土地科学中数据标准研究的空白,完善了土地科学研究的标准体系,为国土规划、农业发展、生态环境保护以及社会经济发展等方面提供支撑和指导。此外,科学总结和经验交流是建立全面合理的土地分类体系的重要基础。在实践中需要不断地更新土地信息,不断优化土地分类体系,才能使其真正发挥作用,促进各方面的协调发展。

二、土地信息分类的原则

土地信息分类需要做到有理可循、有据可依。其分类应结合土地领域的特点、管理需求、信息特征和应用领域等,充分考虑分类系统的实际可行性和数据的使用效率,提出适用性和针对性强的分类原则。过于简单的土地信息分类系统,可能会导致土地数据损失,进而影响后续土地分析的深度;而过于复杂的土地信息分类系统,会导致工作量、计算量和储存量的增加,在技术上带来挑战。因此,在构建科学土地信息分类体系时,需要遵循以下原则:

(1)科学性原则。土地信息分类必须具有客观依据,通常根据土地信息中最稳定的本质属性来进行细化分类,确保土地信息数据库长期有效和相对稳定。

(2)系统性原则。土地信息应按照一定的逻辑关系进行分级或者分层,运用层次分类法,形成树形结构分类,按照从最高一级到最低一级进行排列。

(3)完整性原则。分类的内容应该包括土地科学领域中相关专业的所有信息,以反映信息全貌和要素之间的内在联系。

(4)兼容性和可扩展性原则。分类应与相关国家标准和行业标准衔接,考虑土地科学与其他学科交叉内容,制定处理规则以避免分歧保持准确性。另外,代码结构和具体编码也要留有适当的可变更的余地,便于需要时进行更改或扩展。

(5)最优性原则。在分类上要系统考虑局部与整体的关系,按照整体最优的目标,对土地信息内容及信息间的关系进行筛选设计或调整。

(6)易用性原则。土地分类名称尽量沿用专业术语和常规使用习惯,代码尽可能简短和便于记忆,使其易于应用和管理。

(7)灵活性原则。现有系统分类和编码应该能够灵活转换成标准的分类和代码。这样可以更好地适应未来土地信息管理和应用的需求,以满足不断变化的用户需求和技术需求。

(8)整体一致原则。同一要素应不受比例尺限制,在不同比例尺数据库中具有一致的分类和代码,以保持分类和编码的一致性。分类和代码应该包容各种比例尺数据库所涉及的全部要素,以保证土地信息管理的一致性和稳定性。

(9)标准协调一致原则。分类应以已经颁布实施的相关国家标准为基础,且与有关行业标准和地方标准求得最大限度的协调一致。这样可以确保土地信息分类系统符合国家相关规范和标准,提高信息的应用价值和质量,进一步推进土地资源管理的现代化和规范化。

(9)直观性原则。土地利用数据一级分类应从遥感影像或其他数据源中识别,便于土地资源的遥感监测。同时,对于使用不同数据源的分类结果进行统一转换,可以优化土地信息管理和应用的效率。

第二节　土地信息分类方法

一、土地信息的主要类型

土地信息分类是将研究对象按照不同的特征分为不同的类组,而分级则是对同一类组的对象按某种标准进行等级划分。通过土地信息分类与分级,可以描述地物之间的分类、隶属和等级关系,为构建土地信息分类体系提供基础。由于土地信息的构成、特征和作用不同,因此需要进行不同的分类。这些分类方式组合起来,即构成了完整的土地信息分类体系。从总体上看,土地信息可以分成以下几类。

(一)基础地理信息

基础地理信息主要由自然地理信息中的土壤、地形地貌、水系、植被以及社会地理信息中的居民地、交通、境界、特殊地物、地名等要素构成,此外还包括将上述信息进行可视化表达的、可以直观反映特定地区某种要素的分布状况或形态特征的各种专题地图。基础地理数据是对地表、地形、地物的位置、属性及关系等进行观察、量测或感知所得出的结果,而基础地理信息则是对这些结果进行进一步提取、挖掘等加工处理而获得的有特定意义的成果。以土壤为例,人们通过土壤调查,对研究区域内土壤的结构和孔隙性、土壤水分、土壤空气、土壤 pH、土壤肥力、土壤耕性等理化信息进行提取和分析,对土壤质量进行定量评价,从而了解该地区土壤适宜耕作的作物种类、土壤污染程度、土壤环境容量等。表 5-1 是研究人员分析得出的 2012 年河北沿海地区土壤质量评价指标特征值。

表 5-1 河北沿海地区土壤质量评价指标特征值

区域	有机质(g/kg)	全氮(g/kg)	有效磷(mg/kg)	pH
秦皇岛市	14.15	0.64	22.86	6.7
昌黎县	11.48	0.69	60.31	6.67
抚宁区	15.86	0.76	20.79	6.57
乐亭县	20.47	0.98	27.05	7.58
曹妃甸区	17.76	0.83	20.91	8.04
滦南县	14.62	0.84	30.34	7.51
丰南区	15.04	0.8	22.72	7.73
黄骅市	10.92	0.48	10.41	8.22
海兴县	10.72	0.47	10.39	8.36

(二)土地利用信息

土地利用信息包括土地用途类型、土地覆盖率、土地利用强度、土地利用变化、土地利用规划等方面的相关信息。其中,土地用途类型信息是指土地按照其功能用途进行分类的结果,包括农用地、建设用地、工业用地、商业用地、居住用地、公共设施用地等;土地覆盖率信息是指某一地区地表被陆地、湖泊、河、道路等其他地物覆盖的比例;土地利用强度信息是指在单位面积上的土地利用活动的强度,通常以建设面积比、人口密度等指标来衡量;土地利用变化信息是指土地利用类型、土地用途等发生的变化情况,包括土地退耕还林、城市扩张、土地开垦等;土地利用规划信息是指对土地利用进行规划和管理的过程信息,主要是国土空间规划过程中的文字、图件、报告和数据库等信息。如图 5-1 为《武汉市国土空间总体规划(2021—2035 年)》草案中公示的武汉市城市圈范围规划图。

上述信息互为因果,如土地用途类型信息是土地利用规划信息的来源,而土地利用规划信息又反过来引导土地用途类型信息进行更新。土地利用信息可以用于土地资源管理、环境保护、国土空间规划等领域,帮助决策者了解土地的功能和利用情况,实现土地可持续利用和合理规划。

(三)土地权属信息

土地权属信息是反映土地的物理、经济和法律特征的数据,主要包括土地的基本信息,如位置、面积、用途以及土地权利(如所有权、使用权及他项权利等)。人与土地之间的特殊关系,表现在人所拥有的土地权利及政府对土地开发和利用的限制。土地权利是指人与土地之间的法律关系,它规定了人对土地的占有、使用、收益和处分的权利;土地限制是指政府为了保护公共利益或实现社会目标,对土地权利的行使与转让设定的条件和限制。土地权属信息

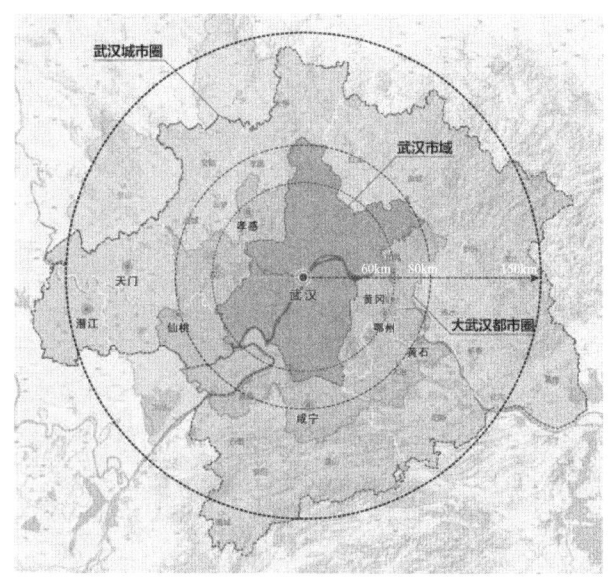

图 5-1 武汉城市圈范围

与其他信息密切相关。例如,国土空间规划需要确保土地所有权、土地使用权符合规划要求,土地开发需要具备土地使用权,土地评估需要清晰的土地权属信息,土地使用过程中可能存在的纠纷和冲突也与土地权属息息相关。因此,土地权属信息是土地资源管理和利用中非常重要的一部分,也是决策和规划制定的重要基础。

1. 国有土地权属信息

国有土地权属包括土地所有权、土地使用权和土地他项权利。土地所有权是指国家对自己所有的土地享有占有、使用、收益和处分的权利。土地所有权可作为土地资源管理和保护的基础,保障国家对土地的管理和开发。土地使用权是指依法获得土地利用的权利,通常是指建设、经营和居住等土地用途的权利,其设立、变更、转让和收回等都需要经过法律程序加以明确。土地他项权利是指土地的其他权利,包括抵押权、查封权和强制执行权等,这些权利通常与土地使用履行债务、维护土地秩序、保障土地权利等方面有关。

2. 集体土地权属信息

2016 年,中共中央办公厅、国务院办公厅印发了《关于完善农村土地所有权承包权经营权分置办法的意见》,农村土地"三权分置"的新形式得到进一步完善,对今后一段时期农村土地产权制度改革具有重要的指导意义。"三权分置"是指在原有的集体土地所有权和农村土地承包经营权基础上,增加一项"农村土地经营权",即所有权、承包权、经营权分置并行。

(1)土地所有权

集体土地所有权指土地集体所有权人即农民集体对集体土地依法享有占有、使用、收益和处分的权利。农村土地归农民集体所有,是农村基本经营制度的根本,必须得到充分体现和保障,不能虚置。在完善"三权分置"办法过程中,要充分维护农民集体对承包地发包、调整、监督和收回等各项权能,发挥土地集体应有的优势和作用。

2)土地承包权

农户承包权是指土地承包权人对承包土地依法享有占有、使用和收益的权利。农村集体土地由作为本集体经济组织成员的农民家庭承包,不论经营权如何流转,集体土地承包权都属于农民家庭。任何组织和个人不能取代农民家庭的土地承包地位,不能非法剥夺和限制农户的土地承包权。在完善"三权分置"过程中,要充分维护承包农户使用、流转、抵押以及退出承包地等各项权能。

3)土地经营权

土地经营权是指土地经营权人对流转土地依法享有在一定期限内占有、耕作并取得相应收益的权利。赋予经营主体更有保障的土地经营权,是完善农村基本经营制度的关键。在完善"三权分置"的过程中,要依法维护经营主体从事农业生产所需的各项权利,使土地资源得到更有效合理的利用。

上述三种集体土地权利之间存在密切联系。农村土地集体所有权是土地承包权的前提,而农户享有承包经营权是集体所有权的具体实现形式;在土地流转中,农户承包经营权派生出土地经营权。"三权分置"制度厘清了承包农户和新型经营主体双方在承包地上的权利,可以有效地避免和化解流转中产生的纠纷,确保农业的健康发展和农村的社会稳定。《2019年中国农村政策与改革统计年报》结果显示,截至2019年底,我国家庭承包耕地流转总面积为3 699.65万 hm^2。表5-2是农村土地经营权流转合同中所涉及的集体土地权属信息表。

表 5-2 集体土地权属信息表

序号	村(组)	地块代码	坐落(四至)				面积(亩)	质量等级	土地类型	承包合同代码	备注
			东	南	西	北					
1											
2											
3											
...											

(四)土地价值信息

土地价值信息包括土地评估价值、土地交易价格、土地产权流转价值、土地开发潜力和土地使用效益评估等信息。这些信息在土地资源管理、市场交易、开发投资决策、用途转换和税收管理等场景中应用广泛。通过获取和分析土地价值信息,可以帮助决策者和市场参与者了解土地的市场价值、优化土地资源利用、推动土地建设和保护,促进社会、经济和环境的可持续发展。以土地交易信息为例,表5-3所示为武汉市2023年10月部分地块的土地交易信息。

表 5-3　武汉市 2023 年 10 月部分土地交易信息

地块名称	土地属性	公告日期	出让底价(万元)	成交总价(万元)	成交楼板价(元/m²)	成交日期
A	办公	2023-09-12	25 130	25 130	1276	2023-10-08
B	办公	2023-09-12	11 770	11 770	1213	2023-10-08
C	办公	2023-09-12	16 990	16 990	1381	2023-10-08
D	工业	2023-09-04	19 069	19 069	805	2023-10-07
E	公建配套	2023-09-07	84 744	84 744	14 800	2023-09-28
F	商服	2023-09-07	15 960	15 960	1099	2023-09-28
G	住宅	2023-09-07	29 100	29 100	2387	2023-09-28

二、土地信息分类方法

信息分类的过程需要将真实世界抽象为概念世界,从而进行数字化和信息化。这个过程包括时空概念的思考、概念到数字形式的转化、计算机实现和智能理解等多个阶段。了解分类学的方法是理解土地信息分类的前提。

（一）分类学的方法

分类法是指使用分类系统,通过水平层次和垂直层次的分类方式,来表达概念之间的内在逻辑关系。分类法通常采用线分类法和面分类法。

1. 线分类法

线分类法,也称为层次分类法,是一种基于分类对象的属性或特征依次分层的分类方法。在该方法中,初始的分类对象被不断分层并建立有层次的目录,构成一个分类体系。每个层级目录间存在着平等的并列关系,而不同层级目录之间则存在着不同的隶属关系,以便更好地描述各分类对象之间的关联。为了建立线分类法的分类体系,一般需要明确选择哪些属性或特征作为分类依据,通过人工或计算机程序来逐层分级。这种方法常用于对大型数据集进行分类或将数据集分为不同的类别,以便分析和处理。另外,在生态学和环境科学等领域中也常使用此方法,以便更好地描述物种间的层级关系和生态系统的结构。但是该种分类方法结构弹性较差、拓展性不佳且效率较低,当分类层次较多时,代码位数较长。

2. 面分类法

面分类法是按照所选取的属性或特征将分类对象划分成互不依赖的若干面,每个面中包含了一组类目。这种方法的分类不受其他层级的影响,因此每个方面都可以独立描述一个事物的某个特征,从而更全面和细致地描绘其属性。在分类过程中,用户需要先选取重要的分类特征,然后将分类对象依照这些选择的特征进行划分,每经过一次的划分都将会产生一个新的分类面。分类面之间相互独立,但不同面之间仍具有某种联系。该种分类方法能充分利用容量更加细致地描述分类对象之间的差异,为生态学、地理学乃至商业等领域提供更加精确的数据和信息来源。

线分类法和面分类法是两种不同的分类方法,它们体现了不同方向上的概念逻辑关联。线分类法属于一维分类,它将概念逻辑关联体现在垂直方向上;而面分类法属于二维分类,将概念逻辑关联体现在水平方向上。在实践中,线分类法和面分类法都有各自的优缺点。对于高层次的定性信息(门类、大类、小类)分类,更适合使用线分类法;而定量属性信息往往处在类别较低的分类,因此面分类法更为适合。土地信息分类中一般采用线分类法。两种分类方法的比较见表 5-4。

表 5-4　线分类法与面分类法的比较

方法	优点	缺点
线分类法	层次性好,能较好地反映类目之间的逻辑关系;使用方便,既符合手工处理信息的传统习惯,又便于电子计算机处理信息	结构弹性较差,分类结构一经确定,不易改动;效率较低,当分类层次较多时,代码位数较长
面分类法	有较大弹性,一个"面"内类目改变,不影响其他"面";适应性强,可视需要组成任何类目;易于添加和修改类目	能充分利用容量,可组配的类目很多,但有时实际应用的类目不多;难以手工处理信息

(二)土地信息分类的常用方法

土地信息的分类是地理信息分类研究的专题内容之一,有关地理信息的分类方法是土地信息分类方法的基础。至今为止,我国已形成了一批国家标准,例如《国土基础信息数据分类与代码》(GB/T 13923—92)、《1∶5000、1∶10 000、1∶25 000、1∶50 000、1∶100 000 地形图要素分类与代码》(GB/T 15660—95)、《1∶500、1∶1000、1∶2000 地形图要素分类与代码》(GB/T 14804—93)。总体而言,在我国地学界,尤其是在 GIS 领域,土地信息分类的方法主要有地图分类法、成因分类法和空间分类法三种。

1. 地图分类法

地图分类法是根据地图某些特点与指标如地图比例尺、制图范围、地图内容、地图用途和地图形式等,对地图进行归并与区分的方法。根据地图的特性进行土地信息分类,可以直观简便地区分出土地的利用类型。通过对不同地图进行分类,可以有效地提取出土地利用的属性信息,从而便捷地获取某类专题属性数据。根据所需的分析目的和数据需求,可以选择合适的地图类型进行信息提取和分析。地图分类法有三个特征:一是使用时间较长,其分类系统比较合理和稳定;二是地图表达合理和清晰,考虑了被表达对象的空间特性,比如在设计地图内容时,考虑了点、线、面等实体的构成;三是表述的内容以地理学构成为主,间接反映地理学活动规律性。

其中,比例尺被认为是地图中至关重要的数学元素,因此常被用于地图分类。按比例尺划分可以将地图分为大比例尺、中比例尺、小比例尺三类,不同大小的地图,其内容详略、精度高低、可解决问题程度不同。大比例尺地图指比例尺大于等于1:10万的地图,其制图内容详尽,是地形测量或航空摄影测量的直接结果,可以迅速准确地进行图上定位和量测。中比例尺地图是指比例尺在1:10万~1:100万之间的地图,其编制过程通常是基于较大比例尺地图或卫星图像资料进行编绘。这种地图能够为重大工程建设项目的研究和规划提供参考,也可供全国性部门与省级机关进行总体规划和专用普查使用。而小比例尺地图则指比例尺小于等于1:100万的地图,通常是通过内业编绘而成,主要用于了解和研究广大区域范围的自然地理条件及社会经济概况,拟定全国和省、自治区层面的总体建设规划、工农业生产布局规划、资源开发利用规划等,也常用于地理教育、旅游和科普宣传等方面。随着地图比例尺的缩小,地图内所呈现的内容也逐渐变得概括,对于不同规模的区域特征的呈现程度也会有所下降。

综上所述,各种比例尺的地图都有其适用范围和用途。选择合适比例尺的地图进行使用,以及结合其他地理信息数据进行多维度分析,可以更好地理解和研究区域内各种物理、环境、社会、经济等方面的信息,并对相关决策提供支持。如图5-2是比例尺为1:25 000、1:50 000(大比例尺)、1:100 000(中比例尺)和1:250 000(小比例尺)的四种大小的地图示例。

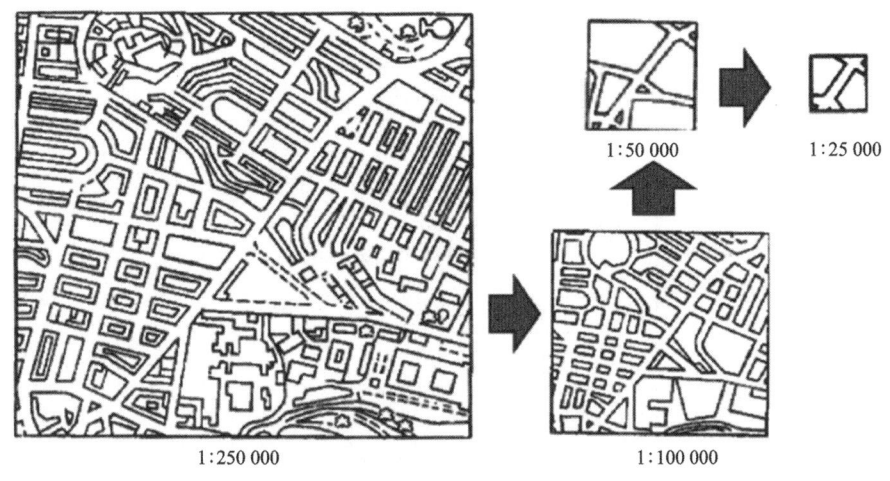

图5-2 四种不同大小比例尺的地图示例

2. 成因分类法

成因分类法是一种以成因为主要分类指标的地物分类方法,最早由巴甫洛夫在1888年提出。他定义"成因类型"为"由各种地质作用所形成的沉积物",以地质作用为主要分类依据,将地物按成因类型分为了坡积、冲积、倒石堆、地滑和泉水堆积等。因此,该分类法的核心在于通过研究地质作用来划分地物类型,从而可以更好地理解地貌和地球特征。成因分类法由于分类费率所反映的是每一群体的平均损失经验,因此,成因分类法在决定分类时应注意每类中所有单位的风险性质是否相同,以及在适当长的期限中其损失经验是否一致以保证费率的精确度。成因分类法属于面分类法,具有较强的适应性,便于后期类目的增补与修改;但是,由成因分类得到的地理信息多为自然类型,按照成因分类在地学上的编码仅反映了一个类别的概念,并未反映出纵向的等级划分。而马蔼乃(2000)认为,在制作一幅小比例尺的土地类型图时,必须综合"气候、水文、植被、土壤、地质、地形"等六个要素,所以该方法下的分类最少也要有六位数的编码。

表 5-5 是刘道荣和焦森(2021)根据我国土壤母岩的成因,按岩石学分类方案,对天然富硒土壤进行划分的结果,总结了我国主要天然富硒区富硒土壤成因与富硒土壤分类的研究进展。

表 5-5 天然富硒土壤成因分类

类	亚类	主要成土母质类型	代表性地区
沉积岩型	表生沉积型	全新世洪冲积物	浙江常山
		湖沼相沉积物	浙江嘉善
		湖相沉积物	浙江宁波
		早中更新世红土风化物	浙江金华
	黑色岩系型	碳硅质岩类风化物	浙西地区、陕西紫阳、安徽石台
			湖北恩施、贵州开阳
	含煤岩系型	含煤岩系风化物	湖北恩施
	碳酸盐岩型	白云岩类风化物	滇中易门、贵州开阳
		泥质灰岩类风化物	浙北
		灰岩类风化物	安徽
	碎屑岩型	泥页岩类风化物	赣南、青海东部
		砂泥岩类风化物	广西北部湾、江西丰城
		石灰紫色泥岩类风化物	浙北
岩浆岩型	侵入岩型	酸性侵入岩类风化物	福建寿宁、海南
		中性侵入岩类风化物	广东台山
		基性—超基性侵入岩类风化物	广东台山
	火山岩型	酸性火山岩类风化物	福建寿宁、浙东沿海
		中酸性火山岩类风化物	福建寿宁、浙东沿海
		玄武岩类风化物	海南
	次火山岩型	酸性—中酸性次火山岩类风化物	
		基性—超基性次火山岩类风化物	

续表 5-5

类	亚类	主要成土母质类型	代表性地区
变质岩型	浅变质岩型	千枚岩类风化物	
		蚀变凝灰岩类风化物	浙江常山
		变质砂(泥)岩类风化物	海南
	中深变质岩型	板岩类风化物	滇中易门
		片岩类风化物	海南
		角闪岩类风化物	浙江龙游
		黑云斜长片麻岩类风化物	浙江龙游

3. 空间分类法

空间分类是一种对空间对象进行分类的方法，该方法不仅考虑目标对象的非空间属性，还考虑目标对象之间的空间关系和邻接对象的非空间属性对目标对象的影响。作为空间数据挖掘的一个重要分支，空间分类的主要目的是寻找高效的空间分类算法，以揭示空间数据库对象的空间属性和非空间属性之间的分类规则。在地理信息分类中，空间分布往往被视为分类分级的主要指标，所以空间分类通常用于对各种地理客体进行等级表达。比如，李昌峰等（2003）提出了以流域为单元，对我国水系进行划分，这种分类方式不仅可以清晰地展示出各个水系之间的空间分布情况，还能够考虑到不同水系之间的空间关系和邻接对象的非空间属性对水系分类的影响。总的来说，空间分类可以更好地了解和研究地理对象之间的空间关系与分布特征，以及它们所具有的非空间属性，有助于对地理信息进行高效的分类处理和深入的数据挖掘分析。

第三节 土地信息分类实例

一、土地利用信息分类

土地利用分类信息是土地利用信息中最为常见的信息之一，它反映了土地的不同利用状态和需求，对土地规划、管理和市场分析具有重要意义。不同类型土地利用的需求不同，在管理上需要采取不同措施，因此对不同的土地利用进行分类研究，有助于指导土地的合理利用和保护。

土地利用一般指土地权利人对其权利范围内土地的利用方式或功能的规定；土地覆被则是一种利用遥感技术研究土地属性的新概念。这两种不同视角下的分类方法各具侧重，并且通过它们的组合可以更全面地了解土地的属性和潜力。例如，在对林地进行分类的过程中，土地利用侧重从林地的利用目的和使用方向着手，而土地覆被则更多地考虑林地生态环境的分布特征垂直差异及其地带性分布规律。

构建土地利用分类体系是分析土地资源情况、编制土地利用规划的基础。土地利用信息分类是加强土地管理,合理利用土地资源的重要依据,是行使自然资源统一管理的基础、前提与载体。由于我国地域辽阔、土地利用方式多样,采用不同的分类标准将会出现不同的分类结果,为了使调查成果在全国范围内具有可比性,必须制定一个全国统一的分类标准。自1984年以来,我国已发布了5版土地利用信息分类体系。

1984年版的《土地利用现状调查技术规程》中将土地分为8个一级类和46个二级类。该分类体系被广泛应用于我国第一次全国土地调查,为科学指导农业区划、规划和农业生产活动提供了科学依据。

1989年,国家土地管理局制定并发布了《城镇地籍调查规程》。其中"城镇土地分类"细化和充实了城、镇和村的土地分类,具体是采用两级分类,将土地分为10个一级类和24个二级类。该分类体系主要用于城镇地籍调查和城镇地籍变更调查。

在1984年发布的《土地利用现状调查技术规程》中关于"土地利用现状分类及含义"和在1989年发布的《城镇地籍调查规程》中关于"城镇土地分类及含义"等内容的基础上,国土资源部制定了2002年版的《全国土地分类》(过渡期间适用)分类体系。该分类体系采用三级分类的方式,将土地分为3个一级类、15个二级类、71个三级类。

经过进一步优化调整,2007年8月国土资源部正式发布实施了《土地利用现状分类》(GB/T 21010—2007),并按照此分类体系开展了第二次全国土地调查。该分类体系将土地分为12个一级类、57个二级类。

2017年,国家发布《土地利用现状分类》(GB/T 21010—2017),将土地分为12个一级类、72个二级类。第三次土地利用现状调查依据2019年1月发布的《第三次全国土地调查技术规程》(TD/T 1055—2019)开展工作,其中土地分类采用《第三次全国国土调查工作分类》。工作分类以《土地利用现状分类》(GB/T 21010—2017)为基础,对部分地类进行了细化和归并,主要修订了湿地、城市建设用地、新产业、新业态和其他土地分类。相比旧版土地分类,新版土地分类具有4个特点:

(1)加强对湿地的保护,满足生态用地保护需求和生态文明建设需要;

(2)明确新兴产业用地类型,满足新时代发展需要;

(3)保持原分类框架和体系,继承和衔接旧版土地调查数据,保证数据一致性;

(4)与其他部门用地分类标准衔接,通过细化二级地类和增加"湿地"归类表的方式,最大限度避免数据冲突。

根据《中华人民共和国土地管理法》规定,国家严格限制农用地转为建设用地,控制建设用地总量,对耕地实行特殊保护。目前,土地用途信息分类主要分为农用地、建设用地与未利用地三大类。"三调"所使用的《第三次全国土地调查技术规程》已分别对三种类型的土地所包含的具体地类以及各地类的现实含义进行了详细描述。

(一)农用地

农用地是指直接用于农业生产的土地,包括耕地、林地、草地、农田水利用地和养殖水面等。在农业基础上发展的休闲观光项目和农业园区,如永久性餐饮、住宿、会议、停车场和展销等设施,不属于设施农用地,应按非农建设用地管理。如果确有必要建设,就必须遵守土地利用规划,并依法办理建设用地审批手续。农用地的确定和划分是相对合理的土地利用分类。这些分类考虑了土壤、气候、灌溉条件以及农业生产的适应性和效益。各地应根据土地利用规划和农业发展情况,既保护耕地,又合理利用土地,积极引导设施农业的发展。在兴建设施时,应尽量利用荒山、荒坡和滩涂,避免占用耕地。如果不得不占用耕地,就应该优先考虑劣质耕地,避免占用优质耕地,尤其是基本农田,同时采取工程和技术措施,尽量减少对耕作层的破坏。《第三次全国土地调查技术规程》规定农用地所包含的具体地类如表5-6所示。

表5-6 农用地类型

地类	土地利用现状分类	
	类型编码	类型名称
农用地	0101	水田
	0102	水浇地
	0103	旱地
	0201	果园
	0202	茶园
	0203	橡胶园
	0204	其他园地
	0301	乔木林地
	0302	竹林地
	0303	红树林地
	0304	森林沼泽
	0305	灌木林地
	0306	灌丛沼泽
	0307	其他林地
	0401	天然牧草地
	0402	沼泽草地
	0403	人工牧草地
	1006	农村道路
	1103	水库水面
	1104	坑塘水面
	1107	沟渠
	1202	设施农用地
	1203	田坎

(二)建设用地

建设用地是指用于兴建建筑物和构筑物的土地,其中包括城镇住宅用地、公共设施用地、工矿用地、交通水利设施用地、旅游用地以及军事设施用地等。建设用地根据使用土地性质的不同可划分为农业建设用地和非农业建设用地,根据土地权属和建设内容的差异可划分为国家建设用地、乡(镇)建设用地、外商投资企业用地和其他建设用地。

建设用地具有以下特点:其一,建设用地是工程建造的基础,与土壤肥力无关;其二,建设用地可逆性较差,建设用地变为农用地要比农用地变为建设用地更为困难;其三,建设用地具有较高的经济价值,可以获得更高的经济效益;其四,建设用地选择的区域性强,受到地域的较多限制。《第三次全国土地调查技术规程》规定建设用地所包含的具体地类如表 5-7 所示。

表 5-7 建设用地类型

地类	土地利用现状分类	
	类型编码	类型名称
建设用地	05	商服用地
	06H1	工业仓储用地
	0602	采矿用地
	0603	盐田
	0701	城镇住宅用地
	0702	农村宅基地
	08H1	机关团体新闻出版用地
	08H2	科教文卫用地
	0809	公用设施用地
	0810	公园与绿地
	09	特殊用地
	1001	铁路用地
	1002	轨道交通用地
	1003	公路用地
	1004	城镇村道路用地
	1005	交通服务场站用地
	1007	机场用地
	1008	港口码头用地
	1009	管道运输用地
	1109	水工建筑用地

（三）未利用地

未利用地是指除了农用地和建设用地以外的土地,其特点是需要进行治理才能够利用或者可持续利用。在"三调"使用的土地分类体系中,未利用地包括其他草地、河流水面、湖泊水面、沿海滩涂、内陆滩涂、沼泽地、冰川及永久积雪、盐碱地、沙地、裸土地、裸岩石砾地11种二级类（表5-8）。未利用地可以用来发展种植业、林业、畜牧业、渔业等行业,同时也可以用于发展旅游业。对于不同的未利用地类别,采取不同的治理措施和利用方式,如对沙地等需要进行人工绿化或进行合理的灌溉,对盐碱地可以通过适当改良土壤等措施来提高土地使用率。

表5-8 未利用地类型

地类	土地利用现状分类	
	类型编码	类型名称
未利用地	0404	其他草地
	1101	河流水面
	1102	湖泊水面
	1105	沿海滩涂
	1106	内陆滩涂
	1108	沼泽地
	1110	冰川及永久积雪
	1204	盐碱地
	1205	沙地
	1206	裸土地
	1207	裸岩石砾地

为实施全国自然资源统一管理,2020年11月,自然资源部发布《国土空间调查、规划、用途管制分类指南（试行）》（自然资办发〔2020〕51号）,科学划分国土空间用地用海类型、明确各类型含义,统一国土调查、统计和规划分类标准,为合理利用和保护自然资源提供了依据。该指南适用于国土调查、监测、统计、评价,国土空间规划、用途管制、耕地保护、生态修复,土地审批、供应、整治、执法、登记及信息化管理等工作。该指南坚持陆海统筹、城乡统筹、地上地下空间统筹,体现生态优先、绿色发展理念,坚持同级内分类并列不交叉,坚持科学、简明、可操作。

用地用海分类充分考虑了与"三调"工作分类的衔接,同样名称的一级类尽量保持内涵一致;并在此基础上对部分分类进行了调整、补充和细分。用地用海分类与"三调"工作分类的对接情况详见表 5-9。

表 5-9 用地用海分类与"三调"工作分类的对应关系

三调工作方案用地分类				国土空间调查、规划、用途管制用地用海分类	
一级类		二级类	三级类	二级类	一级类
01	耕地	0101 水田	—	0101 水田	01 耕地
		0102 水浇地		0102 水浇地	
		0103 旱地		0103 旱地	
02	种植园用地	0201 果园		0201 果园	02 园地
		0202 茶园		0202 茶园	
		0203 橡胶园		0203 橡胶园	
		0204 其他园地		0204 其他园地	
03	林地	0301 乔木林地		0301 乔木林地	03 林地
		0302 竹林地		0302 竹林地	
		0305 灌木林地		0303 灌木林地	
		0307 其他林地		0304 其他林地	
04	草地	0401 天然牧草地	—	0401 天然牧草地	04 草地
		0403 人工牧草地	—	0402 人工牧草地	
		0404 其他草地	—	0403 其他草地	
03	林地	0303 红树林地		0507 红树林地	05 湿地
		0304 森林沼泽		0501 森林沼泽	
		0306 灌丛沼泽		0502 灌丛沼泽	
04	草地	0402 沼泽草地		0503 沼泽草地	
11	水域及水利设施用地	1105 沿海滩涂		0505 沿海滩涂	
		1106 内陆滩涂		0506 内陆滩涂	
		1108 沼泽地	—	0504 其他沼泽地	
06	工矿用地	0603 盐田	—	1003 盐田	10 工矿用地

续表 5-9

三调工作方案用地分类			国土空间调查、规划、用途管制用地用海分类	
一级类	二级类	三级类	二级类	一级类
05 商业服务业用地	05H1 商业服务业设施用地	—	0702 城镇社区服务设施用地	07 居住用地
		—	0704 农村社区服务设施用地	
		090101 零售商业用地	0901 商业用地	09 商业服务业用地
		090102 批发市场用地		
		090103 餐饮用地		
		090104 旅馆用地		
		090105 公用设施营业网点用地		
		—	0902 商务金融用地	
		090301 娱乐用地	0903 娱乐康体用地	
		090302 康体用地		
		—	0904 其他商业服务业用地	
	0508 物流仓储用地	110101 一类物流仓储用地	1101 物流仓储用地	11 仓储用地
		110102 二类物流仓储用地		
		110103 三类物流仓储用地		
		—	1102 储备库用地	
06 工矿用地	0601 工业用地	100101 一类工业用地	1001 工业用地	10 工矿用地
		100102 二类工业用地		
		100103 三类工业用地		
	0602 采矿用地	—	1002 采矿用地	

续表 5-9

三调工作方案用地分类			国土空间调查、规划、用途管制用地用海分类		
一级类	二级类		三级类	二级类	一级类
07 住宅用地	0701	城镇住宅用地	070101 一类城镇住宅用地	0701 城镇住宅用地	07 居住用地
			070102 二类城镇住宅用地		
			070103 三类城镇住宅用地		
	0702	农村宅基地	070301 一类农村宅基地	0703 农村宅基地	
			070302 二类农村宅基地		
08 公共管理与公共服务用地	08H1	机关团体新闻出版用地	—	0801 机关团体用地	08 公共管理与公共服务用地
	08H2	科教文卫用地	—	0802 科研用地	
			080301 图书与展览用地	0803 文化用地	
			080302 文化活动用地		
			080401 高等教育用地	0804 教育用地	
			080402 中等职业教育用地		
			080403 中小学用地		
			080404 幼儿园用地		
			080405 其他教育用地		
			080501 体育场馆用地	0805 体育用地	
			080502 体育训练用地		
			080601 医院用地	0806 医疗卫生用地	
			080602 基层医疗卫生设施用地		
			080603 公共卫生用地		
			080701 老年人社会福利用地	0807 社会福利用地	
			080702 儿童社会福利用地		
			080703 残疾人社会福利用地		
			080704 其他社会福利用地		
			—	0702 城镇社区服务设施用地	07 居住用地
			—	0704 农村社区服务设施用地	

续表 5-9

三调工作方案用地分类			国土空间调查、规划、用途管制用地用海分类		
一级类	二级类		三级类	二级类	一级类
08 公共管理与公共服务用地	0809	公用设施用地	—	1301 供水用地	13 公用设施用地
			—	1302 排水用地	
			—	1303 供电用地	
			—	1304 供燃气用地	
			—	1305 供热用地	
			—	1306 通信用地	
			—	1307 邮政用地	
			—	1308 广播电视设施用地	
			—	1309 环卫用地	
			—	1310 消防用地	
			—	1313 其他公用设施用地	
	0810	公园与绿地	—	1401 公园绿地	14 绿地与开敞空间用地
			—	1402 防护绿地	
			—	1403 广场用地	
09 特殊用地			—	1501 军事设施用地	15 特殊用地
			—	1502 使领馆用地	
			—	1503 宗教用地	
			—	1504 文物古迹用地	
			—	1505 监教场所用地	
			—	1506 殡葬用地	
			—	1507 其他特殊用地	

续表 5-9

三调工作方案用地分类			国土空间调查、规划、用途管制用地用海分类		
一级类		二级类	三级类	二级类	一级类
10 交通运输用地	1001	铁路用地	—	1201 铁路用地	12 交通运输用地
			120801 对外交通场站用地	1208 交通场站用地	
	1002	轨道交通用地	—	1206 城市轨道交通用地	
	1003	公路用地	—	1202 公路用地	
	1004	城镇村道路用地	—	1207 城镇道路用地	
			060102 村庄内部道路用地	0601 乡村道路用地	06 农业设施建设用地
	1005	交通服务场站用地	120801 对外交通场站用地	1208 交通场站用地	12 交通运输用地
			120802 公共交通场站用地		
			120803 社会停车场用地		
			—	1209 其他交通设施用地	
	1006	农村道路	060101 村道用地	0601 乡村道路用地	06 农业设施建设用地
			—	2303 田间道	23 其他土地
	1007	机场用地	—	1203 机场用地	12 交通运输用地
	1008	港口码头用地	—	1204 港口码头用地	
			120801 对外交通场站用地	1208 交通场站用地	
	1009	管道运输用地	—	1205 管道运输用地	

续表 5-9

三调工作方案用地分类			国土空间调查、规划、用途管制用地用海分类		
一级类		二级类	三级类	二级类	一级类
11	水域及水利设施用地	1101 河流水面	—	1701 河流水面	17 陆地水域
		1102 湖泊水面	—	1702 湖泊水面	
		1103 水库水面	—	1703 水库水面	
		1104 坑塘水面	—	1704 坑塘水面	
		1107 沟渠	—	1705 沟渠	
			—	1311 干渠	13 公用设施用地
		1109 水工建筑用地	—	1312 水工设施用地	
		1110 冰川及永久积雪	—	1706 冰川及常年积雪	17 陆地水域
12	其他土地	1201 空闲地	—	2301 空闲地	23 其他土地
		1202 设施农用地	—	0602 种植设施建设用地	06 农业设施建设用地
			—	0603 畜禽养殖设施建设用地	
			—	0604 水产养殖设施建设用地	
		1203 田坎	—	2302 田坎	23 其他土地
		1204 盐碱地	—	2304 盐碱地	
		1205 沙地	—	2305 沙地	
		1206 裸土地	—	2306 裸土地	
		1207 裸岩石砾地	—	2307 裸岩石砾地	

续表 5-9

三调工作方案用地分类		国土空间调查、规划、用途管制用地用海分类		
一级类	二级类	三级类	二级类	一级类
无此用地用海分类		—	—	16 留白用地
		—	1801 渔业基础设施用海	18 渔业用海
		—	1802 增养殖用海	
		—	1803 捕捞海域	
		—	1901 工业用海	19 工矿通信用海
		—	1902 盐田用海	
		—	1903 固体矿产用海	
		—	1904 油气用海	
		—	1905 可再生能源用海	
		—	1906 海底电缆管道用海	
		—	2001 港口用海	20 交通运输用海
		—	2002 航运用海	
		—	2003 路桥隧道用海	
		—	2101 风景旅游用海	21 游憩用海
		—	2102 文体休闲娱乐用海	
		—	2201 军事用海	22 特殊用海
		—	2202 其他特殊用海	
		—	—	24 其他海域

二、土地权属信息分类

土地权属信息即与土地权属有关的各种信息，包括宗地的土地所有权、土地使用权与土地他项权及其界址信息等。土地权属信息为土地管理、资源利用、法律保护、市场交易和决策制定等方面提供全面、准确的信息基础。在农村土地产权制度深化改革背景下，土地权属信息直接影响农村土地的正常流转登记和入市交易，从而间接影响影响农村发展和新型城镇化建设步伐。

（一）土地所有权

土地所有权是土地所有制的法律体现，它是现代市场经济体系中不可或缺的一部分。依据《中华人民共和国土地管理法》，土地所有权包括土地占有权、使用权、收益权和处分权等。根据主体不同，可将土地所有权分为国有土地所有权和农村集体土地所有权。土地所有权赋予土地所有者依法占有、使用、收益、处分土地的权利，让他们从土地上获取收益，这也是土地所有权的主要目的。虽然土地所有权属于财产所有权的范畴，但也具有一些特殊性质。首先，土地所有权主体具有一定的特定性，即只有符合一定条件的单位或个人才能成为土地所有者。其次，土地所有权的交易受到一定限制，不能随意转让，比如国有土地在没有划拨或者拍卖等情况下不能进行买卖。此外，土地所有权的权属稳定性也是其特殊性之一，土地所有权的权属不会轻易改变，能够保证土地所有者合法地占有和使用权益。最后，土地所有权和一般财产所有权不同，存在着权能分离的情形，土地所有者可以将土地出租或者转让给他人进行使用，但依然拥有土地收益和处分权利。总之，土地所有权是现代市场经济体系不可缺少的一环。了解土地所有权的特殊性质能够更好地保障土地所有者的权益，维护土地所有权在市场经济中的正常运作。

（二）土地使用权

简单来说，土地使用权是指土地使用者所享有的土地利用权利。具体来说，该概念可以分为广义土地使用权和狭义土地使用权两种。狭义的土地使用权指的是土地的实际利用权，属于土地所有权内的权利之一，与占有权、收益权和处分权并列；而广义土地使用权则是指独立于土地所有权之外的权利，包括土地占有权、狭义土地使用权、部分收益权和不完全处分权等。在我国的法律框架下，土地使用权主要被划分为国有土地使用权和集体土地使用权。

1. 国有土地使用权

《土地管理法》规定，以下土地属于国有土地：城市市区的土地；农村和城市郊区中已经被依法没收、征收、征购为国有的土地；依法不属于集体所有的林地、草地、荒地、滩涂及其他土地；农村经济组织全部成员转为城镇居民的，原属于成员集体所有的土地，转为国有土地；因国家组织移民、自然灾害等原因，农民集体迁移后不再使用的原属于迁移农民集体所有的土地。国有土地使用权出让，极大地促进了地方财政增收。据范子英（2015）、贾康和刘微（2012）的研究，在过去的一段时期内，土地财政占地方财政收入的比例高达60%以上。不可否认的是，土地财政为城市基础设施建设、公共服务配套等提供了资金保障，在推动城市化发展上发挥了积极作用。但是，在以土地为重要载体的"规模驱动"模式下，缺乏规划与管理无序的土地出让一度在较多地区出现，给区域资源环境和生态环境带来了诸多不利影响。

土地使用权的获得方式主要有三种：出让、划拨和转让。土地使用权出让是指国家在一定时间内将土地使用权出售给土地使用者的方式，出让方式包括招标、拍卖、挂牌和协议。土地使用权划拨是指县级以上政府依法批准无偿划拨或收取补偿费用后将土地交付给土地使用者，土地使用者需按照政府批准的用途和期限使用土地。土地使用权转让是指土地使用者将其土地使用权的全部或部分出让给他人的行为，可以作为一种筹集资金的方式。这种行为需要遵守相关法律法规，保障双方的合法权益。明确土地使用权的种类和获得的方式可以帮助土地使用者更好地了解自己在土地利用方面的权利和义务,也能够更好地保护自身的利益。

2. 集体土地使用权

《土地管理法》第八条第二款规定:农村和城市郊区的土地,除由法律规定属于国家所有的以外,属于农民集体所有;宅基地和自留地、自留山属于农民集体所有。因此,集体土地收益渠道较为宽广,既有使用权他用的转让、出租收益,又有自用土地及其附着物经营收益。党的十八届五中全会提出,要稳定农村土地承包关系,完善土地所有权、承包权、经营权"三权"分置办法,依法推进土地经营权有序流转,构建培育新型农业经营主体的政策体系。集体土地使用权是从土地所有权中析出的,主要包括土地承包经营权、宅基地使用权、集体经营性建设用地使用权以及集体公益性建设用地使用权等。

其中,土地承包经营权实质上分为两个部分,即土地承包权与土地经营权。土地承包权具有人身性质,通常不能随意流转;土地经营权具有经济性质,流转相对较为自由,常见于农业生产。宅基地使用权是农村居民在集体所有的土地上建造自己住房的权利,常见于居住需求。集体经营性建设用地使用权是集体经济组织或农村集体所有者依法取得的将土地用于企业、农村产业和服务业建设的权利,常见于农村产业发展和经济收益。集体公益性建设用地使用权是集体经济组织或农村集体所有者依法取得的将土地用于公共设施建设、环保、文化体育和社会福利事业的权利,常见于基础设施建设和社会公益事业。上述不同类型集体土地使用权的取得与转让受到不同程度的法律限制,因此其获得与流转规则也各不相同。《土地管理法》规定,农民集体所有的土地可采取农村集体经济组织内部的家庭承包、招标、拍卖、公开协商等方式承包取得;根据《农村土地承包法》规定,通过家庭承包取得的土地承包经营权可以依法采取转包、入股、出租、互换、转让或者其他方式流转。统计数据显示,2020年土地流转面积为53 218.92万亩,其中出租(转包)面积为47 497.23万亩,入股面积为2 926.61万亩,其他形式流转面积为2 795.08万亩。

1)转包

转包是最常见的农地流转的形式。转包是指在流转双方达成一定的协议之下,转出方将自己拥有的农地承包所有权转包给转入方进行耕种。这种流转方式只会将集体土地的承包权部分或全部转让,而土地的其他权益在转包的形式之外,并不会发生任何改变。

2)入股

入股是近年发展起来的一种新型流转方式,是指土地出让方将自己的土地按比例量化成股份,并以土地股份的形式分享给受让方,以获得相应的收益和分红。这种持股方式通常发生在集体或企业中,农民通过集体或企业分享土地,参与农业生产经营活动,共享农地经营带来的利益。

3)出租

出租是指承包方将部分或者全部土地经营权,租赁给他人从事农业生产经营。租赁是指土地流转中转出方自愿地将自己一部分的土地或者是全部土地的使用权,通过租赁的方式转让给第三方。这种流转方式主要发生在个人或者集体,土地租赁者一般是使用现代化、专业化的农业生产方式的经营主体，土地耕作实力比较强。

4）互换

由于每一块土地的质量、位置、大小等有所不同，其使用者对于土地的需求也不同，因此有部分农民需要通过互换的形式来满足自己的需求。流转双方在进行商议之后，对土地进行互换，满足各自需求，方便了双方在土地耕种方面的统一管理。这种农地流转的方式大多采用口头契约的形式，并不会采取一些正式的书面合同的方式。

5）转让

转让是指土地转出方自愿放弃土地的承包使用权，将自己的土地承包使用权及土地上的收益出让给转入方的行为。这种情况主要发生在城市化发展快速的地区，原因通常是农户以非农收入作为主要收入，或者农户家庭中劳动力不足，再或者是农村人口已向城市转移。这种方式一般需要签订正式合同，并且转入方会享有土地权益，同时也要承担相应的义务。

6）其他形式

除以上方式外，由于双方需求情况不同，还有其他流转方式。较为突出的是农业与种植业的替代耕作和反租倒包。替代耕作是指农民工或一些失去劳动力的农民没有能力开展生产活动，为了确保土地得到有效利用，一般会将土地转给他人开展农业生产活动。而反租倒包则是将已经出让的土地重新租回，然后再采用转包的方式由其他方进行使用。一般由农村合作社、村集体作为中介从农民手中租赁土地，然后再将其租给农业企业或大型种植户。这是由于农户的知识和认知相对缺乏，其对陌生的土地流转方，尤其是入驻的农业企业，会表现出较低的信任感，而对农村合作社、村集体等有较高信任感，因此当村集体作为中介时，土地流转效率会提高。

（三）土地他项权

土地他项权是指在土地所有权和土地使用权外的与土地有密切联系的权利，包括地役权、地上权、空中权、地下权、耕作权、土地租赁权和土地抵押权等。

地役权是指一种用益物权，是在他人不动产上根据合同建造物件以增加自己不动产的效益。地役权是一种相对特殊的物权，特殊之处在于地役权人并不拥有他人不动产所有权，却能在不动产上进行建造物件以增加自己不动产的效益。因此，地役权的建立需要经过法律程序的确认，且必须遵循法律法规的规定才能具有法律效力。此外，地役权的有效期固定，一般不会超过50年，且不得超过需役地和供役地的所有权期限。在地役权法律关系中，地役权人是使用他人不动产以获得便利的一方，也被称为需役地人；供役地人是将自己的不动产供他人使用的一方。需役地是因使用他人不动产而获得便利的不动产，而供役地则是提供给地役权人使用的他人不动产，即地役权人使用他人的不动产供自己的不动产带来便利。

地上权是指在他人的土地上建筑、种植的权利，如建造厂房、住宅、种树、种竹等；地下权是在他人的土地下开凿管道、铺设管线、建设地下设施等的权利，如地铁、人防设施、隧道等的建造；空中权则是指在他人的土地上空建造设施的权利，如桥梁、高架线等。

耕作权是指耕作地承租人在保持耕作地的原有性质和效能的前提下，可以进行增加耕作地生产力或改良耕作条件的权利，如单位征而不用的土地，应当退给农民继续耕种。农民耕种期间,不得在该土地上兴建永久性建筑物或者种植多年生作物,在国家建设需要时应无偿退还。退还时土地上有青苗的,建设单位要付给青苗补偿费。

土地租赁权是指土地所有者或使用者依据法律法规和合约规定将土地的使用权转让给他人的权利,但不包括土地的处分权。即土地租赁人通过支付一定的租金,在约定的期限内享有土地的使用权,但不能随意转让、抵押或拍卖土地。土地租赁权包括国有建设用地使用权和部分收益权。

土地抵押权作为担保权或保物权的一种属于土地他项权的范畴,位于土地使用权之上,适用于国有土地使用权和集体土地使用权。调整土地抵押关系需要同时适用担保法规定和土地法规定。

总的来说,土地所有权、土地使用权和土地他项权是土地权属中的主要权利类型,它们之间有着相互联系和制约的关系。以购房为例,土地所有权、土地使用权和土地他项权之间的关系可以加以说明。购房时,购房人可以得到房屋使用权和土地使用权,也就是说可以在一定期间内拥有使用房屋和地块的权利,同时也需要与房屋或土地相关联的土地他项权。其中,土地所有权归国家所有,购房人只能买到房屋的使用权和土地的使用权。如果购房人需要对房屋或土地进行抵押,需要向银行申请贷款,贷款的担保方式可能是房产抵押,这就产生了土地抵押权;如果购房人将房屋转让给其他人,则会产生了房屋转让权;如果购房人想要对房屋进行装修等工程,那么就需要获得建设的权利等。总之,土地所有权是国家对土地的绝对管制,土地使用权是针对土地使用者的局部管理,而土地他项权是土地权利关系中的补充和扩展,是在地权制度中不可或缺的组成部分。在买房或者购买土地时,要了解好上述三种权利之间的关系,确保自身权益能够得到保障。

三、土地价值信息分类

土地价值信息中最为常见的信息之一是土地价格信息,它反映了土地在市场上的交易价格,包括土地成交价和土地租金等。土地价格信息在土地市场价值评估、投资决策、土地租赁和土地税收评估等土地利用与管理领域中都发挥着非常关键的作用。通过分析土地价格信息,可以更好地了解土地的市场情况、价格趋势和议价空间,为土地交易提供参考和支撑,并促进土地资源的有效配置和回报。无论是商业土地还是农业土地,土地价格都是影响土地交易和土地开发利用的重要因素,因此土地价格信息对于土地利用和管理各方面都非常重要。下面对土地价格信息进行详细介绍。

土地价格是根据土地未来地租的资本化所形成的土地购买价格,其内涵包含土地资源价格和土地固定资产价格两个部分。这种两重性是由土地和地租的资源资产两重性所决定的。土地资源价格是基于土地所有权的垄断而形成的,反映地租购买价格,其取决于土地资源的有用性、稀缺性、垄断性和可让渡性。与之不同,土地资产价格由内含的社会必要劳动量决定,代表劳动价值的货币体现,应包括生产成本与平均利润。这两者在基础、获得方式、影响因素和应用范围方面存在显著差异。自20世纪90年代初以来,受城乡二元结构等多种原因影响,我国形成城市土地和农村土地两个地价体系。

依据不同的分类标准,土地价格信息的分类情况如表5-10所示。

表 5-10 土地价格信息分类表

分类依据	类型	说明
土地价格的评估技术	总地价	对整块土地的总价值评估
	单位地价	将土地划分为单位面积,评估每单位面积的价格
	楼面地价	以建筑物的建筑面积为基础,评估土地用于建设的价格
土地价格的形成方式	土地评估价格	基于专业评估方法和技术,得出的土地价值
	土地交易价格	实际土地买卖交易成交的价格
土地使用权的出让方式	拍卖价格	通过拍卖方式确定的土地使用权出让价格
	招标价格	通过招标方式确定的土地使用权出让价格
	协议价格	双方协商确定的土地使用权出让价格
土地所有权与使用权的分离形式	土地所有权价格	土地的产权归属价值
	土地使用权价格	土地使用权的价值
土地使用权的转移方式	土地出让价格	土地使用权首次由国有土地出让给购买者的价格
	转让价格	土地使用权在一定期限内再次转让给他人的价格
土地价格的功能	基准地价	作为政府制定土地政策的基准,用于土地税收、规划等
	标定地价	反映当前市场供求情况的实际交易价格
	交易地价	实际土地买卖交易成交的价格

中国地价体系主要包括的价格形式有基准地价、标定地价、交易地价及其他价格形式。其他价格形式主要有课税价格、抵押价格等形式。这种划分方式为土地市场的合理运行和土地资源的有效利用提供了重要参考和决策依据。

(一)基准地价

基准地价是政府公布和实施的城镇规划区内不同级别、不同用途的土地使用权平均价格,以此对城市地价总体水平进行宏观控制和管理。基准地价可以用来评价宗地的地价,同时也可反映不同区域的地价水平。作为政府宏观控制和管理城市地价的基础,基准地价在城市规划土地利用方面具有重要的作用。

基准地价表现形式有地面地价和楼面地价两种,目前我国各大城市主要采用地面地价,但在经济发达或土地市场非常规范的城市,如北京、上海、广州和杭州等城市,也以楼面地价加以补充。我国基准地价具有分用途、全域性、平均性、时效性及有限期等几个特点。相对于德国等发达国家,我国土地市场目前处于发展完善阶段,但市场地价信息仍不充分,而且分布不均匀,交易也大多采用隐形交易方式。因此在进行基准地价评估时,仅单凭某类地价资料难以满足要求。为解决这一问题,国家只能充分利用各种现有资料,进行综合评估,以期得出更为准确和合理的基准地价。

1. 城镇土地基准地价

基准地价是城市规划区内某一时点上,商业、居住、工业等用途下不同级别的土地的平均价格。评估年期是国有土地使用权出让最高年限。基准地价是现状用途下土地未来地租的资本化,它表示土地使用权价格的基准。基准日则是评估时点。

2. 农地基准地价

农地基准地价是以县域为单位来评估某一时点下不同权利的土地平均价格,主要以耕地为对象。不同用途的农用地以耕地基准地价为基础来确定各自的地价,包括林地、草地、荒地等。

(二)标定地价

标定地价是政府评估的某一宗地在公开市场和正常经营管理条件下的土地使用权价格,具有政府认可,作为土地市场管理的指导。政府定期公布标定地价,其主要作用在于确定出让金额、核定单位所占用地资源、入股标准、核定土地增值税、管理不动产市场等方面。标定地价也用于划拨土地使用权转让、出租、抵押等过程中,确定补交出让金的标准。标定地价的评估方法与宗地估价方法相同。标定地价评估可以采用基准地价进行系数修正的方式,根据土地使用年限、地块大小、形状、容积率、微观区位等条件进行评估,同时也可以结合市场交易资料采用其他方法进行准确评估。标定地价的评估是以城市为计量单位进行的,由此反映在一定时间内的地价情况,具有全域性、代表性,以及时效性等显著特点。

(三)交易地价

交易地价是指土地买卖双方在市场上按照市场规则达成的实际成交价格。交易地价因其现实性与准确性,是评估土地价值的重要标准之一。由于交易地价能反映出市场上土地的供需关系以及市场人士对土地价值的认识和评估,因此得到了市场和政府的广泛接受和使用。与基准地价、标定地价不同,交易地价是已经实现的土地价格,主要包括国有土地使用权出让、转让、租赁以及地役权价格等;此外,随着农村集体经营性建设用地入市的推进,交易地价的内涵进一步扩展,包括集体土地出让、租赁和入股价格等。

(四)其他价格形式

除了上述地价类型,土地价格还有其他形式。如评估地价,即由专业评估机构根据标准和方法对土地进行评估后得出的价格,通常用于土地抵押、担保、交易过户等场景;公示地价,是由土地管理部门或相关机构根据市场情况、土地特征等,定期或不定期公示的土地价格,用于公示参考;报价地价,是开发商、经纪机构或个人根据市场需求和预期价格,主动提出的土地价格,通常用于土地的竞争性议价和出让。

上述不同类型的土地价格信息在不同情况下有不同的参考和应用价值,需要根据具体的土地交易、使用或评估场景选择适合的土地价格类型。土地价格信息分类为政策制定、资源管理、投资决策、交易透明度等方面提供指导,从而推动土地市场的健康发展和社会经济的可持续增长。

知识要点与习题

知识要点

土地信息分类　土地信息分类体系　土地信息分类方法　地图分类法　成因分类法　空间分类法　土地利用信息分类　土地权属信息分类　土地价值信息分类

习题

(1)什么是土地信息分类？其分类原则包括哪些？
(2)简述土地信息分类的方法。
(3)土地信息分类与土地利用/覆被遥感分类有何区别？
(4)结合新《土地管理法》与《第三次全国国土调查技术规程》的相关内容,试述新土地利用分类体系的构成。

第六章　土地信息提取

土地信息提取是通过遥感影像解译、机器学习算法、定量遥感反演等方法,从原始土地数据中提取土地的特征和属性信息的复杂专业过程,其所提取的信息包括土地的各种基础信息如位置、面积、利用/覆被类型等,以及由这些基础信息所组合成的复杂信息,如土地利用变化趋势、土地利用空间形态、土地利用效率等信息。这一过程的目的是将庞大的土地数据转化为可用于土地管理、规划、资源评估和环境监测等决策的知识。第四章的土地数据获取是土地信息提取的前置步骤,为土地信息提取提供了必要的数据基础。两者相辅相成,共同构成土地信息学领域的重要组成部分。

第一节　遥感影像解译

一、基本概念

目视解译,是通过直接观察遥感影像或利用判读设备来获得地面物体信息的过程,可视作遥感成像的逆过程。目视解译的核心在于建立解译标志,这些标志分为直接和间接两种判读标志,用于分析、理解和解译遥感图像的内容。为了建立每种土地类型的解译标志,需要考虑目标地物的特征,并结合土地利用现状分类对遥感影像进行判读。此外,为确保解译结果的准确性,需要进行外业验证。在进行区域尺度的目视解译时,必须考虑不同区域的气候特征、地表覆盖等因素的差异。因此,应该在不同的土地利用生态功能分区上建立解译标志,并进行目视解译以减少误差。常用的解译方法包括总体观察、对比分析、综合分析和参数分析等。

(一)总体观察

对图像的土地生态特征信息进行观察,包括土地覆盖类型、地形地貌等信息,并对其可读性与判读目标之间的关系进行分析。通过对不同类型的直接判读标志进行观测,可把遥感图像分成大类别或者获取其他易于识别的土地生态特征来辅助分类。

(二)对比分析

对比分析是针对多波段、多时相的不同类型影像进行对比,从而得出分析结果的过程。多波段图像对比可以鉴别出在同一波段中灰度值相似但在其他波段图像具有很大差异的物体,有助于区分较为相似的土地生态特征,而多时相图像对比分析则主要用于植物或其他物体的变化和繁衍情况的监测。此外,通过比较分析不同直接判读标志之间的差异,可以进一步识别和区分那些具有相同的形状和色调特征但纹理结构特征不同的物体,从而提高物体识别的准确性。在遥感图像分析和物体辨识过程中,对比分析的应用十分重要,它不仅可以加强对物体特征的认知,还能增加识别的可靠性,使得目标在图像上更加清晰,实现更精确的分类目的。

(三)综合分析

综合分析是一种利用间接判读标志和现有判读及统计数据,对在图像上表现不明显或没有表现的物体和现象进行判读的方法。通过这种方法,可以更深入地了解间接判读标志之间的相互制约和依存关系,从而提取更全面的信息。例如,对于已经确定为农作物的影像区域,可以根据农作物与气候、地貌和土质之间的依赖关系来进一步区分作物的种类。在综合分析中,统计数据和地图数据是前期工作的可靠成果,具有重要的参考价值。虽然实地调查数据只适用于特定区域或类型,并不能全面反映判读范围的整体特征,但是在应用和判读影像数据时,必须通过全面的综合分析来获得正确的结论,这样才能更准确地理解遥感图像中的信息,为进一步的研究和决策提供有效支持。

(四)参数分析

参数分析是利用空间遥感技术,测量特定地区典型目标(样品)的辐射特性数据,并对其进行分析,以实现目标区分的方法。例如,通过简单比值的方法,可以测定上空和地面的太阳辐射照度,包括大气透过率和遥感器响应率等数据信息,从而获取土地生态信息,并进行气候条件的监测分析。基于上述结果,可以从两个角度判断未知物体的属性:①将样品的灰度和其他图像分块进行对比,如果灰度与某个样品的灰度值相同,那么它的属性就是这个样品;②利用地表对不同目标的反射特征和辐射特征进行测定,并将其转换为灰度,再将不同目标的灰度与图像中的灰度进行比较,从而得出不同目标的空间分布。通过参数分析,可以有效地应用空间遥感数据,准确地区分和判定不同目标,从而获得有关土地生态和气候条件的重要信息。

二、工作原理

目视解译的原理是利用人眼对视觉信息的感知能力,通过图像的颜色、纹理、形状等特征,对地物进行识别和分类。目视解译的主要依据是人类视觉系统对色彩和形状的敏感度,以及对地物在图像中的空间位置和关系的理解能力。在遥感影像目视解译过程中,需要考虑图像质量、光照和遮挡等因素,还需结合地面实地勘察和数据验证来保证解译结果的可靠性。遥感影像目视解译常用于初步的地物分类,为后续的数字化遥感影像处理提供基础数据。

与计算机解译相比,目视解译的方法、技术和过程有所不同。在方法上,目视解译是直接观察或借助判读仪器进行,计算机解译则是利用计算机系统和专业算法进行分析与推理。在技术上,目视解译主要依靠专业人员的经验和直觉,计算机解译则使用了模式识别、机器学习和人工智能等技术。在过程上,目视解译需要专业人员进行肉眼观察和判断,具有一定的主观性和人为误差;而计算机解译则能够快速、准确地进行大量数据处理和分析,具有高效性和可重复性。目视解译的优点在于能够根据专业人员的经验和判断,对一些特定的地物进行准确的识别和分类;同时还能够对图像进行直观的判读和理解。其缺点在于解译速度较慢、数据量较小、存在一定人为误差等。计算机解译的优点在于可以快速、准确地从大量遥感数据中提取目标地物信息,具有大数据处理和高效性的优势;缺点在于需要耗费较高的成本进行算法开发和数据存储与管理,对预处理数据的依赖性较强。综合而言,目视解译和计算机解译各有优缺点,应综合考虑实际需求进行选择和使用。

(一)目视解译的依据

在目视解译中,解译人员通常是依据各种解译标志来识别具体地物的。遥感图像光谱、辐射、空间和时间特征决定图像的视觉效果、表现形式和计算特点,并导致物体在图像上的差别,即解译标志。遥感系统在传递信息中有分辨率的、投影的、辐射的以及其他方面的变化,都影响着解译标志的形成。这就使得解译标志分级多样化。实际上,在每一幅图像上,同一个地物图像的解译标志都会有新的表现。解译标志可分为直接标志和间接标志。其中,直接标志是地物本身和它们的遥感图像所固有的,包括色调、色彩、形状、尺寸、阴影、图案(细部)以及纹理(结构)等;间接标志则不直接与物体有关,其能指示出直接标志不能确定的,或在图像上没有成像的那些物体的存在,有助于排除由分析直接标志所作结论的多义性,还能取得物体的补充特性,如物体的位置和空间关系等。图 6-1 给出了上述解译标志的复杂程度分级。

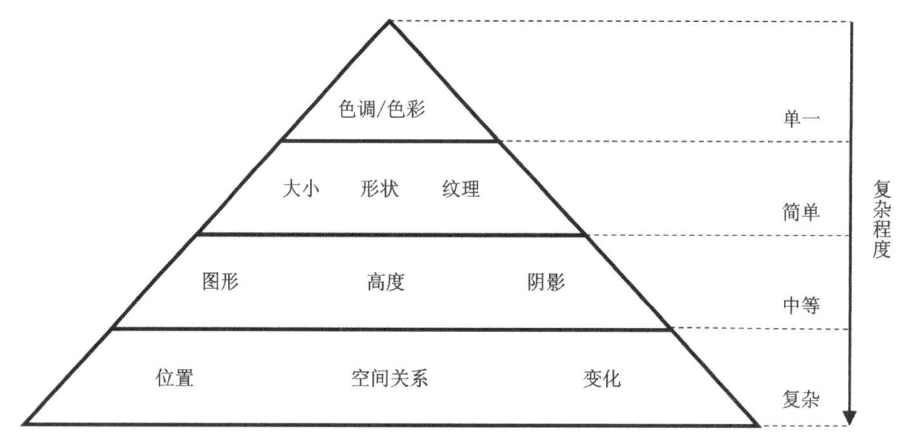

图 6-1 遥感解译标志分级

1. 色调

黑白像片从白到黑的密度比例叫色调(也叫灰度)。用全色胶片拍摄的像片中,目标物按照其反射率而呈现出白—灰—黑的密度变化。例如,同样为海滩的沙子,干的沙子拍出来发白,而湿沙则发黑。在红外图像上,水域拍出来是黑色的,而植被则发白。

2. 色彩

遥感影像中地物的颜色是目视解译的重要依据之一。不同地物通常具有不同的颜色特征,比如植被一般呈现绿色,水体呈现蓝色,建筑物呈现灰色或白色等。通过观察地物的颜色可以对其进行初步的分类和区分。

3. 形状

形状即目标地物在遥感图像上呈现的外部轮廓。不同地物通常具有不同的形状特征,如农田往往呈现规整的方形,道路则多呈直线或弯曲状等;同一地物由于图像获取方式的不同,其形状也可能不完全相同,如某建筑在二维与三维影像上的形状不同。

4. 尺寸

尺寸指遥感图像上目标物的形状、面积与体积的度量。在获取遥感影像时,必须根据判读目的选定需要的比例尺。根据比例尺的大小,可以预先知道图像上多少毫米的物,在实际距离中为多少米。

5. 阴影

阴影是图像上光束被地物遮挡而产生的地物的影子,类似于色调与色彩。在不同类型的遥感影像上,阴影所代表的意义不一。例如,在可见光范围内,阴影可以分为本影和落影,本影指地物未被阳光直接照射部分的图像,落影指目标投落在地面的影子的图像;而在热红外图像上,阴影是由温度差引起的,可以区分为热影与冷影,如飞机的残留热量造成的是热影,静止飞机的周围因吸收产生冷影等。

6. 图案

目标物有规律地排列而形成图案,如住宅区的建筑群、农田的垄、果树林的树冠、高尔夫球场的路线和绿地等。以图案为线索可以容易判别出目标物。

7. 纹理

纹理也叫内部结构,指遥感图像中目标地物内部色调有规则变化形成的影像结构。通常情况下,单个像元不可能构成图像,而一幅图像上所有的像元灰度值都一样,难以表达地物信息。因此,具有灰底的像元之间的变化才是构成遥感信息单元的基础。地物的纹理通常由其反射、散射和吸收的光的变化所引起,可以通过纹理的细腻程度、复杂性、形状等来区分不同地物类型。

8. 位置

位置是指地物所处环境在图像上的反映,即图像特定位置上目标(地物)与背景(环境)的关系,其对影像解译有间接的指导作用。例如,生长在阳坡和阴坡上的树,其种类和长势可能有所不同。

9. 空间关系

地物的空间位置和地物之间的相互关系可以提供更多的信息来辅助地物的识别和分类,如建筑物的布局、道路的连接等。

(二)目视解译的步骤

一般认为,遥感图像目视判读分为五个阶段:准备工作阶段、初步解译与野外考察、室内详细判读、野外验证与补判、成果转绘与制图。

1. 准备工作阶段

(1)明确解译任务与要求。
(2)收集与分析有关资料。
(3)选择合适波段与恰当时相的遥感影像。

2. 初步解译与野外考察

(1)初步解译:主要任务是掌握解译区域特点,确立典型解译样区,建立目视解译标志,探索解译方法,为全面解译奠定基础。

(2)野外考察:填写各种地物的判读标志登记表,以作为建立地区性的判读标志的依据。在此基础上,制定出影像判读的专题分类系统,建立遥感影像解译标志。

3. 室内详细判读

(1)统筹规划、分区判读。
(2)由表及里、循序渐进。
(3)去伪存真、静心解译。

4. 野外验证与补判

(1)野外验证:检验专题解译中图斑的内容是否正确,检验解译标志。
(2)疑难问题的补判:对室内判读中遗留的疑难问题进行再次解译。

5. 成果转绘与制图

常见的转绘方法有两种:一种是手工转绘成图,另一种是在精确几何基础的地理地图上采用转绘仪进行转绘成图。

三、实践应用

目视解译最初被广泛应用在第二次全国土地调查工作中。第二次土地调查采用多源多时像的遥感影像进行调查,其中农村的土地调查比例尺以 1:10 000 为主,在调查过程中,对遥感影像的解译及矢量化是决定调查成果质量的关键。第二次土地调查的底图是基于 DEM、实测 GPS 点、严格物理模型的微分纠正技术制作而成的 SPOT5 正射影像图。由于 SPOT5 影像存在"异物同谱"和"同物异谱"现象,且土地类型具有多样性与复杂性的特点,计算机自动解译无论是在解译的精度上还是在土地类型解译的准确性上都不能满足要求,因此当时对影像的解译工作多以目视解译为主。在内业解译过程中,需要根据影像中地物的形状、大小、颜色、相互位置,以及影像的灰度变换、纹理、时相等信息进行判读。例如,图 6-2 的两幅图分别为水浇地和旱地在影像上的表现。可以看到,在几何形状以及颜色上,两者的区别并不是很大,只是水浇地颜色稍深;但二者的分布区别明显,一般在有河流或者水源充足的地区,耕地以水浇地为主,而在高山、山区中,水源匮乏,耕地多以旱地为主。

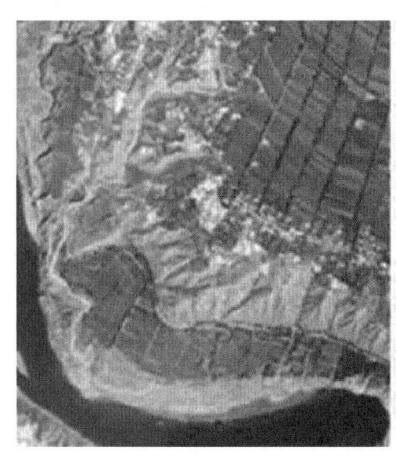 

水浇地　　　　　　　　　　　　　　旱地

图 6-2　水浇地与旱地在遥感影像上的表现

第二节　机器学习算法

一、基本概念

机器学习是一种利用计算机算法和统计学方法,从大量已知数据中自动学习和推导出潜在的规律和模式,然后将这些规则和模式应用于新数据集,从而实现对未知数据的预测和分类的过程。它是人工智能的重要分支之一,大大提高了计算机系统的智化程度,目前已被广泛应用在图像识别、自然语言处理、语音识别、推荐系统、金融分析、医疗诊断等领域。

机器学习通过计算机在海量数据中学习数据的规律和模式,从中挖掘出潜在信息,广泛用于解决分类、回归、聚类等问题。在处理不同问题时,按照数据的特性,研究者需要选择合适的算法来获得最优结果。根据不同的反馈方式,机器学习可以分为监督学习、无监督学习、强化学习三大类。

(一)监督学习

监督学习即首先采用实地抽样调查和人工目视判读来获取遥感影像上样区地物的类别特征,然后使用这些已知类别特征"训练"判别函数,并据此对整个影像进行分类的过程。近年来,监督学习的相关研究较多且主要集中在深度学习领域。深度学习利用大量的有标签训练数据对神经网络进行训练,使得神经网络具备某些特定的能力,如分类、回归等。目前,监督学习已经在计算机视觉、自然语言处理、语音识别等方面取得很好的效果。

监督学习可以用来解决复杂的分类和回归问题,最常见的监督分类方法包括贝叶斯(Bayesian)监督分类、决策树、最小二乘回归、支持向量机和集成技术等。其中,贝叶斯分类是应用最广泛且经典的监督分类方法,其采用条件概率密度函数作为判别函数,遵循贝叶斯准则进行分类,又称为最大似然分类法。贝叶斯监督分类作为一种具有严密理论基础的分类方法,特别适用于呈正态分布的数据。该方法通过综合考虑各类别在不同频段上的均值、方差以及光谱频段之间的协方差,建立了具有较好统计特性的判定函数,长期以来一直被视为先进的分类方法。然而,随着遥感数据的空间和时间维度不断扩大,贝叶斯监督分类也逐渐暴露出一些缺陷,如多源、多维的遥感数据可能不符合正态分布特性,相对离散的分类数据信息在很多情况下并不具备统计学含义,以及高维空间数据信息难以满足贝叶斯规范中所要求的协方差矩阵获取条件等。特别是在存在类别光谱特征混淆的情况下,贝叶斯监督分类无法达到较高的分类精度。因此,需要在实践应用过程中考虑贝叶斯监督分类的缺陷,并采用更为先进的方法来提高分类精度。例如,在进行工作之前,首先选取合适的波段组合方式;或通过类型细分方式解决"同物异谱"问题,单独划分子类训练区;再者,引入专家研究数据和经验知识,并提供先验概率进行分析研究。

(二)无监督学习

无监督学习是一种与监督学习相反的机器学习方法,其特点是训练集的样本缺乏标签。该方法是一种基于分类识别标准的自动分类技术,其迅速、简便且具有一定精度的特性使其成为监督学习方法的重要补充。按照解决问题的不同,无监督学习主要可以分为关联分析、聚类问题和维度约减三种类型。关联分析是一种通过样本间的数据同时出现的概率来发现样本之间关系的方法。这种方法在购物篮分析中得到了广泛应用。例如,如果某商店发现购买泡面的顾客有80%的可能性也购买啤酒,那么商家会把啤酒和泡面放在一起卖,这样就能够更好地吸引客户。聚类问题是将训练集中的数据样本分成若干个不同的簇,从而实现同一簇内的样本具有相同特征的目的。聚类问题与分类问题的最大区别在于,前者的训练集样本缺乏标签,因此需要依据样本的特性来进行分类。维度约减是一种减少数据维度,同时保证数据信息不失真的方法。这个过程通过特征选择和特征提取两种方法来实现。特征选择是指从原始数据中选择有代表性的数据子集,以保证数据信息的准确性和可靠性;特征提取是指通过数据转换将高维数据转换为低维数据,以保证数据的清晰度和可视性。

在机器学习领域,无监督学习是一种不断发展和变革的领域,其中包括了许多引人注目的算法,如K均值聚类算法(K-means clustering algorithm,简称K-means)和迭代自组织数据分析(iterative self-organizing data analysis,简称 ISODATA)等。这些算法的应用为计算机处理大量未标记数据提供了可靠的手段,有助于解决人工智能领域中的一系列难题。

(三)强化学习

强化学习是从动物行为研究和优化控制两个领域发展而来的,其基本思想是智能体(agent)在与环境交互的过程中根据环境反馈得到的奖励,不断调整自身的策略,以实现最佳决策,主要用来解决决策优化类的问题。强化学习的基本要素有策略(policy)、奖赏函数(reward function)、值函数(value function)、环境模型(environment),学习过程可以描述为如图 6-3 所示的马尔可夫决策过程。

强化学习这一方法背后的数学原理与监督/无监督学习略有差异。监督/无监督学习更多地应用了统计学知识,而强化学习更多地应用了离散数学、随机过程等这些数学方法。常见的强化学习算法包括 Q-学习算法、瞬时差分法、自适应启发评价算法等。目前,强化学习较多应用在对弈、决策和控制方面。以最为典型的深度强化学习 Alpha Go 为例,Alpha Go 以 3∶0 的成绩大

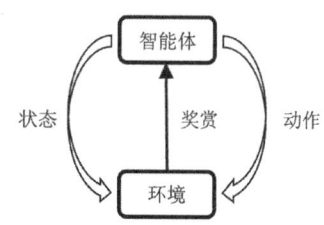

图 6-3 强化学习基本学习模型

败柯洁的事迹,开启了深度学习的热潮,而其能够战胜人类的关键技术就是深度强化学习。19×19 的围棋状态空间复杂度约为 10^{172},传统搜索方法只在局部进行搜索,无法有效提取整个空间的有效特征,容易进入局部最优状态,且当时计算能力较弱,无法解决围棋这类庞大问题。深度学习通过分层特征提取,将搜索空间从整个棋局缩小到每个棋子,大大减小了搜索范围。深层网络能够表示复杂的状态空间,使得深度学习在不盲目搜索的情况下可以扩大搜索范围。采用强化学习方法建立策略网络和价值网络,在当前棋局状态下选择下一步棋的位置,并评估当前棋局。若评估结果表明该棋步胜率较大,则增加选择概率,否则降低选择概率。这种方式提高了学习效率和搜索速度,并辅以高速计算能力,最终实现了 Alpha Go 的成功。

二、典型算法

(一)人工神经网络

人工神经网络(artificial neural network,ANN)是当前应用较为广泛的分类方法,其构建基于对人脑神经系统结构和功能的简化与模拟,既不需要关于数据分布的先验信息,又无须预先确定分类系统的各种信息源的先验量值,既可以处理大量复杂而不规则的信息,也便于和其他辅助信息相结合。相对于传统分类技术,ANN 分类技术通常能获得更为精确的分类结果,尤其是在处理复杂类型的土地覆被分类时表现出色。实践证明,与极大似然法相比,ANN 分类技术具有更高的数据处理速率和更准确的分类能力,特别是在处理严重背离分布假设的数据资料时,其优势更加显著。然而,大量实验证明了一些地物的光谱数据具有极低的团聚性,导致 ANN 对大多数易区分的地类识别率高,而对少数不易区分的地类识别率低,

这表明 ANN 并非对所有信息都具备良好的特征提取和分析能力。人工神经网络有许多不同的类型,其中,在遥感中应用最典型的人工神经网络是后向传输训练的前馈多层感知器(MLP)。MLP 一般由一组节点(或神经元)及三个(输入层、输出层和隐层)或更多的层构成。其结构通常包括一个输入层、一个输出层和一个或两个隐藏层,网络中任何层的每个节点与相邻层的所有节点连接(图 6-4)。近年来,我国人工神经网络的研发工程获得了巨大进步,在模式识别、智能机器人、控制、预测推断、生物、医药等应用领域都获得了重要突破,为社会发展做出了积极贡献,表现出了良好的智能特性。

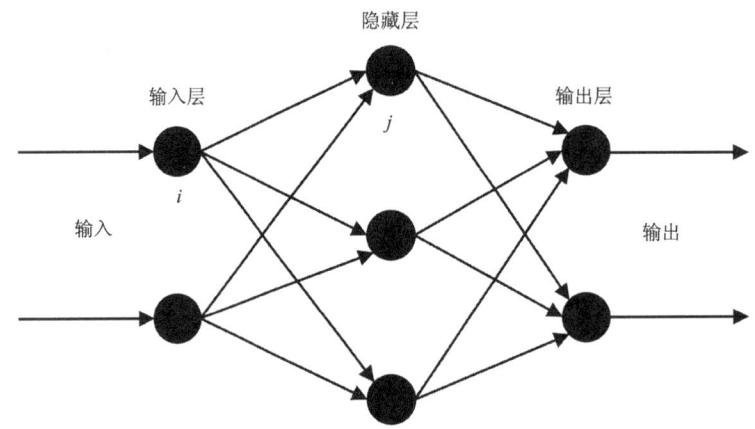

图 6-4　MLP 算法结构示意图

(二)决策树

决策树(decision tree,DT)算法是一种典型的监督学习,是机器学习中的一种树状分析模式,具有模型简单、预测效率好、具有可解释性等诸多优点。首先它利用大量标记的训练样本建立一棵决策树模型,即监督类学习的过程;然后根据已经建立的决策树对新数据进行分类,从分类结果中总结出有价值的信息提供给决策者。树上的各个叶节点表示数据的一种类型,各个内部节点表示数据的一种测试属性,各个分枝代表通过属性判断得到的一种数据输出,其算法结构如图 6-5 所示。DT 算法一般有两个步骤:一是利用训练集从 DT 最顶层的根节点开始,自顶向下依次判断,形成一棵决策树(即建立分类模型);二是利用建好的 DT 对待分类样本集进行分类。DT 模型非常自然地还原了做出决定的全部流程,把复杂的决定流程拆分为了许多更简单的过程,使人们可以简单地理解决定形成的全部流程。与其他方法比较,DT 的设计简洁而直接,易于掌握,并且具有很大的分析精度。在数据挖掘、机器学习的学术学科和工作环境中,有着广泛的运用。目前,在 DT 模型中比较重要的方法有 ID3、C4.5、SLIQ、PUBLIC 等。

决策树算法是一种单一分类算法,而由多个决策树构成的集成学习方法则形成了一种新的算法——随机森林算法(random forest,RF)。随机森林算法由 Breiman 和 Cutler 于 2001 年提出,其将决策树算法构建的没有剪枝的分类决策树作为基分类器,将引导聚集(bagging)和随机特征选择结合起来,增加决策树模型的多样性,其算法结构图如图 6-6 所示。在随机

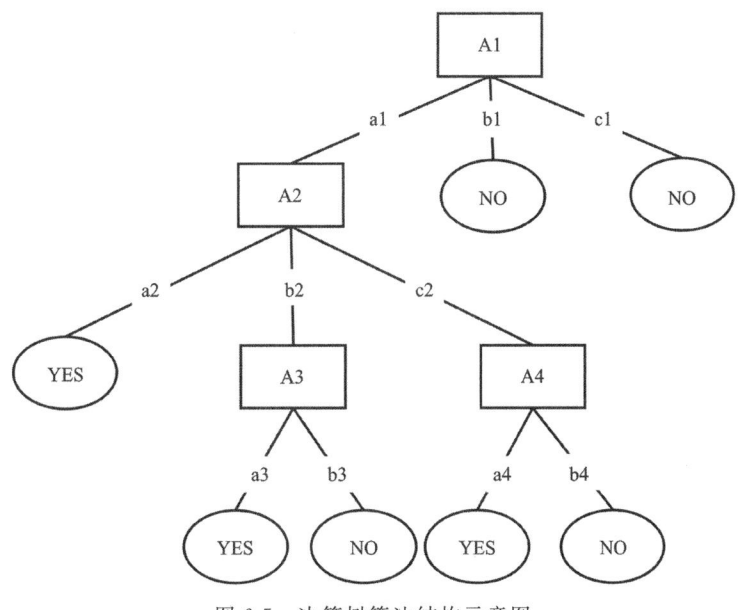

图 6-5 决策树算法结构示意图

森林算法中,每个决策树的训练过程并行进行,相互独立,可以充分利用多个决策树的分类结果,降低了过拟合的风险,并且能够提高整体的分类准确度。随机森林算法具有许多优点:不需对数据预处理,能够很好地容忍噪声和异常值;对多元共线性不敏感,结果对缺失数据和非平衡数据比较稳健;只选择最重要的特征,适用于高维或大样本的情况以及高维小样本的问题;训练快速,分类准确高;模型方差较小,且泛化能力强。但随机森林算法也存在模型不容易解释、建模费时、决策受易特征取值影响等问题。

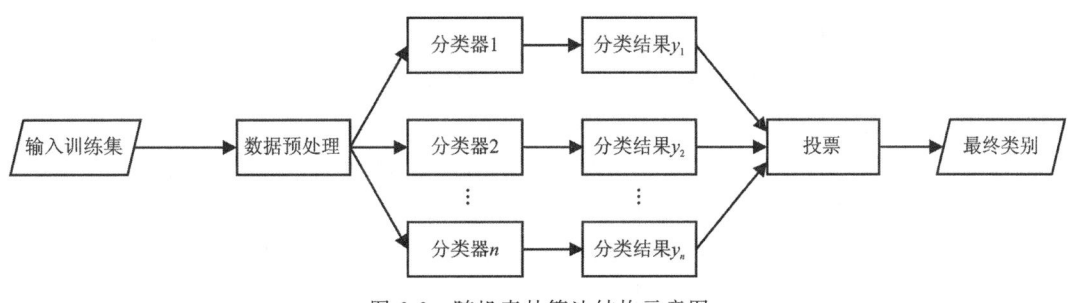

图 6-6 随机森林算法结构示意图

(三)支持向量机

支持向量机(support vector machine,SVM)是一种常用于二分类和多分类的监督学习算法。它的原理是基于对样本空间的分割,通过一个超平面(线性或非线性)将不同类别的样本分开,如图 6-7 所示为支持向量机的工作示意图。机器学习中的支持向量机算法属于监督学习模型,也是以统计学习理论为基础的一种数据挖掘方法,它利用有限的数据信息,在模型复杂度和能力范围内进行最优化,以达到最佳的结果,从而实现最优的决策过程。

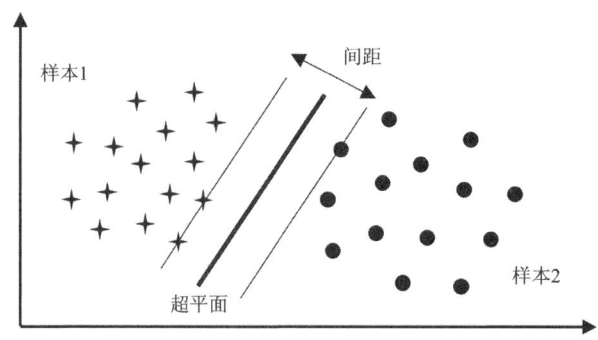

图 6-7 支持向量机的工作示意图

支持向量机的核心内容有两个方面:一方面是对线性可分解的情况进行研究;另一方面是利用非线性变换的算法来完成采样之间的转换,也就是从一个低维的输入空间到一个高的维度,从而达到一个线性的可分解。然后,基于最优结构的风险最少原理,在属性空间内建立最优的划分面,从而达到整体的最优。支持向量机可以使用不同的核函数,适用于线性和非线性分类问题,对于高维度和稀疏数据具有很好的分类效果;此外,相对于其他分类算法,其具有较好的泛化能力,对于小样本数据处理效果比较好。然而,在大规模数据集的训练中,支持向量机的训练速度较慢,对于噪声数据也比较敏感。

(四)K-means 算法

K-means 算法是一种聚类算法,通过迭代求解来将数据分成 K 类。该算法认为两个对象的距离越近,它们之间的相似度就越高,认为簇是由距离靠近的对象组成的,因此把得到紧凑且独立的簇作为最终目标,其算法流程如图 6-8 所示。K-means 算法原理十分简单,需要调节的参数只有一个 K,且具有出色的速度和良好的可扩展性,因而 K-means 算法作为经典的聚类算法,被普遍应用于需要解决此问题的各个领域之中。K-means 算法的优点在于简单易懂、计算速度快、扩展性强,多应用于数据挖掘及图像处理等领域;同时,由于算法过程中需要根据不同数据之间的距离来进行聚类,所以对于数据分布集中且聚类间距明显的数据集效果较好。K-means 算法的缺点在于被划分为各聚类的数据集需符合高斯分布,如果数据集不符合高斯分布,或者各聚类间分布重叠较大,则 K-means 算法的聚类效果会大打折扣。

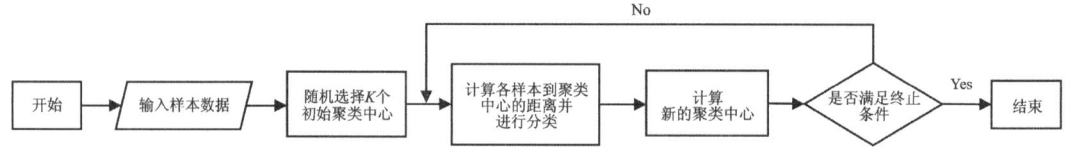

图 6-8 K-means 算法流程图

(五)主成分分析

主成分分析(principal component analysis,PCA)是一种数据分析的技术,也是无监督学习算法中典型的降维算法。主成分分析的主要思路是将高维空间的问题转化到低维空间去处理,使问题变得比较简单、直观,而且这些较少的综合指标之间互不相关,又能提供原有指标的绝大部分信息。图 6-9 所示是主成分分析法基本流程,其中 R 是样本相关系数矩阵。主成分分析方法的优点在于数据压缩和对多维数据的降维,其运算简便,而且没有数据约束,因此能够很方便地运用于不同情况。它常常被运用到人脸识别和评价排序、图像压缩、特征提取图像分析、模式识别等方面,是在高维数据中寻找模式的一种技术。

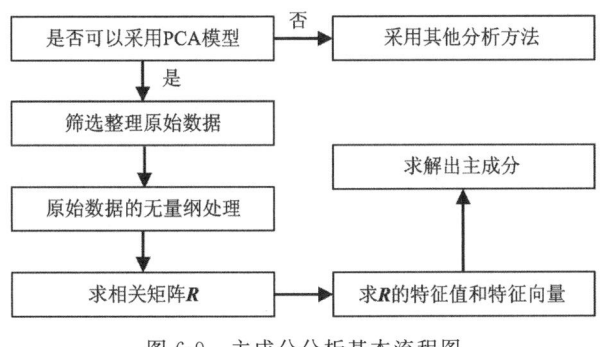

图 6-9 主成分分析基本流程图

（六）新型算法

最近几年,全球数据量的增长率接近 24%,以 Google 为首,凭借数据服务为核心、机器学习技术为支撑的一大批 IT 公司占领数据挖掘与信息化的市场。各行各业掌握海量数据,使用机器学习技术挖掘潜在价值信息,提供数据服务,改变着社会生活各个方面。数据的增长带来了许多发展机会,同时也带来了技术的挑战,不少传统机器学习算法的运算方式比较死板且自身的学习功能较弱,已无法应对大数据时代海量数据的处理和分析,所以不得不寻找新的方法来解决问题。

1. 量子机器学习算法

近年来,量子计算机在计算质量与性能领域表现出强大的运算能力。据此,有研究人员尝试用量子计算的方法解决机器学习训练时间长的问题,优化算法的最终结果,量子机器学习这一领域应运而生。随后,量子主成分分析、量子支持向量机、量子深度学习等量子机器学习算法相继被提出,并有实验证明了量子机器学习算法有显著的加速效果,量子机器学习的研究展现出逐步走高的趋势。

量子机器学习算法是利用量子计算机的并行算和量子态叠加等特性来加速机器学习模型的训练和推断的技术。量子机器学习算法工作原理是将数据化为量子比特表示,即将每个数据用量子状态来编码。在量子计算机中,通过对量子状态的多次测量来捕捉数据的特征,从而在空间中分类和聚类数据。由于量子计算机的量子状态叠加和量子纠缠等特性,量子机器学习算法能够在短时间内找到最优解,大大提高了训练和推断的速度,从而更快提高预测和分类的准性。未来,量子计算技术的进一步发展和量子机器学习算法的不断创新将会加速深度学习和神经网络的计算速度,为许多应用领域带来更好的性能和结果。在实际应用中,量子计算技术和量子机器学习算法可能会被应用于解决天气预测、化学模拟、金融分析、大数据分析和人工智能等领域的复杂问题。

2. 李群机器学习算法

由于真实世界中数据的多样性和复杂性,人们经常将数据嵌入到流形结构中表示,这使得传统的基于欧氏空间的机器学习方法变得无效。于是有学者提出疑问:是否存在某种方法,既能够利用流形结构表示数据的便捷性,又能够寻找到相应的可计算模型?基于此问题,诸多学者开展了关于流形学习的研究,给出了肯定的答案——李群机器学习算法。

19世纪后期,挪威数学家索菲斯·李为连续变换群奠定了理论基础,随后这类群被后人命名为"李群"。在数学概念中,李群不仅是一个群,还是一种微分流形,具有平移、旋转和缩放等变换特性,因此有助于处理具有对称性和不变性的数据。近年来,李群不再局限于数学领域的理论研究,这类连续变换群也被许多计算机领域的学者所熟知。在这样的背景下,有学者将李群表示与机器学习算法结合起来,提出了李群机器学习的理论框架。微分流形的几何性质可以用来便捷地描述数据,群的代数性质能够提供具体的求解方案,这使得李群机器学习的思想得以形成。李群机器学习算法的工作原理是将数据和模型参数视为李群上的点,利用李群的代数结构来处理它们。李群机器学习算法不同于传统机器学习算法,它不依赖于既定坐标系的选取、不受坐标系变换的影响,因此可以更好地处理对称性和不变性的数据。例如,当我们将单个物体从不同角度拍摄时,它的形状不会变化,因此,对称性和不变性在此类问题中非常重要。

未来,李群机器学习算法的应用前景非常广阔。它可以应用于各种领域,如计算机视觉、语音识别、自然语言处理、图像处理、机器人控制和物理学等领域。当我们需要处理对称性和不变性的数据时,李群机器学习算法可以更准确地解决问题。另外,随着深度学习的发展和模型的不断增大,许多传统机器学习算法面临计算和存储问题,而李群机器学习算法可以更高效地处理大型高维数据集,因此在未来的机器学习和人工智能的应用中将扮演着重要的角色。

三、实践应用

机器学习算法在土地信息提取中有广泛的应用。在土地利用分类中,通过监督学习算法,可以将遥感影像数据自动分类成各种土地类型,如农田、森林、建筑区等;通过训练模型,机器可以学习不同土地类型的光谱特征,并自动将未知区域分类为相应的土地类型。在土地覆盖变化检测中,通过监督学习或无监督学习算法,可以分析不同时间点的遥感影像,识别并提取变化的区域,帮助监测土地利用的动态变化,如城市扩张、林业变化等。在土地利用规划方面,机器学习主要用于边界提取,通过图像分割算法,可以自动识别土地边界,比如农田的边界、山脉的边缘等,可在"三区三线"的划定中发挥重要作用。

以土地利用类型信息的提取为例,北京师范大学的研究人员提出了一种基于影像窗口子区的耕地类型自动识别算法。该算法通过对影像的规则划分获取一定大小的影像窗口子区,在提取多光谱和多层次特征的基础上,利用机器学习算法,自动识别影像窗口子区的耕地和非耕地类型。图 6-10 为耕地自动化识别流程。利用该方法,研究人员以我国东北地区高空间分辨率遥感影像为例进行实验,实验结果表明分类精度可达 90%。总的来说,机器学习算法在土地信息提取中的应用,可以帮助我们更加高效准确地获取土地相关的信息,为土地管理、规划和决策提供科学依据。

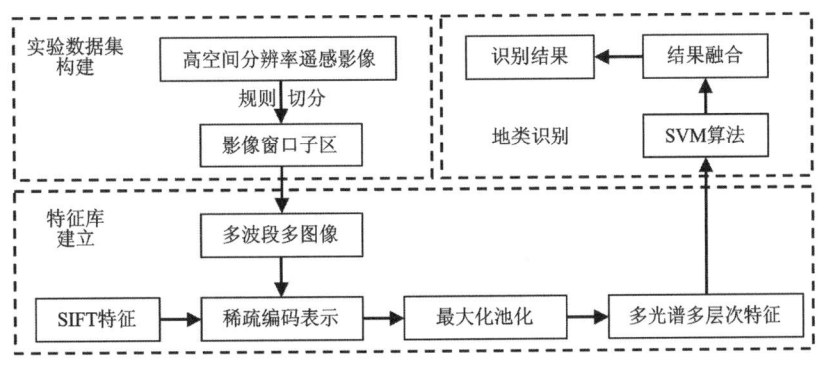

图 6-10 耕地自动化识别流程

第三节 定量遥感反演

一、基本概念

定量遥感是一种利用不同电磁波波段反映地表物体定量信息的遥感技术,该技术通过数学或物理模型将采集到的信息与地理学、生物学等相关参数相结合,从而定量地推演出物体的一些地理学或生物学信息。定量遥感反演的优势在于可以实现对地表物体的定量分析,因此在生态环境监测、资源调查、自然灾害评估、区域规划等领域中有着广泛的应用前景。对地观测的遥感对象主要包含大气、陆表和海洋。大气和海洋遥感的研究对象基本上是连续变量,提取相对简单,因此该领域的定量遥感技术发展迅速。而陆地遥感要复杂得多,早期的信息提取大都依赖于人工目视解译,随着计算机和数值模型的广泛使用,人们可以定量地从遥感数据中估算陆地环境的一些生物、物理和化学变量,这就被称为陆地定量遥感,或者简称定量遥感,以区别于其他的研究方法(如目视解译)或者研究内容。

定量遥感反演的核心研究内容是从遥感数据中确定陆表环境变量的数值,并且在初级产品(经过几何定位和辐射定标的原始观测数据)的基础上生成标准(具有相同面积或者角度的网格和相同时间分辨率)的高级产品供更多的用户使用。数据源是定量遥感研究的前提;数据预处理是定量遥感必不可少的一部分,直接影响到后继信息提取的质量与精度。因此定量遥感包含五个部分:数据获取、数据预处理、辐射传输模型的建立与变量反演、高级产品的生成和遥感应用。

在最近的十多年中,我国学者在定量遥感反演方法的研究中整体上已经处于世界前沿。尤其是在方法探索的广度上,我国学者对不同的方法都做了很好的尝试;但在研究的深度上,我国尚未建立起完整实用的反演方法和体系。未来，我们还需要继续探索新的理论与方法，引进各种物理原理与物理公式，提高反演算法的有效性，加深对反演结果的理解。

二、关键技术

陆表定量遥感的核心是研究如何从遥感观测数据中定量地估算地表各种地球物理、化学和生物参数，并且生成相应的遥感高级产品。因此，定量遥感需要通过精确有效的反演算法，以最真实地反映地表实际情况。定量遥感常用的反演方法可以分为直接反演和模型反演两种：直接反演是指通过将不同波段组合生成土壤指数、植被指数等来反映不同地物特征；而模型反演以直接反演为基础，利用遥感数据与地学参量建立模型，定量地推算或反演某些地理学或生物学信息，如植被覆盖度、地表温度、生物量、叶面积指数等。综合利用定量遥感技术的不同方法，能够更加准确地获取和分析地表物体的信息，为科学研究和决策提供重要的支持。

（一）直接反演

定量遥感反演中的直接反演方法是通过将不同波段的反射值组合生成不同的指数来反映不同地物特征，以及通过对指数值的分析来提取地物信息的技术，一般不需要建立复杂的数学模型。例如，通过计算植被指数和土壤指数等，以定量化地解释地物覆盖度、植被含量、土壤水分等信息。这种方法简单易懂，数据需求也不高，因此在一些较为简单的遥感应用中，如植被覆盖度估算、土地利用分类等，直接反演方法仍然是一个重要的手段。

1. 植被指数

植被指数是指利用绿色植被对电磁波的反射和吸收特征，对敏感波段进行线性或非线性组合，从而表征植被信息的方法。植被指数是提取植被信息和评估植被生长状况的重要指标，其与植被物理参数、生化参数、PAR 等能量和生产能力等参数存在明显的线性关系。因此，植被指数在植被定量遥感中有着不可或缺的意义。最简单的植被指数是差值植被指数、比值植被指数和归一化差值植被指数等，其他参数大多是基于上述植被参数进行修正或改进的结果。表 6-1 总结了当前最常见的、运用最多的几种植被指数，并阐述了各种指数的优缺点与适用场景。

表 6-1　常见植被指数

植被指数（VI）	公式	优点	缺点	适用对象
差值植被指数（DVI）	$DVI=\rho_{NIR}-\rho_R$	对土壤背景敏感，对土壤背景的变化极为敏感	植被覆盖度过高时，DVI 对植被的灵敏度有所下降	低密度覆盖绿色植被区域

续表 6-1

植被指数(VI)	公式	优点	缺点	适用对象
比值植被指数(RVI)	$\text{RVI}=\dfrac{\rho_R}{\rho_{NIR}}$	增强了土壤与植被的对比	易受大气条件影响,大大降低对植被检测的灵敏度	适用于冠层植被,如森林等植被
归一化差分植被指数(NDVI)	$\text{NDVI}=\dfrac{\rho_{NIR}-\rho_R}{\rho_{NIR}+\rho_R}$	可以消除大部分与仪器定标、太阳角、地形、云阴影和大气条件有关辐照度的变化,增强了植被的响应能力	易于饱和,不利于计算植被茂盛区域的植被	低密度覆盖绿色植被区域
归一化差分绿度植被指数(NDGI)	$\text{NDGI}=\dfrac{\rho_G-\rho_R}{\rho_G+\rho_R}$	对土地覆盖类型敏感;可用于确定植物冠层吸收水氮,还可用于评估植被光合活性	易受外界条件影响	适用于冠层植被,如森林等植被
大气阻抗植被指数(ARVI)	$\text{ARVI}=\dfrac{\rho_{NIR}-[\rho_R-\gamma(\rho_B-\rho_R)]}{\rho_{NIR}+[\rho_R-\gamma(\rho_B-\rho_R)]}$	减小了大气气溶胶引起的大气散射对影像红波段的影响	大气实况参数往往难以得到的	大气气溶胶浓度高的区域(烟尘污染的热带或原始刀耕火种地区)
土壤调整植被指数(SAVI)	$\text{SAVI}=\dfrac{\rho_{NIR}-\rho_R}{\rho_{NIR}+\rho_R+L}(1+L)$	考虑到了土壤和植被冠层背景对植被指数的影响,构建了描述土壤—植被的简单模型	仅在非常理想的状态下(土壤线参数 $a=1$,$b=0$)才适用	适用于冠层植被,如森林等植被
增强植被指数(EVI)	$\text{EVI}=2.5\times\dfrac{\rho_{NIR}-\rho_R}{\rho_{NIR}+C_1\times\rho_R-C_2\times\rho_B+L}$	克服了 NDVI 的过饱和问题;减少了大气的影响;矫正了大气气溶胶的散射和土壤背景	L、C_1、C_2 是确定指数的关键指标,特定区域取值存在明显差异	高植被覆盖区域(密集森林)

注:ρ_{NIR} 代表近红外光波段反射率;ρ_R 代表红光波段反射率;ρ_B 代表蓝光波段反射率;ρ_G 代表绿光波段反射率;γ 为修正系数,随大气气溶胶条件和观测角度的变化而变化(不等于1);L 为土壤调节系数,取值范围 0~1;C_1 和 C_2 为大气调节参数。

2. 土壤指数

土壤指数是利用遥感技术从遥感图像中提取土壤水分或质量的指数。土壤指数的初期研究主要集中在指数的提出以及相关算法的开发。其中,研究者们最早关注的是土壤水分与土壤有机质等指标的提取与评估,归一化土壤指数(NDSI)、差值土壤指数(DSI)以及简单比值土壤指数(RSI)等指数应运而生。这三种光谱指数涵盖了多种形式的光谱指数,具有一定的代表性。土壤指数的应用场景非常广泛,如在土壤水分监测中,土壤指数可以帮助监测土壤的水分含量,以便农田灌溉、作物生长和农作物产量评估等农业管理决策。在土壤质量评估中,通过土壤指数,可以从土壤有机质含量、土壤侵蚀状况、土地退化程度等各方面来评估土壤质量,并为土地管理和保护提供科学依据。在土地利用规划中,土壤指数可以帮助识别和区分土地覆盖类型,监测土地利用变化,并提供土地利用规划和管理的参考。另外,土壤指数在环境监测中也有重要应用,如监测土壤污染、评估污染程度和影响等方面。表 6-2 列出了上述三种指数的公式、优缺点与适用场景。

表 6-2 常见土壤指数

土壤指数(SI)	公式	优点	缺点	适用对象
归一化土壤指数(NDSI)	$\mathrm{NDSI}=\dfrac{T_i-T_j}{T_i+T_j}$	较好地反映土壤水分,并具有较高的精度和稳定性	在采集数据时对光照较为敏感	含有较少植被覆盖的区域,如干旱和半干旱区域
差值土壤指数(DSI)	$\mathrm{DSI}=T_i-T_j$	较好地反映土壤水分和质量	对地物的提取能力和精度受到植被遮挡的影响,同时也受到干湿条件的影响	低植被覆盖区域,例如沙漠地区
简单比值土壤指数(RSI)	$\mathrm{RSI}=\dfrac{T_i}{T_j}$	计算简单、操作方便	精度和可靠性会受到地表覆盖条件、光照条件、数据噪声等因素的影响	农田土壤水分含量监测和土地荒漠化监测

注:T_i 和 T_j 为 400~2330nm 间随机选择的第 i 和 j 波段的土壤光谱反射率。

3. 水体指数

随着各类卫星影像的不断涌现,遥感技术在海洋、湖泊、水库及河流等水生态环境监测与评价中得到广泛应用。其中,针对海洋和大型湖泊生态环境要素的定星遥感研究起步较早,技术相对较为成熟。近几年,高分卫星与无人机遥感技术得到快速发展,针对狭长河流水体的生态环境要素的定量遥感研究逐渐出现,各种反演参数被应用到水体提取与分析研究中。

利用遥感信息提取水体信息的方法一般可分为单波段法和多波段法。单波段法利用了水体在近红外波长处的强吸收性以及植被和干土壤在此波长范围内的强反射性特点来提取水体,但该方法很难去除水体中混杂的阴影,容易导致部分信息提取错误。多波段法则主要利用多波段的优势综合提取水体信息,可分为谱间分析法和比值法。谱间分析法较为复杂,多为国内学者所采用,其原理是通过分析水体与背景地物的波谱曲线特征,找出它们之间的变化规律,从而用逻辑判别表达式将水体提取出来。比值法则根据不同地类在不同波段中的波谱特点,通过比值计算快速提取水体信息,如用绿光或红光波段除以近红外波段的简单比值运算就有利于抑制植被信息,增强水体信息,但是这一方法无法彻底抑制与水体无关的背景信息。在此背景下,Mcfeeters提出了归一化差异水体指数(NDWI),有效改善了以往水体信息提取存在的不足。然而,NDWI在提取城市范围内的水体时仍存在较大误差。因此,有学者进一步提出了城市水体信息提取的改进归一化差异水体指数(MNDWI)。表6-3是上述两种水体指数的相关信息。

表6-3　常见水体指数

水体指数(WI)	公式	优点	缺点	适用对象
归一化差异水体指数(NDWI)	$NDWI=\dfrac{\rho_G-\rho_{NIR}}{\rho_G+\rho_{NIR}}$	可以最大程度地抑制植被的信息,从而达到突出水体信息的目的	忽略了土壤与建筑物的波谱特征,容易和水体混淆,形成噪声	河流、湖泊、潮汐区等水域湿地生态系统
改进归一化差异水体指数(MNDWI)	$MNDWI=\dfrac{\rho_G-\rho_{MIR}}{\rho_G+\rho_{MIR}}$	降低了水体与建筑物的混淆,减少了背景噪声	灵敏度较高,可能会导致干地、建筑物等非水体条件下的误检	城市人工与自然湖泊的水质、水量以及生态环境监测和管理

注:ρ_{NIR}代表近红外光波段反射率;ρ_G代表绿光波段反射率;ρ_{MIR}代表中红外波段反射率。

(二)模型反演

发展遥感反演模型用于地表参量的定量化估算已经有了很长的历史。早期应用较多的是统计方法,而后转为基于物理的方法。统计方法主要基于各种植被指数建立回归模型;物理方法是基于地表辐射模型的反演,多基于物理模型和优化算法。现在的趋势是将统计方法和物理方法相结合,如直接估算方法。下面分别对基于统计方法和物理方法建立的遥感反演模型进行介绍。

1. 统计模型

很多实例证明,统计模型在地表信息提取中是非常有效的。统计模型,也可称为经验模型,是基于陆地表面变量和遥感数据的相关关系,对一系列的观测数据作经验性的统计描述或者进行相关性分析,以构建遥感参数与地面观测数据之间的回归方程的一类方法。该方法所需的参数较少,容易建立且可以有效概括从局部区域获取的数据,适用性强,因此被广泛应用于各种地表信息的估计中。然而,统计模型具有地域局限性,可移植性较差;同时,理论基础不完备,缺乏对物理机理的足够理解和认识,参数之间缺乏逻辑关系。另外,统计模型是使用地面测量数据构建,但实际中往往很难收集到大量的不同条件下的地面测量数据,因而统计模型的一个主要缺陷是受样本限制而无法完全表达现实情况。一种变通的方法是利用经过实测数据验证和校正的物理辐射模型来模拟遥感数据。通过使用不同的统计方法来关联模型模拟的输入和输出,可以更好地表达现实情况并提高模型的准确性。

传统的统计模型主要是多元回归分析模型,它是一种经验模型法,通过对遥感数据的某一波段、波段组合或各种指数与实际测量的数据进行回归,建立经验模型,并将模型推广到更大尺度上的地表参数估算。根据自变量与因变量之间的相关性,可将回归模型分为线性回归与非线性回归模型。

多元线性回归模型是一种利用线性关系描述多个自变量和一个因变量之间关系的统计模型。在遥感应用中,多元线性回归模型常被用来从多种遥感数据(如多光谱、高光谱等)中推算地表参数(如植被覆盖度、地表温度等)。多元线性回归模型的数学形式为

$$Y = \beta_0 + \beta_1 X_1 + \beta_2 X_2 + \cdots + \beta_p X_p + \varepsilon \tag{6-1}$$

式中:Y 是因变量;$X_i(i=1,2,\cdots,p)$ 是自变量;β_0 是截距项;β_i 是自变量X_i的系数;ε 是误差项。

多元线性回归模型经常被用于植被覆盖度的提取。下面以 Landsat 8 OLI 为例,说明如何借助多元线性回归模型提取植被覆盖度。

1)数据准备

准备一组包括植被和非植被地物的样本数据,同时获取该地区的 Landsat 8 OLI 遥感影像数据。通常情况下,植被地物中通常出现草地、林、灌木等类型,非植被地物种类则视研究区域的不同而异。

2)数据预处理

由于植被覆盖度与遥感数据的波段值之间存在一定的关系,因此需要进行数据的预处理。通常采取规范化、归一化等常见方法来标准化各波段的值,以降低不同波段间的影响。

3)建立多元线性回归模型

在进行多元线性回归分析时,需要将植被覆盖度作为因变量,将能够反映植被覆盖度的遥感指数(如归一化植被指数 NDVI 等)作为自变量并对其进行统计分析,以建立多元线性回归模型。通过对样本数据集的拟合和检验,确定最终的回归方程。

4)应用模型

采用多元线性回归模型估测全图的植被覆盖度,并将估测结果绘制成植被覆盖度的分布图,以便对影像中明显的植被空间变化进行检测和分析。

需要注意的是,在实际应用过程中,多元线性回归模型的建立和预测还需要考虑许多其他因素,比如遥感数据来源和时间段、模型分析的空间尺度、地表地理情况和降雨等气象因素。只有在严格的前提条件下,多元线性回归模型才能正确有效地反演植被覆盖度,并更好地为土地资源调查和管理提供科学的支持。

多元回归模型是一种强大的分析工具,能够更全面地识别和探究各变量之间的复杂关

系,可同时研究多个自变量和因变量之间的关系。同时,多元回归分析可引入多个自变量和联结,大大扩展了模型的可解释性和稳定性,从而提高了预测的精度和可靠性。此外,多元回归分析为数据提供了更多的信息,可协助剔除噪声数据和无效因素,从而减少误差。因此,多元回归建模有助于以更客观和更准确的方式表达变量之间的相互作用,为实际问题提供有力的支持。然而,多元回归分析关于数据和参数的许多假设并不成立。首先,标准回归分析假设在遥感数据和生物物理特征之间存在一个线性关系,而实际观测数据却表明这一关系很可能是曲线的。此外,多元回归假设自变量(遥感器在不同光谱波段获得的数据)是不相关的,遥感数据很少满足这一假设,这是因为在不同光谱波段获得的数据通常是具有极强的相关性。有学者建议使用相关系数分析和逐步回归分析方法来识别遥感数据变量,这样可以选择那些与生物量有着很强的相关性的遥感数据变量,同时选择那些自相关性很弱的遥感数据变量。进而,非参数的方法(如神经网络)可能是除回归方法外更好的选择。

2. 物理模型

定量遥感反演中,物理模型是一种通过模拟和数学建模的方法,将遥感观测与地表物理参数之间的关系联系起来,以推测和还原地表目标的物理参数的模型。它基于遥感数据与地物的物理相互作用机制,通过建立数学方程和模型,利用遥感图像中的数值信息与地物参数之间的对应关系,实现地物参数的定量估计。物理模型的核心理念是,通过分析遥感观测数据与地面物体的相互作用过程,建立从观测量到目标参数的定量关系。具体实施时,根据被观测地表目标的特征、光谱信息以及辐射传输等物理规律,结合积分和微分方程等数学方法,建立起遥感观测和地表物理参数之间的映射关系。物理模型在定量遥感反演中具有较高的精度和可解释性,能够提供具有物理意义的地物参数估计结果。然而,物理模型往往需要较多的前提假设和大量的地面真实参数,对观测数据要求较高,因此在实际应用中也需要注意数据的质量、模型的适用性和参数的选取等问题。常见的物理模型包括辐射传输模型、光谱混合模型等。

1)辐射传输模型

在地球-大气环境系统中,任何温度不为绝对零度的物体都以电磁波的形式向四周放射能量,同时也接收着来自周围物质的电磁波。地表及大气的绝大部分能量都来自太阳辐射,遥感的传感器记录的也是太阳辐射的强度。辐射传输理论最初是从研究光辐射在大气(包括行星大气)中传播的规律和粒子(包括电子、质子、中子等基本粒子)在介质中的运输规律时总结出来的。简单来说,辐射传输理论就是描述电磁波整个传播过程的理论,它是遥感的基础理论之一。

基于辐射传输理论,我们可以认为辐射传输模型是一种基于物理原理的计算模型,主要用于分析和模拟电磁波在不同介质中以及在大气中的传播过程和相互作用过程,预测和估算电磁波能量的传输及其受大气、地形和建筑物等环境变化的影响。辐射传输模型广泛应用于通信、遥感、天文和气象等领域,具有以下特点:一是该模型是一种基于物理原理的计算模型,它对电磁波在各种介质中的传输特性和散射、反射、折射、衍射等作用机制进行了详细的物理描述和模拟;二是该模型能够准确地预测和描述电磁波在各种介质中的传输路径、功率密度、传播方向和相位等参数,对信号传输和接收具有重要的指导作用;三是该模型采用各种数值计算方法和模拟算法,具有较高计算效率,可输出高精度的计算结果;四是该模型能够适用于不同频率和波长的电磁信号,并且可以仿真各种不同的环境变化,如大气温度、湿度、压强等影响因素;五是具有超前的预测能力,可以在较长时间段内对电磁波传播的路径、功率和时域波形等进行预测,为电磁波通信和探测等应用提供了有力的支持。

基于上述特点,辐射传播模型可应用于多种场景和领域,如电磁波通信的信号覆盖和建立、天文学中的信号探测和分析、气象学中的辐射传输和气象探测等。同时,辐射传播模型也在遥感图像处理中得到广泛应用,通过模拟图像获取过程中的光学辐射传输,可以帮助理解和优化遥感图像的获取过程和减少噪声,从而提高图像质量和精度。

2)光谱混合模型

光谱混合模型是一种基于混合像元和光谱反射原理的遥感反演模型,主要用于定量分析遥感图像中的不同地物类型、覆盖度和结构信息。光谱混合模型的基本原理是图像中的一个像元实际上可能由多个组分构成,而每个组分对遥感传感器所观测到的信息都有贡献,因此可以将遥感信息(波段或植被指数)分解,建立像元分解模型,并利用此模型估算地表参数。这种模型可能是线性也可能是非线性,但从目前的研究来看,大多数的光谱混合模型研究都是基于线性混合像元分解模型法建立的。光谱混合像元分解模型具有以下特点:一是模型反演以多波段遥感数据为基础,光谱混合模型是利用多波段遥感数据中的光谱信息进行分解反演的,数据来源广泛、信息量大,能够在大范围、多尺度下获取地物特征信息;二是模型精度高,光谱混合模型通过对地物混合像元的分解和反演,能够获得地物类型、覆盖度及分布的多维信息,反演精度较高;三是适用范围广,光谱混合模型可适用于各种遥感影像,同时对研究地表地物覆盖的类型、结构等信息也具有广泛适用性;四是运算时间短,光谱混合模型运算效率较高,可以对大规模、多波段影像进行实时处理,应用场景丰富。

光谱混合模型主要应用于土地覆盖变化监测、农业生态环境评价、城市遥感信息提取、森林资源调查等方面。与传统的分类方法相比,光谱混合像元分解模型可以获得更为精细和翔实的地物信息,有助于可视化分析和定量化评估。以土地利用类型的提取为例,在城镇化发展过程中,某县的耕地逐渐向建设用地、草地和林地等覆盖和转变。使用光谱混合模型,可以对这种土地利用变化进行深入研究。首先,对研究时段内每个时相的 Landsat 遥感图像进行辐射校正和大气校正,使其能够准确地反映出各类地物的光谱反射率;其次,通过研究目标区域内的土地利用类型和变化趋势,建立不同类型的混合像元,并将其分解为各种地物类型(如草地、裸土地、城市建筑物等)的光谱成分和空间分布系数;最后,通过对不同时相和地物类型的混合像元反射率进行比较和分析,建立土地利用分类模型,从而实现土地利用变化的监测与分析。

三、实践应用

定量遥感反演功能强大,可以应用于地表辐射收支参量估算、生物物理和生物化学参数估算、水循环参量估算等方面。由于本书主要介绍与土地科学相关的信息技术,因此在介绍定量遥感反演的应用场景时,只选取与土地科学领域关系密切的参量及其估算进行详细介绍,如叶面积指数、植被覆盖度、陆地生态系统植被生产力。其他参数如太阳辐射、地表温度、陆面蒸散、降水等不再展开介绍,有兴趣的同学可自行查阅相关书籍学习。

1. 叶面积指数估算

叶面积指数(leaf area index,LAI)是指单位地表面积上单面绿叶面积的总和(Chen and Cihlar,1996),是反映植被的密度、植被利用光能状况和冠层结构、树木的生物学特性和环境条件(光照、水分、土壤营养状况)的一个重要参数。由于叶片表面是物质和能量交换的主要场所,因此冠层截留、蒸散发、光合作用等重要的生物物理过程都与LAI紧密关联。

LAI的估算包括直接测量法、间接测量法以及遥感统计方法与模型方法等。其中,直接测量法是指在野外或实验室内直接观测采集叶片的面积进而估算LAI的方法。采集方式通常有破坏采摘法和落叶收集法两种:前者适用于植株较为矮小的生态系统,如草地、农作物、苔原等;后者则适用于森林等生态系统。间接方法是通过参数测量或光学仪器得到叶面积指数,测量方便快捷,但仍需要用直接方法所得结果进行校正。尽管地面实测方法能够提供较为准确的LAI,但只能获取测量样点上的数据,应用范围受到了极大的限制。

相比实测方法,卫星遥感技术为大范围研究LAI提供了有效的途径。卫星遥感技术通过统计模型或物理模型可以从传感器接收到植被冠层表面的光辐射信息进行LAI的估算。用遥感数据估算LAI的统计方法,通常先要从多光谱遥感数据计算植被指数,建立植被指数和同区域实测LAI数据之间的经验关系,再将经验关系用于估算同类区域的LAI。这种方法输入参数单一,不需要复杂的计算,因此成为遥感数据估算LAI的常用方法。需要注意的是,不同植被类型的LAI与植被指数的函数关系会有所差异,在使用时需要根据实际情况进行调整、拟合。

此外是基于物理模型的冠层反射模型。在给定的太阳-地表-传感器系统条件下,冠层反射模型将LAI和叶片的光学特性等一些基本参数与冠层反射率联系起来。它把LAI作为输入变量,采用迭代的方法来推算LAI。这种方法的优点是有物理模型基础,不受植被类型的影响;然而由于模型过于复杂,该模型的反演过程非常耗时,且反演过程中有些函数并不总是收敛的。冠层反射模型通常可以划分为四类:参数模型、几何光学模型、混合介质模型和计算机模拟模型。其中,参数模型假设冠层光辐射信息是由几个分量(比如方向反射和漫反射)组成的简单数学方程,而其他几种都涉及光在冠层中的辐射传输物理过程。几十年来,从建立辐射传输模型的理论和方法研究,到各种植被冠层的野外观测数据和遥感数据的获取,再到模型的验证及应用,国内外专家已经做了大量的研究工作。目前,比较典型的辐射传输模型主要是植被冠层光谱(scattering by arbitrarily inclined leaves,SAIL)模型;此后,Gastellu-Etchegorry等考虑植被冠层和土壤背景的各向异性,又进一步扩展了SAIL模型;之后Myneni发展了冠层三维辐射传输模型,Nilson和Kuusk发展了森林两层反射率模型。以辐射传输模型中比较经典的SAIL模型为例,该模型假设植被冠层是由方位分布随机的水平、均一及无限扩展的各向同性叶片组成的混合体,基于辐射传输方程描述植被冠层波谱/方向反射率。该模型可求解冠层内上行和下行散射光强度,当给定冠层结构参数和环境参数时,即可计算任意太阳高度、观测方向和天空散射光比例等条件下的冠层反射率,模型模拟能够很好地体现植被在不同光学波段的各向异性反射特征。

2. 植被净初级生产力估算

净初级生产力(NPP)是指植物通过光合作用将太阳能转化为化学能的总量。NPP是描述生态系统功能和资源的一个综合指标，也是评估土地利用变化对生态系统影响的关键参数。统计模型是最早发展起来的用于估算和模拟区域植被生产力的一种方法，其基本原理是结合遥感资料(主要是各种植被指数)和地面观测的植被生产力数据构建统计相关关系，并应用这种相关性估算其他地区的植被生产力。目前的统计模型一般可以分为两类：一类是直接建立植被指数与植被生产力间的相关关系，利用这种相关性进行区域估算；另一类是综合使用植被指数与其他环境因子，采用回归树、神经网络等复杂的统计方法，构建回归参数向量再进行区域应用。

随着城镇化进入中期阶段，我国城市快速扩展，极大地改变了地表形态，对生物多样性和生态系统功能产生了复杂的影响，如热岛效应、栖息地破碎化、绿地缩减、水质下降等。探索城市化对NPP的影响对于理解城市化对生态系统功能的影响，以及发展可持续化的城市景观有着重要作用。例如，刘焱序等(2013)在晋陕蒙能源区以NPP价值量反映的植被固碳释氧效应，研究了城市化对当地生态环境的影响。他们在研究中使用了基于DMSP/OLS数据提取的1992—2009年稳定夜间灯光数据、全球月合成的NDVI数据、土地利用数据及气象数据。其中NDVI数据的获取时间为2001—2009年，空间分辨率1km。他们的方法包括如下几个步骤：首先，根据DMSP/OLS数据，采用经验阈值法、突变检测法、统计数据法等处理方法消除灯光散射引起的边界误差，提取1992年、2009年的城市边界，并依次将研究区划分为城镇化核心区、边缘区和外围区(图6-11)；其次，利用CASA(carnegie-ames-stanford approach)模型估算NPP，从而制作研究区1km分辨率的年NPP价值统计图；最后，根据NPP物质量换算出价值量后，与灯光强度一同作线性趋势分析(图6-12)。

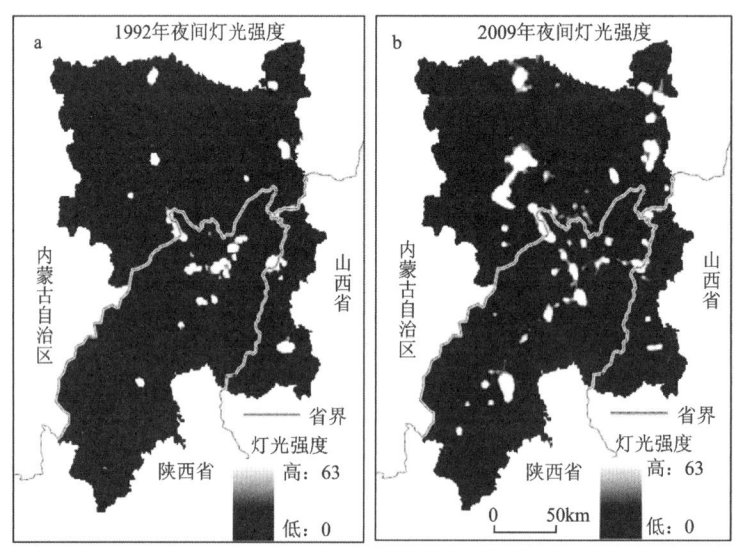

图6-11　不同年份夜间灯光强度对比

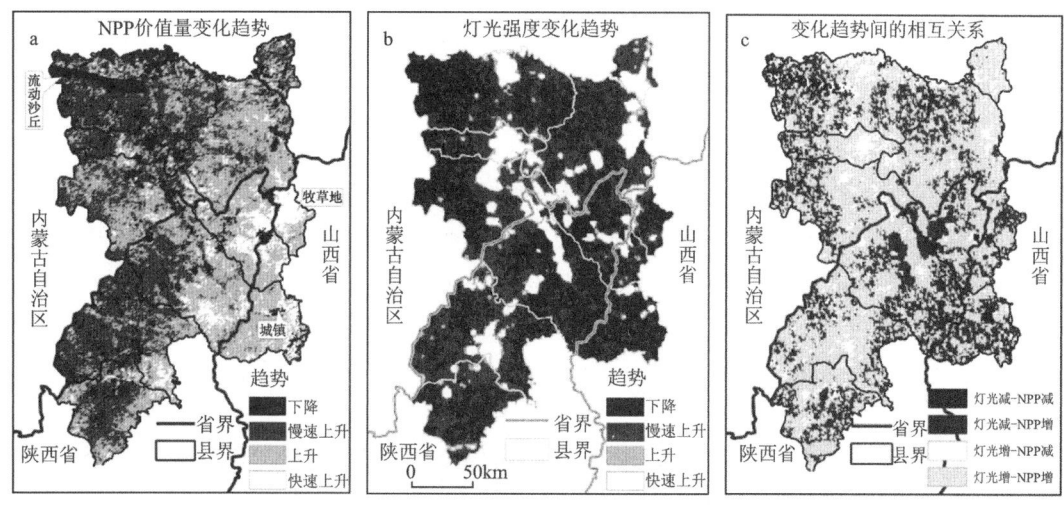

图 6-12 灯光强度与 NPP 变化趋势计算

第四节 其他提取方法

一、文献荟萃分析法

传统的文献综述法是将文献按照一定的逻辑关系进行分类,并通过综合评述使混乱的文献变得条理化与系统化,但对各案例的研究结果缺少系统整合。在此背景下,文献荟萃分析法逐渐得到推广。"荟萃分析"又称"元分析",该方法于 1976 年被提出,是一种利用统计学技术对历史文献的统计量进行合并的方法。基于文献梳理的文献荟萃分析是对研究目的相同且相互独立的多个试验结果进行的系统分析,能够按照一定规律从宏观的角度对各数据相关关系进行探索,从而提高原有研究质量。参考文献中有关社会科学领域的荟萃分析研究一般将基于文献荟萃分析法进行的信息提取过程总结为准备、实施、分析三个阶段,图 6-13 所示为各阶段划分与主要工作。

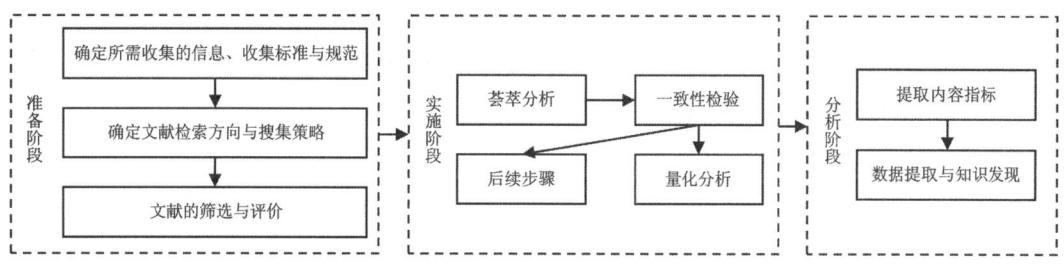

图 6-13 文献荟萃分析法提取信息的过程

文献荟萃分析法最初应用在医学、心理学以及教育学等领域,近年来逐渐在地理学、景观学等自然学科领域受到推广。在土地科学领域,已有学者利用文献荟萃分析法提取全球土壤侵蚀信息、农村土地利用热点问题、城市区域碳排放研究现状、山区撂荒地变化信息等土地信息。以撂荒地信息的提取为例,刘成武和李秀彬(2006)通过搜集的国内关于耕地与农产品利用的文献资料,建立了中国1980—2002年的撂荒耕地信息数据库,统计结果表明在此期间21个省107个地区发生了耕地撂荒,主要集中在中部地区,范围广,面积大。时间上东部地区耕地撂荒集中在1992—1995年之间,中部地区集中在1998—2002年之间,而西部地区在各时间内撂荒分布相对平均。文献荟萃分析法获取撂荒耕地信息是基于前人研究成果、应用大数据分析思路进行的,不仅能在一定尺度单元上表征不同地区的撂荒率和时空变化,还能对比不同地区耕地撂荒的主要驱动因素,可为探究宏观尺度上撂荒耕地的时空格局变化和影响机理提供依据。

二、座谈法

座谈法是一种通过面对面谈话获取信息和资料的方法。在土地科学领域,可以通过与当地自然资源局、气象局、林业局、农业农村局等相关部门以组织座谈会的方式,与有关部门的专家进行深入交流,了解当地土地利用中存在的问题,获得技术人员对相关项目的建议。此外,可以邀请业界专家和学者组织定期的研讨会,及时了解土地科学领域的最新研究成果,分享研究经验,加强与同行的沟通和协作,与有关部门和专家建立良好的合作关系,促进交流和产学研合作,提高研究的科学性和实用性。总之,通过座谈法提取土地信息,也是一种非常有效的方法。它可以帮助研究者了解当地特定问题并获得专家的宝贵建议,从而更好地制定和实施土地利用方案,为土地资源保护与利用作出贡献。

三、档案查询法

档案查询法是一种通过查询历史档案、统计报表等方式获取土地属性信息的方法。在地理信息系统建设和土地资源管理研究中,利用档案查询法获取土地信息是非常常用的方法之一。例如,高星等(2021)以2018年石家庄市统计年鉴和遥感影像为基础数据,计算了基于地块尺度的耕地的物质生产功能、生态维持功能和社会保障功能的价值,发现石家庄市耕地总功能价值沿"城—乡"呈现出"上升—下降"的倒"U"形变化趋势。档案查询法在土地信息提取中的应用具有多种优点,包括数据资源广泛易得、数据可靠性高以及能够呈现出土地信息的时空演变过程等。然而,档案查询法也存在一定不足,如数据更新速度缓慢、数据单一性以及数据质量不均衡等问题。因此,在进行土地信息查询时需要审慎选择档案并进行数据验证和筛选,以获得更准确可靠的研究结果。

知识要点与习题

知识要点

遥感影像解译　机器学习算法　定量遥感反演　目视解译　人工神经网络　决策树　植被指数

习题

(1)土地信息提取的常用方法有哪些?

(2)简述遥感影像解译的主要步骤。

(3)什么是定量遥感反演?它涉及哪些关键技术?

(4)机器学习典型算法有哪些?

第七章　土地信息处理与分析

土地数据具备空间、属性以及时态三方面的信息。随着"3S"空间信息技术、互联网、大数据、云计算、无人机等技术的进步，以及相关各类信息的时间积累，土地信息的数据规模更加庞大。虽然土地数据获取来源增加，但土地数据标准仍有待完善，这使得土地数据的可用性受到限制。面对日益增加的土地信息管理和应用需求，在土地信息建库、挖掘分析、综合表达与集成应用之前，需要对原始信息进行编辑与处理，避免数据获取和输入产生的误差进一步累积和扩散。土地信息处理与分析是对土地信息进行预处理、交互式编辑、观察和实验以获取新的经验知识和行为决策依据的，是土地信息学研究的重要内容之一。土地信息处理与分析过程一般包括数据转换与预处理、土地信息查询、土地信息更新、土地信息分析、土地信息可视化表达与制图。

第一节　数据转换与预处理

数据转换与预处理的目的是将原始数据转换成适合分析和建模的数据。数据转换与预处理主要包括土地信息空间基准变换、土地信息检查与编辑更新两部分内容。

一、土地信息空间基准变换

（一）空间参考系

建立统一的空间参考系是确定地面上、下土地实体的空间位置以及它们之间的空间关系的基础。空间参考系是地面实体与数字几何对象之间对应的数学基础，它用数学方法定义地面实体在通用坐标系中的绝对位置和大小，定义的坐标值反映出地面实体之间的空间关系。空间参考系主要指大地参考系，其基础是地球椭球，常用的大地参考系有地理坐标系、空间大地直角坐标系和平面直角坐标系。

1. 地球椭球

尽管可以用大地水准面（静止平均海水面延伸形成的闭合曲面）模拟地球的自然表面，但大地水准面仍是不规则的（图7-1）。为了以数学公式的形式来表示地球自然表面，选择用地球椭球面（与大地水准面接近的旋转椭球面）表达地球形状，由地球椭球围成的大地体就是地球椭球体,这是建立土地信息空间参考系的基础。地球椭球体参数值有很多种,中国在1953—1980年采用克拉索夫斯基球体,自1980年开始采用GRS(1975)新参考椭球体系。

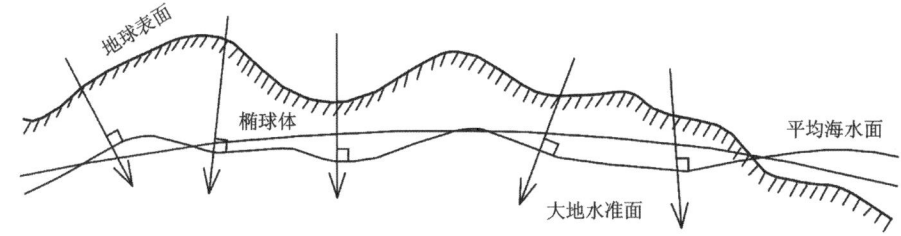

图 7-1　大地水准面

2. 大地基准面

基准面是在特定区域内与地球表面极为吻合的椭球体。不同地区的地理位置不同,即便使用同一个地球椭球体,也可对应多个基准面,各个地区可根据椭球体定位和定向,建立不同的大地基准面,使椭球体最大限度地贴合对应地区。我国的大地坐标系(大地基准面)包含1954北京坐标系、1980西安坐标系(中国国家大地坐标系)和2000国家大地坐标系(英文缩写为CGCS2000)。1954北京坐标系和1980西安坐标系以参考椭球的几何中心为基准,属于参心坐标系;而CGCS2000的原点位于地球质心,属于地心坐标系。2018年7月1日起我国全面使用CGCS2000,1954北京坐标系和1980西安坐标系正式退出。作为我国自主建立的地心坐标系,CGCS2000的使用有利于我国现代空间技术的广泛使用和快速更新。

3. 地理坐标系

地理坐标系是指用经纬度表示地面点位的球面坐标系,其构成包含地球的北极、南极、赤道和本初子午线等基本要素。此外,经纬度的描述方式也有不同,可采用天文经纬度、大地经纬度或地心经纬度确定地物在地球上的位置。

(二)投影转换

地图投影是将地球表面的经纬线网转换到平面上,其本质是利用一定的数学法则,建立地球表面上的点与投影平面上的点之间的一一对应关系,实现从地理坐标系到投影坐标系的转换。地图投影能满足土地信息系统空间参考统一的要求,其转化得到的平面坐标或投影坐标,相比于经纬度而言,更有助于地理位置和地理关系的表达。但是任何一种地图投影都会带来角度或面积的变形,为了保证空间信息在地域上的联系和完整,土地信息系统在建立时必须选择恰当的地图投影系统。

地图投影按投影变形性质可分为等角投影、等面积投影和等距离投影;按构成方法分为几何投影与非几何投影。几何投影的过程是把椭球面上的经纬线网投影到几何面上,然后把几何面展开为平面。图7-2显示出三种几何投影,分别为圆锥投影、圆柱投影和方位投影。

另外,按投影轴与地轴关系,几何投影又分为正轴投影(重合)、斜轴投影(斜交)、横轴投影(垂直)。

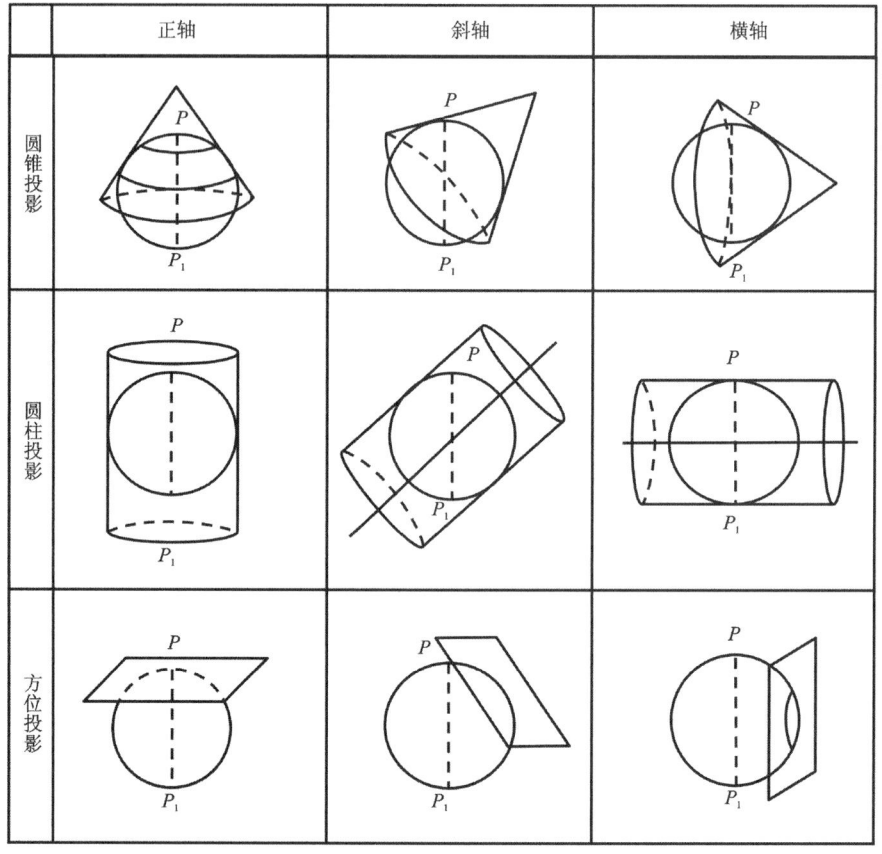

图 7-2 几何投影示意图

对我国来说,1∶100万地形图常采用兰伯特(Lambert)投影,其余比例尺地形图均以高斯-克吕格(Gauss-Kruger)投影为地理基础,大部分省(区)图以及大多数比例尺(小于1∶50万)的地图也多采用兰伯特投影系统中的Albers投影。

由于原始地图和新编地图之间可能存在投影不一致问题,进行投影变换是地图编制的一个重要部分。地图投影变换可广义地理解为研究空间数据处理、变换及应用的理论和方法,也可狭义地理解为建立两平面场之间点与点一一对应的函数关系式。由一种地图投影点的坐标变换为另一种地图投影点的坐标,通常有解析变换法、数值变换法和数值-解析变换法三种方法。

(三)坐标转换

在土地信息系统中,空间信息处理要结合坐标系才有意义。从输入到输出,空间信息会经过数次坐标变换,除了投影转换造成坐标变化之外,还会受到不同阶段不同坐标系的影响。具体而言,有图形输入和输出数据库时采用的世界坐标系(world coordinate system,WC),也称用户坐标系,该类坐标系通常是直角坐标系,可由用户自己选定,左下角的坐标值非零;还有方便数据库统一管理的规格化数据库坐标系(normalized database coordinate system,NDC),其具备统一的椭球参数、投影方式、比例尺和单位等信息;以及图形设备独有的设备坐标系(device coordinate system,DC),如数字化仪的游标器给出的相对坐标、绘图机上的坐标等,通常需要进行 DC 到 WC 的变换。三种坐标系之间的关系如图 7-3 所示。

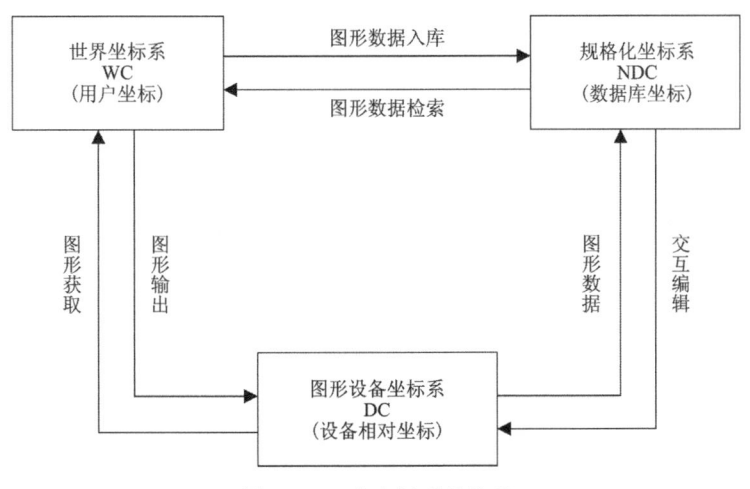

图 7-3　三种坐标系的关系

在地图数据库中,三种坐标系之间均是双向变换关系,共有六种。在图形数字化过程,设备相对坐标变换到用户坐标,一般采用相似变换,建立采集坐标与高斯坐标的关系;图形数据入库过程中,需要从用户坐标变换到数据库坐标,可以结合图面对称中心点和缩放系数实现;空间数据库检索是数据库坐标到用户坐标的变换,与图形数据入库的变换相反;在绘图时,从用户坐标到设备坐标主要考虑对高斯坐标原点的平移、坐标系的旋转与两种坐标的变换比例。此外数据库坐标到屏幕坐标和屏幕坐标到数据库坐标的变换主要通过人机交互编辑将编辑好的图形数据送回数据库。

二、土地信息检查与编辑更新

数据输入过程中可能会出现差错,如空间数据中点和线的丢失、重复、形状错误、标识符的遗漏及错误等;属性数据中字段或属性记录的缺失,以及空间几何数据同属性数据匹配错误等。因此,在进行土地信息分析前需要对土地信息的错误进行检查和纠正。

(一)土地信息检查

土地空间信息检查分为三部分:①在地图数字化过程中,检查要素的形状及位置是否有明显的错误,全程监视数字化进程,及时解决出现的问题;②在地图数字化之后,通过对图斑填充颜色展示图斑的形状及封闭情况,检查图斑或要素错误;③在创建拓扑之后,通过添加拓扑规则的方式,对已建成的拓扑进行验证。

土地属性信息检查同样包含三部分:①检查一致性,属性信息与空间信息是否正确关联、同一实体的属性值是否在不同的系统或者数据集中一致;②检查完整性,属性记录是否含空值、记录或字段是否缺失;③检查准确性,标识码是否唯一、数值是否超出取值范围等。

此外,需要检查数据库形式的完整性和规范性、空间信息和属性信息的一致性、数据精度等。特别地,还可以进行图斑范围跨越行政权属界线检查、图斑区和行政权属区外围边界套合检查、行政边界线和行政区划套合检查、地类边界和图斑边界一致性检查等。检查之后需编辑土地信息,以纠正检查出来的错误。

(二)土地信息编辑

1. 土地属性信息编辑

土地属性信息是描述地物(多指地块实体)特征的定性或定量指标,包括语义与统计数据等,主要描述土地信息的非空间组成部分。在土地信息系统应用中,常将时间属性和专题属性信息(非定位信息)结合在一起共同作为属性信息,所以土地的属性信息不仅包含其本身的各种属性,如土地质量信息、自然资源信息、生存环境信息,还要包含土地关系信息,如社会经济信息和社会法律信息,以及以上信息发展变化后形成的时态信息。土地属性信息编辑的主要目的是属性校验,核实属性信息是否出现错误,其任务主要有:

①保证属性信息与空间信息正确关联,标识或要素标识码是唯一的且不含空值;②检查属性信息的准确性,而不准确性可能归结于看错、数据过时和数据输入错误等许多因素。

土地属性信息的错误检查可通过数据库管理软件提供的属性数据逻辑一致性检查功能和人工校对的方式进行。属性逻辑一致性是指对象的属性信息与空间几何拓扑关系不相背离。由于土地信息系统的属性信息与空间信息是相互联系的,所以除了在常规的属性数据处理模块,空间信息编辑系统也应包含属性信息的编辑功能。

土地属性信息编辑的主要内容:①要素属性的添加、删除和修改;②复制和粘贴属性值;③编辑条件值、查找或更新无效值;④属性表连接和关联;⑤字段映射、传递属性、将相同属性值更新到多个要素;⑥属性字段的合并与分割。

2. 土地空间信息编辑

空间信息指地物的位置、形状和大小等几何特征,以及与相邻地物的拓扑关系。地物位置既可以是通过地理空间参照系统定义的绝对位置,也可根据地物间的相对位置关系来定义,如空间上的距离、邻接、重叠、包含等。土地空间信息是指土地的地理位置、几何形状及其面积大小等信息,主要包括划分地块边界特征点的三维坐标、边界走向、边界特征、长度以及划分边界的方法和原则、边界所包围区域的面积大小等。地理信息系统和土地信息系统可以实现对空间信息的管理,记录空间实体的位置、拓扑关系和几何特征,这是区别于其他数据库管理系统的标志。

土地空间信息编辑的目的是对空间信息进行检查,消除潜在错误,具体任务主要是:①检查空间信息完整性,是否遗漏或重复录入某些实体;②提高土地位置的准确度,减少定位错误;③维护拓扑一致性,消除拓扑错误。

土地信息系统空间信息编辑的基本功能如表 7-1 所示。

表 7-1　土地信息系统空间信息编辑的基本功能

功能	点编辑	线编辑	面编辑	目标编辑
删除数据	删除	删除	删除弧段	删除目标
移动数据	移动点	移动线	移动弧段	移动目标
修改数据	追加点	旋转线追加线剪短线光滑线	弧段加点弧段移点弧段删点插入弧段剪断弧段旋转面	旋转目标放大目标缩小目标开窗口
复制数据	拷贝点	拷贝线求平行线	拷贝面	拷贝目标

矢量数据结构的空间信息编辑功能除了上述基本功能之外，还包含以下内容。

(1)聚合容差。如果多个点落在聚合容差的正方形容差范围内即聚合为一个顶点。如图 7-4 所示，应尽量使用较小的聚合容差，并使用接合容差来处理局部的严重错误。接合容差是在指定的容差范围内，接合顶点、弧段和节点。此外，还可通过基本的编辑功能修改严重的偏离错误。

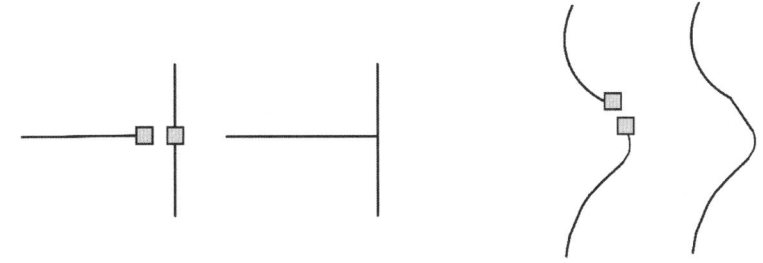

□—□　接合容差范围

图 7-4　聚合容差示意图

注：当距离小于指定的接合容差时，新线段的端点自动接合到一条已存在的弧线或者两个节点自动接合。

(2)地图拓扑编辑。地图拓扑是被认为重合的要素组成部分之间拓扑关系的临时集合，比如在河流和县域两图层间可以建立地图拓扑，使得当河流作为县界时，两者可重合。进行地图拓扑的图层类型不能是 coverage。创建指定要素类型并定义聚合容差之后，就可以对地图进行拓扑编辑。

(3)使用拓扑规则编辑。使用拓扑规则编辑有三个基本步骤：第一步，通过定义参与要素类型、每个要素类型的排序、拓扑规则和聚合容差，创建新的拓扑，其中要素顺序决定要素类型在拓扑编辑中的相对重要性；第二步，拓扑关系验证，评估拓扑规则，并得出误差以识别违反拓扑规则的要素，当参与要素类的悬挂、未及或过伸等错误落在设定的容差范围时，其边界和节点需被接合，接合时要用到之前定义的排序，即秩序低(准确度低)的要素被移动的概率高；第三步，结合储存第二步验证结果的拓扑图层，进行修正错误和特例情况下的接受错误(如可以接受的悬挂节点)。通常情况下的拓扑规则设定：①点图层。必须被覆盖、必须被端点覆盖、必须是在里面、不得有重复、不得有无效几何图形、不得有多部分几何图形。②线图层。终点必须被覆盖、不得有悬挂节点、不得有重复、不得有无效的几何图形、不能有多部分几何图形、不得有伪节点。③多边形图层。必须闭合、不得有重复、不得有间隙、不得有无效几何图形、不得有多部分几何图形、必须不叠置、也不能互相叠置。

（4）由现有要素创建新要素。①要素合成：将选中的线或多边形要素组合成一个要素，如果要合并的要素在空间上不邻接，结果是形成一个由多个多边形组成的要素；②要素缓冲：在指定距离内，围绕线或多边形要素创建缓冲区；③要素联合：把不同图层的要素组合成一个要素，与合并操作不同的是对不同的图层操作而非单一图层；④要素相交：由不同图层重叠要素的交叉可创建新要素。

（5）线的泛化与平滑。线的泛化是指通过消除线条上的某些点而简化线条的过程，如果线条上的点太多，未必能够改善分析的结果，反而需要花费更多的处理时间，常见的简化算法有 Douglas-Peucker 算法；线的平滑是指通过使用一些数学函数（如样条函数）改变线型的过程，目的在于更好地显示数据，如图 7-5 所示。

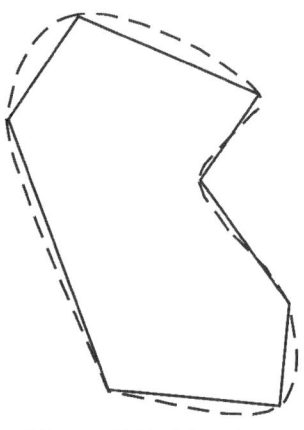

图 7-5 线的平滑示意图

由于栅格数据结构的空间信息是由规则的格网和像元构成，每个栅格的位置都被严格定义，除了人工校对之外，很难进行错误检查。栅格数据结构的空间信息编辑的主要功能是栅格计算、裁剪、范围修改、重采样与影像融合。

（1）栅格计算。在编辑阶段，栅格计算器主要用于边界追踪、替换像元值。栅格边界追踪旨在帮助用户查看感兴趣的栅格区域，由追踪结果生成裁剪 AOI（area of interest）区。有时需要适当替换掉无用或对分析结果有影响的栅格像元，即可对当前数据层设置 AOI 区，然后对区域内的像元值进行替换。

（2）裁剪。裁剪功能既用于 AOI 区的生成，也可以用于更新数据，如遥感影像数据。数据具有时效性，即随着时间的推移，地物会发生一定的变化，而这些变化会反映在影像中。若新影像变化主要发生在局部区域（或用户感兴趣的部分区域），考虑到经济成本，可以截取新影像数据的变化部分，对旧影像数据进行局部更新。

（3）范围修改。在栅格范围修改中，用户可以对栅格数据进行坐标平移和分辨率的改变。坐标平移，是通过修改图像左上角的坐标位置，将图像平移到正确位置。如果要实现原始图像范围的缩放，则在 x/y 方向按比例地修改图像分辨率；反之，不按比例可以实现原始图像向某方向的拉伸变形。

（4）重采样。栅格数据的配准或纠正、投影等几何变换会造成栅格的每个格子中心位置发生变化，行列号也对应发生改变，在输入栅格中未必还是整数，所以需要重新计算建立新的栅格矩阵，即通过对应变换后的栅格格子在输入栅格中的位置，对栅格值进行插值或重采样。此外，在不同的应用实例中，栅格的分辨率要求有所差异，用户可通过重采样功能，利用高分辨率栅格数据直接获取低分辨率的栅格数据，而不用再次外业采集。重采样的算法有最近邻法、双线性法、三次立方法、双三次样条法等。

(5)影像融合。目前传感器类型有很多种,同一地区的影像数据可以有多种来源,在特性上也各有侧重。简单地说,影像融合是通过某种变换方法,提取不同传感器图像的优势信息,并将各种信息融合为一幅新图像。通常,影像融合是针对空间位置一致的全色影像和多光谱影像,以获取较高空间分辨率和丰富光谱信息的影像。融合后的新影像由于光谱特征和分辨率等方面的优势,更适用于土地的动态监测和影像判读等工作。

(三)土地空间信息与属性信息连接

土地空间信息与属性信息的连接可以将空间信息与属性信息融合成"属性"和"空间"信息的"关系对"。在早期的空间数据库中,我们多将空间信息与属性信息分开存储,以增强系统信息处理灵活性。在进行综合性处理时,两者通过公共项(一般定义为地物标识码)来连接。但是,这一框架也导致了数据定义与操作相分离、地物在时间域上的变化属性部分缺失等问题。

以矢量多边形数据库的构建为例,在多边形网络模型中,标识符的附加是在建立多边形之后。虽然在空间数据输入时也可以直接在图形实体上附加一个特征编码或识别符,但是随后需输入大量复杂的属性数据。然而,空间实体的属性项目一般很多,这种交互式的编辑方法工作效率太低。土地空间信息和属性信息连接的较好方式是使用专用程序,将唯一的标识符附加到图形实体上。标识符除了手动输入外,也可由程序自动生成并与图形实体的坐标存储在一起。有关属性信息一般是一条记录对应属于同一实体的所有数据项,以记录的顺序号或其中某一个特征数据项作为该记录的标识符或关键字。记录和图形的标识符都是空间和属性数据连接和检索的纽带。图7-6说明了按拓扑结构建立图形与属性数据完整的矢量多边形数据库的整个过程。

事实上,土地空间信息与属性信息的连接基本上有四种方式:

(1)空间数据与属性数据分别管理,无集中控制的数据库管理系统。当属性数据量较小时,将属性数据作为空间数据记录的一部分进行储存,对属性数据的存取都需经过空间记录;对于属性数据量未知或者不希望受到数据库管理系统限制的情况,可用单向指针指向属性数据,但同时也会导致空间信息和属性信息相互参照较为困难,如图7-7a所示。

(2)扩展通用 Data base Management System(DBMS)以增加空间数据的管理能力。这种方式可以使空间数据和属性数据在同一个 DBMS 管理之下,空间数据和属性数据之间的联系比较密切,便于使用 DBMS 现有产品功能,如数据库运行控制、管理和通信等,但在一定程度上牺牲了软件运行效率,如图7-7b所示。

(3)属性数据与空间数据具有统一的结构。以双向指针作参照,由一个数据库管理系统来控制,灵活性和应用范围均显著提高,可以满足部门在建立信息系统时的要求,如图7-7c所示。

(4)空间数据与属性数据自成体系。针对不同部门的数据处理方法,此方案可使空间数据和属性数据彼此独立地进行系统优化。此方案中属性数据的专用数据库系统多数是用于事务管理的商业数据库,可以建立从属性到空间的反向参照功能,如图7-7d所示。

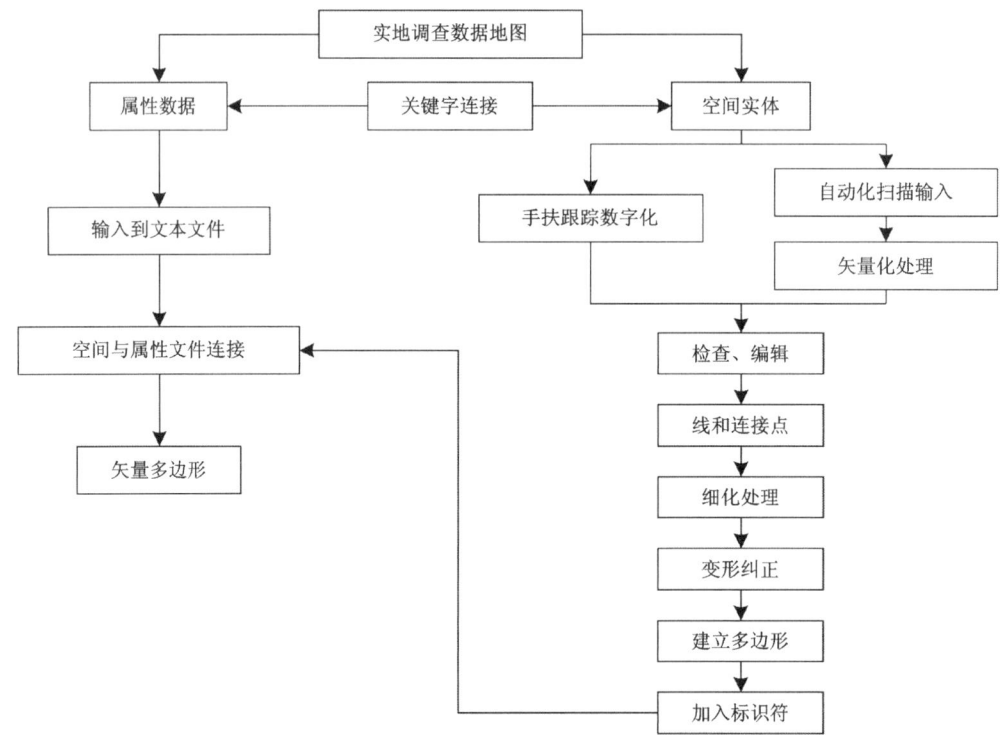

图 7-6 建立矢量多边形数据库的过程

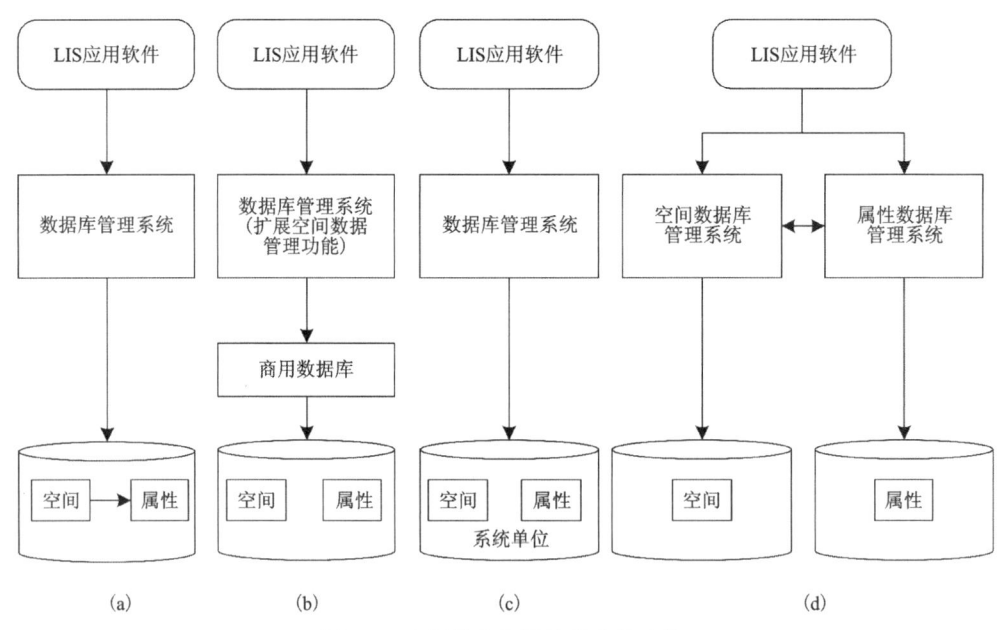

图 7-7 空间信息与属性信息的连接

在许多土地信息系统中,通常使用不止一种连接方式进行空间数据和属性数据的连接,需要根据具体情况结合多种方式来满足土地信息系统需求。

（四）土地信息更新

土地信息是经常变化的，这种变化包括空间信息的变化与属性信息的变化。例如，行政区边界的更改、土地使用权再分配使得土地界线的改变等会造成空间信息的变化，土地使用权的转让等会造成属性信息的改变，居民地的拆迁改造使空间信息和属性信息都发生变化。为了保持土地信息的有效性，我们需要及时地对土地信息进行更新。

1. 土地空间信息变化的类型

（1）面状要素：①分割或合并。一个面状要素可以分割成两个或更多相同或不同类型的面状要素，反之亦可将两个或更多相同类型的面状要素合并为一个。②扩大或缩小。面状要素的范围可以因边界的变化而增大或减小，从而导致面状要素的面积增加或减小。需要注意的是，面积减小可能导致要素的类别发生变化，进而影响属性的变化。例如，面状要素的面积减小可能会使其变为线状要素或点状要素；反之，点状要素或线状要素也可能发展成为面状要素。③新增及消亡。面状要素可以新增或消失。

（2）线状要素：①新增或消亡；②延伸或收缩，线状要素的长度可以随着边界的变化而增加或减小。

（3）点状要素：新增或消亡。

2. 土地属性信息变化的类型

（1）属性信息局部变化。仅有部分属性信息发生变化，但实体的空间信息和所属类别没有改变，对此类改变仅需要修改变化的属性信息即可。

（2）属性信息整体变化。实体的属性变化造成分类发生变化，所属图层需要变更，如由一般道路改造后变为等级公路。

（3）属性信息和空间信息联合变化。由几何形状变化造成的实体表达形式发生变化，进一步导致分类改变甚至图层转移，如面状要素缩小到一定程度转为线状要素。

3. 土地信息更新及其模式

为了保持信息的时效性，应及时对土地信息系统中的信息进行更新。土地信息更新即修改陈旧信息，以新信息代替或补充。目前，国内外对于空间数据库的更新主要采用三种模式：一是定期更新模式；二是按固定变化程度的更新模式；三是增量式更新模式，即在两个时间节点对比参与变化的要素所产生的数据变化量。

以我国土地利用数据库为例，针对我国幅员辽阔、土地面积大的情况，每年度的土地流向和流量变化是相对很小的一部分，因此采取增量式更新模式，每年只对新增的土地利用变化进行更新，而不对已有的数据进行全面的重新调查和更新，从而提高工作效率，减少数据收集和处理的工作量。将新增数据与原有数据进行对比和验证，可以减少错误和矛盾的出现，保证图属一致性，且由于只需核查新增的数据，可以更简便地对更新结果进行核实和验证，及时发现和纠正可能存在的问题。土地利用数据库的增量数据包括土地利用类型的流向和流量、土地权属和行政界线的变更、土地属性和图形的变化等内容。增量数据制作过程如图 7-8 所示。

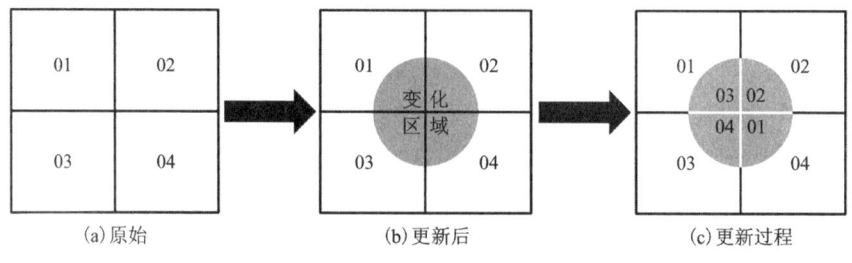

图 7-8 增量数据制作过程图

第二节 土地信息查询与定位

土地信息的准确性和可靠性对于决策者和管理者来说至关重要。为了保证土地信息的及时更新和有效利用,土地信息查询与编辑更新成为一项不可或缺的工作。土地信息查询与编辑更新是指通过各种工具和技术来获取、分析、编辑和更新土地相关的信息。它主要涉及土地空间信息的查询与定位、土地空间信息编辑、土地空间信息与属性信息连接以及土地信息变化与更新。

对空间对象进行查询是土地信息系统的基本功能,也是空间分析的基础。空间分析的首要步骤是对空间对象进行查询定位,其次才能进行深层次分析。土地信息查询是根据一定的查询条件,对土地信息系统中所描述的空间实体及其空间和属性信息进行访问和提取,从中筛选出满足用户要求的空间实体及其对应属性。通常,某一要素或区域的直接土地信息是通过图形窗口和属性表格窗口显示,并且可以对其进行双向的图形和属性查询,即依据属性信息查找对应的空间实体,依据图形窗口查询相应的属性信息。此外,面对复杂空间关系的查询需求,土地信息系统可以通过适当的处理变换以进行综合性查询。根据信息查询的出发点,可以将土地信息查询分为属性查询、几何查询、空间关系查询、栅格查询和地址匹配查询等。土地信息查询的速度与精度在很大程度上依赖于描述和存储空间数据的数据结构、空间关系的描述及空间索引结构。

一、属性查询

属性查询是通过处理属性信息获取属性信息子集,该子集既可以在属性表格窗口中进行查阅,以统计图的形式表达,也可以在图形窗口中高亮显示对应要素。上述的查询操作主要是在属性数据库中完成,当前的属性数据库多是关系数据库,由许多独立又相互关联的表格组成,这要求用户熟悉数据库的整体结构、相互关联表格的关键字设计和每个表的字段数据词典。随着关系数据库发展的成熟,数据索引方法和信息查询手段已经相对系统完备,在数据库中借助于结构化查询语言,按需求编写条件查询表达式,进行查询操作,即可实现属性信息的单条件查询和复合条件查询。通用的查询表达式一般为属性项+运算符+属性值,属性项为在属性数据结构中实现定义的数据项,运算符包括算术运算符和布尔逻辑运算符等。属性查询可分为纯属性查询和属性-空间查询,前者仅涉及属性数据库,而后者要求先在属性数据库中按照属性查询条件筛选出部分标识值,再对应到空间数据库中的空间实体,并高亮显示出来。

二、几何查询

几何查询是根据鼠标所指的空间位置或划定的几何范围,查找对应位置处或空间范围内的所有空间实体及它们的属性,显示出空间对象的属性列表,从而进行有关的统计分析。该查询工作可分为两步:首先,借助空间索引,在空间数据库中快速检索出被选空间实体;然后,根据空间数据和属性数据的连接得到该空间实体的属性列表。几何查询可以分为点查询、矩形查询、圆查询和多边形查询,后三者也称为开窗查询,检索过程相对于点查询复杂,往往要考虑是否只检索包含在窗口内(矩形窗口、圆形窗口、多边形窗口)的空间对象,还是检索该窗口涉及的所有对象,即无论是被包含还是被穿过都要检索出来。多边形检索还涉及点在多边形内、线在多边形内、多边形在多边形内的判别计算。

三、空间索引

由于土地信息系统中的数据量巨大,而空间操作多针对具体的空间对象,为了有效地检索空间数据和响应用户查询,需要借助空间数据索引来排除大量与特定操作无关的空间对象,进而筛选和查找满足需求的空间数据,提高空间操作的速度与效率。空间索引是指依据空间对象的位置和形状或空间对象之间的某种空间关系,按一定的规则从树的顶层进行划分或按一定关系进行排列的一种辅助性的数据结构,其中包含空间对象的概要信息,如对象的标识、外接矩形及指向空间对象实体的指针。空间索引可以被认为是一种逻辑索引,其访问与空间对象在坐标空间中的位置相关。作为空间数据库和土地信息系统的关键技术,空间索引性能的优劣对二者的整体性能影响极大,对存储数据的应用程度也有显著影响。常见的空间索引一般是自顶向下、逐级划分空间的各种数据结构,包括对象范围索引、格网型空间索引、BSP 树(binary space partitioning tree)、四叉树、KDB 树(k-dimensional B-tree)、R 树(R-tree)、R+树(R+tree)和 CELL 树(cell tree)等。此外,用户查询结果的返回速度也一定程度上依赖用户使用的搜索策略。

四、空间关系查询

空间实体间存在多种空间关系,如拓扑、顺序和度量等。空间关系查询一般通过空间位置的关系运算得到,包括拓扑关系查询和缓冲区查询。

凡是具有网状结构特征的地理要素,如交通网等,都存在节点、弧段和多边形之间的拓扑结构。空间拓扑关系包括邻接、包含和关联等,因此拓扑关系查询可分为邻接查询、包含查询和关联查询等。邻接查询可以是点、线、面三者之间的邻接关系查询,如查找某宗地的所有邻接宗地;包含查询可以查询某一面状地物所包含的点、线、面状地物,或者查询包含某一地物的面状地物,如查找某一区域内的所有宗地;关联查询是空间不同元素之间拓扑关系的查询,可以查询与某点状地物相关联的线状地物或者与某线状地物相关联的面状地物的相关信息,如查询某条规划道路穿越了哪块宗地。

缓冲区是根据数据库中的点、线、面地理实体,自动建立其周围一定宽度范围的多边形,用来表征特定地理实体对邻域的影响范围。缓冲区查询是在不破坏原有空间目标关系的情况下,只检索缓冲区范围内涉及的空间目标。根据用户给定的点、线或面缓冲的距离,形成一个缓冲区的多边形,根据多边形检索原理,从该缓冲区内检索出所要的空间对象,如查询河流300m范围内的耕地。

标准的SQL(spatial query language)是关系代数模型中的一些关系操作及组合,适合于表的查询与操作,但不支持空间概念和运算。因此,就目前的土地信息系统而言,要想比较系统地完成上述查询任务仍然较为困难。为此,众多地理信息系统和土地信息系统专家提出了扩展SQL或空间查询语言作为解决问题的方案。空间查询语言在SQL上扩充谓词集,将属性条件和空间关系的图形条件组合在一起形成扩展的SQL查询语言,常用的空间关系谓词有相邻(adjacent)、包含(contain)、穿过(cross)、在内部(inside)和缓冲区(buffer)等。空间查询语言虽然给用户带来了很大的方便,但仍处于理论发展和技术探索阶段。

五、地址匹配查询

从街道的自然地址查询事物的空间位置是地理信息系统和土地信息系统提供的一种特有的查询。这种查询往往建立在类似DIME(dual independent map encoding)和TLGER(topologically integrated geographic encoding and reference)的地理编码的基础上,利用这种地理编码,输入街道的门牌号码,就可知道其大致的位置和所在的街坊。这在与空间分布有关的社会、经济调查和统计中作用很大,只要在调查表上填了地址,计算机就能自动基于空间位置进行统计和分析,如解决地籍管理中街道街坊宗地号与对应的社会经济信息的统计匹配问题。这种查询也经常应用在公用事业管理和事故分析等方面,如邮政、通信、供水、供电、治安、消防和医疗等。地址匹配查询与其他网络分析功能结合起来,可以满足实际工作中非常复杂的分析要求。

六、栅格查询

对于数据查询而言,无论是栅格数据还是矢量数据,在概念乃至一些方法上都基本相同,但是二者的实际应用仍存在差别,所以需要对栅格数据查询进行单独介绍。

1. 由像元数值查询

在栅格数据中,像元数值通常代表该像元位置空间要素的属性值,如高程值。因此,栅格数据要素查询的操作数是栅格本身,而不是矢量数据查询中的字段。栅格数据查询使用布尔表达式,将满足查询条件与不满足条件的像元区分开来,同时也用布尔连接符"AND""OR"和"NOT",把独立的表达式连起来;含有独立表达式的混合语句通常可用于多种栅格:整型、浮点型或两者复合。直接查询多个栅格是栅格数据所独有的。而对于矢量数据,复合表达式中的所有属性必须是在同一个属性表或者经过合并的属性表内。另一个区别是:与ArcGIS相似的软件平台一般具有为矢量数据查询所专门设计的对话框,而栅格数据查询工具经常包含于栅格数据分析工具中。

2. 使用选择要素查询

使用点、圆形、方形或多边形等要素特征,可以进行栅格数据查询。查询结果是生成一个输出栅格,输出栅格的像元数值对应于原始栅格被查询点位或查询窗口范围之内的像元,而范围之外的像元赋为空值。同样地,这种类型的栅格数据查询与数据分析共享相同的工具。

第三节 土地信息空间分析

土地信息系统区别于土地数据库的主要特征因素在于其全面的空间分析功能。土地数据库的空间特性使其必然具备一定的空间分析功能,否则难以从数据库中提取所需数据,基本空间分析方法如缓冲区分析等是土地数据库的基础功能。但是土地信息系统具备比一般土地数据库更丰富全面,更专业且具体的分析功能。

空间信息是空间分析的出发点和归宿,空间分析的目的是提取空间决策支持的信息。在研究和实践中,根据分析的复杂性和所处理问题的复杂性,常常将空间分析分为基本空间分析和复杂空间分析。基本空间分析包含一些固有的空间分析功能模块,这些功能在很多应用领域具有一定通用性质。了解土地信息系统的基本空间分析对于进一步掌握复杂空间分析方法,具有一定的指导意义。但是由于许多地理问题具有复杂性,因此仅仅使用基本的空间分析方法往往难以解决这些问题。复杂空间分析则更为综合,需要考虑更多因素和变量。在这种分析中,常常需要使用到更高级的分析处理方法,例如网络分析、统计分析以及三维分析等方法。复杂空间分析方法的应用可以更全面地帮助理解地理要素之间的空间关系和融合各种因素,以便进行更深入的空间分析和决策支持。

一、基本空间分析

土地信息的基本空间分析主要涉及对地理要素之间基本的空间位置关系、距离、方位、重心和邻近性进行简单的测量与分析。这种分析适用于探索自然和人文地理现象之间的空间关系,以及生态环境、经济发展和社会规划等方面的研究。基本空间分析主要包括缓冲区分析、拓扑叠加分析、逻辑关系分析、数字地形模型分析和栅格数据基础运算。缓冲区分析实际上是建立新的数据层,在点、线或面实体周围建立一定宽度范围的缓冲区多边形;拓扑叠加分析用于联合分析空间实体的属性特征,通过叠加不同的空间数据层,分析它们之间的关系和相互影响;逻辑关系分析通过对比和判断不同地理要素之间的空间位置关系,对空间拓扑关系进行定量和定性的描述,有助于进行空间查询、数据准备和拓扑检查;数字地形模型(digital terrain model,DTM)分析用于描述地表的高程和地形特征,提供了地理空间数据的三维表示,在工程设计、地质勘探、地形分析等领域有广泛的应用;栅格数据基础运算主要采用将地理空间划分为像元的数据表示方式进行运算和处理。下面是五种土地信息基本空间分析方法的具体介绍。

（一）缓冲区分析

邻接关系是用来描述空间对象邻近性的一种非常重要的空间关系，缓冲区分析是解决邻近度问题的空间分析工具之一，可以用于确定地理空间对象或集合的邻域范围。它通过定义一个邻域半径 R 来确定对象周围的缓冲区域。邻域的大小取决于缓冲区的半径，该半径可以根据具体需求设定，如图 7-9 所示。

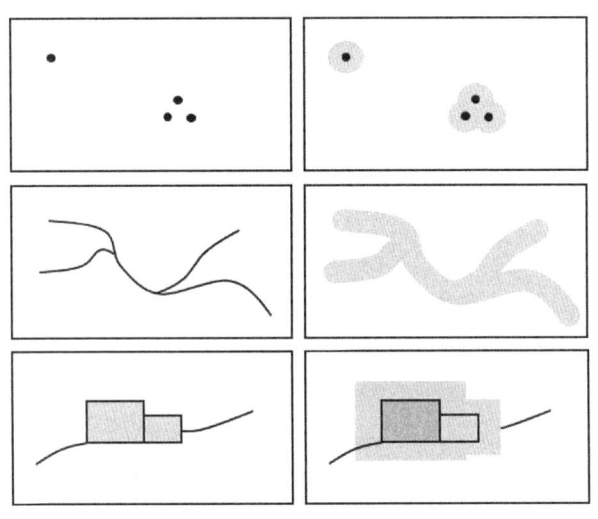

图 7-9　点、线、面的缓冲区

通常情况下，点的缓冲区建立是以点空间对象为圆心，按给定的缓冲半径绘制圆。线的缓冲区建立是在线的左右两侧按给定的缓冲半径绘平行线，并在线的端点处绘半圆。在建立线缓冲区时，通常会对线进行简化来减小缓冲区生成的操作难度，并提高处理速度。这种化简操作通常被称为线的重采样，它的目的是去除线中的小细节，使线光滑化，但保留主要的几何特征。线的重采样可以使用各种算法和技术，这些算法通常基于几何特征的保持和误差控制原则，以实现对线的简化，其中一种常见的方法是应用线的矢量数据压缩算法。但是面的缓冲区建立在通常情况下只面向一个方向（一般为面空间实体的外侧）按指定的缓冲半径扩展生成面的缓冲区。

在缓冲区生成的过程中，缓冲区会出现自身重叠和相互重叠的情况。根据处理时间的不同，分为两种解决途径：一是在缓冲区生成过程中解决，即在做参考线的平行线时，考虑各种情况，确定交点，切断并清除重叠区；二是在缓冲区生成后解决，判断各生成缓冲区之间的重叠部分，对重叠部分进行合并。

（二）叠加分析

叠加分析是将同一坐标空间中的不同地物要素相重叠并获取新信息的方法。按照数据格式的不同，可将叠加分析分为基于矢量数据的叠加和基于栅格数据的叠加。基于矢量数据的叠加处理相对复杂，要根据图形要素叠加求交集并切割弧段，之后还需重建拓扑关系；而基于栅格图层的叠加分析则简单高效,仅需运用对应像素灰度值的逻辑交、逻辑并、逻辑差运算即可。

根据叠加方式不同,叠加分析也可以分为合成叠加分析和统计叠加分析。

(1)合成叠加分析:合成叠加的目的是通过区域多重属性的模拟,确定同时具有多种地理属性的分布区域。在合成叠加中,可以通过叠加形成新的多边形,将不同多边形的属性进行合并,对新多边形也可以进行重新分类或分级。属性合并可以使用简单的加、减、乘、除运算,也可以取平均值、最大值、最小值,或进行逻辑运算等,如图 7-10a 所示。

(2)统计叠加分析:统计叠加是确定一个多边形中包含其他多边形属性信息。通过统计叠加,可以精确计算一种要素(如土地利用类型)在另一种要素(如行政区域)的某个区域多边形内的分布状况和数量特征。统计叠加的结果通常以统计报表或列表输出的形式呈现,如图 7-10b 所示。

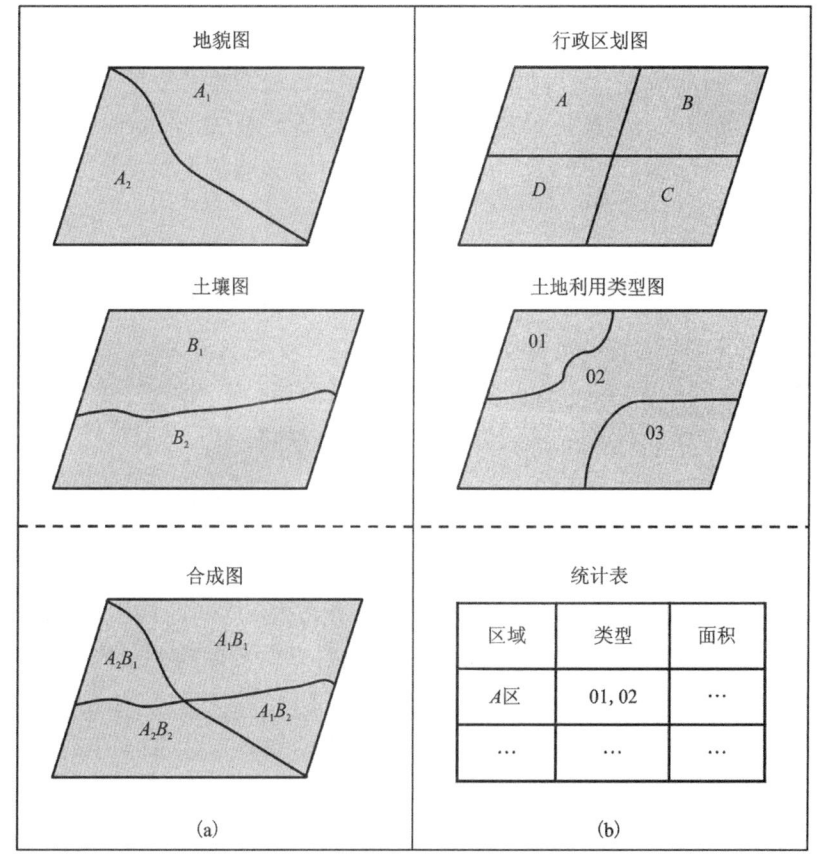

图 7-10　合成叠加分析(a)和统计叠加分析(b)

(三)逻辑关系分析

在处理空间数据时,常用的逻辑运算包括逻辑交运算(AND)、逻辑并运算(OR)和逻辑非运算(NOT)。这些逻辑运算可用于复合条件、提取满足条件的数据和删除不符合条件的数据。下面是这三种逻辑运算作用的介绍。

1. 逻辑交运算

逻辑交运算用于判断多个条件是否同时成立。在空间数据操作中，逻辑交运算可以用来筛选满足多个条件的数据对象。它的逻辑表达式形式为"A AND B"，其中 A 和 B 是两个待比较的条件或表达式。只有当 A 和 B 都为真时，结果才为真，否则结果为假。例如，在地理信息系统中，可能需要筛选出位于特定区域且满足某些属性条件的数据对象，这时可以使用逻辑交运算来实现，表达式如：(Area='City A') AND (Population>100 000)。上述表达式将返回位于城市 A 且人口超过 10 万的数据对象。

2. 逻辑并运算

逻辑并运算用于判断多个条件中至少有一个成立的情况。在空间数据操作中，逻辑或运算可以用来获取满足任一条件的数据对象。它的逻辑表达式形式为"A OR B"，其中 A 和 B 是两个待比较的条件或表达式。只要 A 或 B 中有一个为真，结果就为真；只有当 A 和 B 都为假时，结果才为假。举例来说，在一个地理信息系统中，可能需要获取位于特定区域或者满足某些属性条件的数据对象，这时可以使用逻辑或运算来实现，表达式如：(Area='City A') OR (Population>100 000)。上述表达式将返回位于城市 A 或者人口超过 10 万的数据对象。

3. 逻辑非运算

逻辑非运算用于取反一个条件的结果。在空间数据操作中，逻辑非运算可以用来排除不符合某一条件的数据对象。它的逻辑表达式形式为"NOT A"，其中 A 是待取反的条件或表达式。如果 A 为真，则结果为假；如果 A 为假，则结果为真。举例来说，在一个地理信息系统中，可能需要排除位于特定区域之外的数据对象，这时可以使用逻辑非运算来实现，表达式如：NOT (Area='City A')。上述表达式将返回所有不位于城市 A 的数据对象。

（四）数字地形模型分析

数字地形模型（DTM）在测绘、遥感和地理信息领域具有广泛的应用。在测绘领域，它可以用于绘制等高线、坡度坡向图、立体透视图，制作正射影像图以及地图的修测。在遥感应用中，DTM 可以帮助解决地物分类和特征提取的问题，通过与遥感影像融合来辅助分类，提高分类的准确性和精度。在地理信息系统中，DTM 作为基础数据，通过对其进行空间分析，可以获取地形相关的信息，如坡度、坡向等派生数据，进而支持土地利用规划和决策制定以及洪水险情预报等方面的工作。DTM 相关研究涉及多个方面，如精度问题、识别和修复粗差（异常值）、质量控制、大规模地形数据压缩等。

在数字地形模型中，当地形属性是高程时，又被称为数字高程模型（digital elevation model，DEM）。DEM 通常用地表规则网格单元构成的高程矩阵表示，高程是地理空间中的第三维坐标。除了高程矩阵，DEM 还可以包括等高线、三角网等其他数字表示方法。在土地信息系统中，DEM 主要由规则格网模型、等高线模型和不规则三角网（TIN）模型来表示。

等高线图可以从 DTM 的高程矩阵和不规则三角网中生成。在高程矩阵生成的等高线图中,高程被分成适当的高程类别,每个像元被划分进不同的高程区间,并以不同的颜色或灰度进行表示,这种情况下,等高线就是两高程类别之间的分界线。等高线的连接需要使用特殊算法,此外可能需要内插高程点以满足等高线连接需要的密度。水平面与 TIN 相交也可产生等高线,但是还需要进行二次处理,以消除人为形成的线划,确保等高线的准确性和连续性,该种等高线的起始点可由 TIN 中的山脊、山谷线等数据来判断。

（五）栅格数据基础运算

与基于点、线和多边形几何对象的矢量数据分析不同,栅格数据分析是基于栅格像元进行的分析方法,它可以在不同层次上对独立像元、像元组或整个栅格数据集进行操作和计算。在栅格数据分析中,不同类型的栅格数据可能需要采用不同的分析方法和运算规则,因此需要特别关注像元的数值类型。例如,对于连续型的数值型数据,可以进行插值、平滑等处理;对于分类型的数据,可以进行分类统计、多样性指数计算等;对于布尔型的数据,可以进行逻辑运算等。

1. 局域运算

局域运算在栅格数据分析中起着核心的作用,可以根据输入栅格和输出栅格之间的关系函数,或者通过分类表来计算新栅格的像元值。浮点型栅格转换为整型栅格的过程就是一种简单的单一栅格的局域运算,它用取整(integer)函数逐个像元地进行取整运算。

重分类也是一种局域运算方法,通过分类生成一个新的栅格数据。重分类有两种方法：第一种方法是输入栅格中的一个像元值在输出栅格中被赋予一个新值；第二种方法是对输入栅格一系列像元值赋予新值,比如在人口密度栅格中,将人口密度为 $0 \sim 25$ 人$/m^2$ 的像元对应的输出栅格赋值为 1。重分类有三个目的：第一,将原始栅格数据简化为具有较少类别或数值范围的新栅格数据；第二,生成包含唯一类别或数值的新栅格；第三,生成表示输入栅格像元值排序结果的新栅格。例如,在人口密度分析中,可以将人口数量按照从高到低的顺序重新分类,从而得到一个栅格数据,其中像元值表示人口密度排名。

多个栅格的局域运算类似基于矢量的地图叠置操作,涉及图层合成、地图叠置等操作。许多局域运算都同时有多个输入栅格,这些输入栅格的像元值可用于在一个独立栅格上进行数学运算,也能够以频率度量的形式存储于输出栅格,如最大值、最小值、值域、总和、平均值、中值和标准差等统计值,这些都是应用于数值型栅格的度量。

2. 邻域运算

邻域运算(也称为焦点运算)是一种栅格数据分析方法,涉及一个焦点像元以及其周围的一组环绕像元。这些环绕像元是根据它们相对于焦点像元的距离和/或方向关系来选择的。邻域运算的一个必需参数是邻域类型,即定义用于选择环绕像元的几何形状,一般是矩形、圆形、环形和楔形。矩形邻域由以像元为单位的宽度和高度定义,如以焦点像元为中心的 3×3 窗口。圆形邻域则以焦点像元为圆心,以指定半径向外扩展。环形邻域是由以焦点像元为中心的一个小圆和一个大圆共同围成的环形区域组成。楔形邻域是以焦点像元为圆心的扇形形状。如图 7-11 所示,在所定义的邻域内,有些像元只被部分覆盖,对此,一般的处理原则是:如果像元的中心是在该邻域内,则该像元被包含在邻域内。

邻域运算通常用邻域内的像元值进行计算,然后将计算值赋予焦点像元,接着将焦点像元移动到下一个像元,直到所有像元都被计算过。但是块状运算与普通邻域运算不同,块状运算是一种使用矩形(块状)的邻域运算,它将计算值赋予输出栅格数据中的所有块状像元,即运算不是从一个像元移到另一个像元,而是从块到块。尽管邻域运算在单一栅格上进行,但其处理过程类似于多个栅格数据的局域运算。不同的是,邻域运算使用定义邻域的像元值,而不是用不同输入栅格的像元值。

邻域运算的一个重要应用是简化数据,图像处理中也经常用到,而且不同情况下有不同的名称,如用于空间要素处理的滤波、卷积和视窗移动操作。地形分析也十分依赖于邻域运算,一个像元所代表的坡度、坡向和表面曲率的测算,都来自紧邻的邻域像元高程值的邻域运算。

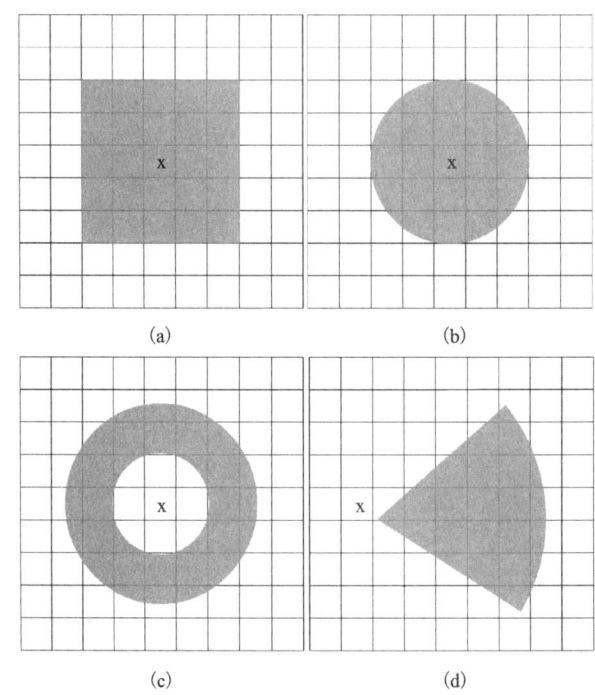

图 7-11 常见的邻域类型,矩形(a)、圆形(b)、环形(c)和楔形(d)(带 x 标记的像元为焦点像元)

3. 分区运算

分区运算是栅格数据分析中的一种方法,用于处理具有相同值或相似要素的像元,并将它们组成分区。这些分区可以是连续的,即空间上相邻的像元组成的区域,如流域栅格,同一个流域的像元在空间上相连;也可以是非连续的,即具有相同特征的像元在栅格中分布在不同的区域,如土地利用栅格里相同的土地利用类型可以出现在栅格的不同区域。

分区运算可以针对一个或两个栅格图层进行处理。如果只有一个输入栅格,分区运算可以测量每个分区的几何特征。分区的面积是指分区内的像元数量乘以像元的大小。对于连续分区,周长为其边界的长度;而对于非连续分区,周长是各部分边界长度的总和。厚度是指在每个分区内能够绘制的最大圆的半径(以像元为单位)。重心是分区的几何中心,即与分区最匹配的椭圆的长短轴的交点。

如果给定两个栅格(一个输入栅格和一个分区栅格),输出栅格是对应于分区栅格中每个分区的输入栅格像元值的概括统计和度量。这些概括统计和度量包括面积、最小值、最大值、总和、值域、平均值、标准差、中值、众数、少数和种类数(如果输入栅格是浮点型栅格,则不包括最后四种度量)。分区运算按照分区栅格的区域范围对输入栅格进行处理,生成输出栅格中对应分区的统计结果。图 7-12 显示按分区计算平均值的分区运算过程。图 7-12c 中的像元值是由输入栅格图 7-12a 和分区栅格图 7-12b 运算的分区平均值,"2.17"是分区 1 的(1,1,2,2,4,3)的平均值。

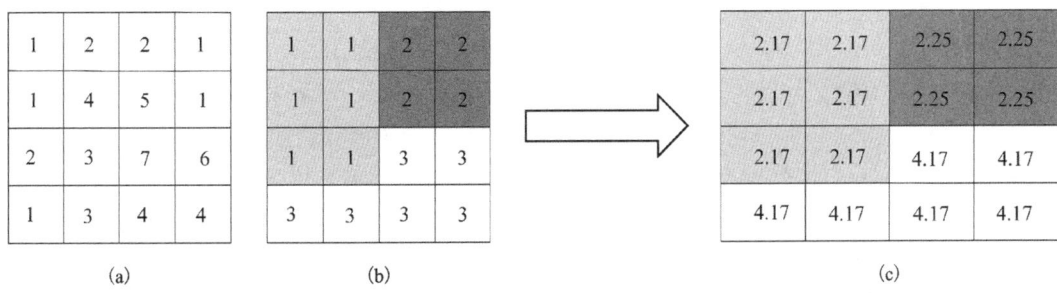

图 7-12 按分区计算平均值的分区运算

4. 自然距离量测运算

自然距离是量测直线距离或称为欧几里得距离。自然距离量测运算可以被视为以源像元为中心,在栅格中以波状连续的距离或者以特定的最大距离建立缓冲区,如图 7-13 所示。正因为此,自然距离量测运算又被称为扩展的邻域运算或整体(如整个栅格)运算。在进行自然距离量测运算时,在土地信息系统中可使用要素图层(如一个河流的 shapefile 文件)作为分析的数据,在开始运算之前,将该图层由矢量格式转换为栅格格式即可。

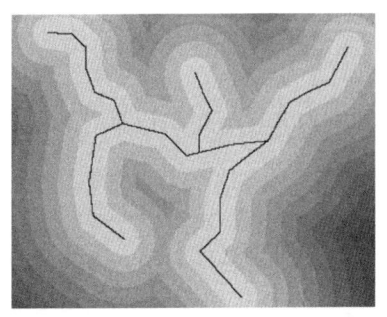

图 7-13 量测一段水系的自然距离

5. 其他栅格数据运算

剪取:使用较大的栅格作为输入栅格,通过指定分析掩膜或者由"x 和 y"的最小、最大值定义矩形的研究区域范围。

镶嵌:将多个输入栅格拼接成一个栅格。

栅格数据提取:类似栅格数据查询,将一个输入栅格的数据提取至另一个新的栅格上。栅格数据提取通过"由属性提取"运算,生成一个像元值符合查询表达式的新栅格。例如,输入高程栅格，创建一个落在特定高程分区（如 900～1000m）的新栅格，在输出栅格中，特定高程分区以外的像元被赋予空值。

重采样：将巨大的栅格数据集建成不同的金字塔层级（不同的分辨率）。重采样输出栅格的像元值是通过最邻近法、双线性插值法或三次卷积法计算而得。

聚合：与重采样技术类似，是创建一个像元大小比输入数据大（较低分辨率）的输出栅格，通过计算落入输出像元中的输入像元的平均值、中值、总和、最小值或最大值作为各输出像元值。

地图代数运算：语法类似于代数，可以用于栅格数据的处理和分析。地图代数运算使用表达式来链接输入和输出。表达式由地理信息系统工具、数学运算符及常数组成。

二、复杂空间分析

复杂空间分析是土地信息空间分析的重要方法，是在基本空间分析的基础上进一步发展，并结合其他数据和技术，用于研究和解决更为复杂的地理问题。常用的复杂空间分析方法包括网络分析、统计分析和三维分析等模块。网络分析是运筹学模型中的一个基本模型，人类通过描述、分析、研究这种网络关系，按一定目标选择达到最佳效果的空间位置或者途径。与基本空间分析相比，网络分析更侧重于描述、分析某些地理空间实体相互之间的联系，以及这种联系的影响力，可以用来解决最优化问题。统计分析是地理信息系统和土地信息系统的重要技术支持，它涵盖了空间数据统计分析和数据空间统计分析两个方面。空间数据统计分析侧重于对空间物体和现象的非空间特性（即空间数据的属性信息）进行统计分析，位置信息在这个过程中通常无制约作用，使用的方法多为常规的统计方法；数据空间统计分析则关注数据的空间特征和空间相关性，并利用空间统计模型进行分析。三维分析是在三维建模和三维可视化的基础上进行的一系列分析，主要解决地形分析和空间可视化问题。

（一）网络分析

地理空间中任何事物都不是孤立存在的，空间对象之间存在着非常复杂的相互联系，从而形成了描述某种地理现象或者经济活动的网络化形式。在日常生活中，道路、站点、城市等符号化、抽象化空间实体的连接形成了交通网络，同样的还有城市供电网络、供水管网等。

网络分析通过考察网络元素的空间和属性数据，结合网络的拓扑关系，进行多方面的分析和计算，以解决一系列最优化问题，确定最佳路径、位置或连接关系，优化网络的性能特征。网络分析基本思想是人类活动总是倾向于根据特定目标选择最佳的空间位置。它主要应用于研究和规划各种网络工程，以使其在运行时能够达到最佳效果。网络可以是地理网络（如交通网络）或城市基础设施网络（如电力线、电话线、供排水管线等）。

网络分析是用来表现、分析和解决网络模型的理论基础和有力工具。各种网络分析技术实现的关键是建立网络拓扑结构和高性能最短路径算法。最短路径问题是网络分析中最基本且最关键的问题，即在网络中寻找节点间累积阻抗最小的路径，除了一般意义上的地理距离，最短路径问题也可用于其他度量，如时间、费用、线路容量等，对解决运输、管道铺设、公路交通、厂区布设、生产管理等都有指导意义。此外，资源分配也是网络分析的重要问题，资源分配模型通过研究网络的流阻力来确定中心吸引区，使服务能够高效地提供给连接的各个节点,还可以用来指定可能的区域,如学校选址、商业中心等地的吸引范围分析,以实现资源的有效流动与合理分配。

(二)统计分析

统计分析以空间物体的位置和联系为出发点,以兼具随机性和结构性,或具备空间相关性和依赖性的空间数据、自然现象、空间格局和变异为分析对象,研究对这些数据进行最优无偏内插估计,模拟数据的离散性和波动性等。

统计分析以经典统计学为基础,使用统计方法解释空间数据,并分析数据在统计上是否具有典型性或期望性。但同时,统计分析还有其独有内容:空间自相关分析。主要的统计分析内容包括探索性数据分析、分级统计分析、空间插值分析以及空间回归分析等。

1. 探索性数据分析

数据分析通常包括探索阶段和证实阶段,而探索性数据分析(exploratory data analysis,EDA)是数据分析的重要组成部分。EDA 的主要目的是通过探索数据的模式和特征,为后续的数据建模和推断分析提供基础,主要内容如下。

(1)确定统计数据属性并检查数据分布:在进行数据分析之前,首先需要了解数据集中的不同变量的类型和属性,包括连续型变量和离散型变量等,便于后续选择合适的统计方法和可视化工具进行数据探索。多数空间数据分析都对目标数据分布有要求,如普通克里金法、简单克里金法或泛克里金法使用时都假定数据服从多元正态分布。其中,作为地统计模拟的基础,简单克里金模型要求使用服从正态分布的数据或者将正态得分变换作为模型的一部分。此外,所有克里金方法都依赖于平稳性假设,即在某种程度上,要求所有数据值都服从变异性相同的分布。数据变换可用于满足这种相等变异性的假设,即当数据不服从正态分布时,可进行数据转换使其服从正态分布。直方图和正态 QQ 图工具是研究数据分布的基本工具,并且这两种图含有不同的数据变换以便于评估数据变换对数据产生的影响。

(2)查找全局和局部异常值:通过统计方法和可视化工具,如直方图、半变异/协方差函数、Voronoi 图等,检测数据集中的异常值。异常值可能是数据采集或记录错误,也可能反映了数据中的真实特殊情况。

(3)查找全局变化趋势和检查局部变化:通过绘制时间序列图、趋势面分析等方式,观察数据随时间或其他变量的变化趋势和特征,同时检查数据在不同区域或子集中的局部变化情况。

(4)研究空间自相关及方向变异,理解多种数据集之间的相关性:对于空间数据集,空间自相关分析可以揭示数据点之间的空间相关性。通过计算空间自相关指标(如 Moran's I)或绘制空间相关图,可以了解数据在空间上的分布模式和集聚程度;如果有多个数据集,可以通过计算相关系数、绘制散点图等方式来研究不同数据集之间的相关性,有助于发现数据集之间的关联和依赖关系。

2. 分级统计分析

分级统计分析是为了更好地展示数据的特征和趋势,使用一定的方法或标准将数据划分成不同的级别或子集,并突出显示特征差异。根据确定级差的方法主要分为自定义分级和模式分级,自定义分级是用户根据应用的目的和需求,以及自己的专业知识和理解,自行设定各个级别的数据范围来进行分级。模式分级是按照一定的固定模式或算法进行分级的方法。常见的模式分级方法包括等间距分级、分位数分级、等面积分级、标准差分级、自然裂点法分级等。不同的分级方法可以呈现不同的视觉效果和数据特征,因此在进行分级统计分析时,需要根据具体情况选择合适的方法来展示数据的分布和差异。

3. 空间插值分析

空间插值是一种将离散点的测量数据转换为连续数据曲面的方法,它包括空间内插和空间外推两种算法。空间内插算法用于填补数据空白区域,通过已知点的数据推求同一区域其他未知点的数值,常见的空间内插方法包括反距离加权插值(IDW)、克里金插值、样条插值等;空间外推算法用于预测未来或未观测到的数据值,基于已知区域的趋势和模式来推断其他区域的数值,常见的空间外推方法包括回归分析和趋势分析等。空间插值的关键是控制点(已知数值的点),控制点提供了插值方法建立数学模型所需的数据,且其数量和分布对插值结果的精度影响很大,因此需要合理选择控制点的数量和分布。

空间插值方法可以根据不同的特征进行分类:首先,空间插值方法可以分为全局插值法和局部插值法。全局插值法用于估算表面的总趋势,而局部插值法用于估算局部或短程变化。其次,空间插值方法可以分为精确插值法和非精确插值法。精确插值法要求生成的插值面经过所有已知点(图7-14a),而非精确插值法不要求插值面通过所有已知点(图7-14b)。最后,空间插值方法可以分为确定性插值方法和随机性插值方法。确定性插值方法不提供预测值的误差检验,而随机性插值方法提供插值预测的误差评价。空间插值方法的选择取决于数据的性质、分布和分析目的,不同的方法在处理数据的趋势、局部变化和精度评估方面有所差异,因此需要根据具体情况具体分析。

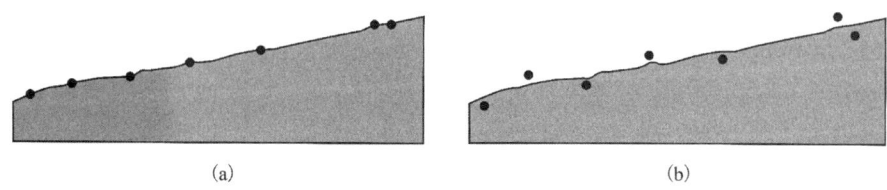

图7-14　精确插值(a)和非精确插值(b)

1)整体内插

趋势面分析用多项式方程拟合已知值的点,并用于估算其他点的值。通常内插函数是高次多项式,类似回归模型的最小二乘法,所以确定和检验趋势面模型的拟合程度也可用相关系数,也可以计算每个已知点的观测值和估算值之间的偏差或残差。作为一种非精确插值方法,整体内插的特点是拟合曲面不用涵盖所有数据点,而是取得最靠近数据点的光滑面,以保证邻块间的光滑连续拼接。

2)局部内插

(1)二元样条函数:采用分块的方式,对采样区域每个分块使用一个多项式进行拟合,并通过设定分块连续性的条件保证分块之间的平滑过渡,要求通过每个分块的全部数据点,相邻分块间能光滑拼接,形成一个连续光滑的数学曲面。二元样条函数拟合的阶数比较低,所以既能保留局部地形的细节特征,又具有良好的平滑性。

(2)最小二乘配置内插:最小二乘配置内插是基于统计的方法,进行内插和测量数据处理,它将测量数据分为趋势、信号和误差三部分,考虑的核心问题是如何通过建立数据之间的协方差矩阵,解决信号的关联规律问题。最小二乘配置内插包括最小二乘内插、最小二乘滤波和最小二乘推估。常用的度量采样点之间相关程度的指标是高斯函数,因为在连续表面内插中,最小二乘配置内插认为数据点之间的相关规律与距离有关,距离越近协方差越大,超过一定距离协方差趋于零,这与高斯函数特性类似。

(3)克里金法:克里金法和最小二乘配置内插相似,但采用不同的相关性计算方法。克里金法使用半方差矩阵或半变异函数来度量采样点之间的相关程度。

3)逐点内插

逐点内插通过设定邻域范围和选择合适的采样点,以及使用适当的内插函数和权重计算方法,将离散的采样数据转化为连续的曲面,并对未知点进行估计。基本原理是以每个内插点为中心,确定一个邻域范围,在该邻域范围内利用落在其中的采样点计算内插点的数值。逐点内插的本质仍然是局部内插,但与局部内插相比,逐点内插中邻域范围的大小、形状、位置和点的个数都是可变的。每个内插点都需要进行一次单独的内插计算,因此逐点内插在处理大量数据时可能效率较低。

目前常用的内插函数包括适用于离散分布采样点的拟合曲面方法、反距离加权内插法和适用于 TIN 的线性内插法等。一些局部内插数学模型和方法也可以应用于逐点内插中。此外,邻域内数据点的个数选择也是需要考虑的因素,一般来说,适宜的邻域内点数应控制在 4~10 个。邻域内点的选择也要考虑采样点的分布密度,当采样点分布较为均匀时,选择邻域点不需要考虑方向性,反之,确定邻域点需要考虑数据点的方向性。在逐点内插中,采样点的权重反映了其对内插点的贡献程度。一种常用的权重计算方法是反距离权重,根据距离进行反距离加权,即距离内插点越近的采样点具有越大的权重。根据具体情况,也可以采用其他的权重计算方法来调整采样点的权重。

4. 空间回归分析

基于经典统计回归分析的空间回归分析关注空间的自相关性,可以更好地解释地理事物的空间关系。空间回归分析可根据回归模型中自变量是否存在空间异质性,即模型参数是否会随着空间位置变化而变化,将回归模型划分为全局空间回归模型和局部空间回归模型。其中,全局空间回归模型假设自变量在整个研究区域内的效应是相同的,而局部空间回归模型则假设自变量在不同地理位置上的效应是不同的。

1)全局空间回归

空间联立自回归模型是最基本的全局空间回归模型。考虑空间相关性,可以提出以下两种假设。

(1) y 是空间自相关的,模型形式变化为空间滞后模型。

$$y = \rho \boldsymbol{W}y + X\beta + \varepsilon \tag{7-1}$$

(2)误差是空间自相关的,模型形式变化为空间误差模型。

$$y = \boldsymbol{X}\beta + u, u = \lambda \boldsymbol{W}u + \varepsilon \tag{7-2}$$

式(7-1)和(7-2)中:λ 为空间误差参数;u 为空间自相关干扰向量;$\boldsymbol{W}$ 为空间权重矩阵;ρ 为空间相关参数,表示空间自相关性对模型的影响程度。

λ 和 ρ 的值越高,表明空间自相关对模型的影响越大,对空间数据而言,如果使用经典的线性回归模型,那么它等价于假设空间联立自回归模型中的参数 $\lambda = \rho = 0$,即假设没有空间自相关性。

全局空间回归模型仍然存在很多局限,需要主观设定一个非随机的空间权重矩阵,很可能无法完全反映不同地区之间复杂的相互关系。且该模型还无法体现模型自身的空间异质性,这种异质性包括解释变量的选择、模型结构的选择、模型参数的选择等。

2)局部空间回归

应用最广的两类局部空间回归模型分别是地理加权回归(geographic weighted regression,GWR)和现代贝叶斯统计框架下的空间变系数(spatially varying coefficients,SVC)模型。

地理加权回归模型是对普通线性回归的扩展,但是GWR误差项可以有不同的方差,减少了统计回归方程中同方差的假设。式(7-3)为空间加权回归的表达式:

$$y(g) = \beta_0(g) + \beta_1(g) x_1 + \beta_0(g) x_2 + \cdots + \varepsilon \tag{7-3}$$

式中:g 为获得估计参数的空间坐标向量。

$\beta(g)$ 由空间权重计算,如式(7-4)所示:

$$\beta(g) = (\boldsymbol{X}^T \boldsymbol{W}(g) \boldsymbol{X})^{-1} \boldsymbol{X}^T \boldsymbol{W}(g) \boldsymbol{Y} \tag{7-4}$$

式中:$\boldsymbol{W}(g)$ 为位置 g 的权重矩阵,与 g 越近,权重值越高。地理加权回归模型一般用高斯函数计算权重,如式(7-5)所示:

$$W_i(g) = \exp\left(-\frac{d}{h}\right)^2 \tag{7-5}$$

式中:d 为观测位置 i 与位置 g 之间的欧氏距离;h 为带宽。

随着研究与应用的深入以及研究者对空间数据时间性、尺度性的要求,地理加权回归模型被不断改进并衍生了多尺度地理加权回归(multiscale geographically weighted regression,MGWR)和地理时间加权回归(geographically and temporally weighted regression,GTWR)等模型。GTWR模型是在GWR模型基础上考虑了变量的时间维度,对面板数据的时间相关性作解释,提高模型的性能,在做时间序列分析中产生的结果更准确。不足之处在于时空数据一般体量较大,对模型解算能力和效率造成较大困难。MGWR模型改进了GWR模型假设不同解释变量作用尺度在空间上保持一致的条件,前者考虑了不同尺度的空间异质性。解释变量的带宽表示该变量的作用尺度。当存在多个解释变量时,不同解释变量的实际作用尺度不一致。该模型为每个解释变量找到最佳带宽,并计算每个变量的带宽,从而使回归结果更加准确。由于MGWR考虑多尺度的异质效应,回归结果可能更加复杂和难以解释。

贝叶斯空间变系数(Bayesian spatially varying coefficients, Bayesian SVC)模型建立针对全区域的完整和统一的模型，即全地图(full map)建模策略，考虑多源先验知识，直接估算参数的不确定性，具有较强的模型可扩展性。但全地图建模策略会面临过于局域化的时空以及时空交互非平稳性假设从而导致无法构建可用的统计模型。为解决"过局域"问题，有学者提出贝叶斯时空变系数(Bayesian spatiotemporally varying coefficients, Bayesian STVC)模型，其采用一种时空独立的非平稳假设，即通过分开考虑空间自相关和时间自相关的先验设定，分别估算解释变量后验的局域空间回归系数和时间回归系数集合，从而刻画变量关系在时间和空间尺度的异质性变化规律。

(三) 三维分析

空间数据三维处理有两种基本思路：一种为真三维处理，先建立三维空间数据结构，然后基于三维数据结构进行立体表达和分析，将三维空间的地理位置看作自变量，以空间变量作为第四维的因变量。真三维处理的研究具有重要意义和前景，目前已有不少探索，如八叉树数据结构和三维矢量数据结构等，但由于难度较大，当前研究进展缓慢。另一种为2.5维处理方法，基于二维数据结构来表达三维形象。在处理中，空间变量 Z 被看作是二维的地理位置(x, y)的二元函数。Z 可以是任何空间变量，如高程、地价、土地利用、土地类型、地貌特征和污染指数等。三维空间分析主要包括以下几个方面。

(1) 坡度坡向分析。通过计算地表坡度和坡向，可以了解地形的三维变化情况。坡度表示地面的陡峭程度，而坡向表示地面朝向。这种分析可以帮助理解地势起伏、山脉走向等三维空间信息。

(2) 等值线分析。等值线是在地图上连接相同高程点的线条，通过绘制和分析等值线，可以展示地形的三维特征。等值线的间距取决于高程差异，越密集表示地形变化越剧烈。

(3) 淹没分析。淹没分析是在指定的水位条件下，根据数字高程模型判断哪些区域会被淹没。这种分析涉及水平面和地表高程之间的关系，用于构建水位上升时的三维淹没区域。

(4) 通视分析。通视分析需要考虑地面高度、遮挡物高度、观察角度、视线距离等多个因素，可以将数字高程模型加入元素高度属性，以实现全景三维的通视效果，常用于城市规划、景观设计等领域。

(5) 动态可视域分析。动态可视域分析是在三维场景中，根据指定的路线，基于一定的水平视角、垂直视角及指定范围半径，分析沿路线行驶过程中的指定范围内的通视情况。

(6) 开敞度分析。(三维)开敞度分析是在场景中，相对于指定的观测点，基于一定的观测半径，构造出一个"视域半球体"，分析该区域内开敞度情况，模拟观测点周围空间的视域范围。

(7) 日照分析。根据指定的区域所在的经纬度范围，计算该区域在某段时间内，可被太阳照射到的时间长度。这种分析展示了空间中不同地区的阴阳面，体现了三维空间中的日照特征。

(8) 填挖方分析。填挖方分析是通过计算地表的体积变化，包括填方(土方工程)和挖方(挖土工程)的三维空间信息。它涉及地表的高低变化，广泛应用于土地资源管理和施工工程规划。

第四节　土地信息可视化表达与制图

一、土地信息可视化表达

(一)土地信息可视化的概念

可视化是一个心理处理过程,指在人脑中形成对某物(某人)的图像,提高对其的观察力及建立概念等,涉及计算机图形学、图像处理、计算机辅助计算、计算机视觉及人机交互等多个领域。土地信息可视化是指以可视化的方式将土地特征要素的形状、空间关系、属性、时间变化、综合特征和空间分布等,用符号化、特性化、动态化等方法加以渲染和揭示,供人们从不同角度、不同层次及不同方式理解土地信息,是土地信息系统的重要功能。

可视化技术在土地信息领域的应用主要涵盖以下三个方面:①为公众用户提供了空间认知工具,使公众用户能够更加直观地理解土地信息,如电子地图和虚拟环境等,这些工具促进公众参与土地管理和决策;②优化和更新土地信息数据库,通过可视化手段发现和纠正数据中的错误和不一致性,加强数据的直接应用,进行知识和数据挖掘,为土地管理和决策提供更有价值的信息支持;③为土地管理者提供更加有力的决策支持工具,例如利用虚拟现实技术模拟土地利用决策行为或者提供交互式的决策界面,预测不同决策行为的结果和影响,减少决策风险并确保决策的科学性和合理性。

(二)土地信息可视化的类型

地图是土地信息可视化的重要表达方式,但不是唯一方式。近年来新型的土地信息地图可视化的表达形式不断产生,如虚拟地图、动态地图、交互地图、超地图、多媒体地图和三维仿真地图等。土地信息的多维可视化不仅可以从多层面、全方位、多视角地描述客观事实,并且在虚拟化研究、再现和预测地学现象等方面提供了方法论。根据可视化表达的不同维度,一般可将土地信息可视化分为二维可视化和三维可视化。

1. 二维可视化

土地信息二维可视化的表现形式主要有专题地图、剖面图、动态地图与超地图。

专题地图也称为特殊用途地图,其主要目的是为某特定领域或特定方面的应用提供专门的土地信息。专题地图是一种根据地图主题的需求,在地理底图上突出显示与该主题相关的一种或多种要素的地图。它将特定主题的信息和数据以专门化、形式各异的方式呈现,以便更好地传达地理信息。土地信息专题地图按内容可以划分为三类:①土地管理地图,包括土地详查图、地籍图、土地评价图、土地等级图、土地利用区划图等;②自然资源地图,包括地势图、水资源图、气候图、地质图、地貌图、土壤图、植被图、土地资源利用现状图等;③社会经济地图,包括经济区划图、农业区划图、交通地图、能源地图、环境地图、旅游地图、人口地图等。此外,专题地图可视化表达方法非常多样,有符号法、等值线法、质底法、范围法、点值法、统计图法和运动线法等。

剖面图是地面沿某一方向的垂直截面（或断面），它包含地形剖面图和地质剖面图：①地形剖面图是一种用于直观表示地面上沿某一方向地势起伏和坡度陡缓的图，由等高线地形图转绘而来；②地质剖面图则主要用于显示地质构造信息。

动态地图是在时间维上展开的，可以动态地显示不同角度下对土地数据的观察结果、不同表达方式下的土地信息统计或分析结果，以及土地现象随时间演变的过程等。需要注意的是，传统的纸质静态地图的符号制作、符号注记等制作理论和方法在动态地图中可能不再适用，需要进一步探讨和深入研究动态地图的信息流问题。

超地图是基于万维网（World Wide Web）的与土地相关的多媒体信息系统，它通过主题和空间导航的方式，为用户提供浏览和交互多媒体数据的能力。超地图概念与超文本（hypertext）类似，它扩展了传统地图的功能，使得地图的传输、使用和交互变得更加广泛和便捷。

2. 三维可视化

土地信息三维可视化表现形式常见的有数字高程模型、地貌晕染图、三维仿真地图和三维动态漫游。数字高程模型详见本章第三节；地貌晕染图是用深浅不同的色调表示地形起伏形态，增加丘陵和山地地区高差起伏的视觉效果，晕渲的质量和精度在很大程度上取决于制图者的主观意识和技巧，按光源的位置，可将其分为直照晕渲、斜照晕渲和综合光照晕渲；三维仿真地图基于三维仿真和计算机三维真实图形技术，具有仿真的形状、纹理等，属于静态可视化范畴，可以进行各种三维的量测和分析；三维动态漫游则是结合 DEM 数据、纹理数据以及各种地物模型数据，使用计算机动画技术，从整体和局部两个方面展示地形环境，使观察者畅游于地形环境中。

根据基础数据及仿真技术的不同，可以将三维仿真地图分为三类：①基于纹理映射技术的三维仿真地图。基于 DEM 建立三维地形模型，通过模拟物体表面的纹理细节生成具有真实感图形，形成兼具立体感和真实性、含有丰富信息量的三维立体景观，其纹理来源于与 DEM 同样地区的纹理影像数据（如扫描数字化地形图）。②基于遥感影像的三维仿真地图。以各类遥感影像数据为三维仿真地图纹理，在 DEM 数据基础上，选取一定数量（通常大于六个）的明显特征点，按照相应的投影映射关系确定其在影像中的位置，经重采样后获得其影像灰度，经过一系列处理后，生成一幅以真实影像纹理构成的三维仿真地图。③基于地物叠加的三维仿真地图。除将图像的纹理叠加在地形表面外，为了更逼真再现地表实际情况，在基于 DEM 建立的三维地形模型上叠加地形表面的各种人工和自然地物，构建可供空间信息查询和管理的地形环境。

在三维动态漫游中，为了形成动画效果，首先需要生成一组连续的图形序列。这些图形通常是在计算机中生成的，并存储在一个专门的缓冲区中，通常称为帧缓冲区（frame buffer）。每一帧都是一个静态的图像，当这些帧以一定的速率连续播放时，就形成了动画效果。三维动态漫游使用图形阵列动画技术，通过将每一帧图像分成多个矩形块（也称为块传送），在每一帧中只操作屏幕的一小部分，而不是整个屏幕，减少需要处理的数据量，从而节省内存和降低运行时间。通过将屏幕划分为多个矩形块，只更新和显示发生变化的矩形块，可以实现局部更新,而不是每一帧都重新绘制整个屏幕,提高了渲染效率,减少不必要的计算和绘制操作。

(三)虚拟现实技术及应用

虚拟现实技术的理论涉及计算机科学、认知科学、信息科学和心理学等多学科,具体是指通过计算机与其他专用设备构建一种特殊的三维图形环境,即感官、语言和手势等与环境进行实时交互,产生逼真的临场感,主要具有以下四个特征:①沉浸性,计算机创造的虚拟环境,能使用户产生身临其境的感觉;②交互性,用户能用人类熟悉的方式对虚拟环中的实体进行观察和操纵,并在交互操作过程中获得反馈;③自主性,指虚拟现实中的物体应具备符合物理定律动作的能力,如受重力作用的物体下落;④构想性,用户能利用虚拟环境进行模拟、仿真和预测。

在建立实际的虚拟现实应用系统时,需要配置不同的硬件设备和使用相应的软件来支持其功能。常见的硬件设备包括:①图像生成器或三维图形生成器,用于生成虚拟环境中的图像和三维图形;②操纵和控制设备,包括 3D 和 6D 鼠标、跟踪球、游戏杆、数据手套、数据衣等,用于交互和操控虚拟环境中的对象;③位置跟踪设备,用于跟踪用户头部或手部的位置和方向,使虚拟环境中的图像能够随着用户的运动而变化;④立体视觉设备,如双显示器、液晶光闸眼镜、头盔等,用于提供立体视觉效果,使用户感受到虚拟环境的深度和逼真感。

常见的软件功能包括:①输入处理,处理硬件设备传入的用户交互数据,包括手部动作、头部姿态等;②仿真,实现虚拟环境的模拟和渲染,包括场景建模、物理模拟等;③视觉、听觉、触觉、力觉、味觉和嗅觉的绘制,提供适当的视觉、听觉、触觉等感官反馈,增强用户对虚拟环境的沉浸感;④虚拟现实建模语言(virtual reality modeling language,VRML),用于描述虚拟环境的标记语言,能够实现一些基本的虚拟现实功能。

虚拟现实技术在土地信息可视化中发挥越来越重要的作用,是可视化分析、仿真、模拟技术体系的创新,也是交互交融地图的发展基础。交互交融地图是指人与地图可以进行相互作用和信息交流。交互地图中,人可以通过一定的途径,如选择观察数据的角度、修改显示参数等,来改变地图的显示行为。在这个过程中,屏幕地图(或双眼视觉立体地图)即虚拟地图,与应用人员脑中相关地学知识及直觉等形成的心智图像一直处于相互作用、相互比较、相互修改完善的信息联系和反馈状态。交融地图是人与地图的融合程度,也就是人在虚拟地图中的投入感和沉浸感。

在城市土地信息系统中,虚拟现实技术创造的虚拟世界,可作为一个专题图层为用户提供城市旅游体验,获取城市各区域的地理环境、建筑风貌等信息;也可以更加方便地查询和查看有关特定土地的相关信息,如点击某一宗地进行查询,直观地调出该宗地的房屋产权证、土地证和地籍调查表等文档,并与虚拟世界中的宗地进行关联。此外,还可以将数字高程模型(DEM)、管网线、消防、医院、学校等图层叠加在虚拟世界图层上,决策者可以直观地观察城市的发展潜力、地理分布情况,进行地产估价、分等定级、城市规划、商业选址等分析操作,从而更全面地进行决策和规划。总之,虚拟现实技术能够较大程度地表达土地信息数据,提供了交互性强、直观逼真的虚拟环境,为城市土地信息的可视化、分析和决策提供强大的工具和方法。

二、土地信息计算机制图

地图是根据一定的数学法则使用制图语言,通过制图综合,在一定的载体上表达各种事物的空间分布、联系和实践中发展变化状态的图。随着表达载体的不同,地图已由单一的纸质或其他质地的物质地图发展到各种形式的虚拟数字地图,如电子地图、三维虚拟地图、超地图、动态地图甚至虚拟现实场景地图等。

地图制图是综合利用艺术、科学技术、知识及方法创建地图的过程。用于地图制图的数据集来自土地信息系统(land information system,LIS)存储的各种类型的数据及其分析结果。首先,需要根据不同的制图规范,面向不同的使用目的和方式进行地图设计;其次,根据设计的结果,对数据集进行数据处理,如数据综合和概况处理、投影坐标转换及数据质量处理等,还要按照地图符号化、制图表达规则和注记等要求进行表达处理;然后,进行制图编辑,主要工作包括对表达进行冲突检查和处理、渲染处理、特效处理、地图布局配置等;最后,生成地图产品,进行展示、打印、分发,供用户使用。计算机制图过程如图 7-15 所示。

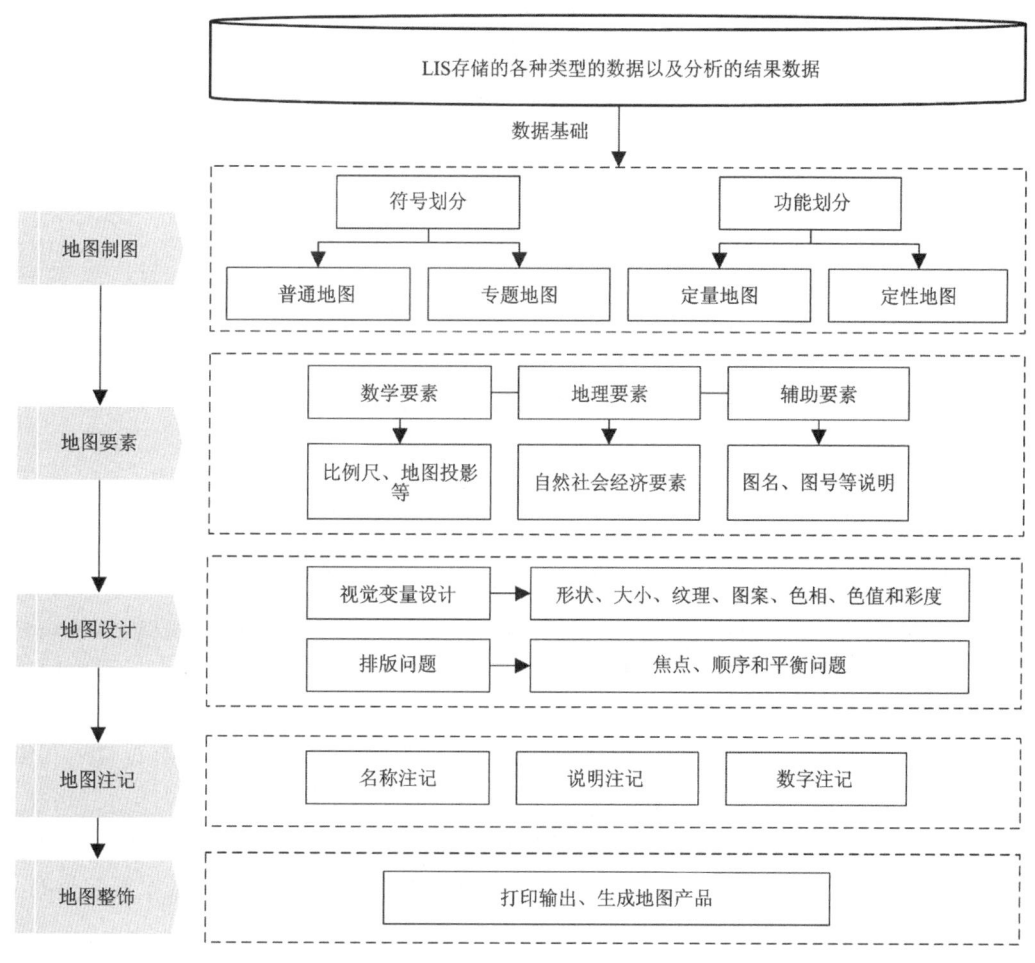

图 7-15　计算机制图过程

1. 地图要素

地图的基本内容可以被归为地图要素，主要包括数学要素、地理要素和辅助要素，这三类要素合称为地图的"三要素"。

数学要素是构成地图的数学基础，决定地图图幅范围、位置，以及控制其他内容的基础，主要包括地图投影、比例尺、控制点、坐标网、高程系和地图分幅等内容。只有明确地图的数学要素，才能在图上进行量取点位和高程等信息的操作，保证多幅图拼接使用的精确性。

地理要素是指地图上表示的具有地理位置、分布特点的自然现象和社会现象，可分为自然要素和社会经济要素。

辅助要素（也称为整饰要素），是为理解地图数据信息提供的说明信息和测量工具等，目的是便于读图和用图，包括图名、图号、图例、附图、图内各种文字及数字注记、地图资料说明等。图名蕴含了地图主题，图例则将地图符号与地图数据联系起来，附图是指主图外加绘的图件，主要作用是补充主图的不足。

必须说明的是，传统地图要求的上述地图组成要素并不完全适用于其他形式的地图，如数字地图里，地图比例尺可能会失效，因为数字地图是按照真实世界的坐标存储数据的，比例尺不再具有测量尺度的作用，只有显示尺度的作用和地图综合及概况程度的标示作用；坐标格网也不是必要的，因为在数字地图上测量一个位置只需要鼠标定位；其他一些说明信息，有的可通过元数据表达，也不必标注在地图上。

2. 地图设计

地图设计是一种土地信息可视化技术的合理选择和应用，也是为地图制定表达方式、表达规则、选择表达内容和技术等的过程。它的目的不仅是设计美观的地图产品，更重要的是设计有用的地图，实现正确传递信息、诠释信息、突出某些关系和特性、促进对地图理解的目标。

地图设计的视觉变量包括形状、大小、纹理、图案、色相、色值和彩度。形状表征了图上要素的类别；大小和纹理（符号斑纹的间距）更适合用于显示排序、间距和比率数据，表征了图上数据之间的数量差别；色相、色值、彩度和图案则更适合于表征标称或定性数据。由于栅格数据由像元组成，形状和大小这两个视觉变量变化不大，纹理和图案在较低分辨率时有相对显著的表达效果，但像元较小时就无明显差异，因此在多数情况下其显示局限于运用不同的色彩和阴影。

地图设计还涉及排版的问题，排版又称平面组织，是对地图的不同要素进行排列和组合的过程，包括图廓、图名、图例、比例尺、指北针、制图时间、坐标系统、主图、附图、符号、注记、颜色和背景等内容。排版关注的主要方面是焦点、顺序和平衡问题。地图设计也会受到客观因素、受众因素、显示和概况因素、比例因素、技术限制因素及符号选择参考因素等的影响。

3. 地图注记

地图注记是地图上用文字或数字说明图面要素名称、质量和数量特征的一种标注方式。

通过将表示地理要素和现象的图形符号与文字和数字相结合就构成了地图的符号系统,地图的符号系统丰富了地图的表达方式,使得地图更加具有信息量和可理解性,可以更有效地传递信息。地图注记主要分为三种类型:①名称注记说明事物的专有名称,如山脉、江河、湖泊、海洋等,帮助人们准确识别地图上的地理要素;②说明注记以简洁的形式出现,补充图形符号所不能完全表达的事物种类、性质或特征,如通过文字注记标示特殊地貌、建筑物类型、地物分类等;③数字注记可以提供更精确的信息,说明事物的数量特征,如道路宽度等。此外,注记还可以利用不同的字体、字号和颜色来表示事物的性质、种类和数量差异。通过选择合适的注记样式,可以提高地图的可读性和信息传递效果。

4. 地图整饰

地图整饰是指根据地图的性质和用途,选择合适的表现方法和形式,处理好各种表示方法之间的关系,以充分表现地图主题和制图对象特点,是地图制作过程中的一个重要环节。它的目的是在地图形式和内容之间实现统一,同时根据地图感受论和艺术法则,考虑比例、平衡、对称、重点突出等因素,实现地图科学性和艺术性的结合。此外,地图整饰还要符合制版印刷的要求和技术条件,包括图像分辨率、颜色模式、图层设置等,以降低地图生产成本,同时保证印刷过程中的质量和准确性。

三、土地信息可视化表达与制图的发展趋势

1. 土地知识可视化

在信息时代,地理(土地)数据、信息和知识的广泛应用促使知识可视化研究在管理领域迅速发展,并对其他领域的相关研究产生影响和推动作用。知识可视化是将个人知识、群体知识和组织知识以可视化的方式进行表达和呈现,是一种将抽象的土地知识转化为图解形式(如图表、矩阵、概念图、知识图等)的手段,直接作用于人的感官,促进土地知识的获取、内化、转化、交流、应用、传播和创新。此外,知识可视化具有动态性和交互性,可以建立知识发送者和接收者之间的协同和反馈过程,促进知识的动态创建。

未来,土地知识可视化的发展将与空间与图形认知、概念命题表达、概念图解表达、语言与图形表达相互关系、可视语言等领域紧密结合,为土地知识可视化研究带来跨学科的新视角和活力。知识可视化技术与虚拟现实技术的结合将充分发挥人类的多感知功能,进一步促进知识的理解、传播和创造。

2. 土地信息多维图解

土地信息多维图解是从非可视化角度提出的关于图的土地知识表达、获取及其图的土地问题解求证的理论方法模式,它与土地信息可视化有着密切联系,是土地信息可视化研究的高级发展阶段。

基于计算机的土地信息多维图解以土地信息可视化为基础,结合土地专家知识库、推理机、高效的人机交互方式等来帮助土地专家获取对某一问题的科学认识。土地信息多维图解

的研究涉及土地信息图形思维、土地空间认知、图解规则获取、土地信息知识表达及推理等与土地信息可视化技术和系统融合。

3. 虚拟土地信息环境

如果把土地信息可视化、土地信息多维图解中的高效人机交互方式发展为虚拟现实技术中的融入沉浸方式以及多感觉交互方式,再加上网络连接技术等,那么就产生虚拟土地信息环境(virtual land information environment,VLIE)。虚拟土地信息环境是基于土地分析模型和土地系统工程等的虚拟现实,是土地工作者根据观测实验和理论假设等建立起来的、表达和描述土地系统的空间分布及过程现象的虚拟信息土地世界,也是土地信息可视化、土地信息多维图解等发展的最后集成系统,对土地科学发展具有重要意义。这个土地系统的虚拟实验室允许土地工作者按照个人的知识、假设和意愿去设计修改土地空间关系模型、土地分析模型、土地工程模型等,并直接观测修改后的结果,通过多次的循环反馈,最后获取土地科学规律。

虚拟土地信息环境有以下特点:一是土地工作者可以进入土地数据中,有身临其境的感觉;二是具有网络性,为处于不同地理位置的土地科学专家同时开展合作研究、交流与讨论提供了可能。从数据挖掘、知识发现的角度看,虚拟土地信息环境提供的信息表现和分析环境与用户对空间目标的心理认知过程相适应,能够形象地指导操作、引导挖掘、表达结果。高度交互功能将掌握知识发现的主动权交给用户,控制数据挖掘过程,丰富的表现能力使得用户能深入理解问题,可以选用更适当的数据挖掘模型。

虚拟土地信息环境产生于虚拟现实技术、计算机网络技术与土地信息的结合,其中关于从复杂土地数据和土地模型等映射成三维图形环境的理论与技术,需要空间可视化的支持,而土地可视化的交流传输与认知分析在具有沉浸投入感的虚拟地理环境中,也更易于实现。在未来,虚拟土地信息环境的发展与完善,依赖于计算机的虚拟现实技术、土地信息获取处理技术、土地信息分析模型构建水平、土地信息可视化、土地智能专家系统和土地空间认知理论的发展。

4. 土地大数据可视化

当土地大数据变化频繁、规模庞大时,原有地理空间数据结构难以满足海量空间数据可视化的需求。实景三维技术可以提供立体、真实的地理空间呈现方式,支持海量空间数据的可视化和分析,为数字经济建设提供了全新的可能性,也为新型智慧城市、数字孪生城市、城市信息模型(CIM)等提供统一的时空信息底座,支撑政府治理、自然资源行业管理,服务社会公众等应用场景。

实景三维(3D real scene)是指利用三维技术和虚拟现实技术,对人类生产、生活和生态空间进行真实、立体、时序化反映和表达的数字虚拟空间,是新型基础测绘标准化产品,是国家新型基础设施建设的重要组成部分。为提升数字城市建设、数字政府、数字经济、数字社会的能力,各地积极推动各具特色的实景三维建设。例如,宁夏国土资源综合监管云平台依托1:2000基础地理信息成果,以地理实体为对象,从"实景三维"视角,按照"城镇空间、生态空间、农业空间"分区,设计了省、市县级的地理实体数据在分类、生产和更新等方面的要求。同时,正在建设的宁夏自然资源三维立体"一张图"数据管理系统,可面向二维、三维数据一体化管理需求,支持多种三维模型数据的入库、浏览、查询、分发、统计、分析功能。这些措施有助于赋能数字城市建设,实现数字化治理与服务创新。

数字孪生城市的构建,不仅包含静态的基础的物理空间的数字化,还包含动态现实世界的虚拟数字化,以及虚实融合的人机互动;而元宇宙则是更高的一种现实世界的虚拟映射,不仅包含动静的自然、物理世界的数字虚拟化,同时融入人类的精神感知信息和行为,更强调沉浸式、交互式体验,是人类通过数字化技术化身在一个无限逼近或超越人类生活的虚拟的世界中产生的活动、娱乐、交易等行为。

海量土地大数据的高效显示、浏览和可视化已成为自然资源管理、决策分析和共享服务的迫切需求。推进测绘地理信息行业与5G、大数据、云计算、人工智能等新兴产业的深度融合,赋能实景三维建设和自然资源立体化管理,是未来自然资源行业发展的必然发展趋势。

5. 智能可视化与分析

人工智能是计算机系统对人类智能过程的模拟,旨在使计算机具有类似于人类的思考和行动能力,以便替代人类从事各种工作。根据人工智能的处理阶段、可视化对象和可视化的目的,可将人工智能中的数据可视化与可视分析技术分为以下两类:①数据质量改善,由于数据规模和复杂性的快速增长,传统的数据预处理方法面临着处理效率低、人工代价高等问题。近年来,可视化与可视分析被广泛应用于改善数据质量,辅助数据处理与决策,取得了较好的效果;②基于可视化的可解释机器学习,模型构建与训练是人工智能技术的核心阶段。在这一阶段,可视化的对象包括模型结构、模型参数、模型输入、模型输出和各类中间数据。可视化将这些数据转换为图形表达,作为认知媒介,并结合交互分析界面,帮助专家理解、诊断和调试各类模型,增强机器学习的可解释性和改善模型性能。

机器学习是机器从经验中自动学习和改进的过程,不需要人工编写程序指定规则和逻辑。机器学习常用于构建提取数据的算法模型,手工设计的算法需要开发者硬编码参数值,而机器学习模型则从标注数据集中学习参数值。针对复杂数据、复杂模式等需要呈现大量信息的可视化任务,人工智能技术通过机器学习算法去除数据噪声、提取关键信息,从而减少视觉混乱、增强可视化效果。同时,人工智能技术拟合数据特征和可视编码也为可视化布局带来新机遇,比如 Chat GPT 中的 Code Interpreter 模块可以对简单的上传数据进行分析,自动对数据表结构以及数据本身给出详细的分析,并以合适的图呈现结果。随着机器学习方法的发展,出现了自然语言、手势和触控等与可视化技术相结合的新型交互方式。

未来,随着人工智能和机器学习技术的不断进步和应用,可以期待更多创新的数据可视化方法和工具的涌现,从而进一步提升数据分析和决策的效率与效果。

6. 可视化伦理与隐私

可视化技术为规划和管理决策提供了更加直观、易于理解的方式,但也面临着一些隐私和伦理上的问题。大数据可视化需要遵循科学研究的伦理规范,确保数据来源的真实性和可靠性,不得随意篡改和伪造数据;研究过程也应保持客观公正的态度,避免利益冲突和偏见,同时尊重他人的知识产权和隐私权,不得随意泄露和滥用数据。对于隐私问题,应该采取必要的加密和安全措施来保护数据,同时避免数据过度采集和使用,以免侵犯个人隐私;在数据采集和使用过程中,只在必要情况下采集和使用个人数据。

知识要点与习题

知识要点

空间参考系　投影转换　坐标转换　土地信息检查　土地信息编辑　土地信息更新　土地信息查询　空间索引　地址匹配　土地信息空间分析　土地信息可视化表达　计算机制图　地图要素　地图设计　地图整饰

习题

(1) 地理坐标系与投影坐标系之间有何区别?
(2) 简述矢量数据结构和栅格数据结构的空间信息编辑差异。
(3) 土地信息分析的主要方法和原则有哪些?
(4) 简述土地信息计算机制图的主要流程。
(5) 土地信息可视化表达应注意哪些问题?

第八章　土地信息分析模型

土地信息分析模型主要包括土地评价数学模型、土地利用规划模型、土地供需预测模型与土地利用变化模拟模型四种。土地评价建模是运用数理统计或其他数学方法进行土地评价因子选择、权重确定、评价单元划分、评价方法设计、等级评定和级差收益测算等任务的抽象与规范化的过程。土地评价建模经历了从传统的数理统计模型（如回归分析、聚类分析、判别分析等）到基于智能计算的土地评价模型的发展过程。目前，基于神经网络、模糊逻辑、遗传算法、空间相关分析等的土地评价成为研究关注的焦点。土地利用规划是根据区域社会经济发展计划、国土规划和区域规划等要求，结合区域内自然生态和社会经济条件，寻求符合区域特点和土地资源利用效益最大化要求的土地利用优化体系，其具体是对区域内各业各类用地的数量、质量、空间和时序等进行统筹安排，核心是解决土地利用结构优化问题。土地供需预测分析是协助人们认识土地利用客观规律，是制定土地利用发展战略和规划的前提，一般包括规划基础数据的预测（如人口预测、经济发展水平预测等）、农用地需求预测、建设用地需求预测等基本内容。土地利用变化模拟是综合利用"3S"等技术手段，利用时空模拟技术如元胞自动机、马尔可夫链等，进行土地利用变化趋势预测和土地管理决策影响效果动态模拟，是提高土地资源管理决策科学水平的主要技术。由于土地利用规划模型的土地结构优化、土地供需预测模型的土地数量预测与土地利用变化模拟模型有较大的重叠与交叉，本章将主要对土地评价模型与土地利用模拟模型进行具体阐述。

第一节　土地评价模型

一、土地评价概述

国务院2019年正式公布的《关于建立国土空间规划体系并监督实施的若干意见》中，从宏观上对我国的国土空间规划编制和实施工作进行了全面部署。国土是人类生产生活、社会经济发展的空间载体与物质基础，以往我国的粗放式土地开发导致了成本高、效益低而污染强的经济增长模式，对我国的生态环境与自然资源造成严重破坏，已成为影响国家可持续发展的主要因素。为解决此问题，国家要求加快转变国土开发和空间治理方式，实现高效、绿色、低碳、可持续的高质量发展。国土空间规划作为空间治理的顶层设计和基本手段，在高质量发展过程中不可或缺。作为国土空间规划编制的前提条件，"资源环境承载能力评价"和

"国土空间开发适宜性评价"(以下简称"双评价")可以识别农业生产、城镇开发的空间格局与建设规模,在规划制定中扮演着重要角色。同时,我国市场经济的发展以及土地资源的有限性,使得当前土地价值愈发显著,以土地质量、土地潜力、土地适宜性和土地利用效益等为依据的土地税收、土地流转与土地开发经营等活动更为活跃。为了科学客观地制定并完善土地税收标准、评定土地价格、评估土地经营效果以及进行土地开发项目可行性研究等,土地评价必不可少。

目前,国内外对于土地评价的内涵理解不一。国外方面,联合国粮食及农业组织(Food and Agriculture Organization of the United Nations,FAO)将土地评价定义为当土地作为特殊用途时,对土地的特性进行评估的过程;1981年,英国的Dent与Young认为评估土地作为各种用途的潜力的过程即为土地评价。国内方面,刘黎明(2005)认为土地评价即土地用于规定目的时对土地性能的评定;王万茂(2003)认为土地评价即土地质量评价,是指在特定目的的前提下,对土地的自然和社会属性进行综合鉴定和划分等级的过程;刘耀林和焦利民(2008)认为土地评价是指在特定目的下对土地质量进行的鉴定。不难发现,无论是国外还是国内的专家或组织,在对土地评价的定义都强调两个方面:一是土地质量或性能,这是土地利用评价研究的对象;二是特定目的或用途,因为只有以某种特定用途为前提,土地评价才能够有针对性地开展。

土地评价的基础工作和重要组成部分是研究土地的组成要素及其相互作用、土地的演化过程、不同土地利用方式的效果和变化趋势。从上述定义来看,土地评价除了具有目的性、针对性、综合性等基本特征外,还有以下两个特性:一是时效性,土地系统是一个包含了太阳辐射、地球内能、人类社会经济活动、气候条件、水文状况、土壤与植被等多维度因素的全面、复杂、开放的系统,其组成要素无时无刻不处在动态变化之中,因此以土地系统为对象的土地评价应涉及时间因素。此外,土地评价的结果能够为国土空间规划提供依据,而规划的时间尺度较大(一般为15~20年),因此土地评价也应具有时效性,以保证规划的实用性。二是空间性,土地是一个空间概念,离开具体的空间位置和空间尺度,土地评价就失去意义。从空间尺度来看,土地评价包括全球评价、国家评价、区域评价、景观评价和地块评价等。

纵观国内外土地评价发展历程,我国是世界上最早进行土地分类和评价的国家,最早是为土地税收服务;1976年,联合国粮食及农业组织发布的《土地评价纲要》中提出了一个标准化、认可度较高的土地评价方法,被广泛应用至今。近年来,国内外土地评价已从以往的自然土地评价向包含自然、经济和社会三方面因素的综合性土地评价转变,评价方法也从传统的单一的实地调查方法向"3S"技术、数字化技术、智能化方法组合运用,土地评价更趋定量化、先进性和动态性,时间和人力成本亦明显下降。

二、土地评价原则

联合国粮食及农业组织在《土地评价纲要》中对土地评价的基本原则:①要针对特定的用途种类进行土地评价,不同的土地用途对土地质量的标准要求也不一样;②土地评价必须要综合考虑其自然属性以及经济属性,同时还需要将不同利用类型的土地收益与需要的投入进行对比;③因地制宜,考虑土地地理位置和区位条件;④比较原则,对区域的若干土地利用类型进行综合对比,需要多学科知识综合运用;⑤以土地可持续利用为目标的土地长期使用原则。

目前我国土地评价也是主要参考上述土地评价准则制定的,总结如下:

(1)比较原则。在评价过程中,一是要将土地的利用需求与土地质量进行比较,研究分析各种作物和用地类型的需求,包括农作物的种植要求、生长周期、灌溉需求等,确定土地利用方式是否符合特定作物或用地类型的需求。二是要将土地投入与生产效益进行对比,以确保其在生态上的合理性与经济性上的优势。三是要对不同用途进行对比,如在土地适宜性评价中,要对土地针对不同用途的适宜性进行评价,为规划工作者提供更多的土地信息和更精细的评价成果,以便科学合理地优化土地利用。

(2)针对性原则。土地评价应针对具体的土地利用方式。每块土地的利用都有其特定的需求,如土地水分、土壤性质及倾斜度等。土地质量的好坏不能一概而论,需要针对特定的利用需要,如排水困难的冲积泛滥平原是适宜稻田的一等地,但不一定适宜其他土地利用类型。

(3)区域性与综合性原则。土地评价应综合考虑评价对象的自然、经济、社会等因素,基于比较原则的土地利用需求与土地质量对比,对不同地区的土地评价采用不同的评价方法。该原则的重点在于结合地区特征,对区域进行全面综合评价。

(4)分层控制原则。土地评价,特别是土地质量评价往往有其质量评价体系,如城镇土地和农用地的分等、定级与估价。因此,在进行相应的土地评价时要注意层层控制,上下协调,遵循分层控制原则。具体而言,农用地分等定级是以在不同行政区划中确立一个统一的等级序列为目标。而在实践中,农用地分等是在国家、省、县三个层次进行,而定级工作则是县级展开。在进行评价时,各个层次的评价结果都应考虑区域整体的可比性和局部差异性。为了确保评价结果的科学性和可比性,需要建立标准条件下的分等定级评价体系,并进行综合分析,这样可以将具有类似特征的土地划分到同一土地等级或土地级别中。

(5)主导因素原则。土地资源质量是多重因素作用的综合结果,包括经济、社会、自然等错综复杂的影响因素。因此,在进行土地评价时,需要识别和理解各种因素的种类及作用差异,确定它们对土地质量和生产力的影响程度,确定哪些因素在特定情况下对土地质量起着主导作用,并着重考虑这些主导因素对土地评价结果的影响。

(6)土地收益差别原则。土地收益差别是土地经济评价的基本依据,即土地评价结果应能综合反映土地收益的差别。因此,必须坚持土地收益差别这一原则来开展土地经济评价,比如农用地的分等定级成果,不仅要反映出不同地区土地的自然质量、土地利用水平和社会经济水平的差异,更全面地评估土地的生产力水平和收益水平。同时,评价过程还应考虑不同水平的投入对不同地域土地生产力水平和收益水平的影响。

(7)定性与定量相结合原则。在土地评价过程中,应尽可能量化定性和经验分析,以定量分析为主。对目前尚不能量化的一些经济、自然以及社会因素,展开必要的定性分析,并利用定性分析的结果对土地评价结果进行修正调整和最后确定,进而提高土地评价结果的精确度。

在上述原则的基础上,特定类型的土地评价需要遵守的原则进一步增加。例如,为"大农业"服务的土地评价要求以土地生产能力为基础,以农林牧用地配置为依据,以当前与长远、用地与养地相结合为出发点进行各种因素的综合分析;又例如,土地可持续利用评价需要遵守传统方法与现代方法相结合、兼顾土地利用的内部经济与外部不经济等原则。其中,内部经济指的是土地的生产性和稳定性,即土地在农业、林业、牧业等方面的经济效益和稳定程度;外部不经济则关注土地的保护性和可接受性,即土地利用对环境和社会的影响程度。评价过程中需要考虑土地的生产潜力、农林牧用地的合理配置、土地的可持续利用能力以及对环境和社会的影响等因素,通过综合分析这些因素,全面评估土地利用的内部经济和外部不经济。

三、土地评价体系

土地评价按照评价途径、方法、对象、结果、服务目标、时空尺度等分为不同类别。以土地评价为中心,将各种细化的土地评价类型集合起来,形成一个完整又具体的土地利用评价体系,如图8-1所示。需注意的是,一种土地评价可以同时属于评价体系的不同部分,如使用数学模型对某县域的水稻用地进行评价,就可以同时属于群体评价、农业用地评价、单目标评价、定量评价等。可见,土地评价体系的各组成部分相互联系,不同层次的土地评价共同为土地利用全过程提供服务,在具体使用时应注重评价过程的综合性。

在空间尺度上,依据土地评价对象的层次,土地评价分为个体评价、群体评价和系统评价。个体评价是以单个土地评价单元为对象进行的评价;群体评价是同时评价研究区域内的所有土地评价单元;系统评价则是把研究区域看作一个整体,分析其系统特征以及作为子系统与人口、社会、经济、环境可持续协调关系的评价,主要包括承载力评价、协调度评价、安全评价、集约度评价、系统稳定性评价等。

从特定时点上,针对个体评价和群体评价,依据评价对象可细分为农业用地评价、城镇用地评价、旅游用地评价、交通用地评价等类型,这些都是针对某种具体用途而开展的评价。按评价目标土地评价分为综合评价和单项评价,两者之间没有固定的界限:综合评价也称多目标评价,是根据农林牧业生产或各经济部门合理配置土地资源的综合要求来开展评价的;单项评价则可称单目标评价,是根据某一个特定目标或用途开展评价。按主要参评因素或评价指标的性质土地评价分为自然评价和经济评价。

从时间尺度上,土地评价分为现状评价、潜力评价和可持续利用评价。其中现状评价是对研究区域当前土地资源的性能、利用程度、利用结构与布局、利用效果及存在问题的分析评价。

按评价途径土地评价可分为直接评价和间接评价:直接评价是指用实验手段直接探测土地对某种作物的适宜程度,具有绝对评价的意义,评价结果准确性欠佳;间接评价则是一种相对评价方法,是通过分析组成土地的土壤、地形、气候等各种要素的属性对土地利用的影响并加以综合,从而评定土地等级的方法,以归类法和数值法为代表。

按评价结果的描述和表达土地评价可分为土地定性评价和土地定量评价:土地定性评价,主要是以社会经济技术为背景,以相对稳定的土地组成要素的特征为评价依据的概略性

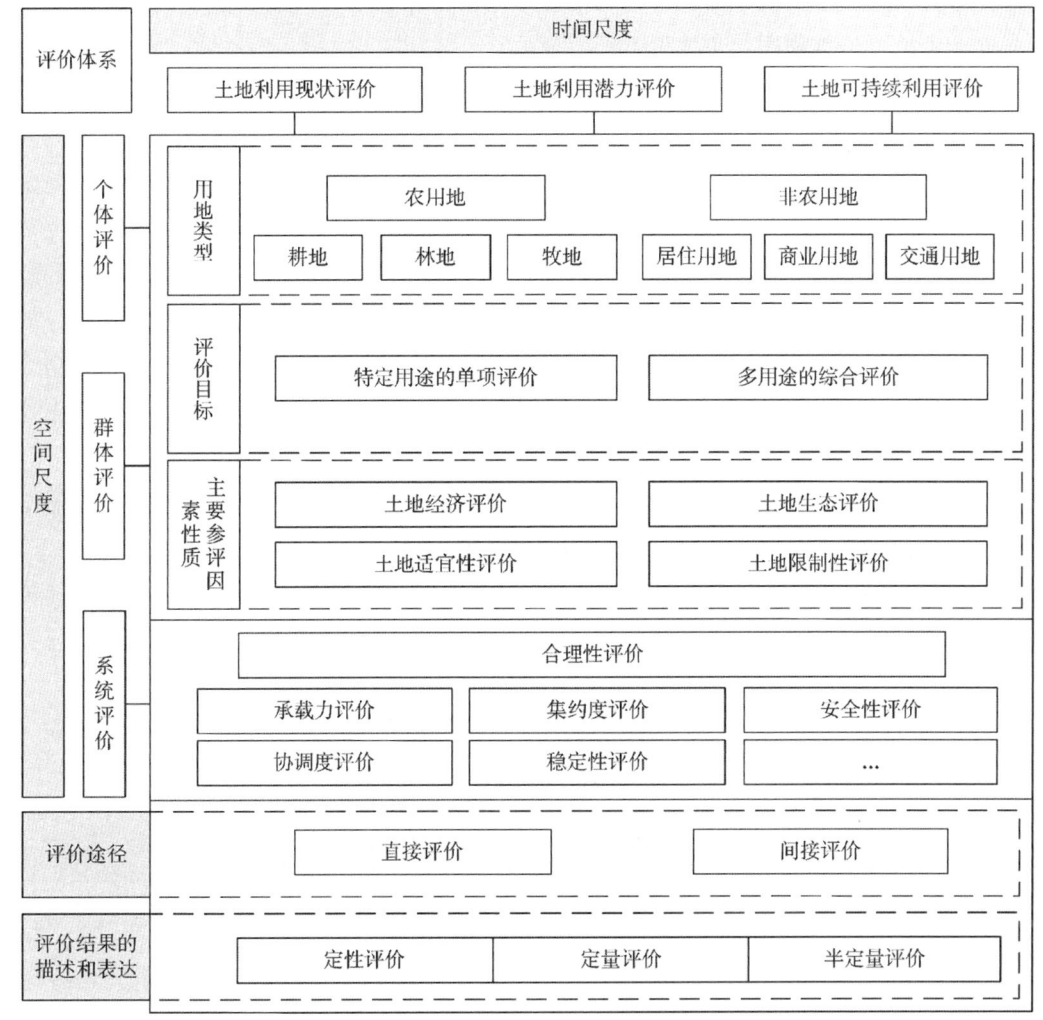

图 8-1 土地评价体系

土地评价,多用于小比例尺大面积评价工作,可以直观、综合地反映土地利用适宜性,其成果因指标具有稳定性而长期有效;土地定量评价,是在土地定性评价的基础上,通过土地组成要素的数量指标与特定用途对土地质量的要求的比较来确定土地等级,其成果能够从数量上准确地描述土地质量,但不能直接进行不同生产形式之间的对比,也难以考虑多种因素共同作用所产生的综合效应。

四、土地评价的一般流程

开展土地评价工作是为了更合理的利用土地,也是为土地资源高效管理服务,具体体现在:土地评价摸清土地资源质量状况,协助实现土地资源管理由传统的数量管理向兼顾数量与质量管护转变;研究土地质量与土地用途关系,提供土地资源配置实施效果的评判标准,助力合理地配置土地资源;以土地分等定级结果为土地估价提供基础资料,为土地市场服务;以土地评价结果为依据制定土地税收政策和税收标准,为土地课税服务;土地持续利用评价与生态安全评价相互补充,可以提供全面的信息来评估土地利用的可持续性和对生态系统的影响,服务于土地可持续利用与土地生态安全。

土地评价的工作程序主要包括准备阶段、中间过程以及成果汇编阶段。①准备阶段:首先土地评价的立项与初步商讨;制订评价计划,确定土地评价目标,评价目标要满足生产者要求,符合自然和社会经济条件并且与评价技术水平相匹配,确定区域内土地利用类型,确定待评价的土地范围和边界,划分工作阶段;同时开展数据资料的调查和收集工作,调查研究范围的基本状况,收集相关资料。②中间过程:首先根据评价的目的和背景,确定需要评价的土地利用类型,如农业用地、林地、城市建设用地等;然后针对每种土地利用类型,明确其相应的要求和指标;接着划分土地评价单元并对土地形状进行描述工作;最后要按照一定的原则方法选择评价因子并计算评价结果。③成果汇编阶段:主要包括土地评价报告书撰写以及土地评价成果图绘制等工作。

土地评价的实施也应有完整的作业流程,以保证不同区域、不同作业人员所实施的土地评价的结果具有可比性。从土地评价实施方法的角度,土地评价总体技术流程概括如下:土地评价类型与目标的确定、评价指标体系的构建、影响权重的确定、评价因子的量化、评价单元的划分、评价标准体系的确定和评价模型方法的选取等基本步骤。土地评价的一般流程如图 8-2 所示。

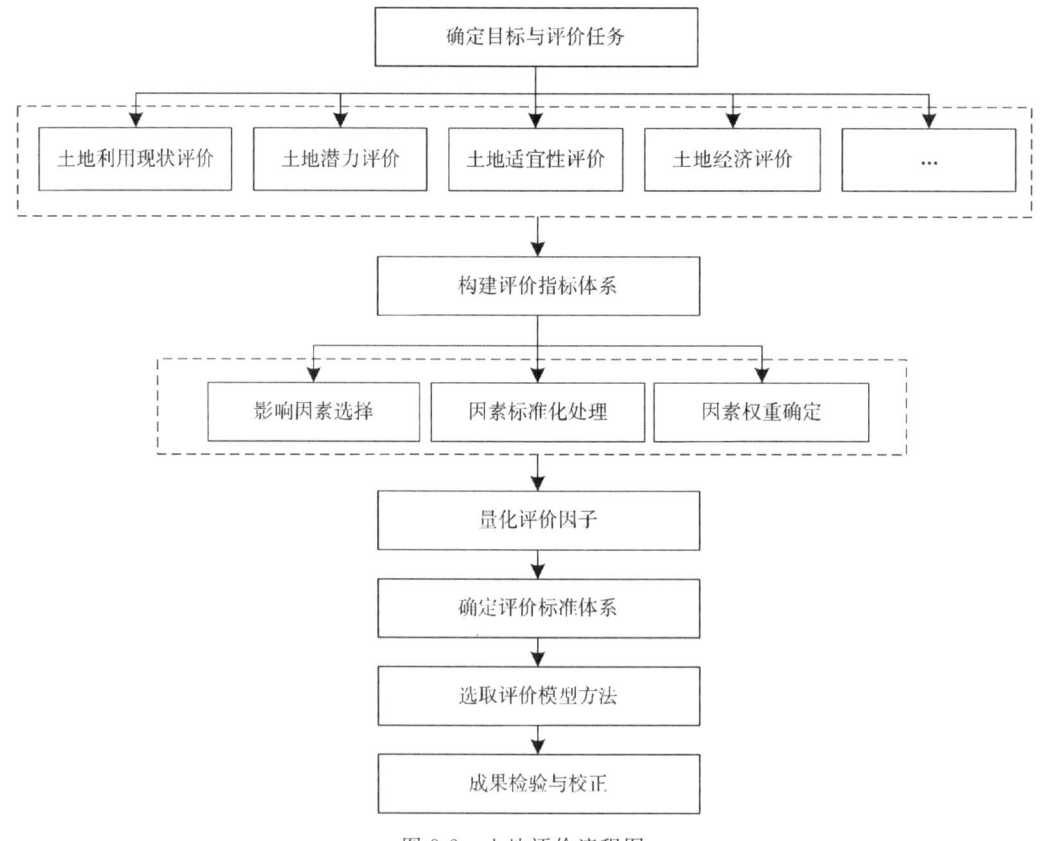

图 8-2　土地评价流程图

不同类型的土地评价在具体实施时有不同的方法步骤,但基本思路和过程大致相同,差异较大的地方主要体现在土地评价目标确立和评价指标体系构建部分。土地评价的直接对象是土地资源,不同的评价类型侧重于评价土地资源的不同方面。如土地潜力评价、土地适宜性评价要考虑土地的自然质量状况,即将土地看作由气候、土壤等要素组成的自然复合系统;而农用地以及城镇土地的分等、定级与估价则在土地自然质量的基础上,更多地关注土地的产出能力,即将土地资源看作由土地资源属性和社会经济属性综合形成的自然、社会、经济复合系统;土地可持续利用评价和土地生态评价则是以人类对土地资源的利用为评价重点,将其看作多个影响因素相互作用、相互影响,共同作用形成的土地利用系统,这些因素不仅包括气候、土壤、地形地貌等基本自然环境因素,还包括人口变化、经济增长、经济结构、技术进步、政治因素、价值观念、思维以及这些社会经济因素影响下形成的生产方式、生活方式、城市化水平、商品生产与市场、生产者与消费者、土地管理政策、法律和法规等。

土地评价系统是用于评定土地质量的等级序列系统,不同类型土地评价系统也有较大差别,以下简要介绍了土地潜力评价系统、土地适宜性评价系统、农用地质量评价体系与城镇质量评价体系。

(1)土地潜力评价系统多参考美国农业部土地潜力评价系统,以土地利用限制性概念为基础,采用三层评价体系:潜力级、潜力亚级和潜力单元。潜力级是最高等级,是限制性或危害性的、相对程度相同的若干土地潜力亚级的归并。随着潜力级数增大,土地利用所受限制与破坏逐渐增加,同一潜力级土地有相似的限制程度,但具体限制性种类未必相同。归属某一评价层次的土地,除具有该级利用潜力,还具有低于该层次的其他潜力层次的利用潜力。潜力亚级表示限制因素种类,是具有相同限制因素和危害性的潜力单元的组合。潜力单元是对一级农作物和饲料作物经营管理有大致相同效应的土地组合,同一潜力单元的土地应在土地性质配合上充分一致,即有相近的潜力,相同的限制性和危害性。

(2)土地适宜性评价系统以联合国粮食及农业组织《土地评价纲要》为指南,将适宜等级自上而下分为纲、类、亚类和单元,土地适宜纲是对土地的特定利用方式进行评价,结果分为适宜(S)或不适宜(N),土地适宜类反映土地对特定利用方式的适宜程度,土地适宜亚类表示土地在限制性类别上的差异,土地适宜单元是土地适宜亚类的续分。

(3)土地经济评价中,农用地质量评价体系用农用地"等""级"和"价"体系加以表征,农用地等和级都是用来定量表达农用地资源质量的指标,农用地级是对农用地等的细化,一般是在等的基础上分级,具体操作时就是在先进行农用地分等的基础上,从农用地限制型、影响因素细化等方面进一步评价土地级。但是在我国进行第二轮国土资源大调查的农用地质量评价中,将农用地等确定为具有宏观控制性、全国可比性和稳定性的、偏重自然属性评价的农用地质量量化指标;而级则是具有中观控制性、县级区域可比性和易变性的、偏重社会经济属性评价的农用地质量量化指标。等和级之间是相互独立的体系,可单独进行分等和定级,实际工作中,由于定级因素包括分等因素,所以等和级之间又有密切的关系,一般可先进行农用地分等,然后在此基础上,通过选取相关修正因素,采用系数修正法修正农用地分等成果得到农用地定级结果。

(4)城镇土地质量评价与农用地土地质量评价中,土壤肥力状况等自然条件不同反映出农用地质量的差异,而城镇土地只是为各类生产和非生产活动提供场所,土地区位成为影响城镇土地质量的决定因素。我国对城镇土地质量评价,根据评价的区域范围、详细程度的不同划分为城镇土地分等、定级和估价三个层次系统。城镇土地分等是一个评价城市区位条件的过程,通过对城市内不同区位条件的比较来确定等级和位序。定级阶段是针对中观区位条件,即城镇范围内不同区位条件的差异进行划分等级。在这个阶段,会考虑城市的地理位置、交通便利性、资源禀赋、市场规模等因素,以确定不同城市的区位等级。估价阶段是在定级的基础上,根据具体地块的微观区位条件,结合土地市场的供求关系,用货币形式对城镇土地的区位条件差异进行评估。这个阶段将更加注重具体地块的市场价值和投资回报率等因素,以反映土地的区位条件对土地价值的影响。

五、土地评价的主要类型

目前在土地评价的相关研究中,不同学者提出了不同的分类体系,各个体系之间尚未得到统一。传统的土地评价分为土地潜力评价、土地经济评价和土地适宜性评价三类;随着可持续理念及生态保护意识的加强,土地可持续利用评价、土地生态评价、土地集约利用评价等逐步加入分类体系中。本书采用目前学术界最常见的分类方法,按照评价目的与任务将土地评价分为以下类型。

(一)土地质量评价

社会经济的迅速发展以及人口数量的不断增多,土地的安全水平和质量状态逐渐受到重视。土地质量概念内涵目前较为丰富,且影响范围越来越大。本书认为土地质量是相对于某种用途土地所表现出来的优良程度,是土地的综合属性,科学地评价土地质量是编制好土地利用规划的基础。土地质量评价是指在特定目的的前提下,对土地的自然和社会属性进行综合评估和分类,以确定土地适宜利用的能力和潜力的过程,即通过对土地的自然属性和经济属性进行综合鉴定,以显化土地质量差异等级,是对土地资源进行数量、质量和生态三位一体保护的基础。土地质量评价不仅仅是对土地生产潜力进行评估,更多是实现土地资源的可持续利用。按照土地评价对象的不同,土地质量评价可分为城镇土地质量评价(城镇土地分等定级估价)和农用地质量评价(农用土地分等定级估价);按照土地评价属性的不同,可分为土地自然质量评价和土地经济质量评价;按照土地评价目的的不同,可分为土地适宜性评价、土地生产潜力评价、土地人口承载力评价、土地农业经济评价、土地国民经济评价等。国土空间规划中常说的"双评价"则是指国土空间适宜性评价和资源环境承载力评价。

土地质量评价工作具有较强的系统性,国内土地质量评价研究工作目前已初步建立土地质量评价理论体系,方法体系日益成熟,但仍然多以半定量评价为主,且针对农用地建立的质量评价体系较多,而少有研究针对建设用地的质量构建评价指标体系。国外诸多国家如荷兰、加拿大、美国等关于土地的监测工作相当成熟,已实现综合性的资源状况监测目的,从而进行自然资源的综合评价。另一方面,国内关于土地质量评价的方法、手段等领域的研究与国外仍然存在差距,国内在展开相关研究时应从自然和利用条件两方面加强和完善,不断提升土地质量评价的科学性和准确性。

(二)土地潜力评价

土地潜力,亦称土地生产力或土地利用能力,是指在一定的自然和社会经济技术条件下,土地在用于农林牧业生产或其他方面时,所具有的潜在生产能力和提供服务的能力,通常由特定作物的多年平均产量表示。它可以反映各类型土地之间生产力水平的差异,通常分为光合生产潜力、光温生产潜力、光温水生产潜力和光温水土生产潜力。

相应地,土地潜力评价,或称土地生产潜力评价、土地潜力分类,是指在特定目的或用途的情况下,对土地的各种自然属性以及它们之间的相互关系和它们对某种持续用途的限制程度进行综合评价,并以评价结果为依据划分土地潜力等级的过程。依据评价方法不同,土地潜力评价可以分为土地潜力定性综合评价和土地潜力定量评价:前者主要是依据由土地自然性质决定的限制性程度进行划分,采用定性评价方法;后者则综合了自然和社会经济条件,根据土地所能生产有用产品的能力进行划分,其主要手段为数学模型。根据评价对象不同,土地潜力评价可以分为针对具体作物或土地利用方式的单一土地潜力评价以及针对某一研究区域内全部土地利用方式的综合土地生产潜力评价,二者分别从微观和宏观层面对农业生产过程进行科学指导。按照不同评价对象和土地利用状况,土地潜力评价还可以细分为不同类型。

长期以来,由于土地潜力评价偏重土地的自然性质而弱化土地利用的经济效益,土地潜力评价研究大多针对农业生产进行,且主要采用定性评价方法。随着市场经济的快速发展,近年来越来越多的学者将研究重点置于城镇土地利用潜力评价上,土地潜力评价中也更加重视定性与定量相结合。

(三)土地承载力评价

人口、资源、环境与发展等不平衡问题自工业革命以来日益突出,应运而生的土地承载力研究围绕人口消费与食物生产、人类需求与资源供给(土地)之间的平衡关系展开。从本质上说,土地承载力是指一定时间内特定的土地生产潜力和投入水平条件下,一定区域内可能生产的食物总量与人均消耗量的总和之比的一个动态估算。联合国教科文组织(UNESCO)(1985)认为,资源承载力是指在可预见的时期内,一个国家或地区利用该地的矿产资源和其他自然资源,以及工艺水平、人员素质、技能等条件,在保证与其社会文化准则相符的物质生活水平下能够持续供养的人口数量。中国科学院综合考察委员会(1986)则提取了生产条件、土地生产力、被承载人口的生活水平及土地承载人口的限度四个要素重新定义土地承载力:在一定生产条件下土地资源的生产力和一定生活水平下所承载的人口限度。从目前的研究来看,土地承载力的内涵有四重含义,即生物生理性的人口承载量、事物消费水平的土地人口承载量、土地的极限(理想)人口承载量、土地综合承载力。土地承载力研究能够反映土地生产力对一定生活水平下人口增长的限制目标,并对土地、人口、食物与发展等均有一定的预警功能。因此,进行土地承载力评价,测算出区域内不同消费水平下所能持续供养的人口数量,对指导农业生产和经济建设、编制国民经济发展规划、加强土地管理、保证土地资源可持续利用具有重要意义。

土地承载力评价涉及资源、环境、人口以及发展变化等各方面,是有关土地—资源—人口系统的综合研究,其评价一般流程可归纳为:①土地资源分析;②土地资源评价;③投入水平的确定;④土地生产潜力计算;⑤食物消费水平的确定;⑥土地人口承载力计算。目前,土地承载力评价的研究方法主要分为指标体系法、系统模型法和空间计量法三大类。土地承载力计算的基本方法主要包括趋势外推模型、环境因子逐段订正模型、气候因子综合模式、遥感估算方法和系统动力学方法等。

(四)土地适宜性评价

土地适宜性评价是以土地的适宜性与限制性程度为依据而开展的综合评价。其中,土地适宜性是指在一定条件下,某种土地类型对某种土地利用方式的适宜程度。此处的土地利用方式覆盖范围不一,既指土地利用大类,如农林牧业、建设用地、生态保护区等;也包括更具体的土地利用类型,如水稻、蔬菜、乔木用地等。土地适宜性与自然属性、经济社会属性、生态属性等均有关系,因此可将其细分为自然适宜性、社会经济适宜性、生态适宜性等类型。土地限制性是适宜性的反面,是指一定条件下,土地对某种特定用途的限制性因素类型及其程度。联合国粮食及农业组织所发布的《土地评价纲要》中,将限制性因素分为稳定的因素(如地形、土壤、气候等自然要素),以及不稳定的因素(如年际气候波动、病虫害、自然灾害等)。其中,稳定限制性因素对土地的影响相对稳定持久;而非稳定限制性因素影响则相对短暂,易受到短期内特殊现象的干扰。

土地适宜性评价就是评定土地对某种特定利用方式的适宜程度的过程,即对某一评价对象进行特定土地用途要求与土地质量的比配,因此土地适宜性评价也称单目标土地评价。土地适宜性评价具有以下特点:一是具有更强的针对性与实用性,且可以同时从不同角度对同一块土地进行不同利用方式的适宜性评价,在一定意义上是土地潜力评价的进一步发展;二是评价指标需要全面考虑自然、经济社会和生态等因素,以得出客观实际的评价结果;三是评价结果具有动态性,随着经济、技术、环境等条件的变化而不断变化。

迄今为止,国内外已开展了广泛而深入的土地适宜性评价研究,其中以联合国粮食及农业组织1976年发表的《土地评价纲要》中提出的土地适宜性评价系统最有代表性。土地适宜性评价分类系统分为四层,其中最高层次划分的依据是土地适宜性,即适宜性可以从一开始决定研究对象对一定土地利用方式是否适宜。近年来,我国在相关方面的研究也取得了重要进展:在应用领域方面,农用土地适宜性评价研究领域逐渐从大尺度向中小尺度发展,生态适宜性评价、城镇建设用地适宜性评价、旅游用地适宜性评价以及土地整治适宜性评价研究迅速发展;在理论构建方面,可持续发展、绿色发展观念深入人心,土地适宜性评价指标体系更加全面,景观生态学理论与适宜性评价进一步融合。"双评价"中的国土空间开发适宜性评价是土地适宜性评价的进一步发展,在资源环境承载力评价的基础上,评价国土空间对农业生产、城镇开发建设和生态保护等利用方式的适宜程度。目前国土空间开发适宜性评价已有较丰富的研究体系,未来还需要进一步加强理论基础研究、完善评价体系、应用新技术新方法以及增强其与资源环境承载力评价之间的紧密性。

(五)土地经济评价

土地是一个由气候、地质地貌、水文、土壤和生物等自然要素以及权属、区位、价格和政策等社会经济要素所组成的一个自然经济综合体,其质量同时受到自然、经济与社会因素的影响。根据土地经济学原理,在考虑劳动和物质投入情况下的土地生产率可以更加客观真实地反映土地质量,因此土地评价不能仅注重纯自然分析,还必须结合社会经济方面的因素进行全面分析。简单来说,土地评价结果既要反映土地对某种利用方式的适宜程度,又要反映其在一定的自然、经济与社会条件下,通过这种土地利用方式所产生的经济效果。前者可通过前文所提到的土地潜力评价与土地适宜性评价来实现,后者则需要通过土地经济评价来反映。

迄今为止学界对于土地经济评价的内涵界定不一,归纳起来主要分为两种:第一种认为土地经济评价是用经济指标对土地质量作出评价;第二种认为土地经济评价是用经济可比指标对投入产出效果进行评定,进而对土地质量作出评价。不难发现,上述两种观点都以土地质量为评价对象,且评价指标都具有经济属性。不同的是:第一种观点直接以经济指标来划分土地质量高低;第二种观点则提出要通过土地投入(包括活劳动的投入和物化劳动的耗费)和土地产出(包括产品或其他服务)的对比关系来评定土地质量。其中,活劳动是指物质资料的生产过程中劳动者的脑力和体力的消耗过程,物化劳动是凝结在产品中的人类劳动或物化在生产资料上的劳动。目前大部分土地经济评价工作者更偏向于第二种观点。土地经济评价的基础是土地经济肥力,它是以土地自然肥力为条件,以人类劳动为动力,通过人工措施调节土地的水、肥、气、热等要素之间的关系,使之达到最适宜生产状态的一种综合肥力。随着土地价值膨胀以及人们节约集约用地意识的加强,目前衡量土地肥力尤其是经济肥力的主要指标已不是土地产量,而是人们对土地进行投入后所能得到的效益,因此人们更偏向于用投入产出率来评价土地经济效益,其结果综合考虑了经济效益变动因素的影响,更加直接客观。

土地经济评价是一个尚处于初步发展阶段的新课题,社会制度不同,评价方法各异。目前常见的评价方法有毛利分析法、贴现现金流动分析法、经济计量模型法、聚类分析法等。

(六)土地生态评价

土地生态作为与人类关系最密切的生态系统,是生态环境保护的重要对象之一。生物多样性和生态服务跨政府科学政策平台组织2019年指出:过去50年受人类活动而大幅退化的土地比例高达75%,其根本原因是人均消费水平的大幅提高、人口的迅速增长以及不可持续的土地利用方式。若不采取有效措施加以缓解,2050年全球将有95%的土地发生退化,粮食威胁与人口迁移问题将十分突出。面对这种趋势,各国先后开展了一系列土地整治与生态修复措施,力求保护和恢复土地生态系统。早在1981年,我国首次提出将国土整治作为一项长期任务,经过40年的发展,至今我国的治理体系已逐步完善,从单一的国土整治向统筹山水林田湖草沙的国土空间综合整治与生态修复转变,对于作为治理系统基础的土地生态的重视也日益加深。为统筹国土整治与生态修复工作,我国编制了完善的土地整治规划,根据不同区域的特点与土地质量、利用现状,进行差别化整治管理。其中,土地生态评价是土地整治规划的编制基础,以土地生态类型为基础、强调生态功能服务价值、为景观生态设计与规划提供直接依据。

土地生态评价,是指在一般土地评价的基础上,选择具有环境意义的生态指标来评价土地生态系统的质量、结构、功能和价值,以查明土地生态类型与利用现状之间的协调程度及其发展趋势。"土地生态评价"的概念最早由景贵和于1986年提出,此后相关研究在我国逐渐开展,如今已细化并延伸到土地生态安全评价、土地生态系统服务价值评价、土地生态系统健康评价等领域,评价体系趋于完善。随着我国大力推进生态文明建设,土地生态安全评价及预警将是目前及以后较长时期国内研究的焦点所在,同时也是土地生态评价在国内的主要延伸方向。目前国外尚没有与"土地生态评价"完全对应的概念,其对于土地生态系统的研究主要集中于土地健康诊断、生态风险评价和生态系统服务价值评价,所使用的DPSIR(driving-pressure-state-impact-response)等模型为国内外土地生态评价的研究提供了新思路。

(七)土地利用多功能评价

社会经济快速发展背景下,人类对土地的需求不再满足于食物与纤维等简单的物质供应,而更多希望能从土地上获得新产品和服务,尤其是满足人类对经济、环境、文化与社会等领域的需求。因此,多元化的土地利用功能已经成为历史发展的趋势。全球土地计划(GLP)(2004)支持的SENSOR项目提出土地利用多功能这一概念,并指出土地利用变化所导致的土地利用功能变化是决定区域可持续发展的重要组成。土地利用多功能研究作为可持续利用研究的基础工作,目前成为学术界关注的热点问题。国内外有关土地利用多功能的研究日益丰富,国外在该方面的相关研究已成为前沿,已经拥有较为成熟的研究框架和方法体系,侧重于内涵与理论研究。国内在土地利用多功能研究方面仍处于起步阶段,主要侧重于实证和应用研究。当前的研究多集中在多功能分析框架、度量模型和评价方法、评价指标体系与步骤、功能变化检测以及功能关联性等方面。国内运用了较多的定性定量研究方法对各个地区的土地利用多功能进行测定和评价,包括综合指数法、改进突变级数法、灰色关联投影模型、全排列多边形综合图示法、模糊综合评价模型、熵权TOPSIS模型等。

土地利用多功能评价是土地多功能利用的基础性工作,也是制定土地利用决策的前提。土地利用多功能评价多力求构建全面的评价指标体系,运用不同的数理分析方法,得出土地利用的功能性指数,并以此来定量地评价土地利用的多功能性。但目前由于对土地利用多功能理解的多元化,其评价指标体系存在差异,尚未形成统一的标准。

(八)土地可持续利用评价

可持续发展的思想由来已久,其理念贯彻全球的各个社会经济领域。可持续发展是指在不危及后代人需要的前提下,寻求满足当代人需要的发展途径。为了保证人类社会的可持续发展,必须通过发展高新技术,合理利用各类资源,将生态保护放在首位。为达成此目标,就必须使资源的配置和利用达到最优化。

土地资源是人类生活生产和发展的条件与基础,在为人类提供丰富资源的同时,经各经济部门合理配置后,还具有调控经济发展的作用。因此,在土地资源紧张的情况下,土地资源是否得到可持续利用,在很大程度上决定了国家是否实现"可持续发展"。在此前提下,伴随着人口迅速增长、土地浪费与退化、生态环境污染等问题日渐突出,全球各国各地区越来越重视土地的可持续利用。20世纪90年代,可持续发展的概念被引入到土地利用领域,可持续土地利用管理的概念得以提出与发展。1990年,首次国际可持续土地利用系统研讨会正式确认了可持续土地利用的思想,此后许多学者开始探讨该领域评价指标体系与理论方法的构建;1993年,联合国粮食及农业组织颁布了《可持续土地利用评价纲要》,高度概括了土地可持续利用评价的基本思想、原则和标准,此后全球各个国家与地区以此为纲领,结合本国国情与制度,开展了一系列具有本国特色的研究。

所谓土地可持续利用,即以达到生态适宜、经济有利和社会公平为目标,实现土地资源存在形式和生态环境的持续稳定以及土地生产力和经济效益的不断增长。土地可持续利用更强调长期性、稳定性,因此以土地的现状特征分析为主、缺乏时空动态分析的传统的土地利用评价已难以满足土地可持续利用管理的要求,兼具时间性、空间性特点的土地可持续利用评价应运而生。通过梳理、比较和思考国内外关于土地可持续利用评价内涵的研究结果,可知土地可持续利用评价是将传统土地评价与景观生态学理论相融合,根据一定评价指标,对在特定利用方式下的土地的自然生产力、生态环境及社会经济效益等进行现状定量评估和未来变化趋势预测,以反映评价对象在较长时期内是否适合于该种土地利用方式的过程。它源于土地适宜性评价,是土地适宜性评价在时间方向的延伸。土地可持续利用评价可以从生态、经济和社会三方面进行,其中生态评价以土地的自然与环境特性为主要评价对象,是整个评价过程的基础。

除了时间性与空间性的特点,土地可持续利用评价还具有系统复杂性、实现方式多元性、区域差异性与实用性等特点。因此,在实际应用中应尽可能针对不同地区构建完整的、具有针对性的定量化评价指标体系,并集成现有的各种方法以提高模型评价的精度。虽然目前国内外学者已提出了许多定量的、成熟的土地可持续利用评价方法,如生态足迹法、景观生态法、灰色模型、神经网络法等,但关于评价指标体系的研究仍处于初级阶段,尚缺少统一、完整、科学的指标体系,有待进一步研究。

六、土地评价的常用方法

近年来,不少新方法开始应用到土地评价中,如数学模型技术、数据库技术、"3S"技术等,这些方法在土地评价中的使用越来越广泛,土地评价的先进性、定量化及动态预测性明显增强,土地评价结果既能表现出土地资源随时间的变异,又能表现出其在空间上的变化。这些新技术、新方法的不断应用也必然会推动土地资源的高效、可持续使用,并为土地资源管理提供更为有效的决策依据。

在土地评价中应用较广泛的数学模型与方法主要涉及数理统计、模糊数学、灰色系统等方面。这些数学方法的应用旨在建立土地质量与相关影响因子之间的数学关系,对土地质量进行分类和评价,用数理统计或其他数学方法选择评价因子、确定权重、划分评价单元、评定等级等可以避免人为主观行为干扰,从而进一步提高土地评价结果的客观性、精确性和可比性,具体数学方法在土地评价过程中的应用分类见表8-1。

表 8-1 数学方法在土地评价中的应用

土地评价过程	土地评价中应用的数学方法
选择土地评价因素	主成分分析、回归分析、层次分析、相关系数计算、灰色关联度分析等
确定各因素权重	层次分析、回归分析、灰色关联度分析、相关系数计算等
土地评价单元划分与分等定级	聚类分析（系统聚类分析、模糊聚类分析、灰色系统聚类分析）、判别分析、物元分析、综合评判模型等

按照评价所使用的分析手段和方法论，将土地评价的常用方法分为指标权重法、机器学习法以及其他系统性方法，具体来说，这三种分类方式分别反映了评价指标的加权重要性、数据的处理方式以及分析过程的整体性。

（一）指标权重法

土地评价中的指标权重法是一种传统的土地评价方法，它通过对土地质量和土地利用特点进行综合分析，计算出不同因素的权重，并将这些权重应用于评估和预测新土地的价值。该方法适用于各种不同类型的土地评估，如城市用地评价、农业用地评价等。这种方法侧重于主观判断、经验总结和专家意见，并且对数据要求相对较低。但是该方法最大的问题在于依赖专家主观判断，容易受到人为因素影响，可能存在主观性和局限性。在实际应用中，需要根据具体情况来灵活应用指标权重法，选择一组适当的评价指标来进行评价。然后，通过对每个指标的重要性进行量化，得到它们在整个评价过程中的相对权重。通常采用主成分分析法、层次分析法、关联度分析法、模糊集合综合评价法等，用专家或相关领域的经验和知识来确定指标的权重。

1. 主成分分析法

主成分分析法（PCA）是一种多元统计分析方法，用于将具有错综复杂关系的变量归结为少数几个综合变量（主成分）。在土地评价中，主成分分析法常用于因子选择与精简，以减少土地资源类型划分或土地资源区划的工作量。主成分分析法的基本思想是通过观察多维空间中变量之间的规律，找到少数几个综合因子来代替原有的众多因子，这些综合因子既能尽量多地反映原有因子的信息，又彼此之间相互独立。通过主成分分析，可以发现能够反映数据内在联系和起主导作用的主成分因子，简化评价模型和工作流程，减少冗余信息，并提高评价的可解释性。

2. 层次分析法

层次分析法（AHP）是一种常用的定量评价方法，在土地信息系统中，经常用于处理土地评价中存在的定性因素和相互影响关系的情况。层次分析法通过将问题层次化和条理化，将相互关联的因素按照其隶属关系分层，并逐层进行比较，从而将定性分析转化为定量计算。构造层次分析模型，首先要分最高层（目标层）、中间层（因素层）和最低层（因子层）。目标层表示要达到的目标,是整个模型的最顶层。因素层表示对目标具有直接影响的重要因素,可以有多个元素。因子层表示对每个因素具有直接影响的若干个因子,该层的元素最多。然后通过构建判断矩阵和计算特征向量,对各个因素之间的相对重要性进行量化评估。最终得到各因素的权重,表示它们对整个评价体系的贡献程度。因此,层次分析法在土地评价中的应用可以帮助评估各个因素的重要性。

3. 关联度分析法

关联度分析法是一种建立在灰色系统理论基础上的土地评价方法。关联度分析法是通过对变量之间的关联程度展开量化分析,进而揭示变化系统的动态发展态势。关联度分析法的基本思想是通过计算变量之间的关联度指标(如关联度、相关度等),来描述它们之间的关系强度和方向,核心内容是计算关联系数和关联度。在土地评价中,评价因素与土地质量的关联性就是衡量土地评价因素的分布与土地质量的地域分布之间的发展态势的相似或相异程度。

4. 模糊集合综合评价法

模糊集合综合评价法是一种常用的模糊数学方法。模糊数学是研究和处理模糊体系规律性的理论和方法,它将普通集合论中只取 0 和 1 两个值的特征函数扩展为在$[0,1]$区间上取值的隶属函数,使得描述不确定性和模糊性更加灵活、准确。在土地评价中,由于土地质量、适宜性等概念具有模糊性和不确定性,模糊集合综合评价法被广泛应用,它通过建立参评因子和每个评价标准之间的隶属函数,对参评因子进行评价。参评因子对每个评价标准的隶属度构成评定结果,表示土地单元对不同等级的隶属度。模糊集合综合评价法考虑了参评因子对不同等级的影响大小,通过权重系数表示。通过将权重矩阵与隶属值矩阵进行复合运算,得到一个综合评价矩阵,表示土地评价单元对每个等级的隶属度,最终得出土地评价结果。模糊集合综合评价法的成功应用关键在于正确规定模糊评判的论域和合理构造模糊评价矩阵。

(二)机器学习方法

土地评价中,机器学习方法可以通过更高效地学习大量的土地数据,完成大规模数据的处理和分析,自动捕捉到隐藏在数据中的模式和关联关系,提高土地价值评估的准确性;还可以处理多个输入变量,综合考虑各种因素对土地价值的影响,如地理位置、土地用途、土地市场价格等。但机器学习法对数据有严重依赖性,数据质量不好或者数据量不足,可能会影响到模型的准确性和稳定性。此外,机器学习方法一般是基于数据驱动的,其结果可能更关注于预测准确性,而对于具体的解释和理解能力相对有限。以下是几种较为成熟和极具代表性的机器学习方法。

1. 随机森林

随机森林(random forest,RF)是一种基于决策树的机器学习算法。RF 通过 bootstrap 重采样技术从原始训练样本集中抽取并生成训练样本子集,然后根据训练样本集生成多个决策树并组成随机森林,其分类或回归模型结果按决策树投票分数而定。传统决策树在选择划分属性时是在当前节点的属性集合(假定有 d 个属性)中选择一个最优属性;而在 RF 中,对基决策树的每个节点,先从该节点的属性集合中随机选择一个包含 k 个属性的子集,然后再从这个子集中选择一个最优属性用于划分。随机森林简单、容易实现、计算开销小,具备一定的抗过拟合能力,不仅能够有效处理高维数据和处理缺失值,还可以评估各个特征的重要性,并进行特征选择。但随机森林模型对于少量数据集或稀疏数据集,可能出现过拟合,且随机森林模型的结果不易解释,不能提供详细的决策路径。目前,随机森林算法在分类和回归问题上表现良好,尤其适用于处理高维度的复杂数据集,或者被用于特征选择、异常检测、数据聚类等任务。在土地评价方面,常常利用随机森林算法建立土地价值预测模型,对土地价值进行预测和评估;进行重要变量识别,详细了解每个变量的重要程度;对土地类型分类,例如农田、城市规划区等;异常检测,分析土地数据中的异常点或者离群点。

2. 支持向量机

支持向量机(support vector machines,SVM)是一种广泛应用于土地评价中的监督学习方法。它通过将样本数据映射到高维空间,并找到一个最优的分类超平面,来进行分类和回归分析。SVM 的原理在于寻找一个最能区分两个不同类别的超平面,使得不同类别之间的距离(即间隔)最大化,并且对数据集有很好的泛化能力。在实现过程中,SVM 需要解决的问题就是如何求取最大化间隔的超平面。通常情况下,通过引入核函数将低维特征空间映射到高维空间,以解决在低维空间中线性不可分问题。SVM 优势体现在可以处理高维空间的数据,在处理小样本数据时具有较好的泛化能力,对噪声数据有较强的稳定性,并且可以通过调整超参数进行不同的分类结果。但 SVM 在处理大数据集时计算复杂度较高,需要选择合适的核函数和正则化参数,对参数选择较为敏感,只适用于二分类问题。在土地评价中,SVM 可以应用于土地分类、土地价格预测、土地利用规划等任务。

3. BP 神经网络模型

BP 神经网络(back propagation neural network)是一种使用误差逆传播算法进行训练的多层前馈神经网络。它是由 Rumelhart 和 McCelland 等科学家在 1986 年提出的,也是目前应用最广泛的神经网络模型之一。

BP 神经网络由输入层、输出层和隐含层(可以是一层或多层)构成,每一层都包含单个或多个神经元。网络的学习过程主要由正向传播和反向传播两个过程组成,通过大量的样本数据进行训练和学习,从而建立起输入与输出之间的映射关系,学习过程的结束条件为达到预设学习次数或者输出误差在规定范围内。在正向传播过程中,输入层的神经元将输入信息传递给中间层的神经元,中间层进行信息的变换和内部处理,最后由输出层输出处理后的信息。如果实际输出与期望输出不符,就会进行误差的反向传播,通过输出层、隐含层逐层将误差反向传递到输入层。通过正向传播和反向传播的重复迭代,网络调整权重和偏置,以最小化输出误差。BP 神经网络,在土地评价中的应用可以减弱影响因子权重确定的主观性,提供相对客观的评价结果,为土地资源的可持续利用提供科学依据。除了 BP 神经网络,还有其他神经网络算法也可用于土地评价,如 RBF 神经网络、Hopfield 神经网络等。

4. 聚类分析法

在土地评价中,每个土地评价单元在先期评价分析中都有定量的评价分值,可能是一维的数值,也可能是多维的结果向量,通常评价的结果非常离散,而土地评价常常要求根据各评价单元评价结果数值或结果向量分成几种类别和档次,所以经常需要使用聚类分析来划分土地评价的等级。聚类分析基本思想是根据样本间的相似性度量,将相似的样本归为一类,通过迭代合并最相似的类别,逐渐减少类别的数量,直到达到停止条件。聚类分析的方式多种多样,每种方式都基于不同的算法和相似度度量方法。其中,Q 模式系统聚类分析方法适用于将样本点进行聚类,通过计算样本间的相似性度量,以建立层次化的聚类结构,该方法在土地评价中应用较多以土地评价单元作为研究对象。

(三)其他系统性方法

系统性方法是综合考虑土地评价中的各种因素和要素,建立一个完整的评价体系,并采用系统分析和综合评判的方法进行土地评价。这种方法通常涉及多学科的综合知识和专业技术,能够更全面地考虑土地的各个方面。它的优势在于综合性强、能够充分发挥各种指标和因素的作用,结果较为客观;但是需要较多的数据和专业知识来支撑,且建立和维护评价体系的成本高。以下是常见的且极具代表性的系统性方法。

1. 生态足迹法

生态足迹法是一种用于衡量人类活动对生态系统的影响和资源消耗,定量测量可持续发展程度的评价方法。该方法的基本思想是将人类社会的资源消耗和废物产生转化为生态生产性土地的面积。生态生产性土地是指具备生态生产能力的土地或水体,它提供了一种统一的度量基础,用于评估各种自然资本的使用情况。

生态足迹理论的建立依赖于两个重要前提。首先,人类社会的资源消耗和废物产生必须得到记录。其次,这些资源消耗和废物产生可以转化为生态生产性面积,这些面积用于提供资源和接纳废物。因此,生态足迹理论通过将这些资源和废物转化为土地面积进行量化,以研究区域的生态足迹与生态承载力之间的关系,探讨人类与生态环境之间的和谐与矛盾。生态足迹理论的意义在于揭示当地土地生态资源的供需平衡情况,为研究区域的可持续发展提供了定量的判断依据和决策思考。生态足迹的评估可以帮助人们了解资源利用的可持续性,引导合理的发展方向,从而实现人与环境的协调发展。

2. 系统动力学法

系统动力学是由美国学者 Jay W. Forrester 于 1956 年建立的一种分析和模拟复杂系统行为的方法。它基于系统论、控制论和信息反馈论,并利用计算机仿真技术,研究复杂系统内部变化和反馈原理、结构和机制,以实现定量分析(详情见第八章第二节)。系统动力学通过构建系统动力学模型,对复杂系统中各元素随时间变化的趋势和机理进行模拟,从而评估整个系统的发展方向和程度,并提供优化系统的相关建议。

系统动力学模型在处理高阶次、非线性、多要素、多重反馈问题上具有方法优势。模拟系统变化的过程是通过一组具有时滞的微分方程实现的,这是系统动力学思想的基础。系统动力学已经形成了成熟的方法论和技术体系,在管理科学及其他学科的交叉研究中得到广泛应用。在土地可持续利用评价中,系统动力学可以用于建立模型,分析和模拟土地利用变化的趋势,评估不同决策对土地可持续利用的影响,并提供决策支持和优化方案。

3. 景观生态学法

景观生态学是一门重视空间异质性、尺度性和综合性的学科,它从整体综合的视角研究景观的结构、功能、演变规律以及与人类社会的相互作用,与土地和土地利用研究密切相关。景观生态学的理论框架可以很好地解释土地可持续利用的内涵,在实施可持续土地利用方面扮演重要角色。

一般说来,景观生态学的基本理论至少包含以下方面:①景观结构与功能理论:景观的结构是指由斑块、廊道和基底等组成要素的时空配置形成的镶嵌格局;景观的功能则是指不同景观单元之间的相互作用,包括能量流动、物质循环和物种变化等综合调控过程。②生态整体性与空间异质性理论:景观作为一个整体具有功能上的整体性和连续性,不是组成要素的简单集合,而是具有各组成要素所没有的综合特性;空间异质性指的是景观结构在空间分布上的复杂性。③等级尺度理论:等级理论的作用是简化复杂的系统,以便更好地理解和预测系统的结构、功能和行为,景观的特性取决于其所属的等级,不同等级具有不同的性质。在景观生态学中,尺度也是一个重要概念,可以表示研究面积或时间间隔的大小。小尺度表示较小研究面积或短时间间隔,具有较高分辨率;大尺度表示较大研究面积或长时间间隔,具有较低分辨率。在不同尺度下,同质性的景观可能会转变为异质性景观。

第二节　土地利用模拟模型

一、土地利用模拟的目标

土地利用格局反映区域内土地利用现状、土地资源的特点和优劣并影响着区域生态环境,是诊断区域土地利用合理与否的重要依据。不合理的土地利用格局会造成生态环境、土地资源和社会经济等多方面的问题。土地利用模拟的重要目标是对土地利用格局的动态变化进行模拟和预测,以了解土地利用变化的驱动机制并评估其影响,为土地管理和规划提供科学依据。

具体而言,土地利用模拟的目标如下。

(1)理解土地利用变化的驱动机制:通过解析土地利用变化过程,深入分析影响土地利用变化的驱动因素,包括人口增长、经济发展、政策导向、技术进步等。揭示这些因素对土地利用格局的影响程度和相互作用关系,有助于理解土地利用变化的动态过程。

(2)评估土地利用政策和决策效果:通过模拟不同的土地利用政策和决策方案,评估其对土地利用格局的影响。情景模拟可以比较不同政策的结果,帮助决策者制定更科学和可持续的土地利用政策,优化土地资源配置,实现经济、社会和环境的协调发展。

(3)预测土地利用变化的趋势和影响:通过科学的模拟预测技术,可以掌握未来土地利用的变化趋势,并评估其对生态环境和社会经济的影响。这有助于预警潜在的问题和风险,为决策制定提供参考,支持可持续土地利用和区域发展。

(4)提供决策支持和规划指导:土地利用模拟可以为决策者和规划者提供科学依据和决策支持。通过模拟不同土地利用方案的结果,评估其可行性和可持续性,帮助制定合理的土地利用规划,实现生态保护、资源优化和社会发展的目标。

此外,由于土地利用系统的复杂性和空间异质性,在土地利用决策中,自然环境要素、社会经济因素以及决策主体的目标和态度会相互作用,产生多样化的土地利用结果和变化过程。土地利用变化具有非线性、相对不稳定性和不规则性特征,而传统的土地信息学和地理学方法可能无法很好地解决土地利用变化的时空动态问题。为了更准确地模拟土地利用变化,全球土地项目(Global Land Project,GLP)建议采用变化的边界条件,而不是仅仅依赖于固定的假设。这意味着需要考虑不同的决策条件和变化驱动要素,强调实际的决策主体行为和土地利用决策过程,并将空间途径和社会途径相结合,以实现对土地利用变化的逼真再现,模拟土地利用变化时需要引入更灵活的模型和方法。

二、土地利用模拟的主要内容

土地利用模拟是对具有时空动态变化特征的地理复杂现象及其演化过程进行模拟的方法,可以用于研究各种与土地相关的复杂地理现象。研究内容包括但不限于:①城市系统演变、土地利用变化。研究城市化过程中土地利用的变化规律和城市系统的演化过程。②城市和土地利用规划。模拟城市和土地利用规划的效果和影响,辅助城市规划决策。③人口迁移、居民点变化。分析人口迁移对土地利用的影响,模拟居民点的变化和布局。④交通控制、紧急事件的疏散,犯罪与公共安全。研究交通对土地利用的影响,模拟紧急情况下的人员疏散和公共安全布局。⑤沙漠化、水土流失。模拟沙漠化和水土流失的过程和影响,评估防治措施的效果。⑥环境管理、生态安全。研究土地利用对环境和生态系统的影响,辅助环境管理和生态保护决策。⑦资源的可持续利用。模拟资源利用的变化和可持续利用策略。⑧公共设施动态选址。研究公共设施选址的变化和优化,提高公共服务效率。

土地利用模拟需要综合考虑自然环境要素和土地利用主体决策过程,并实现土地自然生态系统与社会经济系统的耦合研究。关键的科学问题包括:①自然环境要素对土地利用主体决策的影响。如何综合考虑自然环境条件对土地利用主体决策的影响和行为的适应性。②不同土地利用主体相互作用。如何分析不同土地利用主体之间的相互作用对土地利用变化的影响,以及不同空间尺度下的土地利用主体决策相互影响的过程。③区域土地利用变化动态研究模型。基于上述研究内容,如何构建综合模型,包括规则制定、定性和定量表达、模型构建、模型检验等,要考虑到自然环境因素对不同土地利用主体及其相互作用以及土地利用主体对自然生态要素的影响,以实现对土地利用变化的模拟和预测。

通过土地利用模型的分析和模拟,可以深入理解土地利用系统中的社会经济和自然生态系统之间的相互作用,揭示土地利用变化的速度、方向和空间格局,并评估不同情景下的土地利用方案。就目前而言,土地利用模型的研究主要集中在土地利用数量的预测和土地利用/覆盖未来的空间格局的模拟上。

三、土地利用模拟的一般流程

当前土地利用变化模拟已发展出四种研究范式,包括实证主义范式、科学人文主义范式、结构功能主义范式以及复杂性范式,这些范式从不同的角度出发,对土地利用变化进行研究,并在主体论、认识论和方法论上不断修正和发展。

(1)实证主义范式强调通过实证方法和数学模型来研究土地利用变化,注重客观性和精确性,通过量化分析和预测揭示变量之间的关系和研究假设的验证。

(2)科学人文主义范式认为在追求科学化的过程中应该关注土地利用变化现象的复杂性和多变量之间的关系,注重人文关怀和对人类主观能动性的理解,倡导方法与对象的统一,将科学研究的结论放在宏观的社会环境和文化历史中进行理解和解释,将质与量的分析相结合。

(3)结构功能主义范式从系统的角度出发,关注研究土地类型和揭示区域资源与环境的结构和功能。该范式赋予土地功能概念核心位置,认为土地功能体现土地结构,又以土地结构为基础,强调土地功能与土地结构的相互关系,以及土地系统的多功能性。

(4)复杂性范式则认为土地系统是复杂的动力系统,具有整体性、开放性和尺度性。该范式强调整体方法(仿真)和自下而上的整体路径,注重多尺度和跨学科的研究,提倡利用复杂性理论来解释土地利用变化的复杂性,并且关注非传统科学方法在复杂适应系统研究中的作用,如隐喻、类比等。

目前,土地利用变化模拟研究主要以实证主义范式为主,但逐渐向复杂性范式过渡。复杂性范式引入复杂性科学的理论和方法,探索土地利用变化的内在特征和驱动因素的作用,同时强调整体方法和综合研究的重要性,以更好地理解和模拟土地利用变化的复杂性。图8-3是基于众多土地利用变化研究,梳理得到的当前研究基本范式。

Magliocca等在建立基于过程的土地变化模型时,使用整合分析建立了能广泛应用的模型的一般性建模循环,将建模过程分为四个阶段,即问题识别阶段、概念模型阶段、计算机模型阶段、模型应用阶段,并认为建模的关键过程在于不同阶段的迭代。

(1)问题识别阶段:在这个阶段,研究者需要识别和明确研究问题,选择适当的变量和需要刻画的过程,并确定系统的边界。这个阶段涉及问题的定义、数据收集和问题的概念化。

(2)概念模型阶段:在问题识别的基础上,建立概念模型。概念模型通常用概念框图表达模型的结构和各组分之间的关系。概念模型可以帮助研究者推敲模型的架构,并验证其逻辑的正确性。在这个阶段,模型的整体结构和基本原理被定义和描述。

(3)计算机模型阶段:在概念模型的基础上,通过编程手段转化为计算机代码,并进行模型的实现。这个阶段涉及将概念模型转化为可计算的形式,通常使用计算机编程语言来编写模型代码,并进行代码的验证和测试。

(4)模型应用阶段:在此阶段,将建立好的模型通过参数化过程,应用于具体案例或实际问题中。模型应用可以包括对特定情景或政策干预的模拟和预测,以及对不同决策方案的评估和比较。

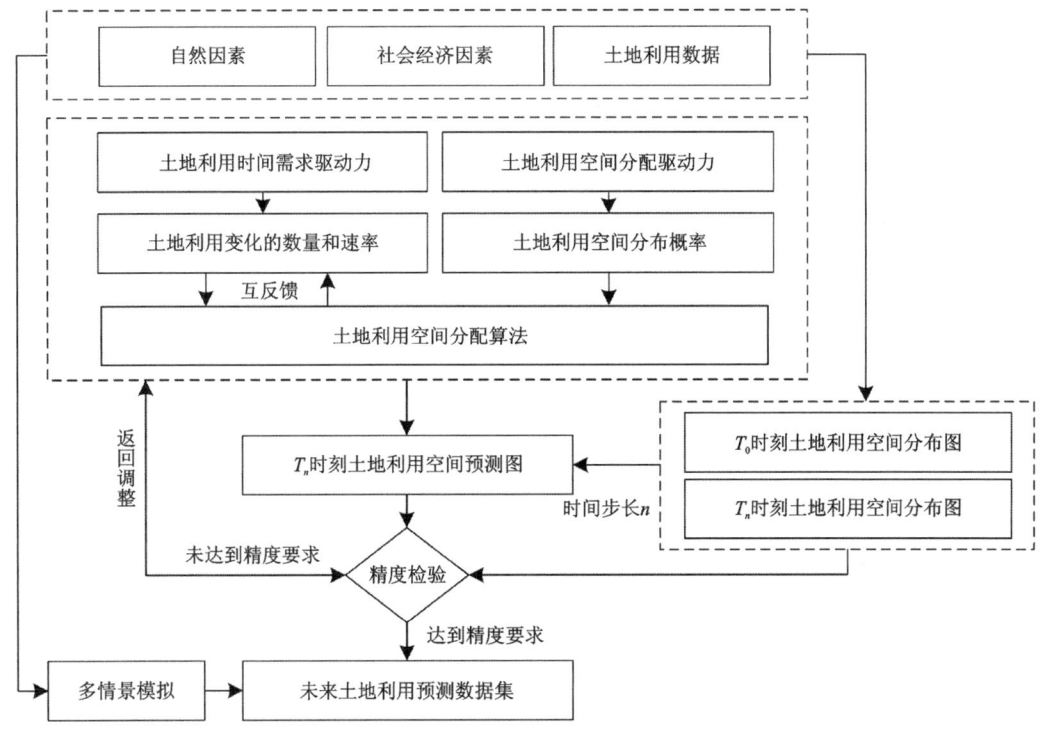

图 8-3 土地利用模拟预测范式图

这个一般性建模循环强调了模型建立的系统性和循环性,研究者可以根据问题识别的结果逐步完善概念模型和计算机模型,不断优化和调整模型的结构和参数,以实现对土地变化的准确建模和模拟,这四个阶段构成了循环往复的闭合环状结构,如图 8-4 所示。

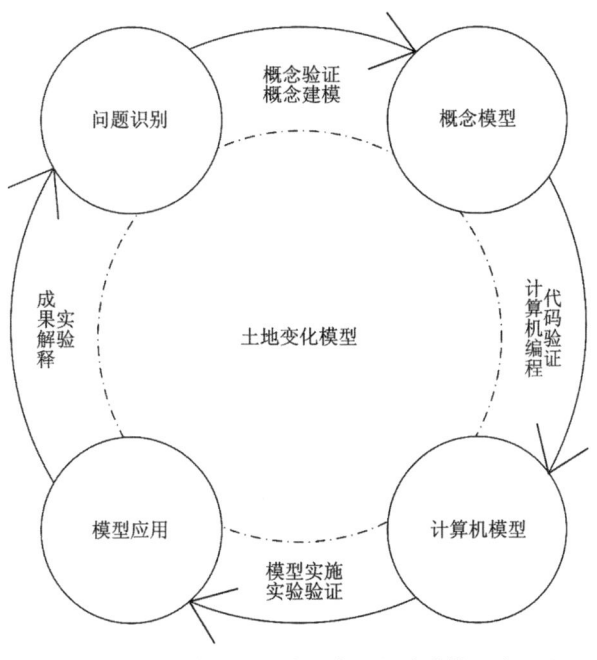

图 8-4 土地变化模型开发步骤序列相关建模和验证过程

模型评价是建立基于过程的土地变化模型的重要环节，它可以通过敏感性分析、验证和不确定性分析等方法进行。

敏感性分析用于评估模型输出对于输入参数的敏感程度。通过改变输入参数的值，观察模型输出的变化情况，可以确定哪些参数对模型结果具有较大影响，从而帮助理解模型的行为和确定关键参数。验证是将模型输出于实际观测数据进行比较，以评估模型的准确性和可靠性。验证常用的方法包括对比模型输出和可测量变量的对比，以及对比模型和被模拟系统的组分结构和过程。不确定性分析用于评估模型结果的不确定程度，可以通过参数不确定性分析、输入数据不确定性分析和模型结构不确定性分析等方法来进行。不确定性分析可以提供模型结果的置信区间或概率分布，帮助研究者理解模型的可靠性和结果的可信程度。

在评价验证结果时，需要考虑模型被设计用来代表多少细节。有些模型是针对特定情况设计的，如某个特定城市的微观发展历史，这种模型的验证侧重于实际观测数据的拟合程度。而另一些模型的目标是解释在多种情况下普遍观测到的一般性格局，这种模型的验证侧重于模拟出一般性规律，并与不同案例的观测数据进行比较。综合考虑模型的敏感性分析、验证和不确定性分析等评价方法，可以增强对基于过程的土地变化模型的理解和信任，进而提高模型在实践应用中的可靠性和适用性。

四、土地利用模拟的模型与方法

（一）数量预测模型

数量预测模型可以预测未来土地利用/覆盖的数量变化，但是难以预测土地利用/覆盖的空间分布变化，数量预测的常见方法主要有以下五种。

1. 趋势分析与回归分析

趋势分析和回归分析都是常用的土地数量预测方法，它们在建立模型与预测未来数据方面有一些区别和特点。

趋势分析主要利用历史数据拟合土地数量的曲线，并根据该曲线的变化趋势预测未来数据。常见的趋势分析方法包括线性趋势模型、幂函数趋势模型、指数趋势模型和 logistics 模型等。趋势分析的优势在于数据处理相对简单方便，并且可以通过历史数据较方便地对未来数据进行外推；然而，缺点在于其拟合的曲线不考虑数据的随机误差，可能导致较大的预测误差。

回归分析考虑到土地发展的复杂性，通过确定影响土地发展的关键因素，建立土地数量与影响因子之间的函数关系，以模拟和预测土地的未来数量。回归分析需要选择适当的影响因子，并确定因变量和自变量之间的相关性。预测的主要步骤包括选择合适的因子、确定回归模型的形式、估计回归模型的参数、对模型进行检验，最后利用模型预测土地数量。回归分析的优势在于能够考虑多个影响因子，并建立它们与土地数量之间的关系，从而提供更细致和准确的预测结果。然而，回归分析的准确性也受到土地数据和所选影响因子准确程度的影响，因此在模型建立过程中需要慎重选择相关因子。

2. 灰色预测模型(gray model,GM)

灰色系统理论是华中科技大学邓聚龙教授首先提出的,研究如何运用已知信息去揭示未来信息,它将抽象因素或现象进行量化,通过对数据的处理,找出事物变化的潜在规律,对未来作出定量预测和决策。

灰色系统理论的建模过程主要基于弱化原始数据的随机性,并以灰色模型为基础。它使用微分拟合法将时间序列直接转化为微分方程,以建立发展变化模型。灰色系统将所有随机变量视为灰色变量,将随机过程视为灰色过程,因此仅需要利用少量的"近代"数据就可以进行预测。这种方法对于规律性不明显且受多个因素影响的数列具有优势。灰色系统预测模型的建立依靠根据时序数据累加的生成模块,通过滤除原始序列中可能存在的随机变量,从上下波动的时间序列中寻找潜在的规律性,得到规律性较强而随机性较弱的新数列,从而挖掘出原始序列的内在特征。

GM 模型的预测精度主要取决于原始数列的光滑性,因而一些学者在研究过程中采用了幂函数、对数函数和指数函数等不同的函数对原始数列进行预处理。

3. 马尔可夫模型(Markov)

马尔可夫模型是基于 Markov 过程理论的一种模型方法,常用于分析和预测土地利用数量的变化。它具有以下特点:①无空间属性。马尔可夫模型主要关注土地利用数量的变化,而不考虑具体的空间位置信息。它将土地利用类型看作状态,通过分析不同状态之间的转移情况来描述土地利用变化的规律。②无后效性。该模型假设系统的未来状态只与当前状态有关,而与过去的状态无关。这意味着在模型中,过去的土地利用情况对当前和未来的土地利用转移没有直接影响,只有当前状态对未来状态的转移起作用。③稳定性。这意味着随着时间的增加,土地利用数量的变化趋势会趋于稳定,转移矩阵中的转移概率将保持相对不变。

马尔可夫模型的主要应用于通过土地利用转移矩阵分析不同土地利用类型之间的数量转移情况。转移矩阵反映了不同土地利用类型之间的转移概率,可以用于量化不同类型之间的转换状态,并结合时间序列揭示转移率的变化趋势。马尔可夫模型被广泛应用于地理研究中,现已成为预测未来土地利用数量变化的一种重要模型方法,其表达式如下:

$$S(t+1) = P_{ij} \times S(t) \tag{8-1}$$

式中:$S(t+1)$ 和 $S(t)$ 是 t 或 $t+1$ 的系统状态;P_{ij} 是转移概率矩阵,计算方法如式(8-2)所示。

$$P_{ij} = \begin{bmatrix} p_{11} & \cdots & P_{1n} \\ \vdots & & \vdots \\ P_{n1} & \cdots & P_{nn} \end{bmatrix} \tag{8-2}$$

式中:$0 \leqslant P_{ij} < 1 (\sum_{j=1}^{n} P_{ij} = 1)$;$i,j = 1,2,3,\cdots,n$($n$ 为土地利用类型数量)。

4. 系统动力学(system dynamics,SD)

系统动力学是一种基于因果关系的模型方法,用于分析宏观尺度的土地利用系统的结构、功能和行为之间的相互作用,并预测系统在不同情景下的变化趋势。

SD 模型系统运行流程,主要包括七部分,如图 8-5 所示。①提出问题:通过仿真系统分析,明确研究问题,确定模型建立的目的;②确定系统边界:根据研究目标,设定系统的时间边界和空间边界,明确系统研究的范围和大小;③建立系统因果关系图:分析系统中的各个要素以及它们之间的因果关系,形成因果关系图,揭示系统的结构和关键要素;④模型参数选择及反馈关系分析:根据系统因果关系图,分析各个要素之间的反馈关系,并确定模型参数值和初始值等;⑤建立系统流图:使用系统动力学模型的相关参数,建立系统流图,清晰地表示模型目标和各个要素之间的相互关系;⑥模型检验:通过调整参数,运行模型,验证模型的参数选择是否合理,通过多次试验参数和结构的变化,在理解结构与系统行为模式之间的关系基础上,实现土地利用数量结构优化的效果;⑦结果分析:将建立的系统动力学模型应用于实证研究,通过改变测试模型的参数进行模拟分析,实现优化目标,并对结果进行分析和解释。

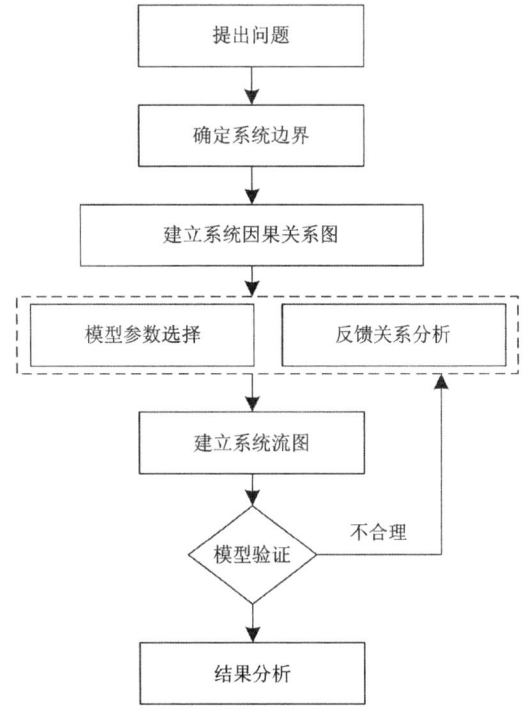

图 8-5 SD 模型模拟过程图

因果关系反馈图以及系统流图是系统模拟的关键步骤。对于 SD 模型,常用的仿真平台包括 Dynamo、Stella、Powersim 和 Vensim 等,它们可以用于建立系统的因果关系反馈图和流图,实现系统的仿真模拟。在模型检验和仿真实现过程中,涉及参数优化、结构优化和边界优化等步骤。①参数优化:通过修改对系统结构影响较大的敏感参数,即对参数进行调整、校准或优化,使模型的输出与实际观测或理论预期相匹配,以达到优化系统结构的目的;②结构优化:通过调整系统的结构,例如添加或删除某些关键要素或关系,控制合适的水平变量和速率变量,优化系统的性能和行为;③边界优化:通过改变系统的边界和边界条件,例如调整系统边界的范围、大小或形式,以适应不同的情景或目标,引起系统结构的变化,从而实现系统的优化目标。

5. 机器学习(machine learning)

机器学习算法在土地利用/覆盖变化研究中也得到了广泛应用。与传统的统计分析方法相比,机器学习算法通过迭代的方式构建驱动因子与变化现象之间的依赖关系,而不是依赖于严格的数学公式。常见的机器学习算法包括人工神经网络(artificial neural networks, ANN)、遗传算法和蚁群算法等。然而,这些算法也存在一些限制。例如:对输入数据的质量要求较高,需要大量的标记数据进行训练;空间拓展性方面可能存在一定的局限性;存在过拟合的风险。因此,在应用机器学习算法时,需要谨慎处理数据和选择适当的算法,并进行模型的验证和评估。

本书将简单介绍机器学习中的人工神经网络:人工神经网络是一种基于现代神经科学研究的模拟人脑思维方式的复杂网络系统。它是一个以有向图为拓扑结构的人工建立的动态系统,通过响应连续或离散的输入状态来进行信息处理。与传统的数学方法相比,神经网络可以实现非线性映射,从而更好地捕捉变量之间的复杂关系。神经网络由许多节点(或神经元)组成,每个节点代表一个特定的输出函数,称为激活函数。节点之间的连接表示连接信号的加权值,称为权值,它类似于人工神经网络的存储器。网络的输出由网络的连接方式、权重值和激活函数决定。神经网络本质上是对某种算法或函数的近似,或者它可以表示逻辑策略。在(land use-cover change,土地利用/覆盖变化)LUCC研究中,常见的ANN模型包括感知器、多层感知器(BP网络)、径向基函数网络、自组织特征映射网络和Hopfield网络等。这些模型通过训练和优化过程来学习输入数据中的模式和关联,并用于预测未来的土地利用/覆盖变化或分析驱动因素之间的关系。

(二) 空间格局预测模型

1. 元胞自动机(cellular automata,CA)

元胞自动机是一种离散化的动力学模型,用于模拟复杂系统的时空演化过程。它具有离散的时间、空间、状态,以及局部的空间相互作用和时间因果关系。元胞自动机能够模拟系统中个体(元胞)的状态随时间的变化,从而揭示地理过程和模拟土地利用变化。在元胞自动机中,"元胞"是基本的构成单元,其状态取值来自于一个有限的集合。元胞按照规则排列在元胞空间中,这个空间通常是二维正方形格网,与栅格数据在形态和结构上相似,这使其在揭示地理过程和模拟土地利用变化方面具有理论和技术的可行性。

每个元胞的状态随时间按照既定的局部规则进行更新,更新规则取决于该元胞的上一时刻状态及其特定邻域内的相邻元胞的状态。整个元胞空间则表现为在离散时间维度上的变化。

一个标准的元胞自动机由元胞空间和定义在该空间上的转换函数组成。元胞自动机的基本组成包括元胞及其状态、元胞空间、邻域、转换规则和离散时间。通过设定合适的转换规则,元胞自动机可以模拟和研究诸如土地利用变化等各种复杂系统的时空演化过程。

一个元胞自动机可由以下五元组模型来描述,如式(8-3)所示:
$$CA = (S, L, N, R, T) \tag{8-3}$$
式中:S 是元胞及其状态,代表相互离散的元胞与取自一个有限集合,在单独时间点上唯一的元胞状态;L 是元胞自动机的元胞分布在的空间网点的集合,即元胞空间;N 是元胞的空间邻居,元胞周围邻居通常是通过规定一定形状确定的元胞集合;R 是元胞的演化规则;T 是离散演化时间。

1)元胞及状态(cell & cell states)

在元胞自动机中,概念"元胞"源自生命科学领域,它可以被视为元胞自动机的最基本组成部分,是构成元胞空间的基本单位。元胞可以在一维、二维甚至多维的空间欧几里得的格点上进行分布。从地理科学的角度来看,元胞的定义有不同的涵义。一方面,元胞可以表示具有特定含义的实体,如交通流中的汽车或街道上的行人;另一方面,元胞也可以是对连续地理现象进行离散化划分的抽象单元,因此可以认为每个元胞占据一定的空间范围。

在简单的标准元胞自动机模型中,元胞通常具有二元状态,可以表示为(0,1)的二进制形式,或者是离散集合中的整数形式。在复杂模型中,人们常常对标准状态定义进行扩展。一些学者认为元胞的状态变量是连续的,提出了"连续型元胞自动机"模型。在这些模型中,元胞具有多个属性或特征,而每个属性又具有多个状态。元胞的状态既可以用于描述土地利用/土地覆盖,也可以用于描述模拟空间动态变化的空间分布变量。例如,元胞的状态可以用来表示人口数量,通过转换规则将人口加到元胞中,从而使每个元胞表示不断变化的人口数量。由于每个元胞的大小是统一的,因此元胞的值实际上表示了人口密度。元胞的状态也可以使用向量来表示各种属性。

2)元胞空间(lattice)

元胞空间是元胞分布的空间网格集合。在元胞自动机中,元胞空间的几何划分被认为是欧几里得空间任意维度的规则划分。目前,大多数研究都集中在二维以下的元胞自动机上。对于最广泛应用的一维元胞空间,元胞空间的划分方式只有一种,即所有的元胞都位于一条线上。而对于二维及以上的高维元胞自动机,元胞空间的划分方式根据不同的元胞特性有所不同。根据欧拉公式,常见的二维元胞自动机的元胞空间通常按照三角形、四边形或六边形的格网排列。

尽管元胞空间理论上可以在各个维度方向上无限延伸,然而,在实际应用中,由于计算机技术的限制,无法实现这种理想条件,因此需要定义一定的边界条件。常见的边界条件类型包括周期性边界(周期型)、反射边界(反射型)和固定值边界(定值型)等。周期性边界条件意味着元胞空间在边界处是连续连接的,可以形成环绕效果。反射边界条件意味着元胞空间在边界处会反射元胞的状态,类似于镜像效应。固定值边界条件意味着在边界处的元胞状态保持不变。

3)邻域(neighborhood)

元胞自动机的邻域是指在元胞空间中,以某种形状划定的周围元胞的集合。邻域定义了一个元胞所关联的其他元胞,其定义如下:
$$U(x) = \{x + y, y \in U(0)\} \tag{8-4}$$

式中：$U(0)$ 是元胞 x 的邻近空间（不包括元胞 x 本身）。

在元胞自动机中，规则的定义通常是基于元胞的局部邻域结构。邻域结构决定了哪些元胞被视为一个元胞的邻居，进而影响了元胞在下一个时刻的状态更新。在一维元胞自动机中，常用的邻域结构是基于一个半径 R 来确定。元胞的邻域包括其自身以及在距离该元胞不超过 R 的范围内的其他元胞。而对于二维元胞自动机，邻域结构可以有多种定义方式，如冯·诺依曼型邻域、摩尔型邻域和圆形邻域等。

4）转换规则（rule）

转换规则是元胞自动机模拟复杂系统行为的关键，它基于元胞的当前状态以及邻居元胞的状态来确定元胞的下一个状态，即定义了元胞的状态转换方式，决定系统的演化轨迹和全局行为。不同的转换规则会导致不同的模拟结果，甚至可以展现出自组织、相变、周期、混沌等复杂现象。转换规则可以是一个简单的函数或逻辑表达式，也可以是复杂的条件语句或模式匹配，可以根据需要进行设计，以捕捉所研究系统的特定行为。

转换规则构成了元胞自动机的状态转移函数，用于计算下一个时刻元胞的状态。这个函数可以是简单的局部规则，也可以是复杂的组合规则，它决定了元胞自动机系统在离散的空间/时间范围内的局部物理变化。状态转移函数可以记为

$$S_i^{t+1} = f(S_i^t, S_N^t) \tag{8-5}$$

式中：S_N^t 为 t 时刻的元胞空间邻域的状态组合。

CA 模型用于土地利用模拟研究时，缺乏转化规则构建的标准规范是一个难题。转化规则的不同规范导致模型误差传播存在很大的不确定性。

目前对转化规则的探索可以大致分为两类方法：①统计分析方法。通过对历史数据进行分析和建模，获得一些规则参数或权重，用于指导模拟过程，以这种方法获取转化规则的统计分析方法包括预定义参数矩阵、逻辑回归、证据权重和多准则评价方法等。然而，这种方法的局限性在于对复杂现象的解释能力有限。②机器学习算法。通过学习历史数据中的模式和关联性自动获取规则和参数，这种获取转换规则的方法涵盖从人工神经网络到启发式算法，如遗传算法、蚁群算法、模拟退火算法等。然而，这些方法通常缺乏对因果关系的解释能力，即难以解释模型输出结果与输入因素之间的关系。因此，如何改进和校准 CA 模型的规则和参数来增强 CA 模型对真实复杂现象的描述和解释能力、提高模拟结果的准确性和可解释性一直是土地利用模拟研究中的一个重要方向。

5）时间（time）

元胞自动机作为系统动态模拟研究的方法模型，在时间维上的变化是离散的。时间 t 是一个整数值而且可能是等间距的，假设时间间距 $d_t=1$ 并且 $t=0$ 为初始时刻，则 $t=1$ 为下一时刻。根据上述规则（转换函数）的定义，一个元胞在 $t+1$ 时刻的状态取决于 t 时刻的该元胞及其邻域元胞的状态。

近年来，越来越多的研究者致力于将元胞自动机模型与其他模型相结合，利用其他模型的优势来弥补元胞自动机模型在描述复杂现象和因果关系方面的不足，从而提高模拟结果的准确性和可解释性，这为土地利用的时空格局模拟开辟了新的研究方向。其中，以马尔可夫（Markov）、人工神经网络（ANN）、多智能体系统（MAS）等模型与元胞自动机的结合较为常见。

2. 多智能体系统(multi-agent system, MAS)

多智能体系统是由多个相互作用的agent(代理人)组成的系统,每个agent具备一定的功能和自主能力,可以进行决策和行动。在解决复杂问题时,单个agent往往无法胜任,因此需要多个agent之间的相互协作来达到整体目标。

agent可以代表各种实体,包括人类、机构或环境等,在不同的学科背景中有不同的定义和术语。多智能体模型在各个学科领域得到广泛应用,其中,由于agent具有自治性(能够自主地作出决策和行动)、社会性(与其他agent相互作用和通信)、适应性(能够根据环境变化做出调整)、智能性(具备一定的智能和学习能力)等特征,能够模拟人类行为,这使得多智能体模型在社会学领域中极具意义,可以用来研究人类社会系统的行为和决策过程。在土地利用/覆被变化研究中,多智能体模型常用于模拟和分析不同决策者之间的相互作用和影响。agent可以代表政府、居民、农户、农民、土地开发商等与土地利用相关的决策者,通过模拟这些决策者的决策行为,可以研究土地利用变化的动态过程和影响因素。

多智能体系统适用于求解动态、不可预测的环境中的问题,因为多智能体系统中个体agent的局部决策和行动可以相互影响,并通过相互作用和协作来实现整体目标,这种集体智能的表现使得多智能体系统在决策、规划、合作、对抗和学习等领域都显示出了优势。多智能体系统采用自下而上的建模思想,即通过对个体结构和功能的局部细节建模,以及局部和全局之间的循环反馈和校正,研究局部细节的变化如何产生复杂的全局行为。多智能体系统中个体与整体的关系如图8-6所示。

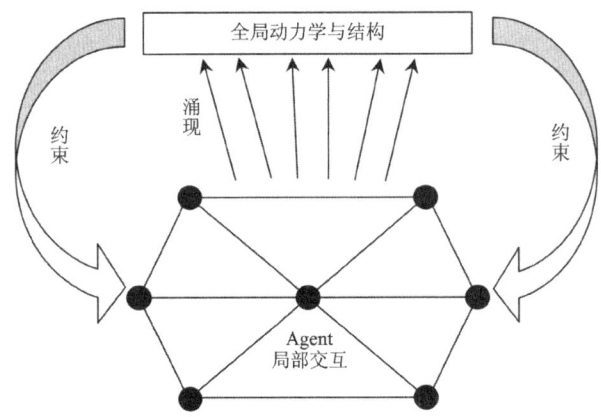

图8-6 多智能体系统中个体与整体的关系

在将多智能体系统引入土地利用模拟中,与传统的多智能体模型就有了明显的区别,多智能体将具有空间属性和空间位置,且这些空间位置通常是变化的。CA模型虽然也是采用自下而上的建模思想,但其建模侧重自然环境要素,无法考虑复杂的空间决策行为和人文因素,即无法处理复杂的人地关系,有很大的局限性。由于在土地利用模拟中,探究人地关系动态演变极其重要,因此需要将元胞自动机与多智能体系统相结合,赋予多智能体社会经济和行为等属性,以反映影响土地利用格局演变的人文因素。这样的结合能够使模型更加全面地考虑空间决策行为,能够更准确地描述和解释土地利用格局的演变过程。

此外,可以通过利用地理信息系统生成虚拟的地理环境和模拟多智能体之间的合作行为,深入了解多智能体系统的行为特征、优化策略和决策过程,并对它们在真实环境中的应用进行预测和评估,有效优化多智能体系统性能。不同类型的多智能体之间相互影响、交流信息、合作和竞争,以达到共同的理解,并采取行动来影响它们所处的环境。地理信息系统可以提供虚拟的地理环境,为多智能体系统提供一个仿真平台,用于模拟和研究多智能体之间的合作行为产生的效果,通过调整不同的策略和参数,帮助研究人员找到最佳的模拟效果,优化多智能体系统的设计和决策。在多智能体系统中,多智能体通过与其他个体的互动和环境的反馈来不断调整和改变自身的结构和行为;另外个体之间的相互作用和合作不仅仅是静态的,它们会在相互作用的过程中不断学习和积累经验,这样的学习和经验积累过程使得微观个体的决策行为逐步形成复杂的宏观空间格局。

3. 其他常用模型

元胞自动机和多智能体模型是土地利用格局和演化模拟的主流方法,为LUCC研究提供了重要的工具,所以早期我国大多数土地利用预测和模拟的研究基本都基于元胞自动机、多智能体模型或者其他引进模型,模型原创性方面还很不足。但是近年来随着GeoSOS、FLUS、PLUS等模型的出现,模型原创性方面得到很大改善。为避免缺乏逻辑定性思维、出现滥用数学统计方法的倾向,许多学者深入分析和总结了模型方法的优缺点和适用范围,如表8-2所示。

表8-2 常用土地利用变化模型的差异

模型	特征	主要优势	主要限制
元胞自动机	通过局部简单的规则改变元胞状态,从而产生宏观的土地利用变化结果	易与其他模型集成提高模拟能力;强大的空间运算能力;易与GIS环境和遥感数据结合;较好地表邻域作用	转换规则需要依靠经验统计或专家知识;不容易将社会经济因素纳入整个模拟过程
多智能体	模拟异构主体的决策和行为,解释主体对土地利用变化的作用	能够模拟主体之间、主体与环境间相互作用;能够将社会过程和非经济因素纳入决策	根据案例情况定义规则,其规则不具备普适性;难以表现主体空间行为
SLEUTH模型	基于CA模型发展而来;校正不同参数组合得到合适的结果替代历史数据,模拟和预测土地利用变化	操作简单、开放式存取、精度高,适用于城市增长模拟及长期预测	较少考虑社会经济因素的影响

续表 8-2

模型	特征	主要优势	主要限制
CLUE-S 模型	将不同土地利用类型需求分配到空间位置上	能够同时模拟多种土地利用变化	非空间模块需要借助独立的数学模型进行计算;忽视非主导地类转化的可能性
GeoSOS 模型	一种融合 CA、多智能体和生物智能的综合分析平台	具有自主知识产权,形成独立的操作系统,将地理模拟和优化有机结合	对于识别非线性转换规则和转换规则的空间变异性具有局限性
FLUS 模型	基于 ANN、SD 模型和 CA 模型,引入自适应惯性系数和轮盘赌竞争机制,确定最终用地类型	非主导地类转化存在可能;能模拟跳跃式土地利用变化情形	难以清楚反映不同区位上土地利用变化的空间差异
PLUS 模型	基于栅格的斑块生成土地利用模拟模型,集成了基于土地扩张分析的规则挖掘方法和基于多类型随机种子机制的 CA 模型	能够以一个斑块级土地利用模拟模型,精准模拟土地利用背后的非线性关系变化	依赖自身转换规则,缺乏土地利用结构的定量优化

上述模型中,CLUE 系列模型的实际应用很广泛,FLUS 模型在国产模型中具有一定代表性,PLUS 模型已被广泛应用于各种地理和环境研究中,以下是对这三种模型的简要介绍:

1)CLUE 系列模型

CLUE(the conversion of land use and its effects)模型最初由荷兰瓦赫宁根大学环境科学学院的 Peter H. Verburg 等设计和提出,用于研究土地利用变化及其影响。该模型由两个主要模块组成:非空间分析模块和空间分析模块。非空间分析模块利用土地数量预测模型来估算土地利用需求的变化,用于计算研究区域每年对不同土地利用类型的需求总量;空间分析模块则综合运用经验分析、空间分析和动态模拟等方法,将每年的土地利用需求量在栅格系统中进行空间分配,以实现对土地利用的时空动态变化的模拟。

空间分析模块实质上是不同土地利用类型的相互竞争。经验分析和空间分析揭示土地利用空间分布与其驱动因素以及土地利用限制因素之间的关系。土地利用限制因素是由规划者制定的决策规则,用于限制实际土地利用模式中的土地利用类型转换。在 CLUE 模型中,通过应用 logistic 逐步回归方法,结合定性或定量的驱动因素,来预测每个栅格单元可能出现的某一种土地利用类型的概率,得到土地利用的空间分布概率适宜图。而动态模拟就是在土地利用的空间分布概率适宜图、土地利用转化规则和研究初期土地利用分布现状图的基础上,通过多次迭代和综合分析,确定土地利用的空间分布总概率,进行土地利用需求的空间分配。图 8-7 为 CLUE 模型土地利用变化分配示意图。

此外,CLUE 模型因为其分辨率相对较低,适用于国家和大陆尺度的研究,在区域尺度上的应用具有局限性。为了弥补模型在小尺度上的不足,研发了 CLUE-S 模型用于小尺度上的

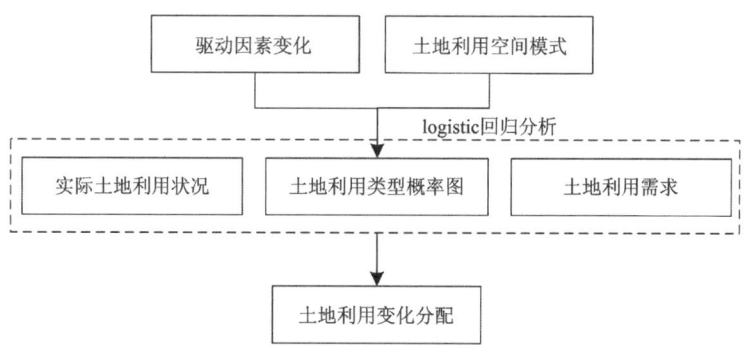

图 8-7 CLUE 模型土地利用变化分配示意图

土地利用类型空间合理布局和多种土地利用类型用地需求的协调分配。而 Dyna-CLUE 模型在 CLUE 和 CLUE－S 模型的基础上改进和扩展，综合了土地利用变化的宏观驱动因素和微观格局演化特征，具有更强的适用性，可用于多尺度的土地利用研究和应用。

2）FLUS 模型

FLUS 模型是由中山大学刘小平教授团队开发的一种综合考虑自然和人为因素的土地利用变化模型。该模型通过在元胞自动机模型中引入了自适应惯性竞争机制和基于轮盘赌选择的方法，以及利用神经网络获取土地利用适宜性概率等技术，有效地解决了多种土地利用类型之间的竞争关系、提高了土地利用变化模拟的精度，加之计算效率较高、模拟范围较大等优点，该模型在区域土地利用变化模拟中得到了广泛的应用。

在 FLUS 模型中主要包含两个模块：一是基于神经网络的出现概率计算模块（ANN-based suitability probability estimation），二是基于自适应惯性原理的元胞自动机模块（self-adaptive inertia and competition mechanism CA）。

（1）基于神经网络的出现概率计算模块。FLUS 模型中的神经网络模块主要用于计算土地利用类型的适宜性概率，即预测某一地块在未来发展为特定土地利用类型的可能性。在该模块中人工神经网络（ANN）被应用于学习和模拟输入变量（如社会经济变量和自然气候变量）与目标变量（不同土地利用类型）之间的复杂关系，前者输入变量是 ANN 输入层的神经元，后者目标变量是 ANN 输出层的神经元，输出值为对应土地利用类型的概率。ANN 隐藏层则用于处理输入层和输出层之间的中间计算，通过多次迭代训练，调整权重和偏差，使网络能够逐渐优化拟合输入和输出之间的关系。通过对大量已知输入变量和目标变量的样本进行训练，FLUS 模型可以利用神经网络模块探索各土地利用类型的发生概率与各空间驱动因子之间的关系，并计算每个地块发展为不同土地利用类型的概率，从而在土地利用变化模拟中提供更精确的结果。

（2）基于自适应惯性原理的元胞自动机模块。FLUS 模型中的元胞自动机模块基于自适应惯性原理，假设在研究时间段内土地利用之间的关系保持不变，某个像元在未来是否将转变成为其他种类的土地类型取决于土地类型发生的概率和在预测时间段内的其他可变要素，如转换成本、邻域权重和不同类型土地之间的相互作用，综合估算每个像元转变为不同土地利用类型的组合概率。用户需要设置邻域权重、转换规则和约束条件等参数来配合模型的运行。整个模拟过程需要经过多次循环迭代,以反映土地类型转换的不确定性和竞争交互。每次迭代中,根据当前时刻的土地利用状态和转换规则,通过计算像元的组合概率来确定下一个时刻每个像元的土地利用类型。然后,根据这个结果再进行下一轮迭代,直到达到模拟的结束条件。

$$TP_{p,k}^t = P_{p,k} \times \Omega_{p,k}^t \times \text{Ineria}_k^t \times (1 - SC_{c \to k}) \quad (8\text{-}6)$$

式中:$TP_{p,k}^t$ 是表示地类 k 在栅格 p 处在 t 时的综合概率;$P_{p,k}$ 为土地利用类型 k 在栅格单元 p 中的发生概率;$\Omega_{p,k}^t$ 是土地利用类型 k 出现在栅格 p 的概率即邻域权重;Ineria_k^t 是地类 k 在 t 时的惯性系数;$SC_{c \to k}$ 是地类 c 转换到地类 k 的转换成本,它表示不同地类之间发生转换的困难程度,根据研究区实际情况和专家经验得出,在迭代中保持不变。

$$\Omega_{p,k}^t = \frac{\sum_{N \times N} \text{con}(c_p^{t-1})}{N \times N - 1} \times w_k \quad (8\text{-}7)$$

式中:$\sum_{N \times N} \text{con}(c_p^{t-1})$ 是在 $N \times N$ 的窗口下 $t-1$ 结束后地类 k 的栅格个数;w_k 是不同地类之间的邻域作用强度不同而设的变量权重;N 是摩尔型邻域值。

$$\text{Ineria}_k^t = \begin{cases} \text{Ineria}_k^{t-1} & \text{if } |D_k^{t-1}| < |D_k^{t-2}| \\ \text{Ineria}_k^{t-1} \times \dfrac{D_k^{t-2}}{D_k^{t-1}} & \text{if } D_k^{t-1} < D_k^{t-2} < 0 \\ \text{Ineria}_k^{t-1} \times \dfrac{D_k^{t-1}}{D_k^{t-2}} & \text{if } 0 < D_k^{t-2} < D_k^{t-1} \end{cases} \quad (8\text{-}8)$$

式中:D_k^{t-1} 是土地利用类型 k 在 $t-1$ 时需求量与栅格数之间的差距个数。

3)PLUS 模型

PLUS 模型是由中国地质大学(武汉)地理与信息工程学院与国家 GIS 工程技术研究中心的高性能空间计算智能实验室(HPSCIL)所开发的土地利用模拟模型。PLUS 模型是一种基于栅格的斑块生成土地利用模拟模型,改进了以往的规则挖掘方法,如转移分析策略(TAS)或模式分析策略(PAS),能够灵活处理多类土地利用斑块变化。它集成基于土地扩张分析策略的规则挖掘框架和基于多类型随机斑块种子的元胞自动机,可以探索和揭示潜在驱动因素及其对变化的不同贡献,旨在更好地理解土地利用/覆被变化的内在关系,并提高斑块增长的模拟水平。下面是 PLUS 模型的基本方程:

$$OP_{i,j}^{d=1,t} = \begin{cases} P_{i,j}^{d=1} \times (r \times \mu_j) \times H_j^t & \text{if } \Omega_{i,j}^t = 0 \text{ and } r < P_{i,j}^{d=1} \\ P_{i,j}^{d=1} \times \Omega_{i,j}^t \times H_j^t & \text{all others} \end{cases} \quad (8\text{-}9)$$

式中:r 为 $0 \sim 1$ 之间的随机值;$OP_{i,j}^{d=1,t}$ 为像元 i 转至用地类型 j 的发展概率;$P_{i,j}^{d=1}$ 则表示用地类型 j 在单元格 i 处的增长概率;d 取值为 0 表示用地类型 j 转换为其他用地类型、取值为 1 则表示其他用地类型转换为用地类型 j;μ_j 是土地利用类型 j 产生新土地利用斑块的阈值;H_j^t 表示自适应惯性系数,为未来需求对土地利用类型 j 的影响;$\Omega_{i,j}^t$ 表示单元格 i 的邻域效应,单元格 i 是下一邻域内土地利用组分 j 的覆盖部分。

如果新的土地利用类型在一轮竞争中获胜,则使用递减阈值 τ 来评估轮盘赌轮选择的候选土地利用类型 c。公式如下:

$$\text{if} \sum_{j=1}^{N} |G_c^{t-1}| - \sum_{j=1}^{N} |G_c^{t}| < \text{step then}, l = l+1 \tag{8-10}$$

$$\begin{cases} \text{change } P_{i,c}^{d=1} > \tau \text{ and } T_{j,c} = 1 \\ \text{no change } P_{i,c}^{d=1} \leqslant \tau \text{ or } T_{j,c} = 0 \end{cases} \quad \tau = \delta^l \times r1 \tag{8-11}$$

式中：G_c^{t-1} 和 G_c^t 分别为第 $t-1$ 次和第 t 次迭代时土地利用类型 c 的当期需求量和未来需求量的差值；Step 为 PLUS 模型的步长，用于估算土地使用需求；δ 为衰减阈值 τ 的衰减因子，取值范围为 0—1，由专家设定；$r1$ 为正态分布的随机值，平均值为 1，取值范围为 0～2；而 l 是衰减步数；参数 $T_{j,c}$ 为界定土地利用类型的转移矩阵。

PLUS 模型中主要包含两个模块：一是土地扩张分析策略（land expansion analysis strategy，LEAS），二是基于多类随机斑块种子的 CA（CA based on multiple random seeds，CARS）模型。土地扩张分析策略（LEAS）用来揭示每一类土地利用变化的因果因素。该策略提取土地利用变化两个阶段之间各类用地的扩张情况。此外，从增加的部分进行抽样，使用随机森林算法（RFC）挖掘各类土地利用扩张的因素和驱动力。由此得到该时期各类土地的开发概率以及驱动因素对各类土地扩张的贡献。该策略综合了现有 TAS 和 PAS 的优点，避免了随类别数呈指数增长的转换类型分析，保留了模型对一定时期内土地利用变化机理的分析能力，具有更好的可解释性。基于多类随机斑块种子的 CA 模型，是将 CARS 模型结合随机种子生成和阈值递减机制，使得该模型能够在发展概率的约束下自动生成动态模拟的斑块。这种新的多类种子生长机制可以更好地模拟多类土地利用斑块级别的变化。

（三）耦合模型

LUCC 受到人类决策和生态环境扰动过程的影响，是不同尺度上多种人类与环境相互作用的结果，变化过程中空间和非空间部分相互作用、相互联系。在实际过程中单一模型难以满足复杂的 LUCC 的需求，通常需要根据样例的特征、数据的可用性、研究的过程和尺度等选择多种模型进行耦合研究。耦合模型能够综合多种方法的优势，并突破单一方法的固有局限性。采用耦合模型进行 LUCC 模拟已经成为当前的主流选择。现有研究通常将数量模拟模型与空间模拟模型结合，如 CA-Markov、Markov-Flus、SD-CLUES、Markov-CLUES、Logistic-CA-Markov 以及 Dyna-CLUE 等。Logistic-CA-Markov 模型既能识别预判驱动因子与 LUCC 的显著关系并预测各地类分布的概率，校正元胞自动机的转换规则提供基础支撑，又能在数量和空间上模拟土地利用变化，从而提高了预测精度。Markov-FLUS 模型，采用多层前馈神经网络算法（BP-ANN）整合各种土地利用类型，从初始土地利用数据中选择自然、社会和经济等多种驱动因素。该模型通过将不同的土地利用类型与不同的驱动因子相关联，生成每种类型的土地适宜性概率分布图。Dyna-CLUE 模型是在 CLUE、CLUE-S 模型基础上发展而来，综合了土地利用变化的宏观驱动因素与微观格局演化特征。在总概率中引入邻域适宜性，将"自上而下"的用地需求空间分配和"自下而上"的总适宜性和转换设置相结合，适用于大尺度过程与局部动力学相互作用的其他区域和过程。新开发的 PLUS 模型内嵌了 Markov chain，以便于对土地利用数量需求作出预测。耦合模型可以提高单一模型的模拟精度，为土地利用研究提供有力保障。近几年的研究中，LUCC 模拟模型常与生态系统服务价值、水文响应(SWAT模型)、碳储量以及碳排放(InVEST模型)等模型耦合,深层次的探讨土地利用变化与环境效应的关系,为未来城镇建设规划、国土空间开发等的合理规划提供了理论支撑。

知识要点与习题

知识要点

土地评价 土地评价的主要类型 土地评价体系 土地评价的一般流程 土地利用模拟 数量预测模型 空间格局预测模型 耦合模型

习题

(1)土地评价类型有哪几种?相互关联是什么?
(2)土地可持续利用评价方法有哪些?
(3)简述土地利用模拟的一般流程与常见方法。

第九章　土地信息系统建设

第一节　土地信息系统概述

20世纪50年代以来,以信息技术为核心的科技革命正在全球逐步展开,信息技术被越来越多地应用在传统产业改造以及信息资源开发与利用中,极大地改变了人们的生活方式与社会面貌,全球信息社会正在形成。在土地资源领域,"信息化"的应用也越来越广泛。我国人地比例长期居高不下,因此充分合理地利用有限的土地资源对我国的发展十分重要。而要实现土地资源的合理利用,就需要政府和国民全面且及时地掌握土地资源的数量、质量和时空分布规律等基础信息,提高对土地资源有限性的认识,对土地资源进行科学、可持续的管理与决策。随着现代管理、系统工程、计算机技术和"3S"技术等高新技术的进步以及社会经济的快速发展造成的土地信息膨胀,建立统一的土地信息系统,充分提取、分析和利用土地利用的动态信息,实现土地资源信息化和推动土地现代化管理已成为时代发展趋势。

一、土地信息系统的基本概念

（一）土地信息系统

土地信息系统（land information system,LIS）将土地科学和空间信息技术高度结合,是对土地信息采集、整理、存储、处理与应用的计算机系统。具体来说,它是从土地管理工作的实际需要出发,以土地空间数据库为基础、以土地资源与资产为管理对象、以为决策服务提供依据为目标,在计算机软硬件、数据和人的支持下,结合空间模型分析方法、专家经验、国家制度和相关法律法规,对土地静态和动态信息进行提取、分类、管理、存储、分析、模拟、应用和传播的计算机技术系统,因此也有部分学者将其称之为土地管理信息系统。目前土地信息系统应用广泛,主要包括地图测绘、城乡规划、灾害监测、环境保护、宏观决策支持等。

土地信息系统从外部来看,主要表现为计算机软硬件系统;从内部来看,则是由计算机程序和土地数据库组织而成的土地空间信息模型,是一个高度信息化的土地系统。土地信息系统属于空间信息系统,不仅具有一般信息系统和地理信息系统的功能,还具有自己独特的功能,除了可以对数据进行输入、处理、统计和显示等外,还可以实现图形数据和属性数据的一体化管理。

根据不同的标准,土地信息系统可以细分为不同类型。按应用范围与深度划分,土地信息系统可以分为数据应用型、业务应用型和企业级土地信息系统;按应用领域划分,可分为土地定级估价系统、地籍管理信息系统、土地利用与规划信息系统等；依据管理主体划分，可分为国家级、省（自治区、直辖市）级、地（市）级、县级土地信息系统；依据设计目的划分，可分为基础土地信息系统和应用土地信息系统。各类型系统侧重点不一，可以针对性地为不同土地管理部门提供符合实际工作需要的具体资料。

（二）土地信息系统的基本构成

国内外大量研究证明，一个完整的土地信息系统并不仅由先进的硬件设备和功能强大的软件平台组成，还在系统思想的基础上结合了土地信息数据库、应用模型与方法以及操作人员三种要素，根据系统的目标和功能而形成一定的层次结构，以实现对土地空间数据的获取、管理、分析、建模与应用等的信息化体系。土地信息系统一般由硬件、软件、方法、数据和人员共同组成。其中，硬件和软件为系统建立提供环境，方法为系统建立提供方案，数据是系统建立的基础，人员是系统建设的关键。

1. 计算机硬件系统

完整的计算机系统包括硬件和软件两大部分。计算机硬件是指组成系统的各种电子器件和机电装置，它为计算机软件运行提供物质基础，是土地信息系统的物理外壳。土地信息系统作为一种技术系统，必须具备数据的采集、管理、分析和显示等功能，硬件系统是这些功能得以实现的必要保证。硬件系统主要分为主机和外设两部分：主机部分含中央处理器和内存储器，外设部分包含输入设备、输出设备和外存储器。输入设备包括键盘、数字化仪、扫描仪、遥感处理设备、GPS接收设备等。对于某一项具体的土地信息系统工程，在选择具体的硬件设备时，需要综合考虑系统用户的经济能力，系统数据量大小，数据的输入、存储、管理、显示与输出方式等。

2. 计算机软件系统

软件系统是指计算机正常运行所需的各种各样的计算机程序。土地信息系统工程建设所需的软件系统通常由系统软件、应用系统和高级语言组成。

(1)系统软件是指控制和协调计算机硬件运作、支持应用软件的开发和运行并为用户提供一个直观、方便和友好的使用界面的一类计算机软件，包括操作系统、驱动程序、语言处理程序、数据库管理系统和程序说明等内容。其中，操作系统作为所有软件的基础和核心，是方便用户管理和控制计算机软硬件的系统软件，常见的操作系统有Dos系统、Windows系统、Unix系统和Linux、Netware等。在土地信息系统建设的过程中，选择操作系统时必须要考虑其开放性，即是否方便各种应用软件的安装。综合考虑各种操作系统的特点，目前土地信息系统工程中常使用Windows和Unix的混合平台。

(2)土地信息系统应用系统即土地信息系统软件及其配套软件，一般是通用的土地信息系统软件包及应用程序、数据库管理系统、CAD图像处理系统等，用于支持空间数据的输入、存储、处理、输出与用户接口。土地信息系统应用系统最好是高度集成GIS和MIS技术的、能同时管理大量图形和属性数据的一体化通用数据管理平台，但目前常见的土地信息系统基本上是在 GIS 平台上，针对实际土地管理工作的具体要求进行二次开发的产品，如基于 MapBasic、MapX、ArcViewGIS 等开发的土地信息系统，专门化的土地信息系统平台尚处于研发阶段，有待进一步建设与完善。

(3)高级语言是系统及应用模型的开发工具。在土地信息系统应用系统中，常使用高级语言将独立的 GIS 和 DBMS 进行集成，以达到图形和属性管理的目的。目前流行的开发语言有 C++、Power Builder、Visual Basic、Delphi、Java 和 Python。另外目前的 GIS 软件都有自己的开发语言，如 ArcGIS 的 Avenue 语言、MapInfo 的 MapX 语言等。

3. 土地数据

土地信息系统的核心是土地数据库。数据是土地信息系统的操作对象，包括空间数据和非空间数据两种类型。空间数据即图形数据，可分为几何数据和关系数据：几何数据即地理实体的空间位置信息，常用坐标形式表示，包括点、线、面三种类型的数据；关系数据即描述地理实体在空间上的相互关系的数据，包括度量关系、方位关系和拓扑关系等。非空间数据即属性数据，是对空间数据的补充，用以对空间数据进行说明。由于空间数据和非空间数据相互关系密切，为方便管理与应用，常以不同的数据组织形式将二者存储于土地信息系统中，包括混合式、扩展式和开放式数据库管理系统。

4. 系统应用模型与方法

应用模型是从实际问题中抽象出来，由系统开发者或使用者编制的用于处理某些特定应用任务的程序，可使得土地信息系统整体功能更加全面与完善。大多数的系统开发工作都是为特定的地理数据或地区数据而设计的，这些工作的水平直接影响到系统的实用性、优劣甚至成败。因此，针对不同的土地管理的目的，需要有针对性地开发出相应的应用模型。方法可分为基本方法和扩展方法：基本方法包括放大、缩小、查询、输入、编辑、投影、制图和拼接等基本操作；扩展方法包括拓扑、叠置、缓冲区、网络分析、高程分析、地图代数、数据整合等。

5. 操作管理人员

在土地信息系统的设计、建立、运行到维护的整个过程中，专业人员发挥着关键作用，他们通过开展一系列的系统管理与程序研发工作，并采用应用模型提取各种信息，为土地管理研究和决策提供服务。一个周密规划的土地信息系统项目应包括系统设计人员、开发人员、日常管理和维护人员及最终运行系统的用户。

(三)土地信息系统工程

土地信息系统工程是综合应用系统工程与软件工程的原理和方法建立起来的。系统工程是为了更好地实现系统的目的，对系统的组成要素、组织结构、信息流、控制机构等进行分析研究的科学方法。系统工程运用各种组织管理技术，使系统的整体与局部之间的关系协调和相互配合，实现总体的最优运行。软件工程用工程化方法构建和维护有效、实用和高质量的软件。以土地管理为对象的信息系统，涉及系统的最优化设计、运行和管理，以及协调各要素的结构与分配等问题。

综上,土地信息系统工程,就是在系统工程理论的指导下,结合软件工程的原理和方法,从土地管理部门的实际工作要求出发,在土地信息系统软件的整个开发过程中将系统分析和系统综合有机结合,统筹设计、开发、建设、优化、评价和维护 LIS 系统的全部过程。我国对于土地信息系统工程的建设起步较晚,但由于计算机软件技术、大数据技术、物联网技术和"3S"技术等新型技术的迅速发展以及国家对于国土资源信息化建设的大力支持,我国的土地信息系统正以一种高速度、高质量的模式持续发展。随着"智慧国土"信息化体系的建设与完善,我国的土地信息系统工程的建设已取得阶段性进展,正源源不断地为土地利用评价、国土空间规划和基层土地管理等提供支撑。

二、土地信息系统的特征

土地信息包含自然、经济、社会、技术等多个方面的空间信息和非空间信息,具有数据量大、种类多、结构复杂、多层次性和动态变化等特点,以此为基础建立的土地信息系统也表现出相应的特点。此外,土地信息系统与其他信息系统相比,内容上更加注重法律有效性与实际应用性。总的来说,土地信息系统主要表现出以下六种特征。

(1) 系统用户界面要求高度智能化、便捷化,系统功能更强调实际而非全面。一般的地理信息系统属于研究设计型系统,通常被科研人员或工程设计人员作为研究其他领域的工具。土地信息系统则是一种实用管理型系统,其使用主体通常是广大基层土地管理部门人员,由于地方部门需要及时准确地获取和处理实际土地信息以应对随时变化的外部环境,而且地方管理部门对于计算机系统研究的投入一般较少、部门成员对计算机技术熟悉度有限,因此土地信息系统的用户界面必须更加智能化,用户操作务必方便快捷,同时其功能应尽量接近实际,不必过于强调全面性。

(2) 内容上表现为跨学科,方法上表现为高新技术集成。土地信息系统是一项庞大且复杂的系统工程,内容涉及土地科学、社会科学、土地金融学、土地经济学等多个领域,覆盖土地管理的全部业务工作范围,是一个综合性很强的系统。在方法上,土地信息系统以土地科学和空间理论为基础,是由信息科学、计算机技术和遥感等现代科学技术和土地数据组织而成的土地空间信息模型,是高新技术的有机集成。

(3) 具有严格的法律效力,数据精度、比例尺要求高,有严格的数据保护和保密措施。土地管理是政府职能的一部分,土地的数据和土地管理中的任何一个决策都具有严格的法律效力,因而数据的精度和可靠性要求更高。高精度要求还反映在图件比例尺的选择上。一般地,地理信息系统侧重从宏观层面对地形地貌等自然状况进行客观描述,其常用比例尺为 1:10 000~1:1 000 000;而土地信息系统的重点在于土地资源与资产的管理,尤其是土地权属管理,要求成图清晰、细致、准确,避免产生纠纷,要求基本图件比例尺较大,一般为 1:500~1:2000,输出图件比例尺甚至要求在 1:100 左右。此外,土地信息系统的法律效力还要求在系统建立与管理时采取严格的数据保护与保密措施,避免数据被恶意篡改或破坏。

(4) 信息量庞大,数据种类繁多、结构复杂,呈现多层次性与分散性,要求采用分布式设计。由于土地信息系统要求的成图比例尺大、精度高,且比例尺的数量级与其产生的信息量呈正相关关系,土地信息系统所存储的数据量往往巨大。此外,土地数据一般包括各种与土地相关的自然、经济、社会、技术、环境等方面的信息,其覆盖面广、种类繁多,在土地信息系统中常需要按一定的行政管辖层次、邮政编码系统或其他人为划定的区域表现一定的层次性,以便于信息管理与应用。这种层次性又进一步决定了信息的分散性,在人为因素的助推下,使得土地信息在空间上按照不同层次与种类分散在不同的方位。分散的特点要求数据管理采用分布式数据库管理系统。

(5)信息具有显著的时空意义,要求系统具有高度现势性。由于时间、空间和属性是地理实体和地理现象本身固有的特征,是反映地理实体演变过程的重要组成部分,因此以土地资源与资产为对象的土地信息系统必须要建立能表达时间、空间和属性的关系。相比于其他信息系统,土地信息系统的时空动态特征更为显著。土地位置一般不发生变化,而与之相关的其他数据是随时间的演变而动态变化的,如土地利用类型会受人为的或自然的影响而不断变化。因此,离开了时间和土地的空间位置,土地数据是无意义的。在土地信息系统中,由于信息具有法律效力,因此信息变更都需要加以记载,以避免产生纠纷。此外,土地的社会经济属性变化很快,而国家或地方有关土地的政策出台或发生改变,常常会引起全国土地的社会经济属性发生较大变动,因此土地信息系统必须要有充分的现势性,确保变动土地信息及时录入系统。

(6)空间信息与属性信息兼有,属性信息占主体地位,系统模型较复杂。土地信息系统虽然是基于空间的信息系统,空间信息在系统中占据重要地位,但是对于大部分用户而言,其属性信息更加重要、实用性也更强。例如:权利人及相关部门会更关注地块从属、地块等级与价格、地块合法性等;个别业主拿到的土地信息也主要是表册或文档形式,空间属性仅在附图中有所体现。因此,在土地信息系统中,属性信息在所有土地信息中占据主体地位。属性信息主要用于土地资产管理,土地资产管理常常需要结合土地经济学、金融学的理论知识以及国家土地政策、法律法规、土地市场管理制度等的相关要求和动态变化来建立科学模型,此外还要考虑人的行为选择和其他难以定量的因素,因此模型较为复杂。

三、土地信息系统与其他信息系统的区别与联系

1. 土地信息系统与地理信息系统

土地信息系统与地理信息系统自产生以来就存在许多共同之处,最初提出时难以具体区分,如 20 世纪 60 年代加拿大为推进全国农地开发与利用规划进行而提出的 CGIS,就标志着地理信息系统或土地信息系统正式诞生,此后国际上的相关文献也常将土地信息系统与地理信息系统并提,写作 GIS/LIS。可以肯定的是,土地信息系统与地理信息系统都属于空间信息系统,用户可以将研究区域的各种属性数据置于给定的空间数据框架之中,以对其进行处理、分析与运用。20 世纪 80 年代以后,高速增长的经济、土地价值的显化以及人口的快速增长导致我国用地矛盾愈发尖锐,我国的土地管理面临着严峻形势。在此背景下,土地信息系统的独特作用日益凸显,其内涵也与地理信息系统产生明显的区别,逐渐发展成为空间信息

系统中一个独立分支。综合来看,土地信息系统与地理信息系统之间的既有联系,又有区别,可归纳如下。

(1) 联系:①二者都属于空间信息系统;②二者操作手段相同,都包括数据采集、输入、管理、分析、显示和空间模拟;③大多数土地信息系统都是以地理信息系统平台为基础框架开发而来。

(2) 区别:①地理信息系统应用更加普遍,功能更注重全面性;而土地信息系统则主要应用于土地相关部门的日常事务中,功能更注重实用性。②地理信息系统侧重区域自然状况的描述,多采用小比例尺,更强调"宏观";而土地信息系统侧重土地资产实际管理,多采用大比例尺,更强调"微观"。③相较于地理信息系统,土地信息系统具有更显著的时态性,这也是土地信息系统生命力的体现。④地理信息系统的图形处理功能、地学分析功能强于土地信息系统;而土地信息系统的属性与时间数据处理、分析功能则强于地理信息系统。

2. 土地信息系统与管理信息系统

管理信息系统(management information system,MIS)是按照系统思想建立起来的、能够综合处理数据并为管理决策提供服务的计算机系统;土地信息系统具有空间分析部分的功能模块,但是相对于地理信息系统而言,带有更多的管理信息系统的特点,强调实际工作。因此,可以认为土地信息系统是地理信息系统与管理信息系统两者的结合,部分学者也直接将土地信息系统称为土地管理信息系统。土地信息系统与管理信息系统的主要区别在于:土地信息系统的系统环境更复杂、功能更强大,可共同管理、分析、应用图形数据库和属性数据库;而管理信息系统则只对属性数据进行管理,不能分解、查询图形数据,更没有拓扑关系。

3. 土地信息系统与 CAD

CAD,全称为管理软件计算机辅助设计(management software computer aided design,MS-CAD),是通过利用计算机和一些相关的辅助功能来帮助设计人员、测绘人员和研究人员等开展设计、绘图和科研工作,主要应用在工程项目、产品设计和建筑绘图环节。土地信息系统与 CAD 系统的联系是二者都有参考系统,都能对图形数据进行描述,但后者的属性库功能较弱。

四、土地信息系统建设的一般流程

当前,我国土地信息系统开发一般采用周期法,这种方法把整个信息系统的开发过程划分为几个阶段,并在此基础上确定各阶段的目标和任务,并按照一定的标准依次进行。阶段划分的一个重要原则就是尽量使各阶段的工作相互独立,在同一时期内尽量做到完全一致,从而减少各阶段的复杂性,简化各阶段的关系,便于组织和管理。系统的构建可以分成系统分析、系统开发、系统维护三个时期,每一时期都可以进一步细分。

土地信息系统工程的建设从立项到产品运行涉及多个环节,参照系统工程的开发研制过程,也可将其分为可行性研究、需求分析、系统总体设计、系统详细设计、系统的实现以及运行与维护六个步骤,具体如图 9-1 所示。

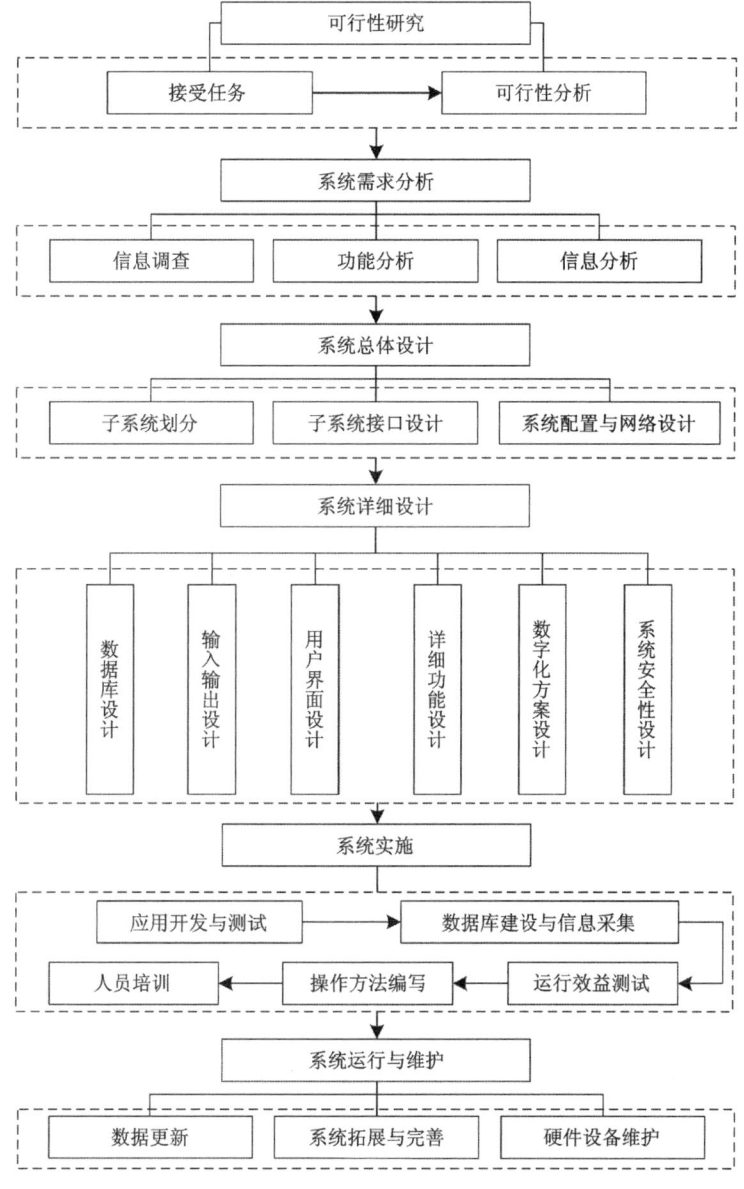

图 9-1　土地信息系统建设的一般流程

(1)可行性研究是系统建设的初期阶段。该阶段主要任务有:确定系统总体目标,数据资源调查分析,资金财力及技术力量分析,系统运行效益分析。

(2)系统需求分析是根据系统的应用领域和服务对象,把来自用户的信息加以分析提炼,最后从功能和性能上加以描述,据此从逻辑上定义系统的功能,获得系统的逻辑模型。该阶段主要任务有:熟悉用户业务的运作过程,定义用户需求功能;**数据流程图分析**;**数据字典设计**;用户需求分析报告。

(3)系统总体设计是土地信息系统建设的核心。该阶段主要任务有:确定子系统的划分,子系统间接口设计,系统的软硬件配置及网络设计。

(4)系统详细设计包括数据组织和功能操作两方面。该阶段具体有以下几个任务:数据库设计;数字化方案设计;系统详细功能的设计;菜单、界面、图形显示设计;系统安全性设计;输入输出设计。

(5)系统实施是土地信息系统建设付诸实现的实践阶段,建立系统设计阶段完成的土地信息系统物理模型,把系统设计方案加以具体实施。

(6)系统需要在运行中发现问题并及时加以维护或更新,这也是系统生命力所在。该阶段主要包括以下三方面工作:数据更新,即保持图件及相关统计资料的现势性;系统的拓展与完善,即根据用户的最新要求与先进技术引入,进行功能完善、软件升级、数据形式更改等工作;硬件设备的维护。

五、土地信息系统建设的目标与应用趋势

建立一个技术先进、结构完整、实用性强、操作简单的高效土地信息系统是一个耗费时间长、涉及要素多、资源配置复杂的过程。土地信息系统作为一个分布式系统,其数据存储量、应用领域、目标与功能等均有较大的变化范围。从数据量上看,土地信息系统的范围从某个县域的管理与维护信息系统到整个城市或地区甚至国家的综合信息系统不等;从应用领域上看,所有和土地有关的系统都可以纳入土地信息系统的范畴;从功能上看,土地信息系统包括业务运行、专题管理和战略决策三个层次的工作,不同层次功能与目标差异较大,越往基层业务运行的比例越大,越往高层决策和控制职能越强。

要使土地信息系统这一过程尽可能有序推进,就需要从宏观层面上科学合理地确定系统建设与应用的总体目标,并随着系统分析和系统设计工作的深入不断对目标进行细化与定量化,以更好地指导可行性研究、系统分析与设计、系统实施、系统评价与维护等工作。简单来说,系统目标可以避免系统开发后续阶段的盲目性,直接或间接地决定着土地信息系统建设成果的质量与位置。因此,确定合理的土地信息系统建设目标十分重要。在上述广泛的可能性中,要确定系统目标,就需要遵循针对性、系统性、实用性、预见性和先进性等原则,以用户需求、建设与运行成本、系统建设时间的要求、技术条件以及数据情况等作为依据。

土地信息系统是为土地管理服务的,覆盖了土地管理的所有领域。从总体上来看,它的目标可以概括为:开发土地信息资源,支持土地管理的业务运行、专题管理和战略决策;支持土地科技、土地工程和地产市场的各项活动;支持国民经济调控和国家管理的有关决策。具体到其中的某一个子系统,其目标随着用户需求、应用领域等的不同而有所差别,下面简单介绍下土地信息系统建设的总体目标。

(1)科学存储与及时更新土地信息:将全国、省、市、县、乡等各级土地资源调查与评价所得的原始资料存储到系统中,并依托"3S"技术实时监测土地资源与资产状况,及时更新系统信息,以保持系统的现势性。

(2)查询检索和掌握土地相关信息:利用先进的数据库管理技术来管理数据,同时将属性与空间数据联系起来,方便使用者快速查询检索需要信息,展现属性数据与实际情况的真实联系。

(3)数据处理与分析:提供土地、管理、生态和经济的辅助决策依据,具体内容详见第七章。

(4)实现系统标准化建设,共享信息资源,提高数据应用潜力:土地信息系统建设的标准化、规范化能保证与现行业务系统实现有效衔接以及与未来高新技术的平滑过渡,实现信息的共享和集成。系统标准化包括数据标准化与业务标准化,要求对数据进行标准化规范化处理,建立土地档案,实现科学的、现势性强的标准化输出,并辅以配套的评价、分析、预测等必要功能。

(5)支持土地科学的研究和高新技术的引进:从学科上讲,土地信息系统属于土地科学的一部分,为土地科学提供大量的实用数据,根据科学研究需要对数据进行特殊存储、分析与处理等,推动土地科学的发展是其建设应有之义。同时,土地信息系统是一个动态系统,为了土地科学的长远发展,需要土地信息系统随着自然、科技和社会经济水平等的变化而不断改进与更新,保持着良好的可扩展性。

新时期国土空间规划面临着全过程全面信息化、数字化的挑战,土地信息系统建设与应用将在完善国土空间基础信息平台和国土空间规划"一张图"实施监督系统建设中发挥着重要作用。2018年,中央开展机构改革并组建自然资源部,明确由自然资源部统一行使自然资源资产所有者及国土空间用途管制、修复职责,担负解决空间规划矛盾冲突问题的重任。2019年5月,中央发布《关于建立国土空间规划体系并监督实施的若干意见》中明确国土空间规划体系的"四梁八柱"的总体框架,并提出"建立健全国土空间规划动态监测评估预警和实施监管机制",进一步明确规划改革的目标和要求,来解决改革开放以来,以城乡规划、土地利用规划、经济社会发展规划为主的各级各类规划体系存在的规划种类繁杂、层级关系不合理、不同类型规划间协调性差等问题,以及地方层面规划难编、行政审批低效、空间管控失效等问题。

根据《关于建立国土空间规划体系并监督实施的若干意见》对国土空间规划"一张图"的描述可知,它是以自然资源调查监测数据为基础,建立全国统一的国土空间基础信息平台,并以信息平台为底板,结合各级各类国土空间规划编制逐步形成的,目的是推进政府部门之间的数据共享以及政府与社会之间的信息交互。"一张图"的构建包括三个步骤:一是基于"三调"成果整合规划编制所需的空间关联数据和信息,形成现状"一张底图";二是推进各地国土空间基础信息平台的建设;三是推进国土空间总体规划、专项规划、详细规划的编制,经审批和校核后向本级平台入库并向国家级平台汇交,最终经由自然资源主管部门整合叠加,形成以"一张底图"为基础,可层层打开、动态更新的国土空间规划"一张图"。上述三个步骤均以土地信息系统为基础,通过对土地信息系统的建设与扩展为"一张图"的构建提供强力支撑,这也是土地信息系统一个主要的应用趋势。

土地信息系统需要实时、准确地获取大量土地大数据,并通过云技术提供可靠的存储和计算资源,提高系统的稳定性和安全性。两者的结合有利于推动时空大数据云平台的搭建,并且用户可以通过移动端技术进行查询和交互操作,随时随地使用土地信息系统。"互联网+"理念促进土地信息系统的集成、共享以及鼓励社会公众参与,增强系统的公开透明性和科学性。例如,利用卫星遥感等技术获取土地变更信息,可以更新到系统数据库中,并实时推送给相关用户,大大提高了土地变更调查的准确性和效率。

第二节 土地信息系统分析与设计

在土地信息系统建设中,系统分析是一个重要的工作环节,通过对现行系统的深入分析,获取现行系统的具体逻辑模型,从功能上确定用户的需求,定义新建土地信息系统的逻辑功能,解决系统"干什么",而不顾及"怎么干"的物理实现。系统分析的结果将会形成使用者的需求分析报告,这是土地信息系统开发人员和使用者之间交流的主要桥梁和成果,也是系统建设的一个概括性的说明,是进行系统设计、开发、测试和评价的基础。结构化分析包括"逐层分解"和"抽象"两个部分,把目标对象抽象成一个系统,再利用分层分解的方法,将其分解成比较简单理解及表达的多个子系统和功能模块来了解土地信息系统的细节、顺序和相互关系,更便于系统分析。

土地信息系统建设中的系统设计是新建土地信息系统的物理设计过程,根据需求分析规定的"干什么"为"如何干"的问题提出解决方案。根据土地信息系统的规模差异,设计任务包括两个部分:第一部分是总体设计,其核心任务是确定土地信息系统总体结构组成,即划分土地信息系统的各子系统或各模块,并厘清它们之间的关系;第二部分是详细设计,即进一步细化总体设计,给出各子系统或模块足够详细的过程性描述。

一、土地信息系统分析的主要内容

(一)需求分析

需求分析最主要的任务是回答"系统必须做什么"这个问题。在这一过程中,系统分析员应主要掌握下面的内容:①确定系统必须完成的所有功能;②了解系统要求的数据类型以及数据之间的关系;③了解数据库和系统的整体要求和蓝图;④确定系统的软、硬件环境。

在进行需求分析的时候,首先进行全面调查,了解目前与土地有关的工作过程,了解其中的运作、关键步骤、数据内容与行为的流动过程,结合上述分析,导出详细的系统逻辑模型,并用系统流程图表示。然后由国土部门业务人员和软件开发系统分析员共同进行需求分析,使土地部门工作人员更好地认识计算机对数据和业务的处理流程,而系统分析员可以通过土地管理人员深入了解土地相关业务。最后对需求分析提交的文档进行严格的审查验证。

调查研究的目的是对目前土地相关的体制结构、业务内容和运作状态进行分析,尤其是业务过程分析,还要厘清土地相关活动之间的关系,明确各种业务活动的"边界",避免出现重复、数据管理不规范的情况。通过调查研究还要搞清土地相关人员对系统的功能要求。调查分析方法有很多种,一般有访谈、参观、问卷、收集相关信息、做专题报告等。一般情况下,调查研究可以细分为工作和技术调查,其中工作调查包含土地有关部门的组织方式、各部门的工作职责、业务关系、工作流程、数据流程,数据处理过程与数据要求等。通过工作调查和分析,了解整个系统的工作框架。技术调查内容包括目前市面上计算机软件和硬件的技术水平,土地管理部门现有的软件和硬件设备和工作人员的计算机技术水平。通过技术调查,分析建立系统的必要性与可能性。

（二）可行性分析

可行性分析是从社会、技术和经济三大因素出发对建立土地信息系统的必要性和实现目标的可能性进行分析，从而来确定用户实力、系统环境、数据流量、储存空间、软件系统、经费预算以及时间效益分析等。可行性分析具体步骤如下。

1）系统目标和任务

一般来讲，土地信息系统的任务应与地理信息系统有一定重叠，包含空间信息管理、空间指标量算、空间分析与综合评价、空间过程模拟等。

2）数据源调查和评价

对用户的需求进行调查后，相关专家和技术人员应更加深入掌握数据情况。分析研究哪些数据已被收集或者不完整，哪些数据可以转换成所需要的数据，然后再对数据的形式、精度、流通程度等进一步分析，并确定获取它们的可能性和所缺数据的收集方法等。

3）技术水平评价

技术水平评价主要包括土地信息系统的年处理工作量，数据库的结构和大小、土地信息系统的服务范围、输出形式和质量、用户技术水平的评价。

4）系统的支持状况

部门管理者对建设土地信息系统的支持；人力资源状况，主要包括可供使用土地信息系统的人力、需要培训的人数等；财力支持情况，主要包括各组织机构目前可以提供的以及维护土地信息系统每年需投入的资金。

（三）系统结构方案分析

通过调查和分析，明确系统的建设目标，用户需要解决的问题和各阶段的需求，并确定系统数据关系的各项配置，提出系统结构的方案，为系统设计与开发奠定基础。

1）现行管理系统的分析

对本部门或其他相关部门的状况进行分析，例如：对某个国家土地信息系统从上到下地进行分析，了解各级机构当前和未来的业务组织所需的功能和信息；从下到上，对工作人员在本部门开展专业活动所需的数据和所使用的处理方法进行分析。现行的管理体制划分可分为五级，即国家级、省级、市级、县级和乡级。现行管理系统的分析是从纵向管理联系上，由上至下逐个分析各级的管理职能、指导关系和监控联系以及各类的流向等；由下至上对数据采集体系和各种指标的规范化与否、数据和信息的传递与反馈响应速度的快慢、信息处理能力的强弱、信息综合使用效果的好坏等方面进行分析。

2）系统总体逻辑结构

待建土地信息系统的结构组成要素应与当前的管理制度要求相适应，并以现行管理方式改革为基础。建设一个结构合理、数据规范、信息全面、响应快速的计算机化的土地信息系统，能够及时提供决策信息并向社会提供高质量的信息服务是对系统总体结构的原则性要求。

根据系统开发的目标和管理模式，制定系统数据流程图和数据组织方案，建立系统的逻辑结构。例如，对一个国家级的土地信息系统，其系统逻辑结构如图9-2所示。

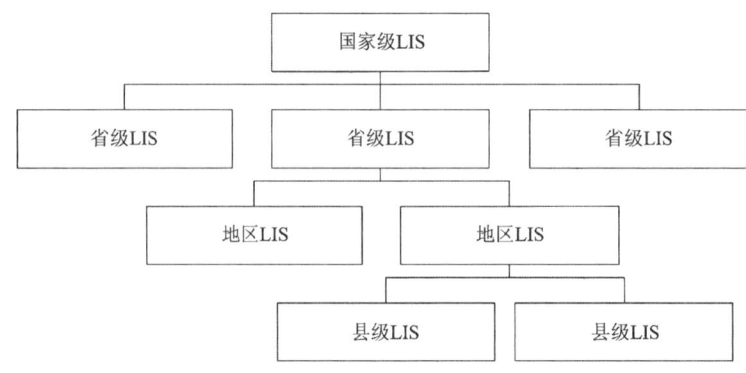

图 9-2 信息系统逻辑结构图

3)子系统的划分

系统总体方案的分析远达不到总体设计所需的系统分析资料那样详尽,其目的仅在于为子系统信息库的划分、子系统的功能以及与整个系统的功能设置提供有关的资料。

子系统的划分是一个系统的分析过程,它是从整体管理方式和数据之间的关系出发,对各个子系统的运行范围和数据处理进行科学的分析。该方法旨在避免在系统业务活动出现重叠和数据处理以及存储过程中出现混乱,从而达到系统的目标。同时对各个子系统进行合理地划分,以确保系统的正常工作。子系统的划分原则如下:①子系统对其他子系统的数据依赖应尽可能小;②子系统所包含的各个过程之间内在联系应尽可能强;③子系统的划分应便于后期系统设计阶段的实现。

不同级别的土地信息系统的子系统在不同级别、不同管理职能的情况下,其作用主要通过各个子系统的作用来体现。通常来说,全国和省级都是宏观调控,而市一级往往要处理很多基层子系统和县级的子系统。图 9-3 和图 9-4 分别为不同级别土地信息系统子系统结构示意图。

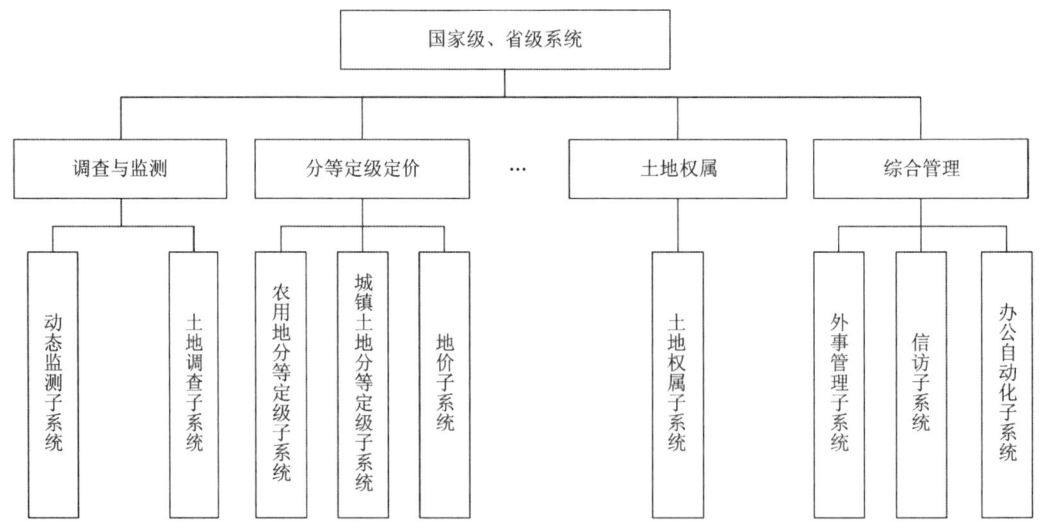

图 9-3 国家级、省级土地信息系统的子系统结构示意图

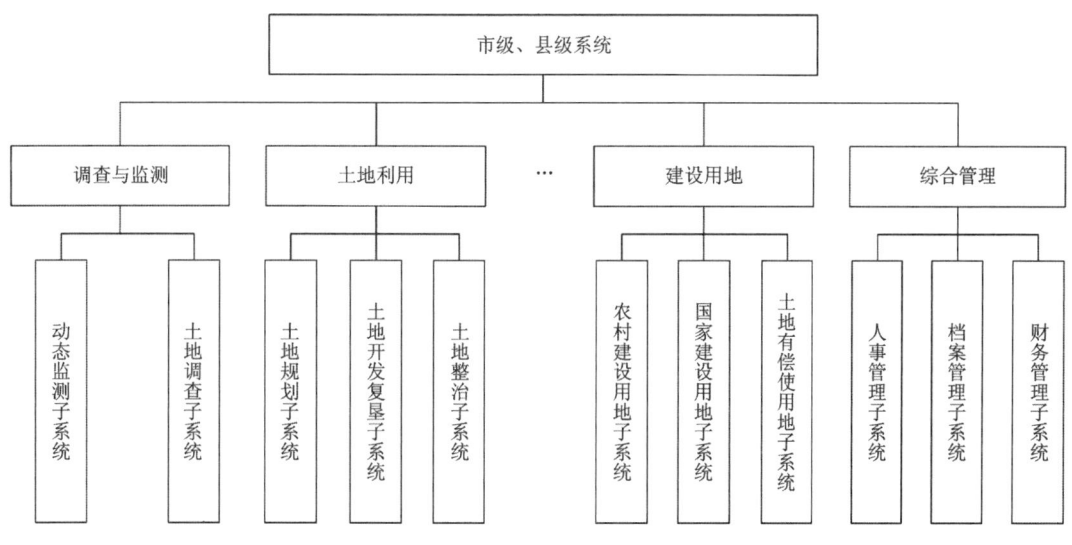

图 9-4　市级、县级土地信息系统的子系统结构示意图

二、土地信息系统设计的原则

土地信息系统的设计涉及多方面的因素,是一项十分复杂的管理活动。在系统建设的整个过程中,系统设计是重要前期工作。具体而言,系统设计是在一定的设计原则约束下,实现系统需求分析、系统整体框架构建、系统软件架构设计以及系统数据库设计等内容,为系统实施与应用提供理论指导。在系统建设过程中,主要遵循以下原则。

1)系统性原则

土地信息系统工程是系统工程与软件工程的结合。在系统设计中,一方面要注重从整个系统的角度进行考虑,使用统一的信息代码、数据组织风格、操作模式、数据接口以及系统变量等,使土地信息系统工程成为一个有机整体,提高系统的设计质量;另一方面,要把握系统框架的层次性,采用软件工程开发中的模块化的结构设计方法,即先将整个系统看成一个模块,然后根据系统目标,自上而下,对系统进行功能解析与模块划分,使得系统具有更强的可变性与生命力。

2)经济性原则

土地信息系统设计的基本要求之一是降低系统开发和应用的成本。因此,在设计过程中,就需要遵循经济性原则。一方面,在进行系统软硬件配置与网络设计时,不应盲目追求技术上的先进,而应在满足系统要求的前提下,根据实际应用需要选择适宜的设备;另一方面,注重实用性,在系统设计中应避免开发不必要的功能,各模块应尽可能简洁、实用,界面操作尽可能简单,以便精简处理流程,提高应用效率。

3)可靠性原则

可靠性既是评价系统设计质量的一个重要指标,又是系统设计的一个基本出发点。一个系统是否能在实际应用中发挥其应有作用,以及其应用成果是否有效、是否能为土地管理部门决策提供科学依据,取决于其是否具有较高的可靠性,如规范性、一致性、安全保密性、检错及纠错能力、抗病毒能力等。因此,在系统设计中,需要以国家颁布的相关技术规程为标准,合理应用当前先进技术与成熟理论,确保系统的标准化、规范化和统一化,并争取提高系统开发的创新性;同时,系统设计应时刻以目标为导向,确保阶段实施与整体规划相一致;此外,系统应具备定期数据备份和分级权限设置等安全性功能,为系统运行保驾护航。

4)灵活性原则

为应对复杂的外部环境,系统应具有很强的适应能力以及良好的可移植性和可维护性。一方面,应尽可能使程序代码与图形数据库、属性数据库分离,使整个图形数据和属性数据都有相对的完整性和一致性,这也有利于增强应用程序的扩展性;另一方面,系统设计人员要从通用的角度考虑系统设计,使系统结构尽可能清晰合理,易于理解与维护。

三、土地信息系统总体设计

(一)子系统及接口设计

根据土地信息系统各功能的聚散和耦合程度、部门划分、处理过程相似性、数据资源共享程度,可将土地信息系统划分为若干子系统或若干功能模块,构成系统的总体结构图,并对各系统或模块的功能进行描述。根据土地信息系统各总体功能,可将其划分为数据输入子系统、数据处理子系统和数据输出子系统三大部分。图 9-5 和图 9-6 分别为两个土地信息系统的总体结构示意图和控制结构示意图。

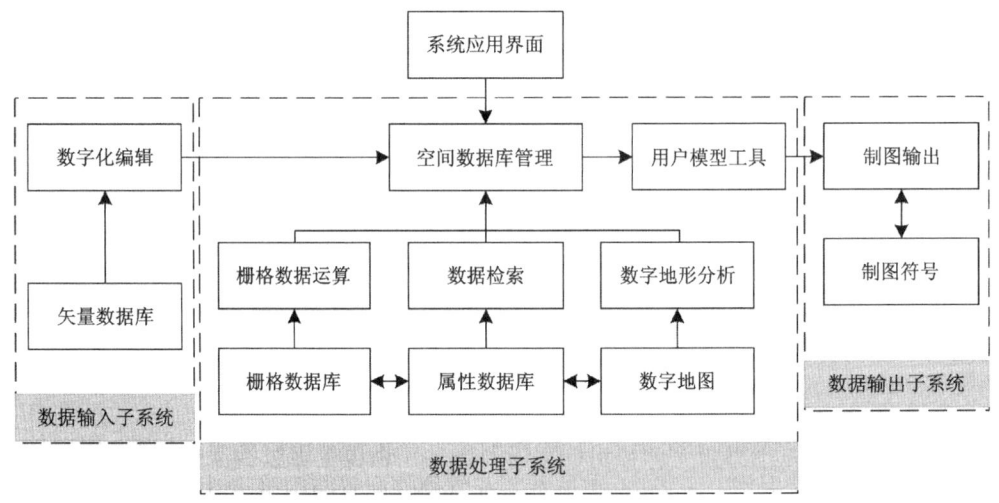

图 9-5 某土地信息系统的总体结构示意图

各子系统或模块作为整个土地信息系统的一部分,相互间的联系表现为功能调用、信息共享、信息传递等,故应对其接口方式、权限设置进行设计。例如,土地信息系统可划分为基础信息、规划信息、房地产管理、地籍管理、土地利用管理等子系统,相互间都要共享有关的基础数据,同时存在相互的调用,应对调用方式、数据共享权限等做出严格的规定与设计。

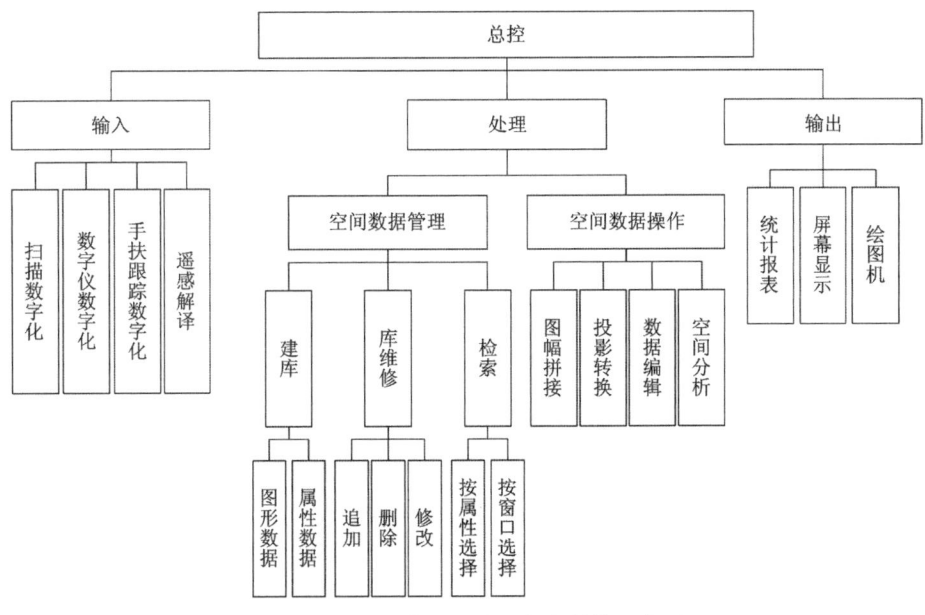

图 9-6　某土地信息系统的控制结构示意图

（二）硬件配置设计

土地信息系统硬件配置的基础是计算机内部的各种类型硬件。这些硬件主要包括：①计算机：工作站、微机、便携式计算机；②数据输入设备：数字化仪、扫描仪等；③数据输出设备：图形终端、绘图仪、打印机、硬拷贝设备等；④存储设备：磁带机、光盘机等。

硬件配置设计需要从使用者的实际需求出发，给出土地信息系统的硬件设备。如图 9-7 所示，可以把土地信息系统的输入设备、存储设备、输出设备、计算机、服务器等连接起来。计算机通过局域网向服务器发出数据查询、数据分析和控制输出的请求之后，服务器作出回应，并提供服务。

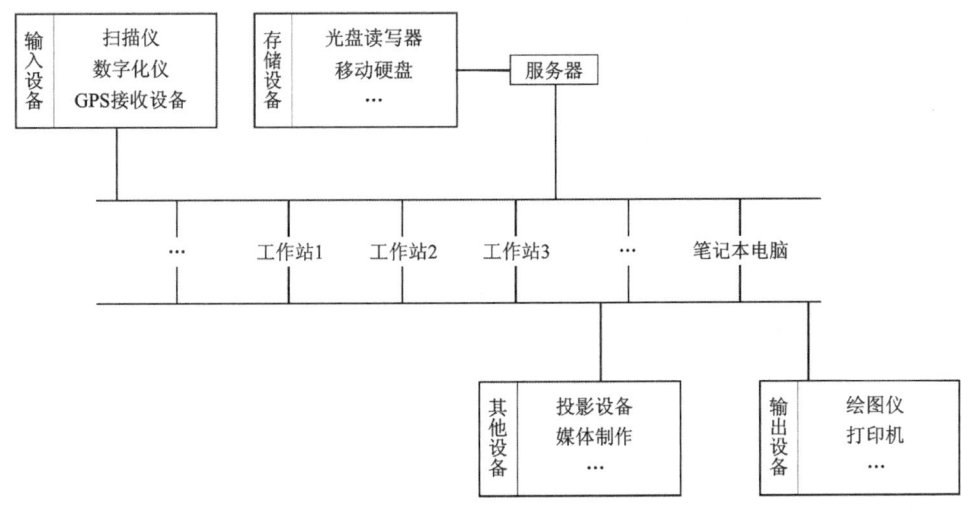

图 9-7　土地信息系统硬件系统的配置

(三)软件功能结构设计

在进行软件功能结构设计中须遵循以下基本原理:

(1)模块化原理。模块化指的是把整个程序分成许多小模块,并且每个小模块都有自己独特的用途。功能模块向下可以调用完成功能模块中某一具体操作的操作模块,几个功能模块结合形成一个新的模块,然后完成上一层即子系统的功能模块,各个子系统集成完成系统的功能。模块化的原理可以使软件的结构更加清晰,便于开发设计和用户理解。

(2)抽象化原理。功能模块化也体现了抽象化原理,需要逐步由抽象到具体地进行复杂的系统设计。与模块化解法相对应的各个层次而言:最顶层的是最抽象的,使用问题环境语言以概括化的方式叙述问题解法;在较低级的抽象层中,使用面向问题和面向实现的术语来描述问题解法;在最低级的抽象层中,可以完全使用面向实现的方法进行叙述。

(3)信息隐蔽原理和局部化。信息隐蔽原理是指在对模块进行设计和确定时,使一个模块内所包含的信息不能被非必要的信息模块所获取。局部化是指把一些关系紧密的软件元素物理地彼此靠近放置。

(4)模块独立化。开发出具有独立功能并且与其他模块不会有过多交互作用的模块,才能实现模块的独立性。模块的独立性由内部聚合和耦合两个定性指标来衡量。内部聚合是指模块内部各要素之间的紧密联系程度;耦合衡量是指不同模块之间相互依赖的紧密程度。

四、土地信息系统详细设计

(一)模块功能设计

详细设计是总体设计中对已划分的各个子系统或模块进行更深层次的细化设计。根据内聚度、耦合度、功能完整性、可修改性等因素,将模块进一步细分,形成功能独立、规模适当的模块,并要求各模块高内聚、低耦合(即内部紧密、块间松散),并对各个模块进行设计,绘制出各个模块的结构组成图,并对各个模块的功能和内容进行详细的说明。

在进行土地信息系统设计时,由于各级系统的目标不同,因此要求的功能也不尽相同,常用的模块功能有数据采集模块功能、图形处理模块功能(详情见第七章)、制图输出模块功能、空间分析模块功能(详情见第七章)、地形分析模块功能(详情见第七章)和图像处理模块功能。

其中,图像处理模块为确保系统的动态与现势性,及时利用遥感数据更新系统内容,需要运用一些遥感技术的功能。该模块包括以下基础功能:①遥感数据的录入;②图像显示、操作、坐标量测以及色调的变更等;③几何校正,把存在几何畸变的图像进行校正处理,来消除变形;④图像增强,根据分析目的不同对图像进行彩色合成、灰度变换等处理,方便分析者比较清楚地识别出图像的内容;⑤特征提取,把遥感图像的特点提取出来并进行量化处理;⑥栅格数据矢量化处理;⑦地面定位,利用地理数据三角点、地图数据、全球定位系统(GPS)与遥感图像匹配;⑧输出功能,具有胶片输出和数字输出功能。

（二）数据库设计

土地信息数据库的应用效果取决于良好的数据结构设计，数据的完整、正确且精练地表达及无误差传播，数据质量和标准化程度以及数据的维护更新能力。根据土地信息数据库目的与任务的不同，其数据库设计需达到以下目标：

(1)数据的完整性和正确性。完整性指的是保障数据的完整，无缺漏。正确性是指能够把事物的本身特性准确地表现出来，从而达到保障数据质量的目的。

(2)数据的一致性、通用性和简洁性。一致性是指在数据库中对同一事物使用相同的数据格式和数据编码。通用性是指操作同一个信息系统，可以用不同的数据形式进行表达，比如对于同一个图件中，矢量和栅格数据同时存在，两者之间也需要进行转换，但最终的信息产品必须考虑到数据的普遍性和规范化。简洁性是指在不破坏数据完整性的情况下，尽可能把数据表达清楚。数据的表达简洁程度越高，冗余程度越低，系统的工作效率也就越高。

(3)数据的现势性。要持续地反映真实的社会状况，就需要建立良好的数据供应网络和数据共享机制，将动态的信息随时储存起来，使之能够及时地向领导和相关部门提供可靠信息。

(4)数据的快速查询能力。在当前的地理信息系统的软件环境下，为了提高空间数据的检索效率，必须要制定一个合理的数据结构和数据文件组织方式，还要对查询目标进行预测以及设计查询流程。土地信息数据库建设完成后，需要对相关信息进行快速便捷的查询，其中包含条件查询与非条件查询、利用图斑查询属性和利用属性查询图斑的双向查询等。

(5)数据的维护和更新能力。除了数据库管理系统提供数据维护和更新能力之外，重要的是保证数据源的更新措施，制定合理的资料加工方法和新的数据入库和插入的技术路径，而且必须配备专人从事数据库的维护和更新。

土地信息数据库系统的设计，是以系统分析的结果为依据的，并且是在系统配置方案大体确定后再行展开的工作。设计的内容一般包括数据库结构设计和运用设计两项具体内容，其中数据库结构设计是整个系统设计的核心。数据库结构设计和运用设计工作，必须在对于数据库管理系统（DBMS）的特征的基础上进行。因而，通常也把有关数据库管理系统（DBMS）的研究放在数据库系统设计工作内容之中。

1. 数据库管理系统研究

有关数据库管理系统（DBMS）的研究，是在确定土地信息数据模型的情况下，进一步对数据管理技术的确定。这项工作共包括对数据描述模式、数据操纵和数据库管理例行程序的研究三部分内容。

计算机专家和数据库开发专家的共同努力，为上述三部分具体研究工作已经奠定了良好的基础。但是就一般性数据库系统设计而言，如果并不是就数据库管理系统（DBMS）开展专业性深入研究，而仅就上个具体数据库的创立而开展的关于这一管理系统的研究，那么实际上可以简单地归结为仅就数据描述语言、数据操纵语言和程序运用的选择或重组。

2. 土地信息数据库结构设计

该步具体可分为三个阶段:概念设计、逻辑设计和物理设计。

1)概念设计

将需求分析得到的用户需求抽象为信息结构即概念模型。数据库概念设计是从抽象的角度来设计数据库,是从用户的角度对现实世界进行的一种信息描述,由构造实体的基本元素和反映这些基本元素之间联系的信息所组成。概念模型是现实世界到信息世界的抽象,具有独立于具体的数据库实现的优点,因此是用户和数据设计人员之间进行交流的语言。概念设计通常采用自顶向下、自底向上、逐步扩张、自顶向下与自底向上相结合的方法。无论采用哪种方法,一般以实体-关系模型(E-R模型)为工具来描述概念模型。

定义概念模式的基本观点是,现实世界是由实体之间的关系组成的。实体是可以用数据(资料)记录下来的客观事物,某个实体元素可以是几个实体集合的元素。关系是两个或两个以上实体之间的联系。一个实体集合与另一个实体集合通过一定关系联系起来,再将两个实体集合中的各个实体联系起来,这样所构成的新的集合,称为关系集合。两个集合的关系可以是一对多、多对一或多对多。

在对数据的实体集合、关系集合进行分析之后,为面向使用要对数据与系统职能的关系进行分析。职能反映着用户对数据共享的一般要求和建库的目的,是库管理的基本对象。以信息需求调查结果为基础,对职能进行分析,从而得到各种需求所构成的集合。

在获得了各个职能概念模式的基础上,组合出一个全局的统一概念模式称为概念模式的建立。其中包括:对冗余或重复的实体、关系或属性的检查处理;为将来不断完善概念模式所设计的便利接口;为概念模式的扩充所预留的储存容量;建立一个系统的、对已有或后来的文件数据能进行对比验证的实体-关系模型。

2)逻辑设计

对所有数据进行综合分析和合理的布局性技术安排,最终应用到数据集中的结构性实施方案,称为数据库的逻辑设计。整个库的结构以数据全局逻辑结构为基础,关于这方面设计的优劣,将直接关系到库的使用效率、存取速度、灵活性、经济性和可靠性等指标值的高低。因此,建立坚实可靠的数据逻辑结构需要更加全面周密的综合性考虑。

逻辑设计,是在概念模式的指导下,将原始数据依据概念模式的要求进行分解合并,并且重新组织起新的相互间联系,从而确定整个数据集的逻辑结构。逻辑设计的具体工作包括标识关键码和属性、确定记录结构、选定文件的组织形式、建立文件的相互联系、确定查找的基本原则等。

3)物理设计

数据库逻辑设计之后,为把数据有效地存放到储存设备上,需要物理性地对数据的计算机载体部分作出安排,并将这种安排设定为具体工程的依据,这一过程称为数据库物理设计。物理设计的主要工作内容包括数据的物理表示方法、确定数据存取方法、确定数据块的大小规模、确定缓冲区的规模、估测数据库所需要的储存容量。

3. 运用设计

运用设计是指数据库面向运用所需要进行的技术设计工作,主要由字典/目录设计、基本功能设计、输入/输出设计和安全保密设计四部分内容组成。

1)字典/目录设计

数据库字典/目录的建立是指将库中所有程序和数据项名称统一编制成册,名称具有唯一性,并依据一定的规则分类存放,使其成为数据库不可分割的组成部分。其中,关于字典/目录的计算机化编排,称为库字典/目录设计。库字典/目录设计工作所涉及的内容广泛,归纳起来主要有以下四个方面:①关于数据的描述,包括数据项,数据用途,数据来源,数据集(文件)分类,数据记录等;②关于模式的描述;③关于处理功能的描述括,包括处理分类、作业方式和应用模块目录等;④关于用户的描述,包括用户的级别、个别库的情况、使用登记和用户已有常用程序记录等。其中,关于数据的描述是库字典/目录中最主要的部分。关于数据的说明,已经初步形成规范性内容,包含标号、标识符、注释信息、检索信息。另外,为便于计算机技术人员或数据库物理设计人员维护数据库,在库字典/目录中还包括一部分仅供计算机处理使用的有关技术性信息,如关于数据位数、数值精度和存取方法的有关处理程序的情况等。

数据字典用途体现在:①在系统分析阶段,用来定义数据流程图中各个成分的属性含义;②在设计阶段,提供一套工具以维护对系统设计说明的控制,帮助设计人员保证在早期阶段所确定的需求与实现一致;③在实现阶段,提供了元数据描述(数据库中的数据)的生成能力;④在运行和维护阶段,可帮助数据库重组织和重新构造;⑤在调度阶段,辅助产生测试数据,提供数据检查的能力;⑥在使用阶段,可以作为"用户手册"。

2)基本功能设计

基本功能是指数据库管理员所进行的有关数据库处理。基本功能主要有:①数据采集和装入功能,由规定所采集数据内容和书写格式的程序以及相应的装入程序来执行;②数据自动处理功能,由一系列保证数据具有原设计方案规定特性的程序来执行,如其中各种统计、汇总程序就是用于保证数据完整性与一致性的;③数据库更新功能,由一整套用于数据库更新的程序来执行,实现库中的数据在实体块以及具体特征属性等不同层次水平上的更新处理。综上所述,基本功能设计,就是在建立数据库的过程中生成、调试上述各功能执行程序,或者对已有的程序进行适应性编排或组合。

3)输入/输出设计

输入/输出方面的设计,主要是指有关数据入库、更新以及输出结果形式等内容的功能设计。主要包括以下两个方面:①输入,执行初始数据的装入和以后更新数据装入的程序设计;②输出,执行基本功能时,输出结果的形式以及错误表形式的程序编制。

4)安全保密设计

为了保证数据库中的数据在管理、使用等方面遵循一定的保密安全准则,在数据库功能设计中,还需要设计一些能检验使用者身份的程序,以及能对违反保密准则的行为进行自动记录的程序,以便执行验证暗语、发出警告等任务。

常用的安全保密措施有以下几种：①暗语，运用已经指定的暗语鉴别用户的身份，以验证其合法。②加密，运用密码技术实行数据的保密，即以一种特定的数据变换手段，将需保密的数据变为一般人无法辨识的符号，这种变换过程称为加密。合法用户可以掌握将加密变形后的数据还原为原来形式的手段。加密后的数据还原为本来形式的过程，称为译密。可以执行加密和译密的程序称为密钥匙。③定义密码，在模式或子模式中定义密码，对用户查询范围实行限制。④安全原子，运用记录中的安全属性对用户的合法权进行验证。具体做法是，将记录划分成若干组，并规定每组记录具有相同等级的保密要求。每一个记录规定一个安全属性，相应的记录值有一个唯一的安全定义——安全原子。这样，有合法权的用户才能被允许在指定的安全原子里存取所有记录。

第三节 土地信息系统实施、开发与评价

一、土地信息系统实施

系统实施是土地信息系统建设付诸实践的阶段。在此期间，不仅耗时，还需要大量的人力、物力，所以要精心安排并周详计划。系统实施的主要内容是程序编制和调试、数据收集、数据库建设，以及技术培训、系统试验等。首先，硬软件工作人员要对土地信息系统设备进行安装和调试；然后，在适当的开发环境下，用某种程序语言实现详细设计中各个模块的功能；最后，进行程序调试、数据录入和试运行，建立能交付用户的实用系统。土地信息系统实施流程如图9-8所示。

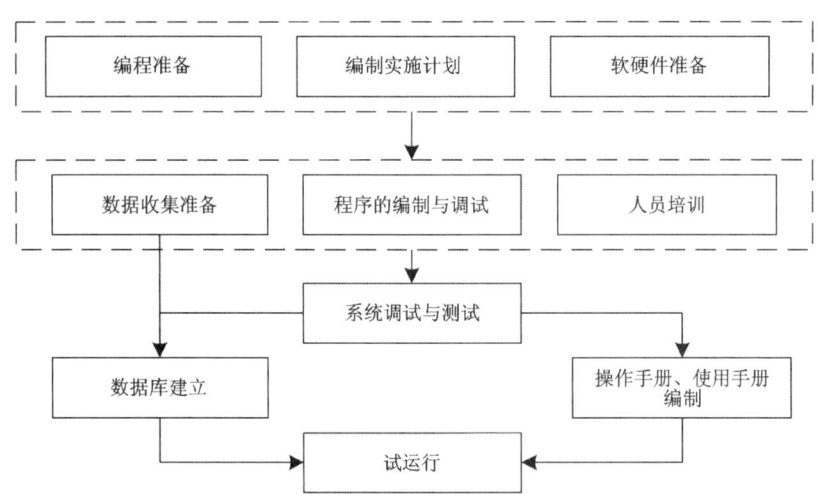

图9-8 土地信息系统实施流程

程序编制应力求规范化和通用化，已编制完成的程序需按照一定的格式标准配有程序说明，总体上可以采取以下几点：①程序名称；②程序功能；③程序计算方法；④程序使用方法；⑤需要的储存空间、设备和操作系统；⑥程序设计语言；⑦程序使用的数据文件；⑧其他有关说明等。按照以上各项功能需求选择出符合本单位需要的土地信息系统软件。

二、土地信息系统开发

(一)主要的软件开发方法

1. 结构化方法

结构化开发中的"结构化"指的是严格、可重复和可度量的开发方法。结构化方法是一种将问题从数据流的角度分解为可管理、相互关联的子问题,然后将这些子问题的解综合成为整个业务问题解的一系列技术的总称。结构化的本质是采用自顶向下、逐步求精、分而治之的方法。结构化系统设计的基本思想可以从以下三个方面表现。

(1)将一个复杂的系统分解成一个多层次的模块化结构。根据结构化设计,任何一个系统都有两个特征:一是过程特征,任意一个系统都可以看作是由若干个有序的过程组成;二是层次特征,系统中各个组成部分之间存在一种上下级之间的管辖关系、隶属关系。先将系统按照过程特征分解成几个模块,再按照层次特征将上述模块中的每一个模块分解成更小的模块,这样反复进行,从而使底层模块更加简化,最后将原本极为复杂的系统分解为多层次的模块化结构,如图9-9所示。

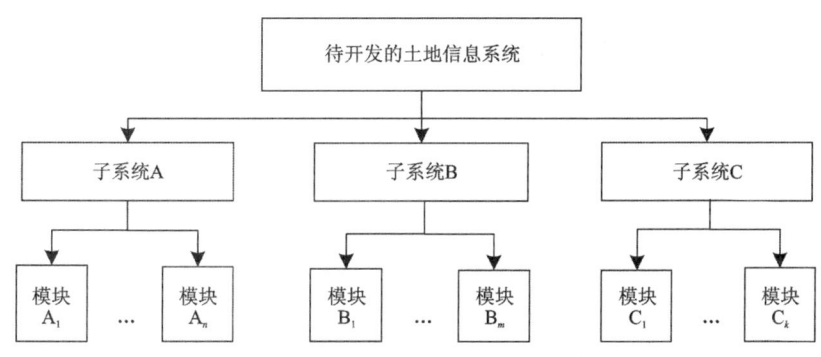

图9-9 信息系统的模块化开发

(2)每一个模块都尽量保持独立,尽可能地将每个模块作为一个独立的组成单元,模块之间的联系最低。

(3)用直观的手段或者工具表达系统的结构。结构化方法为系统开发人员提供了一套简明的图形表达工具,如数据流图、数据字典等,以及功能分析的表达方法,包括决策树、结构式语言等。

2. 面向对象的方法

在软件开发过程中经常会提到面向对象法,即站在对象维度来对其进行分析并提出解决方案。从普通人的世界观来看,可以将所有的东西进行分类、综合处理,然后描述它们的共同特征。在面向对象的系统中,整个世界就是一个独立对象的集合,对象与对象之间通过过程(在面向对象术语中称之为"消息")彼此相互联系。与结构化方法相比较,面向对象方法是一种融合了对象、类、继承、封装、聚合、消息传送和多态性等多种概念来构造系统的软件开发方法,其基本的工作思想是将系统中的问题划分为不同的对象,并根据对象的自然属性对其进行描述和建模。每个对象具有特定的状态和行为,并与其他对象之间建立联系和交互,每个对象负责处理自身的任务和逻辑,从而实现系统功能的组合和解决。

在面向对象的方法中,整个软件系统由对象组成,对象是系统的基本构建块,每个对象都有自己的内部状态(属性、数据)、性质(行为、方法)、知识和处理能力。类和继承是用来描述对象的重要概念,类是对一组具有相似属性和行为的对象进行抽象和分类的模板,继承允许从一个类派生出子类,子类会继承父类的属性和行为,并可以在此基础上扩展和特化。通过类和继承的组织和关系,可以建立系统的求解模型,并描述系统的结构和行为。对象之间通过消息传递进行通信。消息的发送和接收使对象之间建立了联系和交互,从而实现了系统的功能和协作。通过对象的抽象、封装和交互,面向对象的方法能够提供一种自然、直观的描述和求解问题的方式。

从设计理念上来说,传统的软件系统开发模式可以分为自上而下和自下而上两种模式。目前常用的结构化方法是自上而下的方式,总是从最大的问题着手,避免被琐碎的细节所束缚,从而减少难度,直至适当的时候,再去考虑实现的细节。而自下而上则相反,从解决基本的简单问题开始,然后逐渐发展出解决复杂问题的能力,直至解决问题的全部。总体来说,面向对象的方法既非自上而下也非自下而上。一方面,面向对象的方法鼓励人们从最基本的、最简单的方面着手,从对象的角度考虑问题的解决方案,然后抽象并确定类,得到具有一般性的解决问题的方法;另一方面,面向对象的方法需要人们面向目标,思考为达到这一目标该如何建立这些基础的对象,体现出了从上到下的思维方法。

3. 原型化方法

原型化方法首先是要建立一个功能和结构较为简单的软件系统,这个系统称作原型系统,然后再经过一步一步地改进原型系统,并进行扩展和优化,最后构建出一个完整的软件系统。原型在这里是指模型,而原型系统就是应用系统的模型。它是待构建的实际系统的缩小比例模型,但是保留了实际系统的大部分性能。这个模型可在运行中被检查、测试、修改,直到它的性能能够满足用户的要求。因而这个工作模型可以迅速地转换成原样的目标系统。

原型化方法的基本思想是:在系统开发的初始阶段,初步调研用户的需求,快速构造一个可以工作的系统雏形(原型)。让用户使用该模型,并听取他们的想法,对原型进行修正,对新数据、数据结构、应用模式进行补充,以构成新的原型。在经过多次迭代之后,可以实现用户和开发人员的充分交流,消除各种误解,形成明确的系统定义及用户界面要求。至此,或在最后原型的基础上进行改进和完善,使之成为实际生产运行的系统;或放弃原有的原型,开发一个新系统。

原型化方法具有以下特点:①最突出的特征是引入了迭代的概念;②始终强调用户的参与;③在用户需求分析、系统功能描述以及系统实现方法等方面具有较大的灵活性;④可以对若干种不同设计方案进行评估;⑤可以用来建立系统的某个部分;⑥与传统方法是互补的,不排斥传统生命周期法中采用的大量行之有效的方法、工具。

4. 基于构件的开发

基于构件的开发(Component-based Development, CBD)是一种软件开发方法,它通过复用构件库中的软件构件来高效、高质量地构建应用软件系统。CBD基于一定的构件模型,并通过组合构件的方式来构造软件系统,多个构件协作完成一定功能。

在CBD中,软件构件被定义为具有特定契约接口和显式语境依赖的结构单元。接口是用户与构件发生交互的连接渠道,构件接口的规格说明可以为第三方理解和复用构件提供帮助,类似能够精确描述构件可提供功能的"契约"。语境是指构件依赖的组装环境,虽然构件可以独立部署,但是很多时候,构件会用到其他构件或平台提供的服务,与第三方进行整合和使用。

构件技术已经成为计算环境中的重要组成部分,并得到了广泛支持和应用。在分布式和企业级应用软件系统中,构件化被视为解决维护、扩展和升级的关键途径。然而,尽管CBD的概念、方法和工具已经存在,但由于缺乏成熟的CBD开发方法,软件行业尚未完全过渡到CBD软件开发范式。目前,CBD面临一些关键问题需要解决。首先,需要建立一个完善的CBD概念框架,利用数学方法对构件相关概念进行形式化建模。其次,需要具备切实可行的构件描述方法和技术。还需要为CBD的开发流程建立合理的过程模型,并提供支持描述技术和过程模型的辅助开发工具。这些工具应该能够支持构件的开发、应用系统的实现以及文档的生成。

(二)软件开发的基本策略

1. 复用

复用就是指"利用现成的东西"。被复用的对象可以是有形的物体,也可以是无形的成果。复用的内涵包含提高质量与生产率两方面。根据现有软件开发经验,即使是一个新的系统,其大部分都是应用了很长时间,在多个系统中多次利用、已经相当成熟的内容,只有小部分内容具有创新性。一般来说,成熟的东西质量相对较高,也更为可靠,工作追求的高生产率可以通过复用来快速实现。

把复用的思想用于软件开发,称为软件复用。软件复用可以理解为:基于已有的软构件,通过组装或加以修改形成一个新的软件系统。所谓软构件,即具有一定集成性和可再利用的软件组成单元。正如上文所说,软构件经过多次使用已经相对成熟,通过复用开发的软件系统质量也相对高。此外,合理的复用方式可以减少软件开发的工作量,降低软件开发成本,进一步提高生产率。

2. 分而治之

分而治之的思想来源于人们的日常生活与工作经验,人们常会把一个难以解决的复杂问题,分解成一些单一问题,然后再逐个击破,这种思想在科学技术开发领域也相当实用。对于软件开发者而言,在"分而治之"的过程中要考虑的问题就是:分解后的单一问题能否用程序实现?若能实现,这些程序集成的软件系统能否有效地解决原始的复杂问题?

3. 优化-折中

软件优化是对软件各方面存在的问题和漏洞进行修复以提高软件运行效率和用户体验,如提高内存资源利用率、改善用户界面、增强3D图像逼真等。要做好优化工作,就需要有正确的认识:优化工作是程序开发出来以后必须长期坚持的工作,需要形成责任意识。只有这样,开发人员才会不断改进软件算法、数据结构和程序组织,进一步提高软件质量和用户体验。

优化工作的复杂性在于:许多目标之间有着密切的联系,当无法使所有的目标都达到最优时,必须采取折中策略。软件中的折中策略是指通过协调各个质量因素,实现整体质量的最优。在软件开发中,一个很重要的原则就是不能让一方失去关键的职能,也不能完全抛弃一方。

(三)系统开发管理的基本原则

开发效率的提高可以通过软件工程中的一些技术和方法实现,例如结构化、面向对象法等,但软件开发过程管理也至关重要,在效率提高方面的作用不可忽视。即使每一个软件开发流程和管理都有其独特性,但其中有些共同的原则适用于所有的软件开发,同样地,这些原则也可以应用到土地信息系统软件的开发中。

(1)制订分阶段的生命周期计划:由于在软件生命周期中各项工作性质不同,该原则就是把软件的生命周期划分成几个阶段,然后制订需要严格执行的计划来管理软件的开发和维护。一般情况下,主要包括以下几种:项目概要计划、里程碑计划、项目控制计划、产品控制计划、验证计划和运行维护计划。

(2)坚持阶段评审:软件的品质保障应该贯穿软件开发始终,因为大多数的错误发生在编码开始前,若在编码完成后才进行评审,那时发现错误的成本会远高于在过程中发现错误,在每个阶段都进行严格评审可以避免该情况的发生。

(3)实行严格的产品控制:在实际的软件开发过程中,用户的需求会发生变化,偏离最初的计划,如果一直满足用户的需求变化,代价将不可控,所以需要进行严格的产品控制,而最常用的方法就是配置管理。

(4)采用现代程序设计技术:应用实例证明现代的程序设计技术(比如结构化分析、设计、编程技术以及面向对象的分析、设计、编程技术等)相比于传统的程序设计技术有着更高的开发效率和可维护性。

(5)结果应能够清楚地审查:软件产品开发的工作过程很难被评估和管理,为了保证产品质量和明晰责任分工,需要根据软件开发的总目标和进度,规定开发组织的责任和产品标准,提高开发过程的可见性,同时能够更清楚地审查软件开发工作。

(6)开发团队成员要少但要精干:不同素质员工的开发效率差距极大,软件开发团队成员的素质要高,但是数量也不能太多,否则会造成沟通困难。

(7)承认不断改进软件工程实践的必要性:随着技术的发展,应当积极地采用新技术,并不断地总结经验和完善工程实践。

（四）土地信息系统开发方式

总体上说，土地信息系统设计开发主要采取以下三种方式。

1）独立开发

这种方式是由开发设计人员在整个系统开发过程中，利用基础编程语言，在特定的开发平台上进行独立设计。他们负责数据采集、分析处理和数据输出等任务，不依赖于其他GIS工具软件。独立开发需要具备编程技能和系统设计经验，能够根据需求进行系统架构和功能设计，并实现相应的功能模块。

2）宏语言开发

宏语言开发是利用地理信息系统工具软件作为开发平台，根据不同的应用对象和服务内容进行系统设计开发。宏语言开发常见的地理信息系统工具软件，有 MapBasic、Avenue 等。这种开发方法相对于编程人员而言，易于掌握和应用，相对不复杂，但是在功能实现方面略有不足，开发的应用程序运行效果不理想。

3）集成的二次开发

开发人员通过 Mapinfo、Arcview 等专业地理信息系统软件完成土地信息系统的基础功能配置，再通过 VC、VB、Delphi、PB 等通用的开发平台进行下一步开发。目前，OLE/DDE方法和地理信息系统控件方法是土地信息系统开发的主要方法。

OLE/DDE方法：采用 OLE Automation 技术或 DDE 技术，通过通用的开发平台实现前台应用程序的开发。然后利用 OLE Automation 方式或 DDE 方式调用后台的地理信息系统工具软件，利用其完成地理信息系统相关功能。通过回调技术，将地理信息处理的结果实时反馈给前台应用程序。这种方法可以实现前台应用程序与后台地理信息系统软件的交互和集成，利用后台地理信息系统软件提供的功能来处理地理信息。

地理信息系统控件方法：将基于 OCX 技术的地理信息系统功能控件直接嵌入到通用开发平台所开发的应用程序中。这样可以将地理信息系统功能集成到开发系统中，实现地理信息处理的相关功能。常见的地理信息系统功能控件包括 MapInfo 公司的 MapX 和 ESRI 公司的 MapObjects 等。使用地理信息系统控件方式可以在开发系统中直接调用地理信息系统功能，无需使用专门的地理信息系统开发语言，开发过程相对简单且灵活，成本较低。

三、土地信息系统评价

系统评价是对设计的土地信息系统进行评估和比较，以确定系统是否达到预期的效果。评价通常从技术和经济两个方面进行，主要对下列各项指标进行考察。

(1) 系统效率：综合反映土地信息系统在职能、技术与经济等方面的表现。

(2) 系统可靠性：主要是土地信息系统的运行稳定性及其保障体系，要求事故发生率低，且能修复及时，数据文件能妥善保存，后备体系健全等。

(3) 可扩展性：土地信息系统是不断发展的，具有很强的生命力，要能够不断满足和适应增加的数据量与功能,所以,在系统设计的时候必须留有接口,这样在系统开发建设完成后,可以在不影响系统整体结构的同时增加功能模块。

(4)可移植性:土地信息系统的软件及数据库需要能在不同型号的机器设备上利用,即保证软件与数据的匹配、交换和共享,为此,需要土地信息系统按照统一的规定,即国家规范标准进行设计,包括数据表示、专业分类、编码标准、记录格式等。

(5)系统效益:分为经济效益和社会效益。土地信息系统应用的经济效益主要体现在提高生产力、减少盲目投资、减轻灾害损失等方面;社会效益主要包括信息共享的效果、数据采集和处理的自动化水平、地学综合分析能力、系统智能化技术的发展、系统决策的定量化和科学化、系统应用的模型化、系统解决新课题的能力,以及劳动强度的减轻、工作时间的缩短、技术智能的提高等等。土地信息系统经济效益的提高,需要走以市场为导向的产业化发展道路,形成信息市场。

另外还可以从软件质量的角度评价土地信息系统。软件质量在整个软件生命周期中都是一个非常关键的问题。在实际应用中,软件质量可从所确定的功能是否与性能需求一致,是否与所成文的开发标准一致,是否与所有专业开发的软件所期望的隐含特性一致三个方面来衡量。

一般来说,影响软件质量的因素可以分为如下两大类:①可以直接度量的因素(如单位时间内 1000 行代码中所产生的错误数);②只能间接度量的因素(如可用性或可维护性)。McCall 软件质量度量模型、ISO 软件质量度量模型、软件过程成熟度模型是对软件质量评估的常用模型。

1)McCall 软件质量度量模型

McCall 软件质量度量模型中的软件质量概念基于其正确性、可靠性、效率、完整性、可使用性、可维护性、可测试性、灵活性、可移植性、重用性和互连性。这 11 个特征分别面向软件产品的运行、修正和转移,如图 9-10 所示。

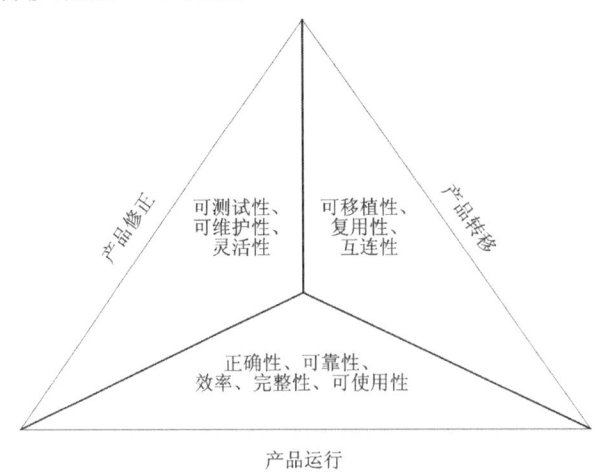

图 9-10 McCall 软件质量度量模型

同时,McCall 等人提出了一个三级模型框架,因为一般情况下,直接衡量上述 11 个质量属性是不容易的,McCall 通过定义一些评价准则,使用它们对反映质量特性的软件属性分级,以此来估计软件质量特性的值,如图 9-11 所示。

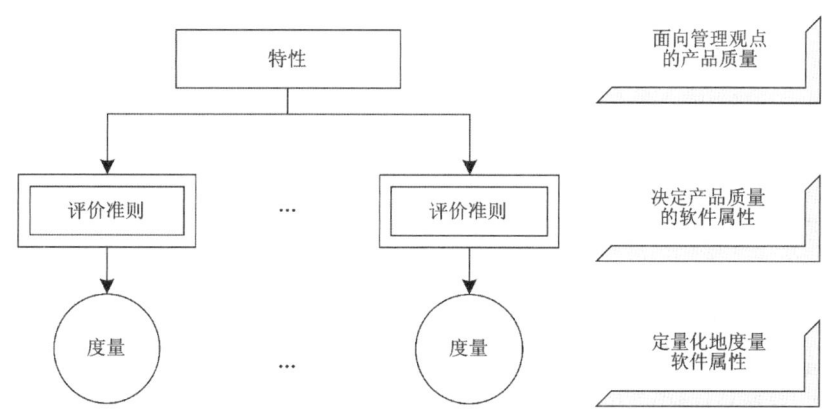

图 9-11　McCall 软件质量度量模型框架

2) ISO 软件质量度量模型

如图 9-12 所示,ISO 软件质量评估模式包含三个层次:①高层——软件质量需求评价准则(SQRC),关注软件质量的特性,即软件所满足的一般性要求和目标;②中层——软件质量设计评价准则(SQDC),关注软件质量的子特性,即软件质量特性的更详细的划分,它提供了一组评价准则,用于评估软件设计阶段中与软件质量子特性相关的方面;③低层——软件质量度量评价准则(SQMC),关注软件质量的度量,即通过具体的度量方法和指标来评估软件在各个质量特性和子特性上的表现。ISO 的观点是在全球范围内,应对高层和中层建立国际标准,在国际范围内推广软件质量管理技术,而低层的则可以根据各单位具体的情况自行设计。ISO/IEC 9126(1991 年发布)是一个软件质量的评估标准,后被 2011 年发布的软件质量标准 ISO/IEC 25010:2011 取代。

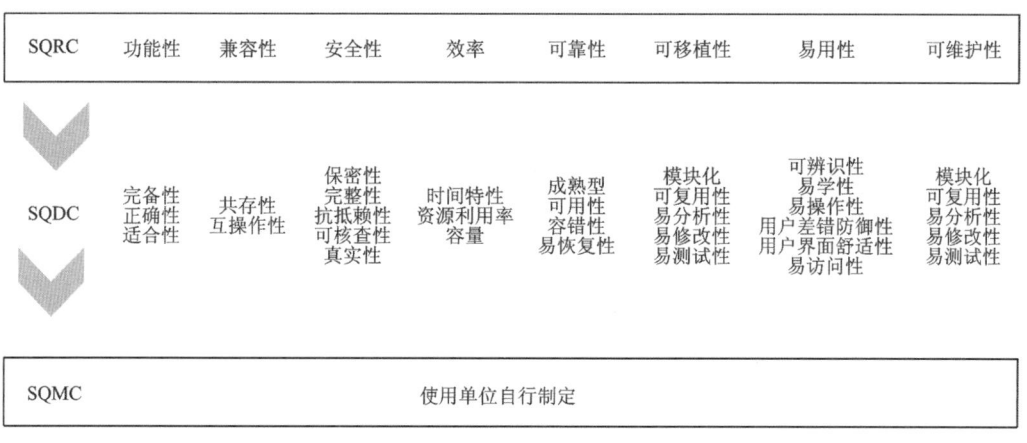

图 9-12　ISO/IEC 25010 质量模型

3)软件过程成熟度模型

软件过程成熟度是指一个具体的软件过程在定义、管理、度量、控制和实现效果方面的程度。而软件过程成熟度模型(capability maturity model,CMM)则是为了描述和分析软件过程能力的发展程度而建立的一个分级标准。CMM模型通过将软件组织的软件过程能力划分为不同的成熟度级别,从初始级别到优化级别,具体如图9-13所示,为组织提供了一个评估自身过程成熟度的框架。各级别的主要特征如下:

(1)初始级(initial level):

①软件过程混乱,缺乏明确定义的规则和步骤。

②软件过程无法预测,项目成功依赖于个人努力和专业人才。

③管理和工作无序,项目成果不稳定。

(2)可重复级(repeatable level):

①建立基本的项目管理过程,跟踪成本、进度和功能。

②使用先前在类似项目上取得成功的过程准则进行重复。

(3)定义级(defined level):

①软件过程已被文档化、标准化,并成为整个组织的标准过程。

②所有项目都采用基于标准过程的定制化过程进行软件开发和维护。

③过程控制好,制度完善,责任明确。

(4)管理级(managed level):

①制定了软件过程和产品质量的详细度量标准。

②开发组织的成员理解和掌握软件过程和产品质量要求。

③过程和质量受到管理的监控和控制。

(5)优化级(optimizing level):

①强调定量分析,持续改进软件过程。

②利用过程质量反馈和新观念、新技术的反馈来改进过程。

③不断寻求提高软件过程能力和效率的机会。

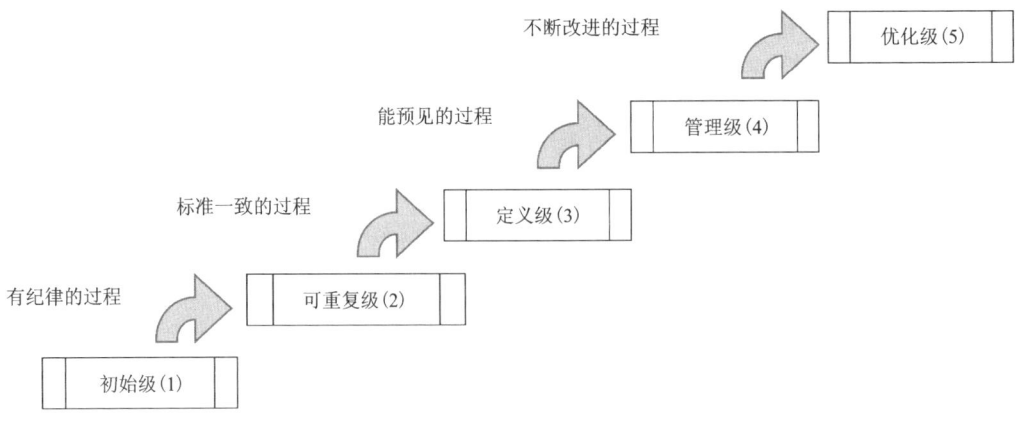

图9-13 CMM模型的五层结构

此外，CMM 模型定义了每个成熟度级别的关键过程范围（表 9-1），一个软件组织想要达到某一成熟度级，就需要满足该范围内的每个目标，这实际上指导了软件组织如何达到更高一级成熟度。虽然 CMM 给出了每个成熟度级的特征和关键过程，但是没有阐述怎样才能实现更高层次的成熟度，没有提供具体的软件技术、人力资源管理等方面内容，这就要求应用 CMM 的组织在实践过程中根据具体情况相对灵活地操作。

表 9-1 软件过程成熟度级别的关键过程范围

软件过程成熟度	关键过程
初始级	按要求逐步改进
可重复级	需求管理；软件项目计划；软件项目的跟踪及监管；软件分包管理；软件质量保证；软件配置管理
定义级	组织的过程重点；组织的过程定义；培训计划；综合的软件管理；软件产品工程；组间协调；伙伴审查
管理级	定量的过程管理；软件质量管理
优化级	过程变更管理；缺陷防范；技术变更管理

知识要点与习题

知识要点

土地信息系统　土地信息分析　系统应用模型与方法　土地信息系统特征　土地信息系统建设的流程　土地信息系统设计　土地信息系统评价

习题

(1) 简述土地信息系统与其他信息系统的区别与联系。
(2) 简述土地信息系统建设的一般流程。
(3) 土地信息系统分析包括哪些内容？
(4) 试述土地信息系统设计的原则。

主要参考文献

阿布都艾尼·阿布都克热木,2018.测绘新技术在农村不动产权籍调查中的应用研究[D].西安:长安大学.

毕宝德,2020.土地经济学[M].8 版.北京:中国人民大学出版社.

陈百明,张凤荣,2001.中国土地可持续利用指标体系的理论与方法[J].自然资源学报,16(3):197-203.

陈军,周星,1999.土地信息系统的进展:1997—1998 文献评述[J].中国土地科学,13(3):38-45.

陈柯,韩清,孟美侠,等,2017.一种新的利用网络爬虫技术的土地价格指数编制方法[J].数量经济技术经济研究,34(3):128-144.

陈佑启,杨鹏,2001.国际上土地利用土地覆被变化研究的新进展[J].经济地理,21(1):95-100.

程啸,2007.不动产登记簿之研究[J].清华法学(4):64-81.

程啸,2012.论抵押权的实现程序[J].中外法学(6):1190-1207.

程学旗,靳小龙,王元卓,等,2014.大数据系统和分析技术综述[J].软件学报,25(9):1889-1908.

戴尔阜,马良,2018.土地变化模型方法综述[J].地理科学进展,37(1):152-162.

范子英,2015.土地财政的根源:财政压力还是投资冲动[J].中国工业经济(6):18-31.

扶卿华,倪绍祥,王世新,等,2007.土壤盐分含量的遥感反演研究[J].农业工程学报,23(1):48-54.

傅伯杰,1985.土地生态系统的特征及其研究的主要方面[J].生态学杂志(1):35-38.

高江波,蔡运龙,2011.土地利用/土地覆被变化研究范式的转变[J].中国人口·资源与环境,21(10):114-120.

高星,宋昭颖,李晨曦,等,2021.城乡梯度下的耕地多功能价值空间分异特征[J].农业工程学报,37(6):251-259.

高子为,孙伟伟,程朋根,等,2021.融合高分辨率遥感影像和POI数据的多特征潜在语义信息用于识别城市功能区[J].遥感技术与应用.36(3):618-626.

关泽群,刘继林,2005.遥感图像解译[M].武汉:武汉大学出版社.

国家测绘局,2010.低空数字航空摄影测量内业规范[M].北京:测绘出版社.

胡石元,2007.土地信息系统设计与建立[M].武汉:武汉大学出版社.

胡晓东,张新,屈靖生,2016.大数据架构的遥感资源存储管理方法[J].地球信息科学学报,18(5):681-689.

胡昱东,吴次芳,2009.我国农村土地整理中土地权属调整问题研究[J].西北农林科技大学学报(社会科学版),9(1):6-10.

胡月明,2001.土地信息系统[M].广东:华南理工大学出版社.

胡振琪,张子璇,孙煌,等,2022.2021年土地科学研究重点进展评述及2022年展望:土地工程与信息技术分报告[J].中国土地科学,36(3):127-138.

黄秉维,郑度,赵名茶,等,1999.现代自然地理[M].北京:科学出版社.

贾康,刘微,2012."土地财政":分析及出路——在深圳财税改革中构建合理、规范、可持续的地方"土地生财"机制[J].财政研究,(1):2-9.

贾文涛,刘峻明,于丽娜,等,2009.基于GPS和GIS的土地整理现场调查技术开发与应用[J].农业工程学报,25(5):197-201.

姜峰,徐桂秋,2019.大数据可视化技术[M].北京:人民邮电出版社.

敬定乾,何伟,赵晓全,等,2020.基于GWR模型的工业地价对不同行业工业扩散的影响研究:以成绵乐发展带为例[J].中国土地科学,34(4):58-68.

瞿诗进,胡守庚,李全峰,等,2018.城市住宅地价影响因素的定量识别与时空异质性:以武汉市为例[J].地理科学进展,37(10):1371-1380.

阚博颖,濮励杰,徐彩瑶,等,2019.基于GWR模型的南京主城区住宅地价空间异质性驱动因素研究[J].经济地理,39(3):100-107.

克里斯塔勒,2010.德国南部中心地原理[M].北京:商务印书馆.

匡文慧,2018.城市土地利用/覆盖变化与热环境生态调控研究进展与展望[J].地理科学,38(10):1643-1652.

雷依凡,路春燕,苏颖,等,2022.基于多源夜间灯光数据的城市活力与城市扩张耦合关系研究:以海峡西岸城市群为例[J].人文地理,37(2):119-131.

黎夏,叶嘉安,刘小平,等,2007.地理模拟系统[M].北京:科学出版社.

李建勤,2011.土地矿产卫片执法检查工作指南[M].北京:地质出版社.

李美娇,何凡能,杨帆,等,2018.元代前期省域耕地面积重建[J].地理学报,73(5):832-842.

李民赞,韩东海,王秀,2006.光谱分析技术及其应用[M].北京:科学出版社.

李少英,刘小平,黎夏,等,2017.土地利用变化模拟模型及应用研究进展[J].遥感学报,21(3):329-340.

李学龙,龚海刚,2015.大数据系统综述[J].中国科学:信息科学,45(1):1-44.

李晔,丁圆苹,2022.基于驱动因素控制的线性时变参数DLDGM(1,N)模型[J].中国管理科学,30(3):221-229.

梁凡,2019.云计算中的大数据技术与应用[M].长春:吉林大学出版社,36-46.

梁顺林,李小文,王锦地,2019.定量遥感理念与算法[M].2版.北京:科学出版社.

林子雨,2020.大数据导论:数据思维、数据能力和数据伦理[M].北京:高等教育出版社.

刘超,许月卿,刘焱序,等,2018.基于系统论的土地利用多功能分类及评价指标体系研究[J].北京大学学报(自然科学版),54(1):181-188.

刘成武,李秀彬,2006.1980—2002年中国农地利用变化的时序特征[J].农业工程学报,22(4):194-198.

刘道荣,焦森,2021.天然富硒土壤成因分类研究及开发适宜性评价[J].物探与化探,45(5):1157-1163.

刘家彬,张金亭,胡石元,2002.土地信息系统理论与方法[M].北京:测绘出版社.

刘黎明,2005.土地资源调查与评价[M].北京:中国农业大学出版社.

刘黎明,2010.土地资源学(第5版)[M].北京:中国农业大学出版社.

刘培君,张琳,艾里西尔·库尔班,等,1997.卫星遥感估测土壤水分的一种方法[J].遥感学报,1(2):135-138.

刘鹏,张燕,付雯,等,2018.大数据导论[M].北京:清华大学出版社.

刘茜,杨乐,柳钦火,等,2015.森林地上生物量遥感反演方法综述[J].遥感学报,19(1):62-74.

刘世梁,傅伯杰,刘国华,等,2006.我国土壤质量及其评价研究的进展[J].土壤通报,37(1):137-143.

刘彦随,2020.现代人地关系与人地系统科学[J].地理科学,40(8):1221-1234.

刘焱序,吴文恒,温晓金,等,2013.晋陕蒙能源区城镇化过程及其对生态环境的影响[J].地理研究,32(11):2009-2020.

刘耀林,何建华,2007.土地信息学[M].北京:科学出版社.

刘耀林,焦利民,2008.土地评价理论、方法与系统开发[M].北京:科学出版社.

吕成,2021.集体土地使用权转让的宪法依据及其规范解释[J].中国土地科学,35(12):36-43.

罗庆辉,徐泽源,许仲林,2020.天山雪岭云杉林生物量估测及空间格局分析[J].生态学报,40(15):5288-5297.

马蔼乃,2000.地理科学与地理信息科学论[M].武汉:武汉出版社.

马才学,2008.土地信息系统[M].北京:北京师范大学出版社.

马万钟,詹长根,朱小杰,2016.基于人地关系的土地管理数据模型研究[J].中国土地科学,30(6):3-13.

梅安新,彭望琭,秦其明,等,2001.遥感导论[M].北京:高等教育出版社.

倪绍祥,1999.土地类型与土地评价概论[M].北京:高等教育出版社.

宁津生,陈俊勇,李德仁,等,2016.测绘学概论[M].武汉:武汉大学出版社.

裴彬,潘韬,2010.土地利用系统动态变化模拟研究进展[J].地理科学进展,29(9):1060-1066.

彭建,王仰麟,刘松,等,2004.景观生态学与土地可持续利用研究[J].北京大学学报(自然科学版),40(1):154-160.

浦瑞良,宫鹏,2000.高光谱遥感及其应用[M].北京:高等教育出版社.

主要参考文献

乔治,蒋玉颖,贺曈,等,2022.土地利用变化模拟研究进展[J].生态学报,42(13):5165-5176.

秦萧,甄峰,李亚奇,等,2019.国土空间规划大数据应用方法框架探讨[J].自然资源学报,34(10):2134-2149.

任磊,杜一,马帅,等,2014.大数据可视分析综述[J].软件学报,25(9):1909-1936.

荣芳,杨成韫,1999.土地信息系统中若干技术问题的探讨[J].中国土地科学,13(2):45-48.

史同广,郑国强,王智勇,等,2007.中国土地适宜性评价研究进展[J].地理科学进展,26(2):106-115.

孙宪忠,2013.物权法的实施[M].北京:社会科学文献出版社.

孙宪忠,2014.不动产登记基本范畴解析[J].法学家(6):12-25+176.

孙亚楠,李仙岳,史海滨,等,2022.基于高光谱数据的盐荒地和耕地土壤盐分遥感反演优化[J].农业工程学报,38(23):101-111.

谭峻,林增杰,2011.地籍管理(第五版)[M].北京:中国人民大学出版社.

童陆亿,胡守庚,2016.中国主要城市建设用地扩张特征[J].资源科学,38(1):50-61.

童陆亿,胡守庚,杨剩富,2015.土地整治区耕地质量重估方法研究[J].中国土地科学,29(2):60-66.

童陆亿,罗素,吴佩,2023.武汉都市发展区住宅小区房屋间距达标率时空分异特征研究[J].地理科学,43(2):272-279.

王枫,董玉祥,2015.基于灰色关联投影法的土地利用多功能动态评价及障碍因子诊断:以广州市为例[J].自然资源学报,30(10):1698-1713.

王劲峰,葛咏,李连发,等,2014.地理学时空数据分析方法[J].地理学报,69(9):1326-1345.

王秋兵,2020.土地资源学[M].北京:中国农业出版社.

王书青,邓锟,2022.内蒙古煤矿矿山环境恢复治理遥感监测[J].地理空间信息20(9),50-52.

王万茂,2003.土地资源管理学[M].北京:高等教育出版社.

王万茂,王群,2021.土地利用规划学[M].北京:中国农业出版社.

王晓瑜,胡守庚,童陆亿,2016.团风县耕地资源价值及其空间分布[J].资源科学,38(2):206-216.

吴次芳,2008.土地资源调查与评价[M].北京:中国农业出版社.

吴次芳,2009.土地利用学[M].北京:科学出版社.

吴启堂,2015.环境土壤学[M].北京:中国农业出版社.

肖海燕,曾辉,昝启杰,等,2007.基于高光谱数据和专家决策法提取红树林群落类型信息[J].遥感学报,11(4):531-537.

肖军,2015.论城市规划法上的空中空间利用制度[J].法学家,(5):72-83+177-178.

徐涵秋,2005.利用改进的归一化差异水体指数(MNDWI)提取水体信息的研究[J].遥感学报(5):589-595.

徐颖,吕斌,2008.基于GIS与ANN的土地转化模型在城市空间扩展研究中的应用:以北京市为例[J].北京大学学报(自然科学版),44(2):262-270.

许宪春,王洋,2021.大数据在企业生产经营中的应用[J].改革(1):18-35.

薛冰,肖骁,李京忠,等,2019.基于POI大数据的沈阳市住宅与零售业空间关联分析[J].地理科学,39(3):442-449.

严金明,陈昊,夏方舟,2017."多规合一"与空间规划:认知、导向与路径[J].中国土地科学,31(1):21-27+87.

严金明,夏方舟,2015.中国土地科学学科范式框架构建研究[J].中国土地科学,29(2):30-37.

杨开忠,杨咏,陈洁,2000.生态足迹分析理论与方法[J].地球科学进展,15(6):630-636.

杨梦铎,李凡长,张莉,2015.李群机器学习十年研究进展[J].计算机学报,38(7):1337-1356.

杨青山,梅林,2001.人地关系、人地关系系统与人地关系地域系统[J].经济地理(5):532-537.

杨剩富,胡守庚,瞿诗进,2017.城市地价与城镇化水平空间分布关系:基于湖北省80个县(市、区)的测度研究[J].资源科学,39(2):325-334.

尹向东,邓木林,刘国威,2021.国土空间规划现状调查体系思考[J].规划师,37(2):41-44+49.

袁源,王亚华,周鑫鑫,等,2019.大数据视角下国土空间规划编制的弹性和效率理念探索及其实践应用[J].中国土地科学,33(1):9-16+23.

岳文泽,熊昌盛,2019.土地信息系统理论与实践[M].北京:科学出版社.

张定祥,2004.土地调查数据集成与存储技术现状及发展趋势[J].中国土地科学,18(6):40-56.

张继贤,刘飞,王坚,2021.轻小型无人机测绘遥感系统研究进展[J].遥感学报,25(3):708-724.

张亮,刘百祥,张如意,等,2019.区块链技术综述[J].计算机工程,45(5):1-12.

张龙其,王正军,苫洪华,2013.一种全站仪数字测图的新方法[J].测绘科学,38(4):141-143.

张雄,张安录,邓超,2017.土地资源错配及经济效率损失研究[J].中国人口·资源与环境,27(3):170-176.

张雁,谭伟,2009.国内外土地评价研究综述[J].中国行政管理(9):115-118.

张叶笑,冯广京,2017.基于时空锥理论的"多规冲突"和"多规合一"机理研究[J].中国土地科学,31(5):3-11.

章书寿,孙在宏,2014.地籍调查与地籍测量学[M].北京:测绘出版社.

赵瑞,崔希民,刘超,2020.GF-5高光谱遥感影像的土壤有机质含量反演估算研究[J].中国环境科学,40(8):3539-3545.

赵轩,彭建东,樊智宇,等,2020."双评价"视角下基于FLUS模型的武汉大都市区土地利用模拟和城镇开发边界划定研究[J].地球信息科学学报,22(11):2212-2226.

赵燕红,侯鹏,蒋金豹,等,2021.植被生态遥感参数定量反演研究方法进展[J].遥感学报,25(11):2173-2197.

郑新奇,韩荣青,刘金花,等,2008.土地管理地理信息系统[M].武汉:武汉大学出版社.

郑新奇,胡业翠,张春晓,等,2018.中国土地信息学30年发展研究[J].中国土地科学,32(1):90-96.

周勇,聂艳,2005.土地信息系统:理论·方法·实践[M].北京:化学工业出版社.

周志华,2015.机器学习[M].北京:清华大学出版社.

朱道林,2007.土地管理学[M].北京:中国农业大学出版社.

朱德举,1995.土地科学导论[M].北京:中国农业科技出版社.

邹利林,章丽君,刘彦随,2022.生态文明背景下国土空间功能研究:过去、现在与未来[J].地理科学进展,41(7):1312-1324.

ANEMA A,KLUBERG S,WILSON K,et al.,2014. Digital surveillance for enhanced detection and response to outbreaks[J]. The Lancet Infectious Diseases,14(11):1035-1037.

BENENSON I,1998. Multi-agent simulations of residential dynamics in the city[J]. Computers,Environment and Urban Systems,22(1):25-42.

COLLINS F S,VARMUS H,2015. A new initiative on precision medicine[J]. The New England Journal of Medicine,372(9):793-795.

COX M,ELLSWORTH D,1997. Application-controlled demand paging for out-of-core visualization[J]. Proceedings,97:235-244.

DAILY G C,1997. Nature's services:Societal dependence on natural ecosystems[M]. Washington:Island Press.

ELMQVIST N,DRAGICEVIC P,FEKETE J D,2008. Rolling the dice:Multidimensional visual exploration using scatterplot matrix navigation[J]. IEEE Transactions on Visualization and Computer Graphics,14(6):1141-8.

FILIP Z,2002. International approach to assessing soil quality by ecologically-related biological parameters[J]. Agriculture Ecosystems & Environment,88(2):169-174.

FOTHERINGHAM A,YANG W B,KANG W,2017. Multiscale Geographically Weighted Regression (MGWR)[J]. Annals of the American Association of Geographers,107(6):1247-1265.

GOODCHILD M F,2007. Citizens as voluntary sensors:Spatial data infrastructure in the world of Web 2.0[J]. International Journal of Spatial Data Infrastructures Research,2:24-32.

GUO Z,FANG J,PAN Y,et al.,2010. Inventory-based estimates of forest biomass carbon stocks in China:A comparison of three methods[J]. Forest Ecology & Management,259(7):1225-1231.

HERMAN I,MARSHALL M S,2002. Graph visualization and navigation in information visualization:a survey[J]. IEEE Transactions on Visualization & Computer Graphics,6(1): 24-43.

HERMAN I, MELANCON G, MARSHALL M S, 2000. Graph visualization and navigation in information visualization: A survey[J]. IEEE Transactions on Visualization and Computer Graphics,6(1):24-43.

HOFMANN-WELLENHOF B, LICHTENEGGER H, WASLE E, 2007. GNSS-Global Navigation Satellite Systems: GPS, Glonass, Galileo and More [M]. Berlin: Springer Science & Business Media.

HU S G,CHENG Q M,WANG L,et al. ,2012. Multifractal characterization of urban residential land price in space and time[J]. Applied Geography,34:161-170.

HU S G,CHENG Q M,WANG L,et al. ,2013. Modeling land price distribution using multifractal IDW interpolation and fractal filtering method[J]. Landscape and Urban Planning,110:25-35.

HU S G,TONG L Y,FRAZIER A E,et al. ,2015. Urban boundaries extraction and sprawl measurement using Landsat images: A case study in Wuhan, China[J]. Habitat International,47:183-195.

HU S G, YANG S F, LI W D, et al. , 2016. Spatially non-stationary relationships between urban residential land price and impact factors in Wuhan, China[J]. Applied Geography,68:48-56.

INAN H I, SAGRIS V, DEVOS W, et al. , 2010. Data model for the collaboration between land administration systems and agricultural land parcel identification systems[J]. Journal of Environmental Management,91(12):2440-2454.

IRWIN E G, 2010. New directions for urban economic models of land use change: Incorporating spatial dynamics and heterogeneity[J]. Journal of Regional Science,50(1): 65-91.

JOÃO E M,1998. Causes and consequences of map generalization [M]. Florida: CRC Press.

LIANG S L,LIU Q H,YAN G J,et al. ,2019. Foreword to the special Issue on the recent progress in quantitative land remote sensing: Modeling and Estimation[J]. IEEE Journal of Selected Topics in Applied Earth Observations and Remote Sensing, 12 (2): 391-395.

LIANG X, GUAN Q F, KEITH C C, et al. ,2021. Understanding the drivers of sustainable land expansion using a patch-generating land use simulation (PLUS) model: A case study in Wuhan,China[J]. Computers,Environment and Urban Systems,85:101569.

MAGLIOCCA N R,VLIET J,BROWN C,et al. ,2015. From meta-studies to modeling: Using synthesis knowledge to build broadly applicable process-based land change models

[J]. Environmental Modelling & Software,72:10-20.

MILINOVICH G J,WILLIAMS G M,CLEMENTS A C,et al.,2014. Internet-based surveillance systems for monitoring emerging infectious diseases[J]. The Lancet Infectious Diseases,14(2):160-8.

MINIKEL E V,VALLABH S M,et al.,2016. Quantifying prion disease penetrance using large population control cohorts[J]. Science Translational Medicine,8(322):322-329.

OOSTEROM P,LEMMEN C,INGVARSSON T,et al.,2006. The core cadastral domain mode[J]. Computers,Environment and Urban Systems,3(5):627-660.

PRICE S,1989. Modelling the temporal element in land information systems[J]. International Journal of Geographical Information Science,3(3):233-243.

PURVA G,KAR A K,2017. Big data analytics:A review on theoretical contributions and tools used in literature[J]. Global Journal of Flexible Systems Management,18(3):203-229.

QU S J,HU S G,LI W D,et al.,2020. Interaction between urban land expansion and land use policy:An analysis using the DPSIR framework[J]. Land Use Policy,99(1):104856.

RAY T W,MURRAY B C,1996. Nonlinearspectral mixing in desert vegetation[J]. Remote sensing of environment,55(1):59-64.

SELASSIE D,HELLER B,HEER J,2011. Divided edge bundling for directional network data[J]. IEEE Transactions on Visualization & Computer Graphics,17(12):2354-2363.

SONG C,SHI X,BO Y C,et al.,2019. Exploring spatiotemporal nonstationary effects of climate factors on hand,foot,and mouth disease using Bayesian Spatiotemporally Varying Coefficients (STVC) Model in Sichuan,China[J]. Science of The Total Environment,648:550-60.

SWATANTRAN A,DUBAYAH R,ROBERTS D,et al.,2011. Mapping biomass and stress in the Sierra Nevada using lidar and hyperspectral data fusion[J]. Remote Sensing of Environment,115(11):2917-2930.

TELEA A,ERSOY O,2010. Image-based edge bundles:Simplified visualization of large graphs[J]. Computer Graphics Forum,29(3):843-852.

TONG L Y,HU S G,FRAZIER A E,2018. Mixed accuracy of nighttime lights (NTL)-based urban land identification using thresholds:Evidence from a hierarchical analysis in Wuhan Metropolis,China[J]. Applied Geography,98:201-214.

TONG L Y,HU S G,FRAZIER A E,et al.,2017. Multi-order urban development model and sprawl patterns:An analysis in China,2000—2010[J]. Landscape and Urban Planning,167:386-398.

VERBEEK K,BUCHIN K,SPECKMANN B,2011. Flow map layout via spiral trees

[J]. IEEE Transactions on Visualization & Computer Graphics,17(12):2536-2544.

VRANA R,1989. Historical data as an explicit component of land information systems[J]. International Journal of Geographical Information Science,3(1):33-49.

WANG L,ALEXANDER C A,2020. Big data analytics in medical engineering and healthcare: Methods, advances and challenges[J]. Journal of Medical Engineering and Technology,44(6):267-283.

YU C B,REN F,DU Q Y,et al.,2013. Web map-based POI visualization for spatial decision support[J]. Cartography and Geographic Information Science,40(3):172-182.

ZHANG B,WANG H J,2021. A new type of dual-scale neighborhood based on vectorization for cellular automata models[J]. GIScience & Remote Sensing,58(3):386-404.

ZHANG B,WANG H J,2022. Exploring the advantages of the maximum entropy model in calibrating cellular automata for urban growth simulation: A comparative study of four methods[J]. GIScience & Remote Sensing,59(1):71-95.

ZHANG B,WANG H J,HE S W,et al.,2020. Analyzing the effects of stochastic perturbation and fuzzy distance transformation on Wuhan urban growth simulation[J]. Transactions in GIS,24(6):1779-1798.

ZHANG B,XIA C,2022. The effects of sample size and sample prevalence on cellular automata simulation of urban growth[J]. International Journal of Geographical Information Science,36(1):158-187.

ZHANG R,NEWMAN S,ORTOLANI M,et al.,2018. A network tomography approach for traffic monitoring in smart cities[J]. IEEE Transactions on Intelligent Transportation Systems,19(7):2268-2278.

ZHANG S H,ZHONG Q L,CHENG D L,et al.,2022. Landscape ecological risk projection based on the PLUS model under the localized shared socioeconomic pathways in the Fujian Delta region[J]. Ecological Indicators,136:108642.

ZHAO Y,2000. Mobile phone location determination and its impact on intelligent transportation systems[J]. IEEE Transactions on Intelligent Transportation Systems,1(1):55-64.

附　录　课程实践案例选编

依据近5年的实践教学以及学生课程实践成果,围绕土地信息提取、空间分析、土地评价选编课程实践案例。选编课程实践案例旨在为运用土地信息学的理论与技术方法分析和解决专业问题提供参考。

案例一　城市用地信息提取

(一)题目简介

传统的城市用地信息多通过人工外业调查的方式获取。这类做法虽然能够确保城市用地信息的准确性,但人力成本、时间成本较高。近年来,利用遥感影像提取城市用地信息的理论与方法得到了快速发展,为实现城市用地信息的准确高效识别提供支撑。随着高甚至超高空间分辨率遥感图像的产生和应用,利用遥感影像提取城市用地信息成为了更为有效而便捷的手段。

(二)解题思路

不透水面、水体和植被,是城市地区最主要的用地类型。利用遥感影像提取上述用地信息,即是依据上述用地在遥感影像上的特征及其差异,对相应的用地进行区分。因此,明确各类型用地在遥感影像上的典型特征及其与其他类型用地的差异,是准确提取该类用地信息的关键。有时为了进一步凸显某类用地的信息,还可以构造相应的指数。

(三)实现步骤

1. 数据获取及预处理

从地理空间数据云(http://www.gscloud.cn/)等平台下载可用(无云或低含云量)的Landsat影像。如本案例下载得到了与研究区相对应的,以"LC81250392020262LGN00"为标识的Landsat 8遥感影像(附图1-1)。

遥感影像预处理主要包括辐射定标、大气校正、裁剪等步骤。辐射定标是将传感器记录的电压或数字量化值(DN)转换成绝对辐射亮度值(辐射率)的过程。案例利用ENVI 5.3软件中的"Radiometric Calibration"功能完成辐射定标,输出结果如附图 1-2 所示。大气校正的目的是消除大气和光照等因素对地物反射的影响,获得地物反射率、辐射率、地表温度等真实物理模型参数,包括消除大气中水蒸气、氧气、二氧化碳、甲烷和臭氧等对地物反射的影响,同时消除大气分子和气溶胶散射的影响。大多数情况下,大气校正也是反演地物真实反射率的过程。选用 ENVI 5.3 软件中的 FLAASH 工具进行大气校正,该工具是目前使用效果较好的大气校正工具,它可以高保真地恢复地物波谱信息,获得地物比较准确的地表温度、反射率以及辐射率等真实物理模型参数,其校正结果如附图 1-3 所示。基于辐射定标和大气校正结果,为了在后续进行不透水面信息提取过程中提高工作效率,更加准确地识别秭归县城镇地区的不透水面信息,运用到了 ENVI 5.3 软件中的"Subset Data from ROIs"功能,以秭归县城镇地区范围矢量数据为基础,对遥感影像进行裁剪,最终得到的影像如附图 1-4 所示。

附图 1-1　原始遥感影像

附图 1-2　辐射定标结果

附图 1-3　大气校正结果

附图 1-4　影像裁剪结果

2. 水体指数构造

水体的反射率从可见光到中红外波段逐渐减弱，对近红外和中红外波长范围内的吸收率最高，几乎无反射。因此，用可见光波段和近红外波段的反差可以突出影像中的水体信息。另外，植被在近红外波段的反射率一般最强，因此，绿波段与近红外波段的比值可以最大程度地抑制植被信息，从而突出水体。

基于此，使用归一化水体指数（normalized difference water index，NDWI）进行水体信息提取。该指数是由 McFeeters 在归一化植被指数的基础上提出的，在 Landsat 8 影像中，NDWI 的计算公式为

$$NDWI = \frac{b3 - b5}{b3 + b5} \tag{附 1-1}$$

式中：b3 为 Landsat 8 的绿波段范围；b5 为 Landsat 8 的近红外波段范围。

基于 ENVI 5.3 软件，利用 Band Math 波段计算工具，输入 fix((((float(b3)−float(b5))/(float(b3)+float(b5))) * 10000) 表达式，计算得到 NDWI 值（附图 1-5）。

3. 植被指数构造

运用由 Deering 在 1978 年提出的归一化植被指数（normalized difference vegetation index，NDVI）进行植被信息的提取。该指数将植物光谱在红波段和近红外波段的差异性进行比值处理，进而有效提取植被信息。其计算公式为

$$NDVI = \frac{b5 - b4}{b5 + b4} \tag{附 1-2}$$

式中：b4 代表 Landsat 8 影像中的红波段；b5 为 Landsat 8 影像中的近红外波段。

利用 Band Math 波段计算工具，计算得到 NDWI 值（附图 1-6）。

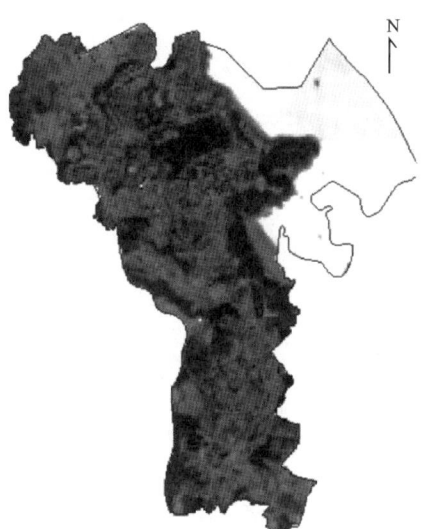
附图 1-5　NDWI 计算结果

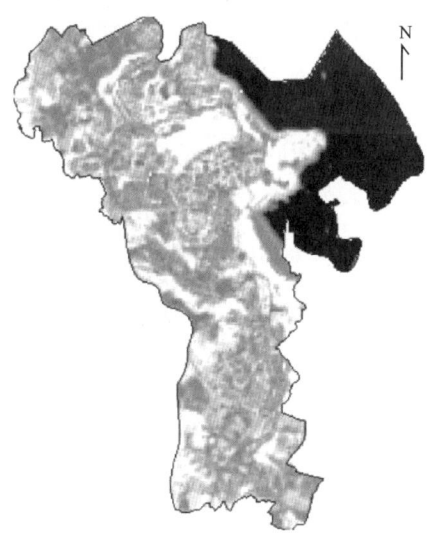
附图 1-6　NDVI 计算结果

4. 用地信息提取

基于 NDWI 和 NDVI 计算结果,基于决策树的分类方法(附图 1-7),通过设定阈值,分别提取秭归县城镇地区的不透水面、水体、植被和裸地,结果如附图 1-8 所示。各用地类型提取的阈值,参考实地调查数据和已有文献资料,综合判断后设定。

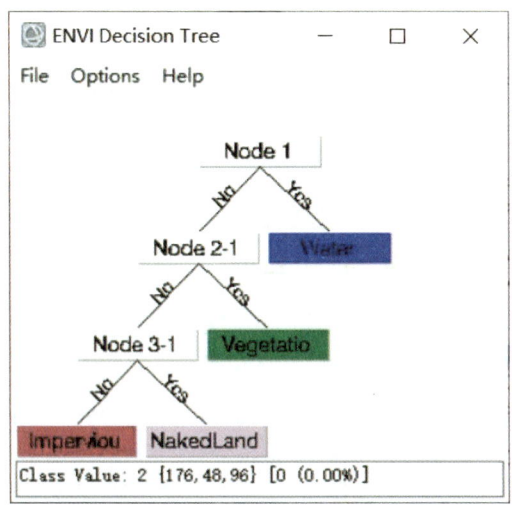

附图 1-7　不透水面提取决策树模型

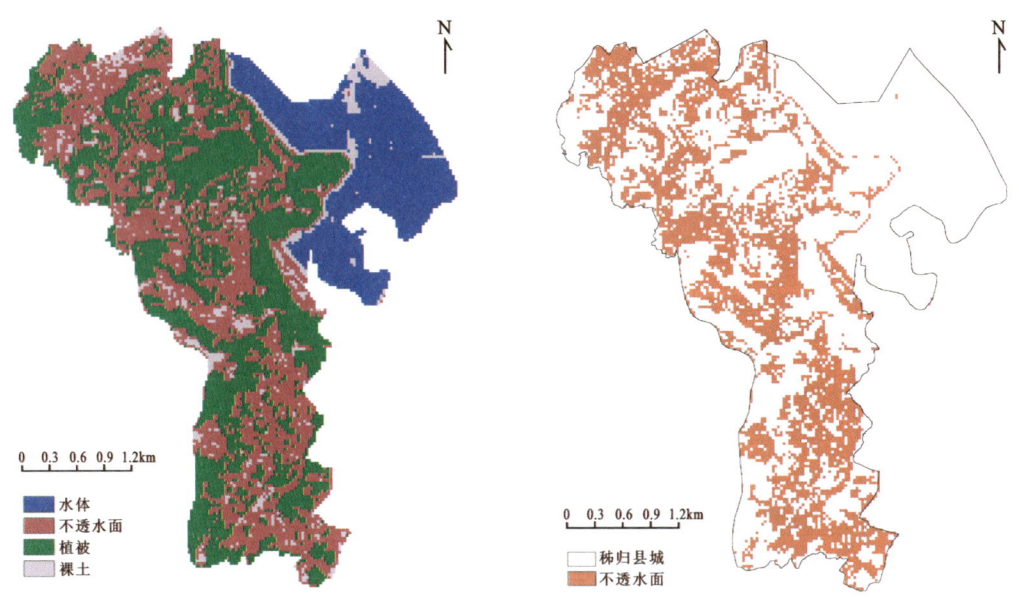

附图 1-8　不透水面信息提取结果

5. 精度评价

在进行城市不透水面信息提取后,需要对提取结果进行评价。常用的评价方法包括分类结果叠加、混淆矩阵(confusion matrices)和 ROC 曲线(ROC curves)。本案例选择了混淆矩阵的方法进行不透水面信息提取结果精度的评价。利用 ENVI 5.3 软件中的"confusion matrix"工具可以将信息提取结果的精度显示在一个混淆矩阵中,使用一幅地表真实图像或地表真实感兴趣区来计算混淆矩阵,以对比信息提取结果与地表的真实信息。精度评价所使用的参考数据来源于实践教学中的国土调查结果。

统计量 $\hat{k}$(Kappa 或 KHAT)是真实一致与变化一致之间差异的测度,一般用于一致性检验,也可以用来衡量分类的精度。若信息提取结果与真实图像完全一致,则 Kappa 系数的值为 1;当 $0.75 \leqslant$ Kappa<1 时,两幅影像的一致性较高;当 $0.4 \leqslant$ Kappa<0.75 时,两幅影像的一致性一般;当 $0 \leqslant$ Kappa<0.4 时,两幅影像的一致性较差。从概念出发,统计量 $\hat{k}$ 可以定义为

$$\hat{k} = \frac{p_o - p_e}{1 - p_e} \tag{附 1-3}$$

式中:p_o 为每一类正确分类的样本数量之和除以总样本数,也就是总体分类精度。

假设每一类的真实样本个数分别为 $a1, a2, \cdots, aC$,而预测出来的每一类的样本个数分别为 $b1, b2, \cdots, bC$,总样本个数为 n,则有

$$p_e = \frac{a1 * b1 + a2 * b2 + \cdots + aC * bC}{n * n} \tag{附 1-4}$$

在实际计算过程中,Kappa 系数是基于混淆矩阵计算的,其公式如下:

$$\hat{k} = \frac{N \sum_{i=1}^{r} x_{ii} - \sum_{i=1}^{r} (x_{i+} x_{+i})}{N^2 - \sum_{i=1}^{r} (x_{i+} x_{+i})} \tag{附 1-5}$$

式中:r 为混淆矩阵的行数;x_{ii} 为行 i 和列 i 的观察样本数(主对角线上);x_{i+} 为行 i 的观察样本总和(如矩阵右侧所示的边际总量);x_{+i} 为列 i 的观察样本总和(如矩阵底部所示的边际总量);N 为矩阵中的观察样本总量。

在输出的混淆矩阵报表中(附图 1-9),包含了总体分类精度、Kappa 系数、混淆矩阵、错分误差(commission error,CE)、漏分误差(omission error,OE)、制图精度(producer's accuracy,PA)以及用户精度(user's accuracy,UA)。上述参数的计算公式如下:

$$CE = \frac{X_{ic}}{X_{ir}} \quad OE = \frac{X_{io}}{X_{ir}}$$

$$PA = \frac{X_{ia}}{X_{ir}} \quad UA = \frac{X_{ia}}{X_{in}} \tag{附 1-6}$$

式中:X_{ic} 表示在第 i 个地类中由其他类别的地物错分为 i 的数量;X_{io} 表示在第 i 个地类中被错分其余类别的数量;X_{ia} 表示分类器将整个图像的像元正确分为 i 类的像元数;X_{ir} 表示 i 类地物的真实参考像元数;X_{in} 表示分类器将整个图像的像元分为 i 类的像元总数。

如附表 1-1 所示,案例区的不透水面信息提取总体精度为 86.388 9%;Kappa 系数为 0.809 4,介于 0.75~1 之间,说明提取结果与实际情况的一致性较高。

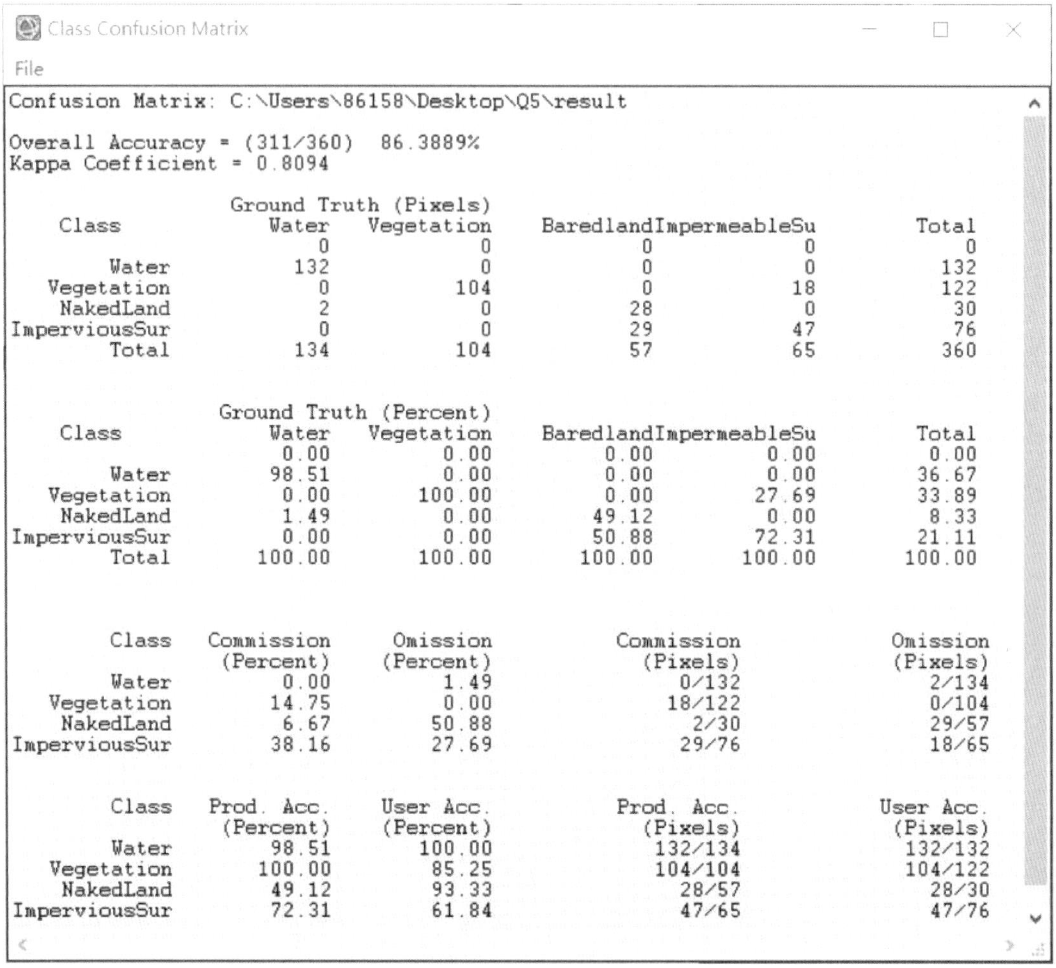

```
Class Confusion Matrix                                          —  □  ×
File
Confusion Matrix: C:\Users\86158\Desktop\Q5\result
Overall Accuracy = (311/360)    86.3889%
Kappa Coefficient = 0.8094
                   Ground Truth (Pixels)
       Class       Water    Vegetation   BaredlandImpermeableSu    Total
                      0         0            0         0              0
       Water        132         0            0         0            132
   Vegetation         0        104            0        18            122
    NakedLand         2          0           28         0             30
  ImperviousSur       0          0           29        47             76
       Total        134        104           57        65            360

                   Ground Truth (Percent)
       Class       Water    Vegetation   BaredlandImpermeableSu    Total
                   0.00       0.00         0.00      0.00           0.00
       Water      98.51       0.00         0.00      0.00          36.67
   Vegetation      0.00     100.00         0.00     27.69          33.89
    NakedLand      1.49       0.00        49.12      0.00           8.33
  ImperviousSur    0.00       0.00        50.88     72.31          21.11
       Total     100.00     100.00       100.00    100.00         100.00

       Class     Commission    Omission      Commission     Omission
                 (Percent)     (Percent)     (Pixels)       (Pixels)
       Water       0.00          1.49          0/132          2/134
   Vegetation     14.75          0.00         18/122          0/104
    NakedLand      6.67         50.88          2/30          29/57
  ImperviousSur   38.16         27.69         29/76          18/65

       Class     Prod. Acc.    User Acc.     Prod. Acc.     User Acc.
                 (Percent)     (Percent)     (Pixels)       (Pixels)
       Water      98.51        100.00         132/134        132/132
   Vegetation    100.00         85.25         104/104        104/122
    NakedLand     49.12         93.33          28/57          28/30
  ImperviousSur   72.31         61.84          47/65          47/76
```

附图 1-9　混淆矩阵报表

附表 1-1　提取精度评价结果

地类	错分误差(%)	漏分误差(%)	制图精度(%)	用户精度(%)
不透水面	38.16	27.69	72.31	61.84
植被	14.75	50.88	100.00	85.25
水域	0	1.49	98.51	100.00
裸地	6.67	0.05	49.12	93.33

注：总体精度为 86.388 9%；Kappa 系数为 0.809 4。

进一步分析可以发现，不透水面的错分误差为 38.16%，漏分误差为 27.69%，制图精度为 72.31%，用户精度为 61.84%。上述结果表明，受"同谱异物"的影响，裸地与不透水面的区分容易产生一定的误差。

案例二 公共服务用地供给的空间适配性分析

（一）题目简介

空间适配性通常指在建筑或设计领域中，空间与其使用功能和需求之间的适合度、匹配程度以及兼容性。适配性设计的目标是使空间更加实用、舒适，并确保其功能与设计目标相一致。可及性是衡量公共服务用地供给空间适配性的重要指标，其通过分析公共服务设施的可及性探测居民公共服务需求与供给间的关系。

（二）解题思路

合理的公共服务用地空间分布不仅能够满足居民日益多样化、多层次的休闲娱乐、教育医疗需求，且对治理交通拥堵、空气污染等"城市病"和提升人民生活幸福感具有重要意义。公共服务用地供给的空间适配性，要兼顾公共服务用地供给的空间可达以及所提供公共服务的质量水平。具体而言，可以居民生活圈为单元，对公共服务设施的可及性进行综合评估，从而衡量公共服务用地供给的空间适配性。

（三）实现步骤

1. 数据获取

从高德地图开放平台（http://lbs.amap.com/api/webservice/guide/api/search）获取秭归县城镇建成区范围内的POI（point of interest）数据，表征城市公共服务设施的位置、类型等信息。共计获取秭归城镇建成区范围内的教育、医疗等7类POI数据612条。研究所需人口数据来源于第七次全国人口普查数据。以学校、医院、银行和超市为例，开展秭归县城镇建成区的公共服务设施空间适配性分析。

2. 研究方法

案例基于产业经济学和区域经济学中的区位熵理论，采用人口地理集中指数（PA_i）衡量秭归县城镇区域人口的集聚程度。该指标反映一个地区相对于区域整体人口的集聚程度。为了表明秭归县城镇区域人口聚集与公共服务设施之间的空间错位关系，引入空间重叠性分析。空间重叠性采用重心间的距离 S 来表示，距离越近，则重叠性越高。上述指标的计算公式为

$$PA_i = \frac{pop_i / \sum pop_i}{acr_i / \sum acr_i} \tag{附2-1}$$

$$S = \sqrt{(x_p - x_g)^2 + (y_p - y_g)^2} \tag{附2-2}$$

式中：PA_i 为某年份 i 县城区的人口地理集中指数；pop_i 和 acr_i 分别为某年份 i 县城区的年末常住总人口和土地面积；$\sum pop_i$ 和 $\sum acr_i$ 为秭归县整体年末常住人口与土地面积；x_p、y_p 分别

为人口重心的横、纵坐标，x_g、y_g 分别为公共服务设施重心的横纵坐标（若 $S=0$，则二者重心重叠，表明人口集聚与公共服务设施空间分布具有一致性；若 $S>0$，则二者重心不重叠，存在空间错位现象）。

本案例在分析学校、医院、超市和银行空间适配性的基础上，通过加权平均的方式评估公共服务设施空间适配性的综合情况。其中，各类设施的空间适配性在开展综合评估时的权重通过熵权法来获取。熵权法是根据样本数据信息特征进行权重判断的客观赋权方法，既避免了主观认识偏差，也能解决多指标变量的信息重叠问题。为避免量纲对计算结果的干扰，运用极值标准化对各指标数据进行标准化处理，而后采用熵权法赋予各指标权重。无量纲化处理的计算公式如下：

$$T_{ij} = \frac{x_{ij} - \min x_{ij}}{\max x_{ij} - \min x_{ij}} \text{（正向指标）}$$
$$T_{ij} = \frac{\max x_{ij} - x_{ij}}{\max x_{ij} - \min x_{ij}} \text{（负向指标）}$$
（附 2-3）

式中：x_{ij} 为指标初始值，表示 i 县的第 j 指标的值；$\max x_{ij}$ 和 $\min x_{ij}$ 分别为指标 j 的最大值和最小值；T_{ij} 表示无量纲化处理后的值。

熵值计算公式为

$$e_j = -\frac{1}{\ln(mn)} \sum_{\theta=1}^{m} \sum_{i=1}^{n} \frac{T_{\theta j}}{\sum_{\theta=1}^{m} \sum_{i=1}^{n} T_{\theta j}} \cdot \ln\left(\frac{T_{\theta j}}{\sum_{\theta=1}^{m} \sum_{i=1}^{n} T_{\theta k j}}\right)$$
（附 2-4）

权重计算公式为

$$W_j = \frac{(1-e_j)}{\sum_{j=1}^{r} 1-e_j}$$
（附 2-5）

最后，结合秭归县城镇区域公共服务水平进行综合值的测算。

公共服务水平指数计算公式为

$$L_{\theta k} = \sum_{j=1}^{r} T_{\theta k j} \cdot W_j$$
（附 2-6）

式中：e_j 为熵值；m、n 分别表示被评价对象与评价指标的个数；W_j 为指标权重；L 为公共服务水平指数。

附表 2-1　秭归县人口集中与公共服务水平的评价指标体系

维度	一级指标	二级指标	单位	权重
人口地理集中指数	人口	年末人口数量	人	—
	面积	区域面积	m²	—
公共服务水平	基础教育	学校数量	个	0.41
	医疗卫生	医院数量	个	0.25
	其他公共服务	银行数量	个	0.14
		超市数量	个	0.20

3. 结果分析

秭归县城镇人口为 88 039 人,建成区面积为 1 345.41hm²。根据熵权法对人口的聚集程度计算得到的结果为 $PA_i=40.33$,即秭归县的人口聚集指数为 40.33。根据每个公共设施的数量以及熵权法的权重计算得到的公共服务水平的指数如附表 2-2 所示。

表 2-2　公共服务水平指数表

公共服务水平	二级指标	权重	综合指数
学校	12	0.41	4.92
医院	5	0.25	1.25
银行	18	0.14	2.52
超市	33	0.20	6.60
总计	—	1.00	15.29

由附图 2-2 可知,秭归县城镇区域的人口聚集中心位于城市中建筑密度较高的位置,公共服务设施中心位于人口中心西偏北的区域。从方向上看,两种中心之间的关系符合城市发展的方向,由于地形因素的限制,城市的发展主要是沿着西北到东南方向;从距离上看,人口中心和公共服务设施中心的直线距离大约为 546.93m。

附图 2-1　人口聚集指数与公共服务聚集指数之间的差异性

案例三　基于图解建模的空间插值方法对比分析

(一)题目简介

空间插值是用已知的空间数据估计(预测)未知空间的数据值的方法,常被用于利用离散点的测量数据生成连续的数据曲面。比较空间插值方法,主要是对空间插值的原理、适用场景和精度进行对比分析。本案例旨在借助已掌握的秭归教学实习数据库,利用图解建模实现对空间插值方法精度的比较。

(二)解题思路

利用秭归实习外业调查所搜集的房屋出售价格、出租价格样本数据,选择不少于两种空间插值方法。利用图解建模工具,以房屋样本数据中的部分样本为依据开展空间插值。在此基础上,用剩余的房屋样本对插值结果的精度进行评估,衡量不同空间插值方法的精度。

(三)实现步骤

1. 数据准备

建立"插值样本点"与"试验样本点"两个点文件。其中,"插值样本点"文件中包含 168 个具有代表性的样本点,用于进行 4 种插值方法的插值。"试验样本点"文件中包含 42 个具有代表性的样本点,用于进行 4 种插值方法精度的验证。所有样本点非规律性总体均匀分布在需进行空间插值的范围内。使用 ArcMap 中的提取分析工具,将已有数字高程信息提取至两个点文件,获取插值样本点与试验样本点(附图 3-1)的真实高程值。

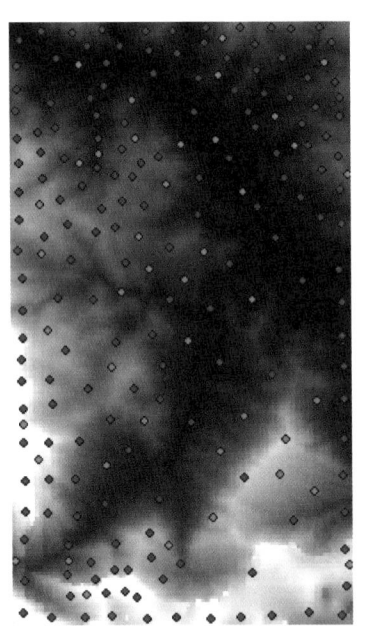

附图 3-1 样本点分布图

2. 插值方法选取

常用的空间插值方法包括样条函数法、自然邻域法、反距离权重法和克里金法。

(1)样条函数法是通过多项式拟合样本点数据来产生平滑插值曲线,并依据该曲线估计待插点上的数值,计算过程中采用最小曲率的概念。该方法的优点是具有较好的保凸性、逼真性和平滑性,可以保留局部地形的细部特征,获得连续光滑的拟合曲面;不足之处在于样本点稀少或小区域内插值要素的数值有较大变化时,估计误差较大。

(2) 自然邻域法是一种基于空间自相关性的内插方法,其基本原理是先对所有样本点创建 Voronoi 图,当对未知点进行插值时,就会修改这些 Voronoi 图并对未知点产生一个新的 Voronoi 图。与待插值点 Voronoi 相交的 Voronoi 中的样本点被用来参与插值,它们对待插值的影响权重和它们所处的图形与待插值点新生成的图形相交的面积成正比,每个自然邻点对待插值点所作贡献的权重由自然邻点坐标决定。该方法在插值过程中容易出现"局部平顶"的失真现象,对于复杂的地形,插值效果不太理想。

(3) 反距离权重法是将数据已知点与待插点的距离倒数进行加权平均,得到待插点的估计值。该方法根据近似的原理,当空间中两个点位置距离越远,它们的空间差异性就越大;反之,距离越近则空间差异性越小。优点是模型简单、便于理解、易于计算、适用范围广,当已知数据点分布相对均匀时,能够得出良好的插值结果;缺点是数据场的空间分布情况没有得到考虑,当已知数据点分布不均匀时,插值结果会产生较大的偏差。

(4) 克里金法于 1951 年在南非矿山工程师 Krige 寻找金矿时提出并应用。普通克里金法来源于地统计学,是最普遍和应用最广的克里金法。插值过程相当于在位置的区域化变量的期望值上对样本点进行加权滑动求取平均值的过程。优点是考虑了样本点在空间结构中随机分布的特点与空间自相关性,以空间统计学为理论基础,在计算待插值点估计值时,还能给出估计精度的方差,适用于较为宏观性的研究且插值效果不会产生"牛眼"效应;缺点主要包括变异函数的确立难度大,站点数量和空间分布必须满足平稳假设前提,以及计算过程复杂,不易于理解等。

3. 图解建模与运行

在模型窗口中,根据解题思路构建图解建模流程图(附图 3-2)。添加点要素后双击即可调用设置窗口,需要特别注意将 Z 值字段设置为"高程"。

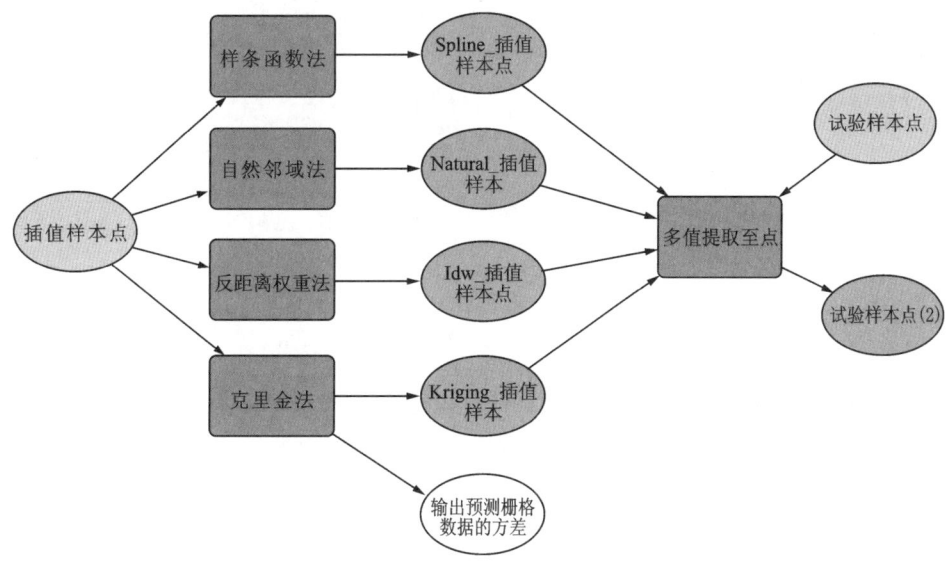

附图 3-2 图解建模流程图

得到插值结果如附图 3-3 所示。从几种插值的效果图可以看出，整体而言，样条函数法和普通克里金法的插值效果较好，与实际地形最为接近。反距离权重法在几种插值方法中效果最差，其结果持续性较差，有明显的圆形分区。自然邻域法无法对边缘区域进行插值，且失真现象较为严重。

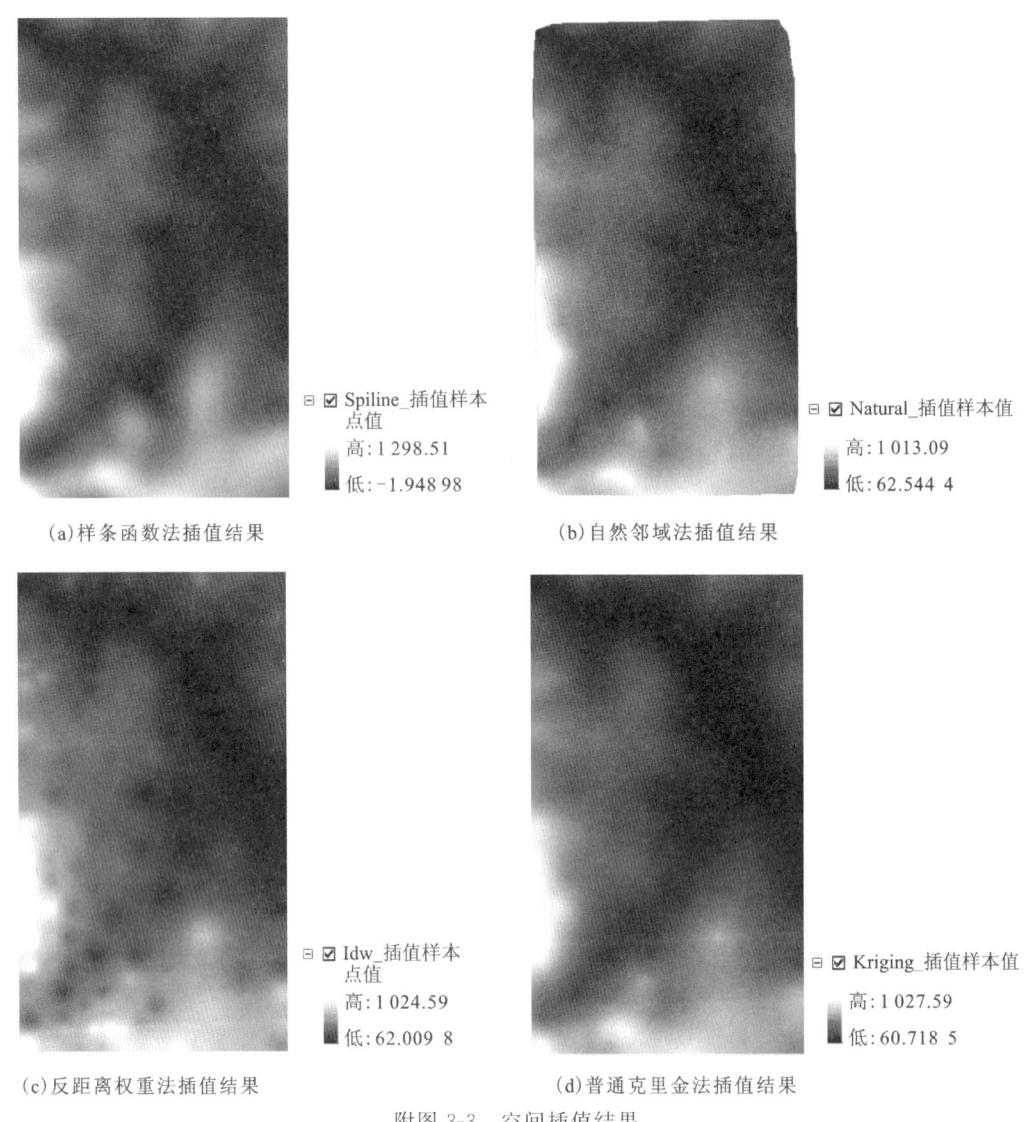

附图 3-3　空间插值结果

4. 精度评估与比较分析

DEM 空间插值的精度与数据点的数量、分布及插值方法等因素有关。本案例首先采用检查点的方法，对样本点的真实高程值与各种插值得到的高程结果进行比较，获得各个点的误差，通过计算均方差（RMSE）的方法对插值精度进行统计分析，然后运用栅格计算的方法对插值结果的精度进行可视化，比较不同插值方法之间的插值精度空间分布特征。使用 ArcMap 中的提取分析工具，将 4 种方法获取的插值结果中的高程信息提取至试验样本点文

件中的 42 个样本点,获取试验样本点的预测高程值,然后使用均方差计算公式:

$$\text{RMSE} = \sqrt{\frac{1}{n}\sum(R_k - Z_k)^2} \qquad (\text{附 3-1})$$

式中:R_k 为样本点真实高程值;Z_k 为样本点预测高程值;n 为试验样本点的个数。

均方差越小,表示预测结果越精确;反之,则预测结果与真实值相差越大。

插值精度评估的图解模型如附图 3-4 所示。

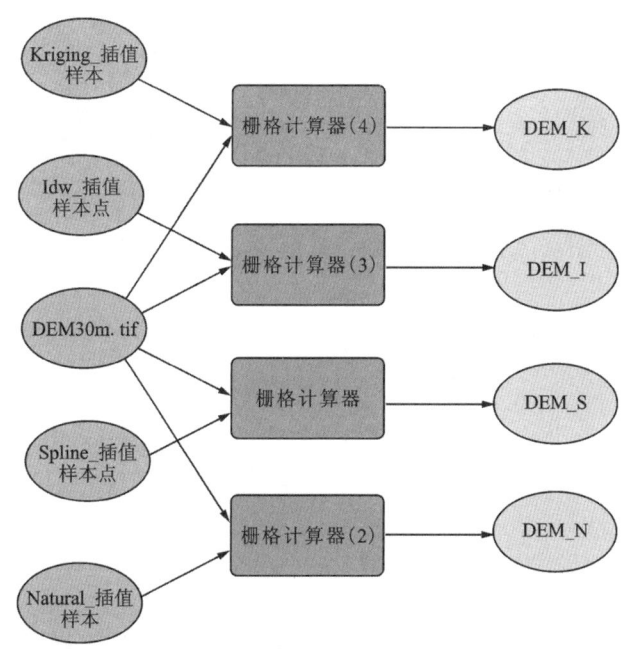

附图 3-4　精度验证模型构建

计算得到样条函数法的均方差为 85.21,自然邻域法的均方差为 94.13,反距离权重法的均方差为 100.99,普通克里金法的均方差为 91.02。从均方差的结果可以看出,插值精度最高的为样条函数法,其次为普通克里金法,再次为自然邻域法,4 种方法中精度最小的为反距离权重法。

将原始 DEM 数据分别与 4 种方法的插值结果进行栅格相减计算,得到每个点的真实值与插值的差值的绝对值。对它进行可视化的结果如附图 3-5 所示,其中区域颜色越深,代表该区域内的插值结果误差越大;反之,则插值结果越精确。

由附图 3-5 所示的结果可以看出,4 种方法均在插值样本点选取较为稀疏的右下角区域的预测高程结果与真实值相差最大,精度最低,此区域为具有 3 条山脊的山地,而在栅格计算结果中,误差较大的深色区域也表现出了三角形,据此可以分析得出,若在地形较为复杂的山地通过高程插值的方法建立 DEM,应根据地形特点选取更多的插值样本点,以提高插值精度。

颜色较浅的插值精度较高的地方多为河流与海拔高度较小,地势起伏较小的平坦地带。此外,因为在边缘地带进行插值,可参与估算的已知数据比中心区域的已知数据少,故而 4 种插值方法在四周边缘区域的插值误差都较大。

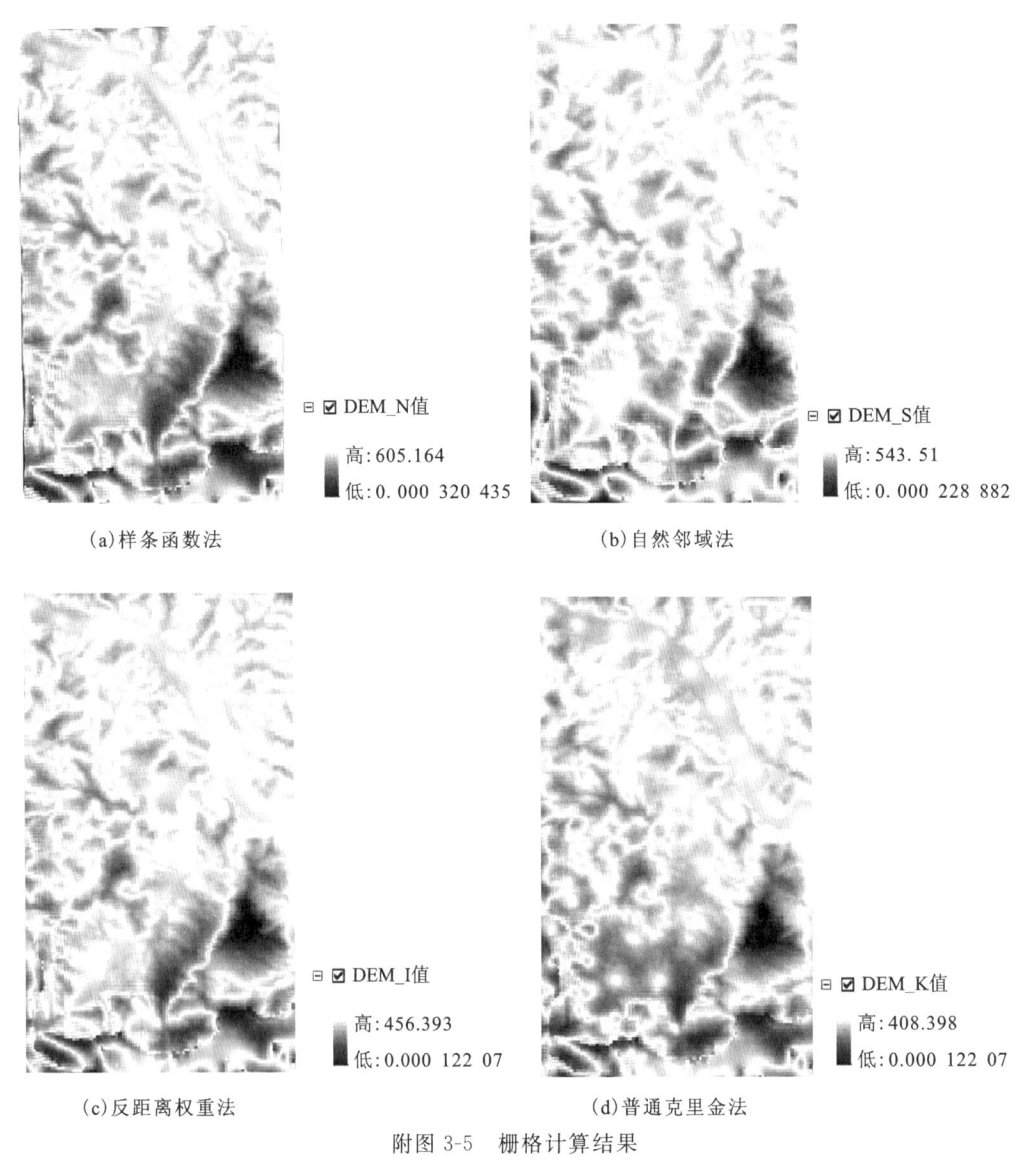

附图 3-5 栅格计算结果

案例四 土地生态安全评价

(一) 题目简介

区域土地的生态评价旨在科学衡量和评价土地利用对生态环境、生态系统服务以及人类福祉的影响,以支持土地资源的可持续利用,在生态文明建设背景下,其更被赋予重要意义。生态安全是指一个国家或地区赖以生存和发展的生态环境处于不受或少受破坏与威胁的状态。土地生态安全评价是针对土地资源的生态环境状况、生态功能、生态稳定性等方面进行科学评价的过程。评价的主要内容包括生态环境质量评估、生物多样性保护、土地利用方式评估等。评价主要采取定量和定性相结合的方式,运用遥感、地理信息系统、生态学、环境科学等技术手段开展。

(二)解题思路

结合秭归教学实习成果数据库以及统计年鉴和统计公报等数据,构建评价指标体系,从压力、状态、响应等层面,选取相应指标,对土地生态安全水平进行综合评价。

(三)实现步骤

1. 评价指标体系构建与权重确定

以 PSR 模型为基础,设立压力、状态和响应三个准则层,每个准则层都包含两个因素层,其中压力层包含人口压力和社会经济压力两个因素层;状态层包含土地利用状态和土地环境状态两个因素层;响应层包含社会经济响应和环境响应两个因素层。秭归县土地生态安全评价指标体系如附表 4-1 所示。利用加权平均的方式,对秭归县土地生态安全进行评估,其中各评价指标的权重运用熵权法确定。

附表 4-1 秭归县土地生态安全评价指标体系

目标层	准则层	因素层	指标层	指标性质
土地生态安全评价	压力	人口压力	人口密度	−
			人口自然增长率	−
		社会经济压力	人均 GDP	−
			城镇化率	−
	状态	土地利用状态	耕地面积比重	＋
			草地面积比重	＋
		土地环境状态	林地覆盖率	＋
			公路网密度	−
	响应	社会经济响应	第三产业占 GDP 的比重	＋
			农村居民人均纯收入	＋
		环境响应	污水处理率	＋
			全年生活垃圾处理率	＋

在利用熵权法计算权重之前,需将各个数据进行标准化处理,标准化计算公式如下:

$$S_{ij} = \frac{X_{ij} - X_{\min}}{X_{\max} - X_{\min}} \text{（用于正向指标计算）}$$
$$S_{ij} = \frac{X_{\max} - X_{ij}}{X_{\max} - X_{\min}} \text{（用于负向指标计算）}$$
（附 4-1）

式中：X_{ij} 代表第 i 年第 j 项指标的值；$X_{\max}$ 代表第 j 项指标的最大值；$X_{\min}$ 代表第 j 项指标的最小值。

分别统计 2013—2017 年数据得到的 5 年各指标标准化值如附表 4-2 所示。

附表 4-2　秭归县土地生态安全评价指标标准化值

指标层	2017 年	2016 年	2015 年	2014 年	2013 年
人口密度	1	1	0	0	0
人口自然增长率	0	0.578 5	1	0.5	0.348 5
人均 GDP	0	0.108 4	0.327 8	0.600 9	1
城镇化率	0	0.250 0	0.5	0.75	1
耕地面积比重	1	0.5	0	0	0.2
草地面积比重	1	1	1	1	0
林地覆盖率	1	0.861 1	0.722 2	0.555 6	0
公路网密度	0	0.384 4	0.384 4	0.759 2	1
第三产业占 GDP 的比重	1	0.764 8	0.558 2	0.200 0	0
农村居民人均纯收入	1	0.804 3	0.628 7	0.461 4	0
污水处理率	1	0.910 2	0.209 1	0.184 5	0
全年生活垃圾处理率	1	1	0.890 5	0	0.869 0

根据上述标准化结果，第 j 项指标的熵值 H_j 的计算公式为

$$H_j = -k \sum_{i=1}^{m} y_{ij} \ln y_{ij}$$
（附 4-2）

式中：$k = 1/\ln m$；$y_{ij} = \dfrac{S_{ij}}{\sum\limits_{i=1}^{m} S_{ij}}$。

第 j 项指标的权重计算公式为

$$W_j = \frac{1 - H_j}{\sum\limits_{j=1}^{m}(1 - H_j)}$$
（附 4-3）

得到各评价指标的权重如附表 4-3 所示。

附表 4-3　秭归县土地生态安全评价指标权重值

目标层	准则层	因素层	指标层	权重
土地生态安全评价	压力(0.289 7)	人口压力(0.112 7)	人口密度	0.010 7
			人口自然增长率	0.102 0
		社会经济压力(0.177 0)	人均GDP	0.079 6
			城镇化率	0.097 4
	状态(0.317)	土地利用状态(0.106 7)	耕地面积比重	0.044 8
			草地面积比重	0.061 9
		土地环境状态(0.210 3)	林地覆盖率	0.109 8
			公路网密度	0.100 5
	响应(0.393 3)	社会经济响应(0.202 4)	第三产业占GDP的比重	0.095 0
			农村居民人均纯收入	0.107 4
		环境响应(0.190 9)	污水处理率	0.078 1
			全年生活垃圾处理率	0.112 8

2. 确定指标标准值

标准值是指标的判断标准,是评价过程中衡量指标是否达标的基本度量。通过查阅相关文献资料,结合最实际情况,本案例确定的各指标标准值如附表 4-4 所示,其中城镇化率和全年生活垃圾处理率标准值依据湖北省平均水平确定。

附表 4-4　秭归县土地生态安全评价指标标准值

因素层	指标层	标准值
人口压力	人口密度(人/km²)(－)	129
	人口自然增长率(‰)(－)	1.33
社会经济压力	人均GDP(万元)(－)	5.39
	城镇化率(%)(－)	61
土地利用状态	耕地面积比重(%)(＋)	14.05
	草地面积比重(%)(＋)	22.8
土地环境状态	林地覆盖率(%)(－)	30
	公路网密度(km/100km²)(＋)	51.05
社会经济响应	第三产业占GDP的比重(%)(＋)	51.63
	农村居民人均纯收入(元)(＋)	12 363
环境响应	污水处理率(%)(＋)	100
	全年生活垃圾处理率(%)(＋)	98

3. 土地生态安全评价

安全指数的计算公式分为正向指标和负向指标,其中正向指标的计算公式为

$$p_i = \begin{cases} 1, A_i \leqslant B_i \\ \dfrac{B_i}{A_i} \times 100\%, A_i > B_i \end{cases} \quad \text{(附 4-4)}$$

负向指标的计算公式为

$$p_i = \begin{cases} 1, A_i \geqslant B_i \\ \dfrac{A_i}{B_i} \times 100\%, A_i < B_i \end{cases} \quad \text{(附 4-5)}$$

式中:A_i 代表第 i 项指标的实际值;B_i 代表第 i 项指标的标准值。

土地生态安全值分为单个指标的安全值和土地生态安全综合值。单个指标的计算公式为

$$T_i = p_i W_i \quad \text{(附 4-6)}$$

综合值的计算公式为

$$C_i = \sum_{i=1}^{12} p_i W_i \quad \text{(附 4-7)}$$

计算得到 2013—2017 年各指标的生态安全值以及土地生态安全综合值分别如附表 4-5、附表 4-6 所示。

附表 4-5　秭归县土地生态安全评价各指标生态安全值

准则层	因素层	指标层	2017 年	2016 年	2015 年	2014 年	2013 年
压力	人口压力	人口密度	0.010 7	0.010 7	0.010 7	0.010 7	0.010 7
		人口自然增长率	0.102	0.065 2	0.022 2	0.072 9	0.088 2
	社会经济压力	人均 GDP	0.049 6	0.048 1	0.045	0.041 1	0.035 4
		城镇化率	0.074 3	0.071 9	0.070 3	0.068 7	0.067 1
状态	土地利用状态	耕地面积比重	0.044 8	0.044 8	0.044 8	0.044 8	0.044 8
		草地面积比重	0.061 9	0.061 9	0.061 9	0.061 9	0.061 9
	土地环境状态	林地覆盖率	0.041 3	0.041 4	0.041 4	0.041 5	0.041 7
		公路网密度	0.100 5	0.100 5	0.100 5	0.100 5	0.100 5
响应	社会经济响应	第三产业占 GDP 的比重	0.095 0	0.095 0	0.095 0	0.095 0	0.095 0
		农村居民人均纯收入	0.107 4	0.107 4	0.107 4	0.107 4	0.107 4
	环境响应	污水处理率	0.078 1	0.078 1	0.078 1	0.078 1	0.078 1
		全年生活垃圾处理率	0.110 5	0.110 5	0.111 6	0.112 8	0.111 8

附表 4-6 秭归县生态安全评价指标生态安全值

准则	2017年	2016年	2015年	2014年	2013年
压力	0.235 8	0.195 8	0.148 2	0.193 3	0.201 4
状态	0.248 5	0.248 6	0.248 6	0.248 7	0.248 9
响应	0.391 0	0.391 0	0.392 1	0.393 3	0.392 3
土地生态安全综合值	0.875 3	0.835 4	0.788 9	0.835 3	0.842 6

参考相关研究，土地生态安全等级划分的标准为：$C<0.4$ 为恶劣状态；$0.4 \leqslant C<0.6$ 为风险状态；$0.6 \leqslant C<0.8$ 为敏感状态；$0.8 \leqslant C<0.9$ 为较安全状态；$C \geqslant 0.9$ 为安全状态。由秭归县土地生态安全综合值可得，该地区除 2015 年为敏感状态外，其余年份的土地生态均为较安全状态。

案例五　基于开放地图平台的城市住宅用地开发强度分析

(一) 题目简介

开放地图平台是指地图服务应用平台，其为用户提供了多样、精细的地理信息服务。近年来，百度、高德等开放地图平台在城市土地利用等相关研究中得到了愈加广泛的应用。科学合理控制住宅用地开发强度是节约集约利用住宅用地的重要抓手，也是营造良好居住空间品质的基础。利用开放地图平台所提供的住宅建筑数据，可对住宅用地建筑密度、容积率等指标进行测算，继而全面分析住宅用地开发强度及其合理性。

(二) 解题思路

以百度地图开放平台为基础，以武汉都市发展区为典型研究区，利用 Pyphon 编程爬取研究区范围内的城市住宅小区轮廓和小区内的住宅建筑数据。从链家、房天下等房地产机构网站获取各住宅小区名称、建成年份等信息。依据住宅建筑高度信息，按 3m 的层高标准估算各住宅建筑层数。在此基础上，测算各住宅小区建筑密度、容积率，分析住宅小区开发强度时空特征。依据日间采光对住宅间距的约束，判别住宅建筑间距达标率，据此分析住宅用地开发强度的合理性。

(三) 实现步骤

1. 数据获取与预处理

从百度地图开放平台（https://lbsyun.baidu.com/）爬取武汉都市发展区范围内的住宅小区轮廓、建筑轮廓（含建筑高度信息）数据。依据住宅小区轮廓，提取各住宅小区内的住宅建筑轮廓。对武汉都市发展区范围内的住宅小区轮廓、住宅建筑轮廓数据进行投影转换，采用人机交互的方式剔除变形、位移或住宅建筑缺失严重的住宅小区。依据超高空间分辨率卫星影像、航片,对住宅小区轮廓、住宅建筑轮廓数据进行几何校正。以 3m 的层高标准,估算各住宅建筑层数。与此同时,采用人机交互、外业调查等手段补充住宅小区中缺失的住宅建筑轮廓、高度和层数等信息。经预处理,共获取武汉都市发展区内的住宅小区 1675 个,涉及住宅建筑 33 151 栋。

2. 指标与模型

引入建筑毛密度、容积率和间距达标率 3 项指标,分析住宅用地开发强度及其合理性。建筑毛密度、容积率的计算公式如下:

$$D_i = \frac{\sum_{j=1}^{m} F_{ij}}{S_i} \times 100\% \qquad (附\ 5\text{-}1)$$

$$FAR_i = \frac{\sum_{j=1}^{m} (F_{ij} \times NF_{ij})}{S_i} \qquad (附\ 5\text{-}2)$$

式中:D_i、FAR_i 分别为住宅小区 i 的建筑毛密度、容积率;S_i 为该小区的占地面积;F_{ij}、NF_{ij} 分别为该住宅小区中住宅建筑 j 的基底面积、层数;m 为该住宅小区中住宅建筑的栋数。

日间采光时数是一个客观的物理量,是约束最小住宅建筑间距的重要指标。研究采用童陆亿等(2023)提出的方法,评估各住宅小区住宅建筑间距的达标率。该方法依据 1 楼住户日间采光时数约束下的住宅间距控制要求,利用空间叠置分析来判别各住宅建筑距"前排"住宅建筑间距的达标率,实现对住宅小区建筑间距达标率的快速评估(童陆亿等,2023)。利用该方法判别各住宅建筑与"前排"住宅建筑间距达标率的步骤请参见论文原文,不再赘述。各住宅小区住宅建筑间距达标率的计算公式如下:

$$R_i = \frac{\sum_{j=1}^{m} K_{ij}}{m} \times 100\% \qquad (附\ 5\text{-}3)$$

式中:R_i 为住宅小区 i 的住宅建筑间距达标率;K_{ij} 为该住宅小区内住宅建筑 j 与"前排"住宅建筑间距的达标情况(达标、不达标分别记作 1、0;"前排"没有住宅建筑时记作 1)。

引入滑动 T 检验、Sen's 斜率估计、Mann-Kendall 检验来分析城市住宅用地开发强度的阶段性演化规律,引入反距离权重(IDW)插值方法可视化城市住宅用地开发强度的空间分布规律。滑动 T 检验通过分析总体样本中两个子序列的平均值及其差异来探测时间序列数据中的突变点,继而划分时间序列的演化阶段。具体而言,对于样本量为 N 的时间序列中长度分别为 n_1 和 n_2 的两个连续子序列 x_1 和 x_2,满足条件 $n_1 = n_2 = n^*$。从时间点开始 n^*,依次向后滑动(至时间点 $N - n^*$ 止),并计算各时间点的 t 值:

$$t = \frac{\overline{x_1} - \overline{x_2}}{\sqrt{\dfrac{n_1 \times s_1^2 + n_2 \times s_2^2}{n_1 + n_2 - 2}} \times \sqrt{\dfrac{1}{n_1} + \dfrac{1}{n_2}}} \qquad (附\ 5\text{-}4)$$

式中:$\overline{x_1}$、$\overline{x_2}$ 分别为子序列 x_1 和 x_2 的平均值;s_1、s_2 分别为子序列 x_1 和 x_2 的标准差。

给定显著性水平 α,可计算得到 $n_1 + n_2 - 2$ 自由度水平下的临界值 t_α。若某时间点的 t 值满足 $|t| > t_\alpha$,表明该时点前后的两个子序列存在显著差异,时间序列在该时点发生了突

变。反之,则不存在突变。

Sen's 斜率估计以时间序列中任意两点间斜率的中位数来检验时间序列的总体演化趋势。运用该方法计算各阶段住宅小区土地开发强度、住宅建筑间距达标率演化趋势的步骤如下:首先,计算时间阶段 j 内,任意两时间点间住宅小区房屋间距达标率的斜率(Q_{ij}):

$$Q_{ij} = \frac{Y_k - Y_l}{k - l} \tag{附5-5}$$

式中:Y_k、Y_l 分别为对应时间阶段 j 内,时间点 k 和 l 的住宅用地开发强度或住宅建筑间距的达标了($k>l$)。

对所有斜率降序排列,求得斜率的中位数:

$$XL_j = \begin{cases} Q_{[(w+1)/2],j}, & w \text{ 为基数} \\ \dfrac{Q_{(w/2),j} + Q_{[(w+2)/2],j}}{2}, & w \text{ 为偶数} \end{cases} \tag{附5-6}$$

式中:XL_j 为时间阶段 j 内,住宅用地开发强度、住宅建筑间距达标率的演化趋势;$Q_{(w/2),j}$、$Q_{[(w+1)/2],j}$、$Q_{[(w+2)/2],j}$ 分别为降序排列后的第 $w/2$、$(w+1)/2$ 和 $(w+2)/2$ 个斜率;w 为时间阶段 j 内,时间序列的长度。

XL_j 为正值,表明在时间阶段 j 内被分析的指标呈增长趋势;否则,则为降低趋势。$|XL_j|$ 越大,表明被分析的指标在时间阶段 j 内的演化速度越快。

利用 Mann-Kendall 检验计算各阶段被分析指标演化趋势的统计量 Z_j,若 $|Z_j|$ 大于给定显著性水平性爱的临界值 $Z_{1-\alpha/2}$,表明该阶段内被分析指标经历了显著的变化趋势。Mann-Kendall 检验是常用的非参数趋势分析方法,其原理与公式不予赘述。IDW 插值方法的原理与相关公式,亦不再赘述。

3. 结果分析

1)城市住宅用地开发强度演化规律

研究搜集的 1675 个住宅小区建成于 1982—2021 年期间,分别以 2、3、4、5、6、7 和 8 作为住宅小区建筑毛密度、容积率、住宅建筑间距达标率时间序列子序列的长度,进行滑动 T 检验。通过迭代,最终以子序列长度为 2、5、4 的计算结果为依据进行住宅小区建筑毛密度、容积率、住宅建筑间距达标率演化阶段识别。结果显示,在 1982—2021 年期间,武汉都市发展区住宅小区建筑毛密度经历了两个连续的下降阶段(附图 5-1)。1982—2007 年期间,武汉都市发展区住宅小区建筑毛密度的 Sen's 斜率为 -0.2685。2008 年以后,武汉都市发展区住宅小区建筑毛密度下降趋势有所放缓,Sen's 斜率为 -0.1242,较前一阶段放缓了 53.74%。

研究期内,武汉都市发展区住宅小区容积率经历了"先增后降"的演化历程。具体而言,1982—2017 年期间,武汉都市发展区住宅小区容积率增长的总体趋势极为显著,Sen's 斜率为 0.0689(附图 5-2)。2018—2021 年期间,武汉都市发展区住宅小区容积率的下降态势明显,Sen's 斜率为 -2.3283。

2)住宅建筑间距达标率演化规律及空间格局特征

武汉都市发展区 1675 个住宅小区共 33151 栋房屋中,有 21736 栋房屋的间距达标,房屋间距的总体达标率约 65.57%。从小区层面来看,房屋间距达标率为 100% 的小区共有 211 个,

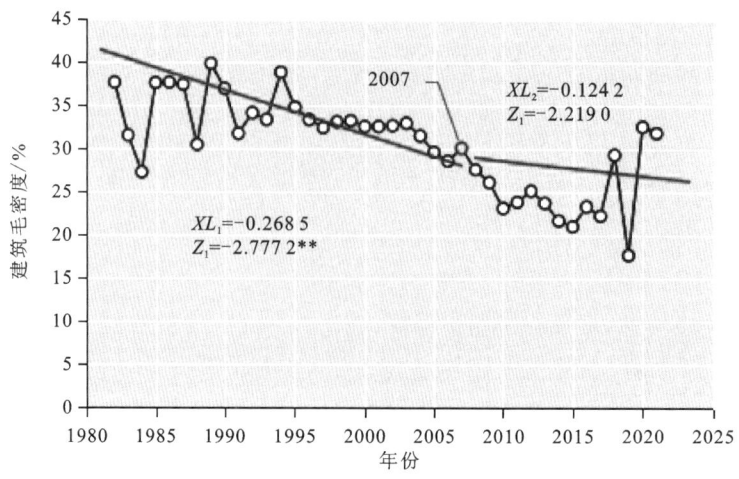

附图 5-1　武汉都市发展区住宅小区建筑毛密度变化趋势

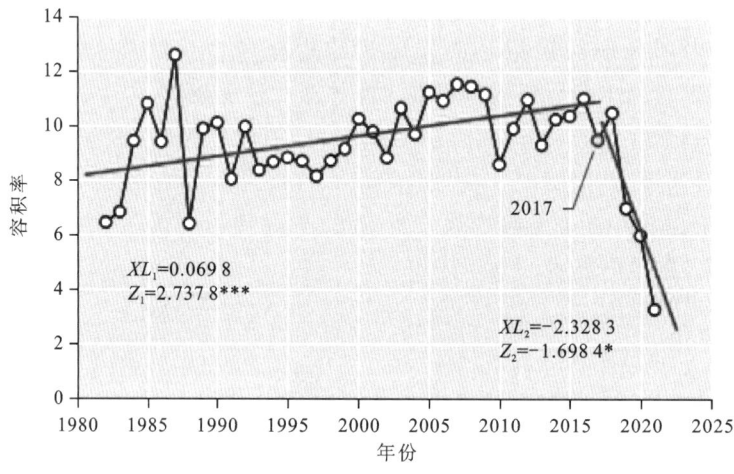

附图 5-2　武汉都市发展区住宅小区容积率变化趋势

约占小区总数的 12.60%。尽管如此,房屋间距达标率高于 80% 的小区共有 407 个,约占小区总数的 24.03%。武汉都市发展区 486 个小区的房屋间距达标率低于 50%,约占小区总数的比例高达 29.01%。滑动 T 检验的结果显示,在 1982—2021 年期间,武汉都市发展区住宅小区房屋间距达标率共经历 4 个发展阶段(附图 5-3)。1982—1987 年为第一阶段,期间武汉都市发展区住宅小区房屋间距达标率呈显著的快速下降趋势,Sen's 斜率为 −4.554 5;1988—1991 年为第二阶段,期间武汉都市发展区住宅小区房屋间距达标率呈不太显著的浮动增长趋势;1992—2009 年为第三阶段,期间武汉都市发展区住宅小区房屋间距达标率呈显著的低速增长趋势,Sen's 斜率为 0.353 2;2010—2021 年为第四阶段,期间武汉都市发展区住宅小区房屋间距达标率呈显著的快速增长趋势,但 Sen's 斜率为 1.090 6,增长速度较前一阶段提升 208.78%。

IDW 插值结果显示,武汉都市发展区主城区内的住宅小区房屋间距达标率的空间分异

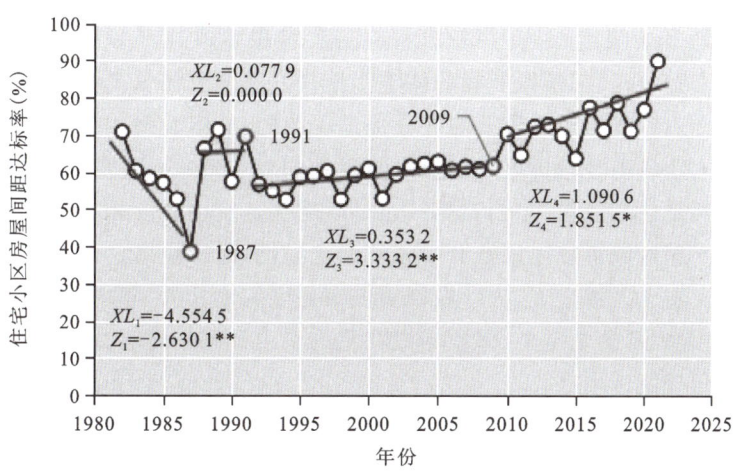

附图 5-3　武汉都市发展区住宅小区房屋间距达标率变化趋势

性较强。具体而言,武汉都市发展区住宅小区房屋间距达标率呈现出"高—低"值"散布"或"带状"分布的格局,江岸区、江汉区和武昌区所在三环线内的区域表现最为明显(附图 5-4)。蔡甸区、黄陂区、江夏区、青山区东北部和洪山区西南部住宅小区房屋间距达标率总体较高,沙湖、长江等河湖附近的局部地区现零星分布的房屋间距达标率高值区,巢上城、泛海国际和安胜花园一带是住宅小区房屋间距达标率高值的集中分布区。

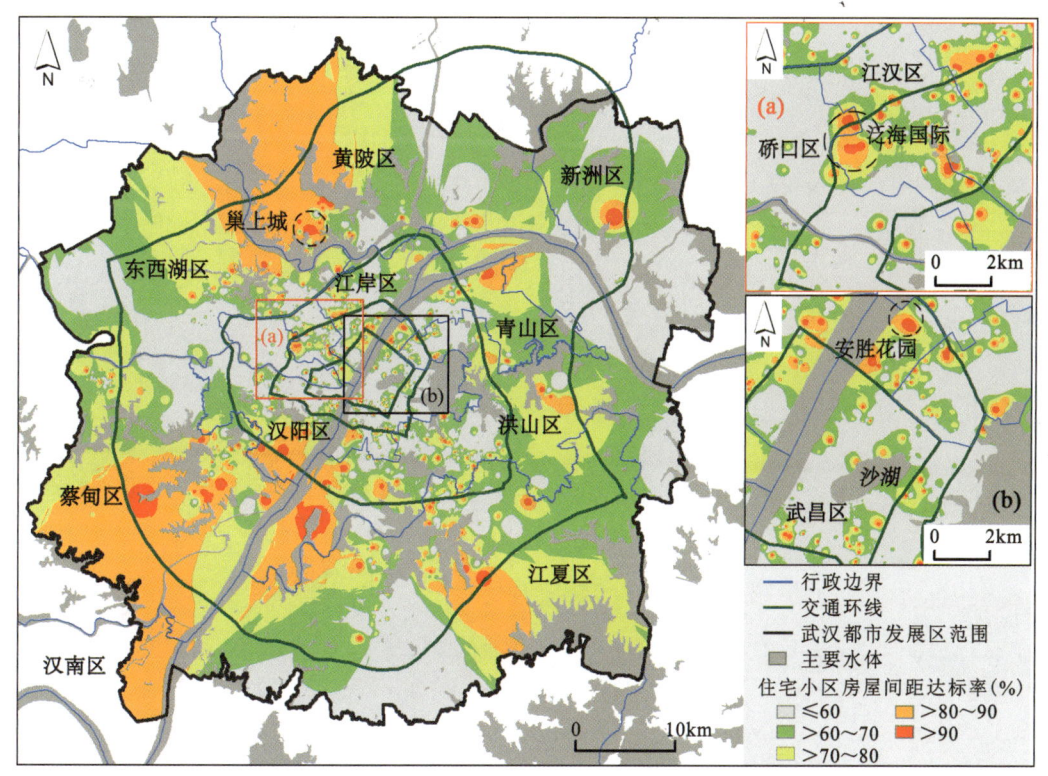

附图 5-4　武汉都市发展区住宅小区房屋间距达标率 IDW 插值图

3) 关于城市住宅用地开发强度合理性的思考

城市住宅用地开发强度,是在开发成本、房价、容积率限制等多重因素共同作用下的结果。从日间采光来看,武汉都市发展区的住宅用地开发强度总体偏高。这是导致该区域住宅小区住宅建筑间距达标率偏低的重要原因。但需说明的是,本案例的分析结果发现,容积率、建筑毛密度与住宅建筑间距达标率间的关系是复杂的。导致这一现象的可能原因在于,住宅用地开发模式尤其是住宅建筑的布局方案,也是影响住宅室内日间采光的重要因素。从日间采光约束的视角来探讨城市住宅用地开发强度的合理性,需从微观的住宅小区开发方案设计中进行系统分析。鉴于上述发现,呼吁在开展城市住宅用地开发强度控制时系统考虑住宅用地地块属性、房价等因素的基础上,保障居民住宅的室内日间采光时数,科学合理制定并严格落实住宅建筑间距控制标准。